普通高等学校工程财务系列教材

Gongcheng Xiangmu Chengben Guanlixue

工程项目成本管理学

贺云龙　刘建英　邓　英　张鼎祖　编著

盖　地　主审

人民交通出版社

内 容 提 要

本书是普通高等学校工程财务系列教材之一，全书共分八章，内容包括工程项目成本管理导论、工程项目成本预测、工程项目成本决策、工程项目成本概预算、工程项目成本核算、工程项目成本控制、工程项目成本分析与考核、工程项目成本管理的前沿领域。

本书注重理论与实践的有机结合，突出成本管理的工程项目特色，有选择地将成本管理理论的最新研究成果应用于工程项目成本管理实践中，具有较强的系统性和可操作性。

本书可作为高等院校工程管理、会计学、财务管理专业教材以及相关专业人员的培训教材，也可作为工程项目管理人员、施工企业管理人员，特别是工程项目财务管理人员的工作指南和业余读物。

图书在版编目（CIP）数据

工程项目成本管理学／贺云龙等编著．—北京：人民交通出版社，2012.6

普通高等学校工程财务系列教材

ISBN 978-7-114-09886-4

Ⅰ．①工… Ⅱ．①贺… Ⅲ．①基本建设项目—成本管理—高等学校—教材 Ⅳ．①F284

中国版本图书馆 CIP 数据核字(2012)第 135315 号

普通高等学校工程财务系列教材

书　　名：工程项目成本管理学

著 作 者：贺云龙　刘建英　邓　英　张鼎祖

责任编辑：刘永超　付宇斌

出版发行：人民交通出版社

地　　址：(100011)北京市朝阳区安定门外外馆斜街 3 号

网　　址：http://www.ccpress.com.cn

销售电话：(010)59757969，59757973

总 经 销：人民交通出版社发行部

经　　销：各地新华书店

印　　刷：北京盈盛恒通印刷有限公司

开　　本：787×1092　1/16

印　　张：22

字　　数：532 千

版　　次：2012 年 6 月　第 1 版

印　　次：2012 年 6 月　第 1 次印刷

书　　号：ISBN 978-7-114-09886-4

定　　价：42.00 元

出版说明

长沙理工大学会计学专业具有50多年的办学历史，经过几代会计学人默默耕耘、扎实工作、无私奉献，会计学专业已成为一个特色鲜明、管理科学、蓬勃发展的优势专业，学生规模不断扩大，办学实力不断增强，赢得了社会的广泛赞誉。在交通行业，长沙理工大学会计学专业享有“南路桥，北财会”的美誉；在电力行业，该校会计学专业也享有“黄埔军校”的美称。

经过多年的建设，长沙理工大学在会计学专业结构调整、人才培养模式改革、教学团队建设等方面努力探索，不断夯实会计学专业建设平台。2002年，经湖南省教育厅批准，会计学专业成为湖南省重点专业；2008年，经教育部批准，会计学专业成为国家第三批高等学校特色专业；2010年，会计学专业成为长沙理工大学“卓越会计人才培养计划”的首批试点专业之一。

为了彰显长沙理工大学会计学专业特色，进一步提升会计学专业教材建设水平，人民交通出版社公路中心与长沙理工大学经济与管理学院组织有关专家、学者经充分论证，精心规划了本套“普通高等学校工程财务系列教材”，首批推出《工程会计学》、《工程财务管理》、《工程项目融资》、《工程项目投融资决策案例分析》、《工程项目成本管理学》、《工程项目审计学》和《工程财务经济分析》，以展示“国家高等学校特色专业”建设和“卓越会计人才培养计划”的最新教学研究成果，也是对“本科教学质量与教学改革工程”建设的阶段性总结。

本系列教材以工程项目为主要研究对象，阐述工程项目建设周期（包括工程项目策划和决策阶段、工程项目准备阶段、工程项目实施阶段、工程项目竣工验收和总结评价阶段）中的财务与会计问题，充分体现了长沙理工大学会计学专业建设的特色之所在。

《工程会计学》以新《中华人民共和国会计法》、《企业会计准则》和《国有建设单位会计制度》为依据，紧密结合工程项目建设周期中的各个环节，分别从建设单位和施工单位两个维度全面、系统地阐述了工程会计的基本理论和方法。《工程财务管理》以工程项目为载体，全面阐述工程项目理财主体如何有效组织财务活动，正确处理财务关系。《工程项目融资》的主要内容包括工程项目融资基础，工程项目融资的组织与实施，工程项目融资渠道和方式，工程项目融资结构，工程项目融资风险管理等。《工程项目投融资决策案例分析》以工业工程建设项目、公路工程建设项目、电力工程建设项目以及其他公共建设项目为依托来阐述工程项目投融资决策。《工程项目成本管理学》以工程项目为成本管理对象，对工程项目实施过程中的成本预测、决策、概预算、核算、控制、分析与考核以及工程项目成本管理的前沿领域问题进行了全面阐述。《工程项目审计学》以工程项目基本建设程序为主线，参考《内部审计实务指南第1号——建设项目内部审计》部分内容，阐述了工程项目审计的基本理论与方法。《工程财务经济分析》以财务经济分析的基本理论为基础，以工程项目建设周期为基本环节，对工程项目建设各环节的财务经济活动进行了系统阐述。

本系列教材以“应用型”定位为出发点，针对目前我国高等院校会计学等相关专业教学偏重公司财务的现状，从工程项目财务工作所需掌握的专业技能角度出发，结合工程项目财务实际编写。本系列教材具有以下鲜明的特色：(1)**先进性**。本系列教材力求反映国内外会计、财务改革和发展的最新成果，突出了系列教材内容上的先进性。(2)**完整性**。本系列教材遵循由浅入深、循序渐进的认识规律来编排内容，结构清晰明了，同时注重相关教材之间内容的衔接，减少和避免了不必要的重复，体现了系列教材体系上的完整性。(3)**可操作性**。本系列教材配备了相关的思考题、习题和相应的教学课件，易教易学，具有很强的可操作性。(4)**适用性**。本系列教材在出版前，相关讲义已在教材主编单位进行了试用和修改完善，具有较强的适用性，不仅可以作为工程会计学专业的教学用书，也可供工程项目管理者参考。(5)**实践指导性**。本系列教材注重实践教学，书中引入了大量工程财务的实际案例，使学生在学习基本理论、基本知识的同时，提高解决实践问题的能力。

教材建设是教学改革的重要环节之一，全面做好教材建设，是提高教学质量的重要保证。本系列教材的编写，凝结了相关参编人员的心血，相信本系列教材的出版，对高等院校会计学专业教材的建设将起到有力的促进作用，同时，也可使各高等院校，特别是具有工程背景的高等院校在教材选用方面具有更大的空间。

向所有关心、支持本系列教材编写和出版的各级领导、专家和师生致以诚挚的谢意。

人民交通出版社公路出版中心

长沙理工大学经济与管理学院

2012 年 5 月

前言

工程项目管理是项目管理的一个重要分支,是通过一定的组织形式,在一定的资源约束条件下,以系统论的观点和方法对工程项目实施过程中的所有工作(包括工程项目建议书、可行性研究、决策、勘察设计、招标、施工、签证、验收等环节)进行计划、组织、指挥、协调和控制,从而实现工程项目的质量、工期、成本目标,借以提高工程项目投资效益的一种管理工作。《工程项目成本管理学》是为了强化工程项目实施过程中的成本管理工作,提高工程项目成本管理主体的成本管理水平而编写的。本书以工程项目的实施流程为主线,对工程项目成本的预测、决策、概预算、核算、控制、分析与考核以及工程项目成本管理的前沿问题进行了深入的阐述,并结合工程项目成本管理的具体案例进行了有益的探讨。

本书在参阅大量国内外最新出版的工程项目管理和工程项目成本管理文献的基础上,融合工程项目成本管理相关科研课题的研究成果,并结合编著者多年来的理论教学和实践工作经验编著而成。本书的编著,体现了以下几个方面的显著特征:

(1)**理论和实践的紧密结合**。作者在编著本书时,不仅参阅了大量有关工程项目成本管理方面的理论文献,吸收了工程项目成本管理方面的最新研究成果,而且融合了作者在工程项目成本管理方面的科研、咨询成果,将工程项目成本管理的理论和实践有机地结合起来。

(2)**系统性**。本书在编著过程中,以工程项目的实施流程为主线,以复杂系统论的基本观点和方法为指导,对工程项目各实施阶段的成本管理进行了系统阐述。此外,本书内容完整,章节安排比较合理,重点难点突出,条例层次清晰,逻辑性较强。

(3)**实用性**。本书在编著过程中尽管吸收了工程项目成本管理方面的最新研究成果,但在编著中对理论的阐述深入浅出,并提供了大量工程项目成本管理方面的实例和案例,以实例和案例来解释理论,做到了言简意赅、通俗易懂,对不同层次的工程项目成本管理主体而言,具有较强的实用性。

(4)**前瞻性**。本书在编著过程中注重吸收工程项目成本管理领域内的最新研究成果和实践经验,专门安排了一章来介绍工程项目成本管理的前沿问题,以新观点和新方法来解释工程项目成本管理过程中出现的各种理论和现实问题,从而使本书具有一定的前瞻性。

(5)**特色鲜明**。本书编著过程中以工程项目实施流程为主线,并结合工程项目成本管理的职能来安排各章节的内容,特色比较鲜明。

全书由贺云龙博士(长沙理工大学经济与管理学院副院长、副教授、硕士研究生导师)负责拟订写作大纲,并进行统稿、修改和总撰。全书的撰写分工如下:第一章、第六章、第八章由贺云龙执笔;第五章、第七章由刘建英(长沙理工大学经济与管理学院教授、硕士研究生导师)执笔;第二章、第三章由邓英博士(长沙理工大学经济与管理学院副教授、硕士研究生导师)执笔;第四章由张鼎祖(长沙理工大学经济与管理学院副教授、硕士研究生导师)执笔。全书由盖地(天津财经大学教授、博士研究生导师)主审。

本书可作为高等院校工程管理、财务管理、会计学专业的教材以及相关专业人员的培训教材,也可作为工程项目管理人员、施工企业管理人员,特别是工程项目财务管理人员的工作指南和业余读物。

本书在撰写过程中,得到了长沙理工大学经济与管理学院的大力支持,也得到了人民交通出版社以及本书编辑的鼎力帮助,更得到了家人的一贯支持,在此一并表示感谢!此外,限于篇幅,对于此书编写过程中所参阅的文献,未能一一列出作者的姓名,在此一并表示感谢!

因作者水平有限,再加之时间比较紧迫,本书的错漏之处在所难免,恳请广大读者和专家学者批评指正,以便再版时不断修正和完善。

贺云龙
2012 年 4 月于长沙

目　录

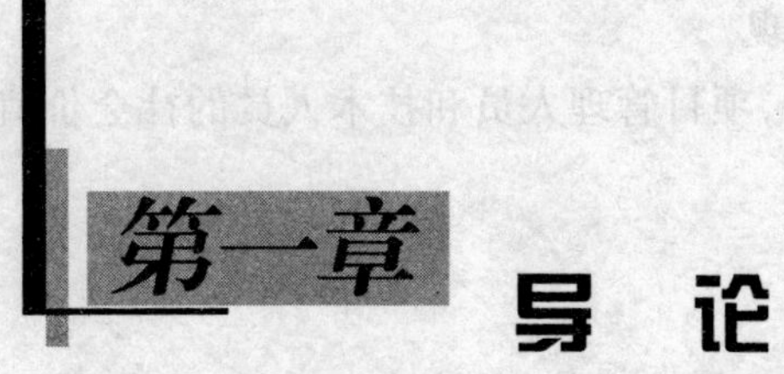

第一章 导论

第一节 工程项目

一、项目的概念及意义

(一)项目的概念

尽管“项目”一词在现代社会经济和文化生活中非常普遍,但“项目”在我国最早出现于20世纪50年代,其来源于对共产主义国家的援外项目。关于项目的定义,不同的学者和组织有着不同的描述,但通常认为,项目是指一系列独特的、复杂的并相互关联的活动,这些活动有着一个明确的目标,必须在特定的时间、预算、资源限定内,依据规范完成。因此,可以将项目定义为:**项目是指在一定的资源和时间约束条件下,具有明确目标的一次性任务。**

(二)项目的意义

项目对社会、国家、企业和个人的意义非常重要,概括而言,项目的主要意义包括以下几个方面:

1. 项目是解决社会供需矛盾的主要手段

需求与供给的矛盾是社会经济发展的源动力,而解决供需矛盾的策略之一就是扩大需求,如政府鼓励个人贷款消费、鼓励社会投资、加大政府投资等都属于扩大需求。我国目前为促进社会经济的可持续发展所采取的扩大内需策略就是明显的例证。解决供需矛盾的另一策略就是改善供给。改善供给需要企业不断推陈出新,推出个性化的产品与服务,不断降低产品或服务的价格,提高产品或服务的功能。改善供给这一策略的使用,要通过政府和企业不断启动、完成新项目来实现。

2. 项目是知识转化为生产力的重要途径

知识经济(Knowledge Economy)是以“知识为基础的经济”(Knowledge-Based Economy),是建立在知识和信息的生产、分配和使用基础之上的经济。知识能够产生新的创意,形成新的科研成果,而新的科研成果需要通过项目的启动、策划、实施、经营才能转变为财富。因此,从知识和信息到效益的转化要依赖于项目来实现。

3. 项目是企业实现其战略目标的基本载体

企业的使命、愿景、战略需要通过一个又一个的成功项目来加以实现。成功的项目不仅能够扩大企业的生产经营规模,帮助企业实现其目标利润,而且能够不断强化企业的品牌效应,促进企业战略目标的实现。

4. 项目是项目组织成员社会价值的集中体现

项目组织成员以一个又一个项目为工作对象,项目管理人员和技术人员的社会价值通过项目的成果来加以体现。

二、项目的基本特征

一般地,项目具有目标明确、一次性、约束性、整体性、不可逆转性以及项目组织的临时性等基本特征。

(一)目标明确

项目实施的结果包括一种期望的产品或一种所希望得到的服务。从项目实施成果的角度分析,项目的成果性目标是指项目的功能要求,具体包括设计规定生产产品的规格、品种和生产能力目标或设计服务的品质、种类和服务能力目标。

(二)一次性

项目作为一次性任务,从整体上而言,其过程具有明显的单件性,这是项目活动区别于其他非项目活动的显著特征。

项目作为一次性任务,通常要经历前期规划、报批、设计、施工、试运行和竣工等阶段。即使形式上相似的项目,也存在着显著的差异,如项目的实施时间、地点、风险都不相同。因此,项目之间无法相互替代。

项目的一次性特征决定了项目管理不同于企业管理工作。企业管理工作尽管也具有阶段性,但企业管理工作都是以职能为管理的主线,其具有明显的循环性和继承性特征。因此,只有充分意识到项目的一次性特征,才能有针对性地根据项目的特殊性进行管理。

(三)约束性

项目作为一次性任务,总是在一定的约束条件下完成的。概括而言,项目的约束性条件如下:

(1)项目都是在特定的环境下实施的。

(2)项目的实施是在一定的组织内,利用特定的人力、物力和财力资源完成的。

(3)项目的实施具有明确的时间范围。

(4)项目实施结果必须要满足一定的性能、质量、数量和技术指标等要求。

(四)整体性

尽管项目实施过程包含了不同的步骤,但从项目作为一次性任务的角度来分析,一个项目就是一个整体。因此,在合理配置有限的项目资源时,必须按照项目各步骤的需要来配置,即按照成本效益原则来配置项目资源,做到项目结构和质量的整体优化。

(五)不可逆转性

项目的不可逆转性是指项目结束时,其结果就已经确定,且不容逆转。项目的一次性属性决定了项目不可能像一般产品那样,可以试制,产品试制不符合质量要求,还可以重来,而项目则不可以。项目在一定条件下启动,一旦失败就永远失去了重新进行原项目的机会。项目的不可逆转性决定了项目运作具有很大的风险。

(六)项目组织的临时性

项目的一次性特征决定了项目组织不同于企业组织。一般地,企业组织具有相对的稳定性,而项目组织具有临时性。项目组织在实施项目的全过程中,其成员的数量和职责总是处于不断变化的状态。此外,参与项目组织的经济主体往往有多个,项目组织的成员也可能从其他经济主体中借调而来,当项目完成时,项目组织也随之解散。

三、工程项目的概念与特征

(一)工程项目的概念

工程项目是以工程建设为载体的项目,是作为被管理对象的一次性工程建设任务。它以建筑物或构筑物为目标产出物,需要支付一定的费用,按照一定的程序,在一定的时间内完成,并应符合质量要求。

(二)工程项目的特征

工程项目作为项目的一种,其除了具备项目的基本特征以外,还具有工程项目对象的特定性、工程项目的固定性和唯一性以及工程项目管理的复杂性等特征。

1. 工程项目对象的特定性

工程项目的对象明晰了工程项目的最基本特性,是工程项目分类的基本标志之一。与此同时,工程项目的对象也确定了工程项目的工作范围、规模、内容以及边界。工程项目的实施是围绕着工程项目对象进行的。一般地,工程项目的对象可以概括为有着预定要求的工程技术系统,该技术系统可以表示为有一定生产能力的流水生产线、车间或工厂,也可以表示为有一定供电量的发电站等。工程项目对象通常以项目可行性报告、任务书、设计效果图、规范、实物模型来进行定义和说明。需要特别注意的是工程项目的对象与工程项目是两个完全不同的概念:前者是具有一定功能的技术系统;后者则是指完成技术系统的任务,是一个行为系统。

2. 工程项目的固定性

工程项目以建筑物或构筑物为目标产出物,都含有建筑或建筑安装工程,这些工程都必须固定在一定的地域范围之内,受所在地域的资源、气候和地质条件等环境制约,且受工程项目所在地政府的干预,同时也与工程项目所在地的地域文化密切相关。

3. 工程项目的唯一性

工程项目的唯一性是指工程项目具有提供特定产品或服务的明确目标。工程项目提供的产品或服务在特定方面有别于一般的产品或服务。尽管从事同一种产品或服务的单位很多,但由于工程项目建设的地点、时间和条件存在着较大的差异,涉及一些从未出现过的现象,从这个角度而言,每一个工程项目都是唯一的。

4. 工程项目管理的复杂性

现代工程项目管理具有以下特征:工程项目规模、范围、投资金额大;工程项目技术复杂和新颖;工程项目的实施往往有很多参与主体;工程项目实施由若干在时间和空间上相互影响、相互制约的活动构成。以上特征决定了工程项目管理覆盖面广，管理的难度也会不断加大。

第二节 工程项目成本

一、成本的经济性质

成本是商品经济的价值范畴，也是商品价值的组成部分。人们要进行生产经营活动或达到一定的目的，就必须耗费一定的人力、物力和财力资源。因此，从资源耗费的角度分析，成本可以看成是人们进行生产经营活动（或为了达到一定的目的）所消耗资源的货币表现。

马克思曾科学地指出了成本的经济性质："按照资本主义生产方式生产的每一个商品 W 的价值，用公式来表示是 $W=C+V+M$。如果我们从这个产品价值中减去剩余价值 M，那么，在商品剩下来的，只是一个在生产要素上耗费的资本价值 $C+V$ 的等价物或补偿价值"。"商品价值的这个部分，即补偿所消耗的生产资料价格和所使用的劳动力价格的部分，只是补偿商品使资本家自身耗费的东西，所以对资本家来说，这就是商品的成本价格"❶。马克思关于成本经济性质的描述，体现了以下几个方面的特征：

（1）其指出的只是产品成本的经济实质，并不是泛指一切成本。

（2）其从耗费的角度指明了产品成本的经济实质是 $C+V$，由于 $C+V$ 的价值无法计量，人们所能计量和把握的成本，实际上是 $C+V$ 的价格即成本价格。

（3）其从补偿的角度指明了成本补偿商品生产中使资本自身消耗的东西，实际上说明了成本对再生产的作用，即产品成本是企业维持简单再生产的补偿尺度。

因此，在一定的产品销售量和销售价格的前提下，产品成本水平的高低，不仅制约着企业的生存，而且决定着剩余价值 M 的多少，制约着企业扩大再生产的可能性。马克思对于成本的考察，既看到耗费，又重视补偿，这是对成本经济性质完整的理解。在商品生产条件下，耗费和补偿是对立统一的。任何耗费总是个别生产者的事，而补偿则是涉及社会的一个过程。耗费要求得到补偿和能否得到补偿是两个不同的概念。这就迫使商品生产者不得不重视成本，努力加强管理，力求以较少的耗费来寻求补偿，并获取最大限度的利润。

在社会主义市场经济条件下，产品成本的价值同样由三个部分所组成：

（1）已耗费的生产资料的转移价值（C）。

（2）劳动者为自己劳动所创造的价值（V）。

（3）劳动者为社会劳动所创造的价值（M）。

从理论上分析，产品价值的前两个部分即 $C+V$ 是产品价值中的补偿部分，其构成产品的理论成本。

综上所述，可以将成本的经济性质描述如下：**成本**是生产经营过程中所耗费的生产资料的转移价值和劳动者为自己劳动所创造价值的货币表现，即成本是企业在生产经营过程中所耗费的资金总和。

---

❶《马克思恩格斯全集》第 25 卷，人民出版社 1974 年版，第 30 页。

二、成本的概念

关于成本的概念，目前比较公认的观点包括狭义成本观和广义成本观。狭义的成本仅指制造成本，即企业为生产产品或提供劳务而发生的各种耗费或支出。广义的成本因立足点不同，其描述的结果也不一样，代表性的观点如下：

(1)马克思的成本概念观。马克思从成本的经济性质的角度来定义成本，其认为“成本是在生产要素上资本价值($C+V$)的等价物或补偿价值”。

(2)美国会计学会(American Accounting Association，AAA)所属的“成本与标准委员会”将成本定义为“成本是为达到特定目的而发生或未发生的价值牺牲，它可用货币单位加以衡量”。这个定义所说的成本，没有特指生产成本，它不仅包括产品成本，还包括期间成本；不仅包括耗费已发生的实际成本，还包括可能发生(应该发生)的预计成本，进行预测和决策所需的变动成本，固定成本、边际成本和机会成本。

(3)美国会计师协会(American Institute of Certified Public Accountants，AICPA)名词委员会认为：成本是指用以取得或者说将能取得资产或劳务而支付的现金、转让的其他资产、给付的报酬或承诺的债务，并以货币衡量的数额。此后，AICPA 所属的会计原则委员会将成本定义为“成本是指在经济活动中所蒙受的牺牲”。

(4)美国财务会计准则委员会(Financial Accounting Standards Board，FASB)将成本理解为“经济活动中发生的价值牺牲，即为了消费、储蓄、交换、生产等所放弃的价值”。

(5)Ronald Hilton(2003 年)在其所著的管理会计学中认为：成本可被定义为“为达到某一目的而做出的牺牲”，一般通过为之所放弃的资源来衡量。

成本根据它所处的背景不同可以具有不同的含义。为了某一目的而以特定方法分类和记录的成本数据，可能并不适合于另一种用途。“目的不同，成本不同”可以很好地形容这一成本管理思想。

尽管随着社会经济的不断发展和科学技术的不断进步，成本的内涵越来越丰富，外延也在不断扩展，但无论怎样来定义成本，其经济性质总是具有以下几方面的相对稳定性：

(1)成本属于商品经济的价值范畴，即成本是构成商品价值的重要组成部分，是商品生产中生产要素耗费的货币表现。

(2)成本具有补偿性质，其是为了保证再生产的顺利进行而从收入中得到补偿价值。

(3)从本质上分析，成本是一种价值牺牲，是为了实现一定的目的而付出的价值牺牲。

三、成本的分类

(一)制造成本与非制造成本

成本按经济用途(经济内容)可分为制造成本(产品成本)与非制造成本(期间成本)。制造成本是企业为生产产品而发生的各种生产费用，包括直接材料、直接人工与制造费用。期间成本是指企业生产经营过程中发生的非对象化费用，这种费用的发生与某一会计期间相关，包括管理费用、财务费用和营业费用。

（二）直接成本与间接成本

成本按与特定产品之间的关系可分为直接成本与间接成本。直接成本是指生产费用发生时，能直接计入某一产品成本计算对象的费用。某项费用是否属于直接成本，取决于该项费用能否被确认与某一产品成本计算对象直接相关，以及是否便于直接计入成本计算对象。间接成本是指与生产的产品或提供的服务难以形成直接量化关系的资源耗费。

（三）理论成本与应用成本

成本按概念的形成标准可分为理论成本与应用成本。理论成本是企业在生产产品或提供劳务的过程中已经耗费的、能以货币计量的生产资料价值与劳动者为自己劳动所创造价值的总和。应用成本是理论成本的具体化，是按照现行制度规定的成本开支范围，以正常生产经营活动为前提，根据生产过程中物化劳动的转移价值和活劳动所创造的价值中应纳入成本范围的那部分价值。理论成本不考虑生产经营活动中的偶然因素和异常情况下的消耗，只对正常物化劳动和活劳动消耗进行货币计量，而应用成本则往往受客观条件变化的影响。

（四）财务成本与管理成本

成本按应用情况可分为财务成本与管理成本。财务成本是根据国家统一的财务会计制度、成本核算规定以及企业一般成本管理要求，通过正常的成本核算程序计算出来的企业成本，其表现形式为产品成本或劳务成本。管理成本是企业为组织和管理生产经营活动而发生的材料、人工、劳动资料的耗费，其包括决策成本、控制成本和责任成本等内容。

（五）原始成本与重置成本

成本按发生情况可分为原始成本与重置成本。原始成本又称历史成本或实际成本，是指企业取得或制造某项资产实际支付的现金或现金等价物。重置成本是指企业重新取得与其所拥有的某项资产相同或与其功能相当的资产需要支付的现金或现金等价物，其可进一步划分为复原重置成本和更新重置成本。复原重置成本是指采用与评估对象相同的材料、建筑或制造标准、设计、规格及技术，以现时价格水平重新购建与评估对象相同的全新资产所发生的费用。更新重置成本是指采用新型材料，现代建筑或制造标准，新型设计、规格和技术，以现行价格水平购建与评估对象具有同等功能的全新资产所需的费用。

除了以上五种成本分类标准以外，成本还可以按照其他分类标准来进行分类，且不同的分类标准会产生不同的结果[1]。

四、工程项目成本

（一）工程项目成本的概念

工程项目成本是指工程项目从设计到竣工期间所发生的全部费用之和，包括工程项目前期的各种论证费用、基础投资、建设过程中的贷款利息、管理费用以及其他费用等。合理论证工程项目的可行性，准确估计工程项目的投资额度，不断优化工程项目的融资方案，合理选择施工方式等是降低工程项目成本，提高工程项目投资效益的重要途径。

---

[1] 关于成本的其他分类标准，可以参见本书的第三章《工程项目成本决策》。

(二)工程项目成本的构成

工程项目成本的主要构成内容如下：

1. 工程项目决策成本

工程项目决策是工程项目形成的第一个阶段，其直接决定工程项目能否实现预定的目标，对工程项目建成后的经济效益和社会效益将产生重大的影响。因此，工程项目决策者必须在明确工程项目决策目标的基础上，搜集十分详细的数据资料，采用科学合理的决策方法，对工程项目的可行性进行全面论证。完成工程项目决策程序所发生的费用也就构成了工程项目决策成本。

2. 工程项目勘察设计成本

工程项目勘察设计是工程项目建设的重要环节，其质量的好坏不仅影响工程项目建设的投资效益和质量安全，而且其技术水平和指导思想对工程项目所处的地域经济发展也会产生重大影响。概括而言，工程项目的勘察设计成本是指工程项目勘察设计过程中所发生的费用。

3. 工程项目招标成本

工程项目招标成本是指工程项目招标过程中所发生的费用，包括招标代理费(一般为中标价的1%左右)、交易中心综合服务费(一般为中标价的0.04%左右)、公告费以及其他费用等内容。

4. 工程项目施工成本

工程项目施工成本是指工程项目施工过程中，为完成工程项目的建筑安装施工所发生的各项费用之和。工程项目施工方式包括投资者自行施工和委托施工两种方式，相应地，工程项目施工成本的管理主体包括投资者和受托者。但无论管理主体是谁，工程项目施工成本都包括了施工过程中所耗费的生产资料的转移价值和劳动耗费所创造的价值中以工资、附加费等形式分配给劳动者的个人消费金。工程项目施工成本的具体内容包括材料费、燃料费、人工费、机械使用费、其他直接费和施工管理费，前四项称为工程项目直接成本或直接费，而施工管理费则称为间接成本或间接费用。

由于工程项目施工成本在工程项目成本总额中占有绝大部分的比重，一般占工程项目成本的90%左右。因此，从重要性角度分析，工程项目施工成本应该成为工程项目成本管理的关键内容。

(三)工程项目成本的影响因素

一般地，工程项目成本的主要影响因素包括工程项目的范围、质量要求、工期、耗费资源的数量和价格以及管理水平等。

1. 工程项目的范围

工程项目的范围界定了完成工程项目所需要的工作内容，这些工作需要消耗一定数量的资源，也就界定了工程项目成本发生的范围和数额。

2. 工程项目的质量要求

工程项目的质量要求与工程项目成本之间的关系如下：工程项目质量水平要求越低，其成本也就越低；工程项目质量水平要求越高，其成本也就越高。但特别需要注意的是，不能单纯地为了降低工程项目成本而降低工程项目的质量水平,因为当质量水平低到无法使工程项目按照预定目标投入使用或即使投入使用也经常发生故障时,将会使工程项目的成本不断上升。

3. 工程项目的工期

工程项目的工期越长,实施过程中将产生越多的不可预见因素,实施风险不断加大,将会导致工程项目成本不断提高。反之,如工程项目的工期越短,实施过程中不可预见因素越少,实施的风险也越小,从而导致工程项目成本的降低。

4. 工程项目所耗费资源的数量和价格

在工程项目确定的范围之内,工程项目所耗费的资源数量和价格决定了工程项目的成本。一般情况下,工程项目实施过程中耗费的资源数量越多、价格越高,则其成本也就越高。

5. 工程项目的管理水平

工程项目实施过程中,较高的管理水平有利于不断减少工程项目实施过程中所产生的各种失误,从而不断降低工程项目的成本。

在以上影响工程项目成本的因素中,各因素并不是独立地对工程项目的成本产生影响,如提高工程项目的质量水平,将可能影响工程项目的工期,进而影响工程项目成本。这些因素总是相互联系,相互作用,对工程项目成本产生影响。

第三节　工程项目成本管理概论

一、工程项目成本管理的内涵及意义

(一)工程项目成本管理的内涵

工程项目成本管理是在满足工程项目质量、工期等要求的前提下,对工程项目实施过程中所发生的费用,通过计划、组织、控制和协调等活动来实现预定的工程项目成本目标,并尽可能降低工程项目成本费用的一种科学管理活动。工程项目成本管理主要通过技术(如施工方案的制订比选)、经济(如核算)和管理(如施工组织管理、各项规章制度等)活动达到预定目标,实现盈利的目的。正确理解工程项目成本管理的内涵,必须注意以下几个方面的内容。

1. 工程项目成本管理目标的确定性

工程项目成本管理对象为具体的工程项目,而任何工程项目都有着明确的目标和要求,否则,工程项目管理将无所适从。工程项目的目标包括约束性和成果性两方面的内容:工程项目约束性目标是指工程项目的限制性条件,包括工程项目的工期、质量目标等;工程项目的成果性目标是指工程项目的功能性要求,也是工程项目建设的最终目标和要求。因此,工程项目成本管理目标的确定性可以概括如下:工程项目成本管理目标是在满足工程项目功能性要求的前提下,在一定的工期内和质量水平下实现预定的工程项目成本目标。

2. 工程项目成本管理方法的一次性

工程项目成本管理对象的单一性特征决定了工程项目成本管理方法的一次性。工程项目的实施与企业的产品生产或提供劳务截然不同,从而导致工程项目成本管理对象是单个工程项目,尽管其成本管理方法也可以通用,但由于具体到每个工程项目上,其实施起来所面临的

环境和自身特性具有很大的差异性。因此,工程项目成本管理方法不能套用,只能根据环境和工程项目自身特性来选择合适的成本管理方法。

3. 工程项目成本管理风险的共担性

工程项目成本管理涉及不同的经济主体,主要经济主体包括勘察设计者、工程项目管理者、工程施工者、工程项目质量的监理者等。企业成本管理的风险由企业自行承担;而工程项目实施过程中,与工程项目勘察设计、施工、监理有关的各种风险,将分别通过显性或隐性契约的方式安排给勘察设计者、施工者、监理者以及其他利益相关者,其成本管理的风险将由不同的经济主体共同分担。

(二)工程项目成本管理的意义

1. 工程项目成本管理目标的实现有利于工程项目管理目标的实现

工程项目成本管理是一项贯穿整个工程项目寿命周期各阶段的重要工作,在工程项目运营状态一定的情况下,工程项目成本管理目标的实现程度决定了工程项目的经济效益和社会效益。工程项目寿命周期从可行性论证阶段开始,经过勘察设计、招标、施工、监理,到工程项目竣工为止,在整个工程项目的寿命周期内,涉及工程项目投资者、勘察设计者、施工者、监理者等众多的经济主体,每个经济主体都有着自身的利益取向。工程项目寿命周期内每个阶段的工作,都要伴随着相应的成本管理工作。因此,工程项目成本管理目标的实现,是工程项目管理目标实现的基本前提。

2. 工程项目成本管理目标的实现有利于有效沟通与协调

工程项目成本管理过程涉及不同的经济利益主体,各利益主体在工程项目成本管理过程中存在着不同的利益取向。从某种程度上分析,工程项目成本的高低、成本管理效果的好坏决定着各经济利益主体的物质利益的协调程度,而物质利益的协调程度反过来又影响着工程项目成本管理工作能否顺利进行。工程项目成本管理过程中,通常会将工程项目成本管理的整体目标在不同经济利益主体之间进行分解。工程项目成本管理的整体目标的分解过程也就是各经济利益主体之间的博弈过程,受各种因素的影响,其博弈的结果并不确定。相应地,工程项目成本管理整体目标的分解结果难以使各经济利益主体都感到满意,这种非满意状态如果不能在实施工程项目成本管理过程中得到有效的协调,将影响各经济利益主体在实施工程项目成本管理过程中的积极性,从而导致工程项目成本管理目标难以实现。因此,工程项目成本管理过程中,对于工程项目成本管理整体目标的分解,必须在各经济利益主体之间进行有效沟通与协调,最大限度地取得各经济利益主体的认可,使局部利益服从整体利益。从这个角度分析,工程项目成本管理过程也就是有效沟通与协调的过程,通过有效沟通使工程项目成本管理过程中的局部利益与整体利益达到和谐统一的状态。

3. 工程项目实施过程中的不确定性需要实施全面成本管理

工程项目寿命周期的各个阶段都存在着较大的不确定性:

(1)工程项目可行性论证的不确定性。工程项目可行性论证因面临复杂多变的环境,加之受论证主体的主观经验与判断能力的影响,使工程项目可行性论证过程存在着较大的不确定性。

(2)工程项目预测结果的不确定性。工程项目实施过程中存在着大量的预测现象,如为了招标，需要确定标底，而标底的确定主要依赖工程项目预测人员的预测结论。受预测环境、预测人员主观经验与判断能力、预测时间长短、预测所采用的方法等一系列因素的影响，工程项目预测结果具有较大的不确定性。

(3)工程项目决策结果的不确定性。从理论上分析，工程项目决策主体总是试图做出最优的决策结论，但由于受工程项目决策主体有限理性实现程度的影响，再加之决策所依赖的信息并非完全对称，因而工程项目决策主体所做出的决策结果常常存在着较大的不确定性。

(4)工程项目管理体制导致的不确定性。现代工程项目往往具有投资规模大、建设周期长等特征，依赖单一的投资主体很难独立完成大型工程项目的建设。因此，大型工程项目建设过程中投资主体多元化趋势十分明显。工程项目投资主体的多元化趋势使工程项目建设过程中的参与主体不断增加，这些参与主体除了受法律、法规及规章制度的统一约束以外，还因为彼此之间的权利和义务的交叉、分割等原因导致工程项目的实施过程具有很大的不确定性。工程项目实施过程中的不确定性要求工程项目成本管理主体实施更加全面的成本管理，即工程项目成本管理主体在关注确定性成本管理以外，还必须关注风险成本与不确定性成本的管理。

二、工程项目成本管理原则

(一)全面管理原则

工程项目成本是一个综合性非常强的价值指标，其涉及面非常广、综合性很强，不全面考虑很难实现工程项目成本管理目标。工程项目成本全面管理也称作“三全”管理，即工程项目成本管理是全过程、全员和全要素的管理。工程项目成本全面管理主要体现在以下三个方面：第一是全过程的成本管理。即要从工程项目成本形成的全过程来实施综合管理，对于工程项目从可行性论证阶段开始，经过勘察设计、招标、施工和竣工决算为止的全过程，只要是有成本发生的阶段，就必须强化这一阶段的成本管理。第二是全员的成本管理。即对工程项目实施管理的各经济利益主体以及参与工程项目实施的员工，只要是参与的工作与工程项目成本活动相关，都要按照工程项目成本管理的要求积极参与成本管理，严把成本管理关。第三是全要素的成本管理。即对工程项目成本所有要素项目都要加以严格管理。

工程项目成本全面管理原则要求在工程项目成本管理过程中，成本管理主体必须具备强烈的成本管理意识，同时针对工程项目不同的寿命周期阶段把握工程项目成本管理的侧重点。

(1)在工程项目可行性论证阶段，要求成本管理主体在保证工程项目可行性论证结论有效的前提下，尽可能以较低的论证成本来完成工程项目的论证工作。

(2)在工程项目勘察设计阶段，无论是自行勘察设计还是委托勘察设计，要求成本管理主体严格控制工程项目的自行勘察设计成本或委托勘察设计成本。

(3)在工程项目招标阶段，要求成本管理主体做出精确的成本预测结论，并以工程项目成本预测结论作为工程项目招标的标底。通过招标，确定施工方，并签订合同以固定工程项目的施工成本；此外，还应严格控制工程招标阶段的其他费用。

(4)在工程项目施工阶段，要求成本管理主体严格监控工程项目的进度，并采取科学合理的方法来对工程量进行计量，从而确定工程款项的支付，管理工程项目成本的发生时间。

（二）战略与战术思想相结合的原则

战略的本意是指导战争全局的计划和策略，也可以称之为指导或决定战争全局的策略。战术的本意则是作战时运用军队达到战略目标的手段或作战时具体部署克敌制胜的谋略。工程项目成本管理的战略与战术思想相结合原则要求工程项目成本管理主体在对工程项目成本进行管理时，既要重视工程项目战略成本的管理，又要重视工程项目战术成本的管理，两者的有机结合才能实现工程项目成本管理目标。战略成本管理是指成本管理致力于为企业战略决策提供相关的成本信息，并在具体战略决策下组织成本管理，以实现企业战略管理成本的最优化。战术成本管理是指在保证产品或服务质量的前提下，通过寻求降低产品或服务成本的途径，以实现产品或服务经营成本的最小化。战略成本管理是对战术成本管理的拓展，两者相辅相成。但战略成本管理与战术成本管理之间也存在着显著的区别，其区别见表1-1。

战略成本管理与战术成本管理的主要区别　　表1-1

区别项目	战略成本管理	战术成本管理
成本管理视野	着眼于企业外部，不仅关注企业内部条件，更密切关注整个市场和竞争对手的动向。通过与供应商、购买商建立战略合作伙伴关系，寻求采购成本和顾客购货成本的持续降低及市场份额的扩大；通过对竞争对手的了解和分析，找出差距，以调整或改变竞争战略，成为竞争中的强者	着眼于企业内部生产经营环节（从材料供应到产品销售），重点关注产品生产。通过对生产经营成本的分析，以寻求降低成本的方法和途径。其是一个相对封闭的内部决策支持系统，提供的成本信息局限于企业内部条件，很少涉及外部环境，管理的视野十分狭隘，效果也有限
成本管理方法	一般采用非常规性的成本管理方法，如价值链分析、战略定位分析及成本动因分析等。利用这些非常规方法，以战略联盟经营活动为基础，对成本进行前瞻性管理	一般采用常规性的成本管理方法，如标准成本管理、预算成本管理、成本性态分析、本量利分析、责任成本管理等。利用这些常规方法，以企业日常生产经营活动为基础，对成本进行规范和约束性管理
成本管理信息	不仅关注企业内部的财务成本信息，更关注企业外部竞争对手、顾客、供应商乃至政府等主体提供的信息，且信息内容包括企业外部环境信息、市场信息以及顾客满意度信息等	关注的是企业日常生产经营管理所需要的适时成本信息产生与分析利用，提供的主要是企业内部短期的财务成本信息，具有一定的局限性
成本管理时效	时效长，一般超过一个会计年度	时效短，一般局限在一个会计年度以内

（三）成本效益原则

工程项目成本管理的成本效益原则就是工程项目成本管理要从“投入”与“产出”之间的对比来分析工程项目成本发生的必要性、合理性，即努力以尽可能少的成本，创造尽可能多的使用价值，为企业获取更多的经济效益。一般情况下，工程项目成本高低的标准是产出投入比，即收入与成本之间的比，该比值越大，则说明成本效益越高，相对成本则越低。工程项目成本应不应当发生的标准是产出是否大于为此发生的成本：如果产出大于成本，则该项成本的发生是有效益的，就应该发生；反之，则该项成本的发生是无效益的，就不应该发生。

传统的工程项目成本管理强调成本绝对数的节约，片面地从降低成本乃至力求避免成本的发生入手，强调节约，其目的可简单地归纳为减少支出、降低成本。而在市场经济环境下，经济效益始终是企业管理者追求的首要目标，企业成本管理工作也应该遵循成本效益原则，实现由传统的"节约"观向现代"效益"观转变。特别是在我国市场经济体制逐步完善的今天，企业管理者应以市场需求为导向，通过向市场提供质量尽可能高、功能尽可能完善的产品和服务，力求使企业获取尽可能多的利润。与企业管理这一基本要求相适应，企业成本管理也就应与企业的整体经济效益直接联系起来，以成本效益观来分析其成本管理问题。在成本效益原则下，工程项目成本的绝对数并非越低越好，关键是要分析工程项目成本的发生所产生的效益[1]是否大于工程项目成本。成本效益原则是工程项目战略成本管理的基础，工程项目战略成本管理的方法均体现了成本效益原则。

(四)柔性管理原则

柔性管理的本质是一种"以人为中心"的"人性化管理"，其是在研究人的心理和行为规律的基础上，采用非强制性方式，在员工心目中产生一种潜在说服力，从而把组织意志转变为个人的自觉行动。工程项目成本管理的柔性原则要求在工程项目成本管理过程中，每一个员工都能积极发挥自己的主观能动性，自觉地将工程项目成本管理的战略和战术思想落到实处。工程项目成本管理的柔性原则最大特点主要在于不依靠权力的影响力，而是依赖员工的心理过程，依赖每个员工内心深处激发的主动性、内在潜力和创造精神，因此具有明显的内在驱动性。具体而言，工程项目成本柔性管理除了具有内在驱动性特征以外，还具备以下两个方面的显著特征：

1. 持久性

工程项目成本柔性管理要求在工程项目成本管理过程中，员工能将工程项目成本管理外在的规定转变为内心的承诺，并最终转变为自觉的行动，这一转化过程需要一定的时间，再加之员工个体差异、组织历史文化传统及周围环境等多重因素的影响，使得工程项目成本管理的整体目标与员工个人目标之间存在着一定的差异，且这种差异难以协调。然而，一旦差异协调一致，便获得相对的独立性，对员工具有强大而持久的影响力。

2. 有效性

根据马斯洛的需求层次理论，可将人的需求划分为生理需求、安全需求、社交需求、尊重需求及自我实现需求五个层次。赫茨伯格的双因素理论指出，为维持生活所必须满足的低层需求如生理需求、安全需求、社交需求相当于保健因素，而被尊重和实现自我的高层次需求则属于激励因素。一般地，在工程项目成本管理过程中，柔性管理原则主要在于不断满足员工的高层次需求，因而具有有效的激励作用。

(五)责、权、利相结合的原则

责、权、利相结合的原则，是工程项目成本管理目标得以实现的重要保证。在工程项目成本管理过程中，工程项目管理者及员工都负有一定的成本责任，从而形成了整个工程项目成本管理的责任网络。要使工程项目成本责任得以落实，各责任主体应享有一定的权限，在规定的

[1]此处的效益是指收入或总成本的节约。

权力范围内决定某项成本能否发生、如何发生以及发生额的大小，以行使对工程项目成本的实质控制。实践证明，只有责、权、利相结合，才能使工程项目成本管理各项措施能够落到实处，才能使工程项目成本管理的目标得以实现。

（六）例外管理原则

例外管理原则是西方国家常用的管理原则之一。例外管理原则要求在工程项目实施过程中，管理者要注意一些不经常的“例外”问题，这些“例外”问题的存在，往往影响着工程项目成本管理目标的实现。对于这些“例外”问题，工程项目成本管理者要进行重点检查，深入分析，并采取相应积极的措施进行纠正。一般地，判断“例外”问题的标准包括以下几个方面：

1. 重要性标准

重要性标准是根据工程项目的实际成本与预算成本之间的差异额或差异率大小来确定其是否重要，如果工程项目成本差异额或差异率超过了规定的上下限，或虽然未超过上下限，但差异额或差异率经常在上下限附近波动，则可视为“例外”问题。

2. 特殊性标准

特殊性标准是指影响工程项目建设业主长期获利能力的成本项目，尽管其差异额或差异率未达到“重要性”标准，也应视为“例外”问题，应引起工程项目成本管理者的密切关注。

3. 可控性标准

工程项目成本按照责任主体是否可以控制分为可控成本和不可控成本，责任主体一般只需要对其可控成本承担相应的控制责任即可。可控性标准是指工程项目成本管理者只对其可控成本承担相应的管理责任，对于管理者无法控制的成本项目，即使符合重要性标准，也不应视为“例外”问题。如因国家调整税率、公用事业性收费标准而产生的成本差异，即使差异符合重要性标准，但由于工程项目成本管理者无法对其实施控制，所以无需采取积极的追查行动。

三、工程项目成本管理的基础工作

工程项目成本管理贯穿于工程项目实施的整个寿命周期，涉及不同的经济利益主体，为了有效地协调工程项目成本管理过程中各利益主体之间的利益，顺利实现工程项目成本管理目标，工程项目成本管理主体必须做好工程项目成本管理的基础工作。

（一）不断健全工程项目的原始记录制度

原始记录是工程项目实施过程中，记录工程项目经济业务实际发生情况的书面凭证，是工程项目成本管理的基础。工程项目成本管理过程中，凡涉及材料的领退、燃料及动力的消耗、工时消耗、费用支出等，都必须及时、准确地填写原始记录。如果原始记录不正确，那么就不能如实地反映工程项目实施过程中的各种消耗，其成本的计量就必然失真。相应地，工程项目成本的预测、决策、计划、控制、监督、分析与考核就失去了应有的基础。因此，工程项目管理者在对工程项目实施管理的过程中，必须制订符合工程项目实施特点和管理要求的原始记录制度，以制度规范的方式来规范工程项目的原始记录，使工程项目成本的计量有据可依。同时，工程项目管理者还要以规范的文本来规定各种原始记录的登记、审核、传递保管工作。真实完整的原始记录为工程项目实施过程提供了必要的记录痕迹，而完善的原始记录制度为强化工程项目成本管理工作奠定了坚实的物质基础。

（二）强化工程项目的定额管理

工程项目定额是在工程项目正常实施条件下，工程项目实施所必须消耗的人力、财力和物力标准。先进、合理的定额为及时控制工程项目实施过程中人力、财力、物力的消耗提供了基本依据，同时也为工程项目管理主体编制工程项目各项成本预算确定了标准，而工程项目成本预算则可以为工程项目勘察设计、施工招标过程中标底的确定提供参考。工程项目定额管理是工程项目成本管理基础工作的核心，建立和健全定额制度，强化工程项目的定额管理，也是工程项目成本管理目标得以实现的基本保障。工程项目定额要力求齐全、合理，并且随着新技术、工艺、材料的应用和管理水平的提高，工程项目的定额也将不断修订和完善。

（三）强化工程项目的标准化工作

标准化工作是工程项目管理的基本要求，也是工程项目得以顺利实施的基本保证，因为标准化工作将促使工程项目实施过程中各项工作达到合理化、规范化和高效化，是工程项目成本管理目标得以实现的基本前提。在工程项目成本管理过程中，要特别注意以下几个方面的标准化工作：

1. 计量标准化工作

计量是指工程项目管理者采用科学的方法和手段，对工程项目实施过程中的量和质的数值进行测定，为工程项目成本管理提供准确的数据信息。如果缺少统一的计量标准，数据不准确，则无法获取工程项目准确的成本信息，相应地，工程项目成本管理也将无所适从。

2. 价格标准化工作

工程项目成本管理过程中要制订两方面的标准价格，其一是内部转移价格，其二是外部交易价格。内部转移价格是工程项目管理主体内部各部门之间相互提供产品或劳务的转移价格，一般以公开市场的交易价格扣除相关交易费用以后的差额来加以确定；外部交易价格则是在公开的市场交易条件下，平等交易主体提供产品或劳务的公允价格。价格标准的合理确定是工程项目成本管理目标得以实现的基本保证。

3. 质量标准化工作

质量是工程项目的灵魂，没有合理的质量，工程项目的成本即使再低也是徒劳，因为缺少合理质量的工程项目，其功能缺陷也会越来越严重，相应地，工程项目建设的目标也难以实现。因此，工程项目成本管理是合理质量标准下的成本管理，缺少质量标准，工程项目成本管理就会偏离预定的目标。工程项目标准化工作是工程项目定额工作的必要补充，两者相辅相成，为工程项目成本管理目标的实现提供基本保证。

（四）强化工程项目的预算管理

工程项目预算是工程项目实施过程中各种行为计划的量化，这种量化有助于工程项目管理者协调、贯彻计划，也是一种重要的管理工具。工程项目成本管理过程中强化预算管理具有以下几个方面的重要意义：

1. 工程项目预算是计划的数量化

工程项目预算不是简单财务数字金额的反映,而是一种资源分配,是对工程项目计划投入产出内容、数量,以及投入产出时间安排的详细说明。通过工程项目预算的编制,能使工程项目管理主体明确工程项目实施的具体目标。

2. 工程项目预算从某种程度上而言也是一种预测与控制手段

工程项目预算是对未来一定时期内工程项目资源配置的一种预计,工程项目成本管理主体可以根据预测到的可能存在的问题、环境变化趋势来采取相应的措施,以控制预算所产生的偏差,从而保证工程项目成本管理目标的实现。

3. 工程项目预算是工程项目实施过程中各利益主体之间的协调工作

工程项目总预算是由单项工程分预算汇编而成的,从工程项目预算的编制到执行,各经济利益主体之间必须相互协商沟通、相互配合,才能使工程项目管理目标得以实现。

4. 工程项目预算是工程项目管理主体进行业绩考核的标准

工程项目预算是以数量化的方式来表明工程项目管理工作的标准,其本身具有可考核性,因此可以根据预算执行情况来评定各部门的工作成效,并根据各部门的工作成效做出奖惩决策。

(五)建立和健全工程项目成本管理的各项规章制度

规章制度是工程项目实施过程中行为人行为的准绳,贯彻执行有效的规章制度,可以正确记录、计算、控制、监督、分析、考核工程项目实施过程中各行为主体成本预算的执行情况和结果。在市场经济条件下,工程项目实施的重要保证之一就是制度建设。没有制度建设,就不能固化工程项目成本管理系统的有效运行,就不能保证工程项目成本管理的质量。工程项目成本管理系统中比较重要的制度包括合同管理制度、定额管理制度、预算管理制度、计量制度、费用申报制度等。事实证明:完善的工程项目成本管理制度有利于强化工程项目实施过程中的各项工作,从而促使工程项目成本管理目标顺利实现。当然,有了健全的工程项目成本管理制度,还必须提高工程项目成本管理制度的执行力,否则,制度也将形同虚设。

工程项目成本管理是一个复杂系统,做好工程项目成本管理基础工作,其他问题也将会迎刃而解。因此,在工程项目成本管理实践过程中,只有不断地抓好工程项目成本管理的基础工作,才能使工程项目成本管理目标得以顺利实现。

第四节 工程项目成本管理系统

一、系统论的基本观点及意义

(一)系统论的基本观点

系统一词源自于古希腊语,本意是由部分所构成的整体。尽管系统思想源远流长,但其作为一门科学的理论得到人们的公认,其历史并不久远。通常认为,创立系统论的学者是美籍奥地利人、理论生物学家 L. V. 贝塔朗菲(L. Von. Bertalanffy)。贝塔朗菲于 1937 年提出了一般系统论原理,1945 年其论文《关于一般系统论》公开发表,从而奠定了系统论的理论基础。贝塔朗菲于1952年发表"抗体系统论"，提出了系统论的思想，但确定系统论学术地位的是其于1968年发表的专著——《一般系统理论基础、发展和应用》。系统论的核心思想是系统的整体观念。贝塔朗菲强调，任何系统都是一个有机的整体，它不是各个部分的机械组合或简单相加，系统的整体功能是各要素在孤立状态下所没有的。

系统论的基本思想方法，是把所研究和处理的对象，当作一个系统，分析其结构和功能，研究系统、要素、环境三者的相互关系和变动规律，并对其不断进行优化。从这个角度分析，系统论的任务不仅在于认识系统的特征与规律，更重要地在于利用系统的特征与规律去控制、改造或创造系统，使系统的存在与发展合乎人类行为目标的需要。

系统论发展到今天，人们对系统所下的定义种类繁多，但通常认为：系统是由若干要素以一定结构形式联结构成的具有某种功能的有机整体。上述定义包括了系统、要素、结构、功能四个概念，表明了要素与要素、要素与系统、系统与环境三方面的关系。

(二)系统论的意义

1.系统论使人类思维方式发生了深刻变化

系统论出现之前，人们认识和研究问题一般采取从局部特征推断整体特征的方法。这种方法着眼于在局部，遵循单项因果决定论，是很多年来在特定范围内人们比较熟悉、行之有效的思维方法。但该种思维方式不能如实地说明所研究对象的整体性，不能反映所研究对象内部各要素之间的联系和相互作用，因而只适应认识和研究简单事物，对于复杂问题的认识与研究就显得无能为力了。而系统论的出现，则为复杂问题的研究提供了有效的思维方式。

2.系统论反映了现代科学发展的趋势

系统论不仅为现代科学的发展提供了理论和方法，而且也为解决现代社会中的政治、经济、军事、科学、文化等各种复杂问题提供了方法论基础，系统观正渗透到每个领域。

二、工程项目成本管理系统的概念及特征

(一)工程项目成本管理系统的概念

借鉴系统论的基本观点，可以将工程项目成本管理系统定义如下：工程项目成本管理系统是由工程项目成本管理要素以一定结构形式联结构成的具有实现工程项目成本管理职能的有机整体。工程项目成本管理系统的定义同样包括了系统、要素、结构和功能四方面的概念，表明了工程项目成本管理要素与要素、要素与系统、系统与环境之间的关系。

(二)工程项目成本管理系统的特征

工程项目成本管理系统具备整体性、关联性、等级结构性、相对稳定性、目的性、环境适应性等特征。

1.整体性

整体性是指构成工程项目成本管理系统的各组成部分都有助于实现工程项目成本管理目标，且工程项目成本管理目标的实现程度不是各组成部分功能的简单相加，即各组成部分功能的实现要有助于工程项目成本管理目标最大限度地实现。

2. 关联性

关联性指的是整体与部分、部分与部分、系统与环境之间的普遍相互关系。将工程项目成本管理作为一个系统加以研究，首先从工程项目成本管理系统的整体出发，从系统与组成部分，组成部分之间以及系统与环境的相互关系中揭示和研究工程项目成本管理系统内部反馈机制的性质及其运动规律，进而从各组成部分之间的相互关系中去把握工程项目成本管理系统的结构与性质。工程项目成本管理系统中，存在着一因多果，一果多因，甚至交叉因果链的现象。因此，随着工程项目成本管理系统研究的深入，原简单的因果关系已显得不合理，需要一种更合理、更能描述实际情况的相互关系。采用反馈关系代替简单的因果关系来研究工程项目成本管理系统，这无疑是对工程项目成本管理系统相关性研究的进一步深入。

3. 等级结构性

系统各组成部分与系统整体之间存在着相对独立性，这种相对独立性导致了系统的等级结构性。工程项目成本管理系统是结构与功能的统一体，结构与功能的层次与等级辩证统一地形成了工程项目成本管理系统的层次与等级，且不同层次与等级的工程项目成本管理具有不同的规律性。但工程项目成本管理系统各组成部分不是简单的低级与高级之分，在某些条件下，工程项目成本管理系统各组成部分之间的等级可以相互转化，即低级系统也可以向高级系统进化，高级系统也可能退化成低级系统。

4. 相对稳定性

相对稳定性是工程项目成本管理系统的重要特性，它是指工程项目成本管理系统在干扰或涨落作用下的恒定性与可靠性。当工程项目成本管理系统具有一定的质态时，有其相应的内在结构、外在功能和行为模式。在干扰或涨落的影响作用下，虽然能引起工程项目成本管理系统在量上的变化，但一般这不足以改变工程项目成本管理系统质的稳定性。因此，工程项目成本管理系统结构、反馈机制的性质维持不变，其行为模式也不变。

5. 目的性

任何系统都具有某种目的，要实现一定的功能，这也是区别不同系统的标志。工程项目成本管理系统的目的性也非常明显：如果是工程项目战术成本管理系统，则其目的是寻求不断降低工程项目成本的方法与途径；如果是工程项目战略成本管理系统，则其目的在于寻求采购成本与顾客购货成本的持续降低以及市场份额的不断扩大，从而成为市场竞争中的强者。因此，在工程项目成本管理系统设计时，必须明确工程项目成本管理系统的战术或战略思想，从而确定工程项目成本管理系统的整体目标。

6. 环境适应性

工程项目成本管理系统与其所处的环境之间通常都有物质、能量和信息的交换，外界环境的变化会引起工程项目成本管理系统特性的改变，并相应地引起工程项目成本管理系统功能和系统内部各部分相互关系的变化。因此，工程项目成本管理系统必须对外界环境具有一定的适应性，才能有助于工程项目成本管理系统目标的实现。

三、工程项目成本管理系统的构成内容

工程项目成本管理系统的构成内容如图 1-1 所示。

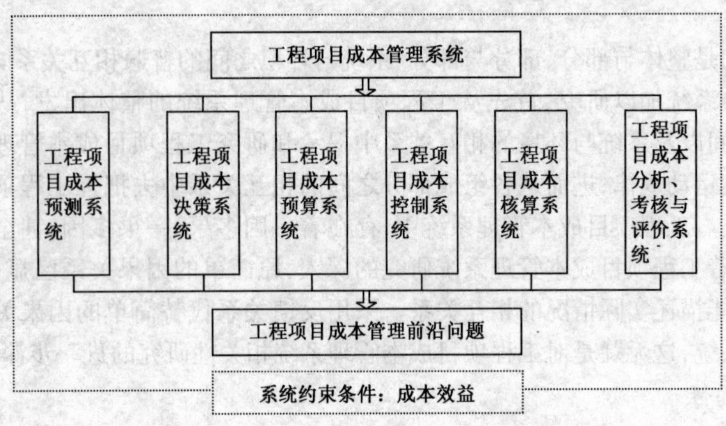

图 1-1　工程项目成本管理系统图

(一)工程项目成本预测

工程项目成本预测是通过工程项目成本信息和其他相关关系,运用一定的科学方法,对工程项目未来成本水平及其变化趋势作出科学的估计。通过工程项目成本预测,有助于减少工程项目决策的盲目性,使工程项目管理者易于选择最优方案,作出正确的决策。

(二)工程项目成本决策

工程项目成本决策是指运用决策理论,根据工程项目成本预测结论及相关的成本资料,运用定性与定量方法,选择最佳工程项目成本方案的过程。工程项目成本决策贯穿于工程项目实施的整个寿命周期内,涉及面比较广。因此,在工程项目成本决策的每一个环节都应选择最优的成本决策方案,才能使工程项目成本达到整体最优水平。

(三)工程项目成本预算

工程项目成本预算是工程项目成本计划的数字化,即以货币作为主要计量单位来表述工程项目某一会计期间的成本计划,其本质上是工程项目的预定成本。工程项目成本预算是开展工程项目成本控制与核算的基础。

(四)工程项目成本控制

工程项目成本控制是工程项目实施过程中,对影响工程项目成本的各种因素加以严格管理,并采取有效的措施,将工程项目成本严格控制在预算范围之内。工程项目成本控制过程中要随时分析实际成本与预算成本之间的差异及差异产生的原因,并将差异信息及时反馈,不断消除不利差异。通过工程项目成本控制,将工程项目成本限定在某一范围内,从而最终实现甚至超过预期的成本节约目标。

(五)工程项目成本核算

工程项目成本核算是以特定的成本对象为依据,对工程项目实施过程中所发生的费用进行归集和分配,并采用适当的成本计算方法来计算工程项目的总成本和单位成本。工程项目成本核算所提供的成本信息是工程项目成本预测、工程项目成本决策、工程项目成本预算、工程项目成本控制、工程项目成本分析与评价的信息基础。因此，强化工程项目成本核算工作，对于不断降低工程项目成本，提高经济效益具有十分重要的作用。

（六）工程项目成本分析、考核与评价

工程项目成本分析是利用工程项目成本核算资料及其他相关资料，对工程项目实施过程中发生的成本进行对比，从而分析工程项目成本水平与构成情况，进一步查找工程项目成本发生变动的原因，寻找降低成本的途径和方法。工程项目成本分析是工程项目成本管理系统的重要子系统，其作用在于正确评价工程项目成本预算的执行结果，揭示工程项目成本升降变动的原因，为工程项目成本决策和编制工程项目成本预算提供重要的信息支持。

工程项目成本考核与评价是指定期考察和审核工程项目成本目标实现情况和各项成本指标的完成结果，全面评价工程项目成本管理工作的绩效。工程项目成本考核的主要作用在于评价工程项目实施过程中各成本责任中心的业绩，从而促使各成本责任中心对所控制的成本承担责任，并借以控制和降低各成本责任中心的成本。通过工程项目成本的考核与评价，做到奖惩分明，才能有效地调动工程项目实施过程中各成本责任主体的积极性，各成本责任主体才能为降低工程项目成本做出自己应有的贡献。

（七）工程项目成本管理的前沿领域

随着竞争的不断加剧、科学技术的迅猛发展和战略管理理论的发展，传统的成本管理系统难以满足工程项目成本管理的需要，因此，战略管理理论逐渐进入工程项目成本管理领域，相应地，工程项目战略成本管理就成为工程项目成本管理前沿领域所要研究的第一个问题。此外，价值链分析的普遍运用，也导致工程项目成本管理系统发生了深刻的变化，即基于价值链分析的工程项目成本管理也就成为了工程项目成本管理前沿领域所要研究的第二个问题。

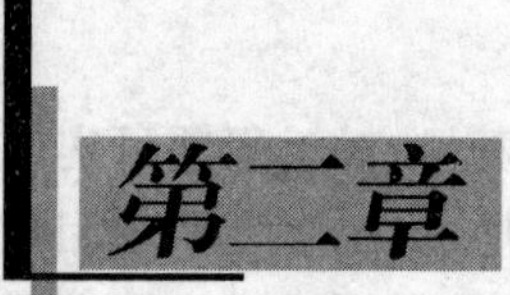

第二章 工程项目成本预测

第一节 工程项目成本预测概述

成本预测是成本控制的前提。因此，要做好工程项目成本控制，就必须对工程项目成本进行事前预测，从而为工程项目成本控制提供有力的保障。

一、预测的内涵

正确的决策，离不开准确的预测，如果缺乏准确的预测，往往会造成决策失误。相反，如果能对事物未来发展情况做出准确的预测，那么就能为人们做出合理的决策提供依据。一个著名的例子是美国1945年用投入产出法对美国战后钢铁需求量所做的预测。由于当时第二次世界大战刚结束，军火需求量大量减少，许多人认为钢铁的需求量也会随之减少，但美国劳动统计局的一些人根据战后的经济发展规划，利用投入产出法计算后，认为美国战后对钢铁的需求量不但不会减少，反而会超过二战时的高峰。后来事实发展证明了他们的预测是对的。这次预测为美国制定钢铁业的发展规划提供了依据。

现代经济活动日益复杂且瞬息万变，为了规避风险，在竞争中取胜，就要很好地进行科学预测。例如在建筑业中，投标前应对成本做出预测，以利于中标；施工前应对材料、劳动力需要量和供应量以及工期等做出预测，以便制订合理的施工计划。其他方面，如工程建设变动趋势、现金流量、维修需要量、建筑技术发展方向、建筑人才结构变化、城镇住宅的标准化和数量等也需要进行预测。不仅是建筑业，其他行业乃至整个国民经济的发展也都需要预测。总之，任何一项现代经济活动，如果离开了科学的预测，将会陷于失败。

(一)预测的定义

所谓预测是人们根据历史资料和现实，利用已经掌握的知识和手段，对事物的未来或未知状况进行推知或判断，探索事物未来的发展变化趋势，使人们产生有目的的行为。简单地说预测就是根据已知情况[1]来寻找事物发展变化规律，从而推测未来情况。

预测提供的信息不可能完全准确，必然带有一定的近似性，但它可使事物发展的不确定性趋于最小。预测是把过去和将来作为一个整体，通过对过去资料的科学分析，找出事物的内部规律，从而推测出事物未来的发展情况。人们不管从事什么工作，也不管做什么事情，除了有一个明确目标和为实现目标所采用的办法之外，另一个重要的问题就是预测了，即目标确定

---

[1] 此处已知情况包括主观经验教训、客观条件和资料、事物演变的逻辑和推断等。

后,再思考一下自己所处的环境和具备的条件以及各方面的一些因素制约,最后设法计算一下各种利弊关系,看一看能否通过努力最终达到既定目标,这就要去预测。

(二)预测的基本要素

预测包含以下4个基本要素:

1. 预测信息(或数据源)

预测信息是预测的基础,是指调查研究收集到的关于研究对象的背景资料、统计数据、动态情报以及预测者的经验和认识。预测信息可分为两类:一类是经过记录和整理的资料,如国家统计部门的统计资料或通过市场调查得到的经过数据处理后产生的信息;另一类是未经记录或未经过处理的资料,这些资料是不完整的,甚至掺杂有主观的成分。预测信息的质量直接关系到预测阶段后工作的有效性。

2. 预测技术

预测技术是指在预测过程中对预测对象进行质和量的分析时所采用的各种方法和手段的总称。这些方法和手段主要包括两类:一类是直观法,它是预测者凭借主观经验的积累以及对预测对象发展动态的了解,直接对未来进行判断;另一类为统计法,它是运用统计方法处理历史数据,然后再做出预测。

3. 预测分析

预测分析是指预测者根据自己的经验和有关理论所进行的思维研究活动,它贯穿于预测活动的整个过程中。

4. 预测判断

预测的过程自始至终都离不开判断,如收集、选用哪些信息资料需要判断;选用何种预测方法进行预测也需要判断;对于预测结果是否合理或是否需要对预测结果进行修正等都需要判断。

二、工程项目成本预测的内涵

(一)工程项目成本预测的概念

成本预测就是依据成本的历史资料和有关信息,在认真分析当前各种技术经济条件、外部环境变化及可能采取的管理措施对成本升降影响的基础上,对未来的成本与费用及其发展趋势所作出的定量描述和逻辑推断。成本预测是预测和分析的有机结合,是事后反馈和事前控制的结合。

工程项目成本预测是根据成本信息和工程项目的具体情况,运用一定的方法,对工程项目未来成本水平及其发展趋势所作出的科学估计,其实质就是工程项目实施之前对成本进行的估算。也就是说,工程项目成本预测是通过取得的历史数据资料,采用经验总结、统计分析及数学模型的方法进行推断和估计。通过成本预测,使工程项目管理主体在满足业主和自身要求的前提下,确定工程项目降低成本的目标,克服盲目性,提高预见性,为工程项目成本降低提供决策和计划依据。

(二)工程项目成本预测的特点

工程项目成本预测的特点可以归纳为以下几个方面的内容:

1. 科学性

工程项目成本预测通常是根据已知的会计、统计数据和大量的调查资料,通过一定的科学程序、方法和数学模型,对其成本进行预测,以取得未来的成本信息。这些信息反映了影响工程项目成本诸因素之间相互联系和相互制约的关系,基本上反映了成本变化的趋势和规律性。因此,工程项目成本预测具有科学性。

2. 近似性

工程项目成本预测是根据过去和现在影响成本的诸因素,以及将来可能发生的因素,对未来成本进行估计和推测,从而计算出工程项目未来的成本数据。但是,在瞬息万变的现代社会大生产中,实际情况十分复杂,许多因素随时间、地点、环境、具体条件的变化而变化。预测的工程项目成本数值,同将来实际成本数值不可能完全一致,其仅仅是一个近似值。因此,成本预测具有近似性。

3. 局限性

前文已指出,影响工程项目成本的因素很多,这些因素又往往受到外部条件变化的制约,带有一定的随机性,加上人们对未来事物认识的局限性,或者由于资料不全面,以及在建立模型计算时简化了一些因素和条件,都会导致预测结果往往不能反映事物发展的全貌。虽然工程项目成本预测具有一定的局限性,但其科学严密性是主导,所提供的资料具有十分重要的参考价值。

4. 特殊性

工程项目不是批量进行,它具有单件性生产特点,产品多种多样,各个工程有不同的结构、造型和造价,即使按照标准设计建造,也会因施工地点、时间不同以及施工条件的变化造成工程项目之间活劳动消耗和物化劳动消耗的差别。特别是建筑生产不像工业生产那样固定在车间,生产条件比较正常,而是露天作业,受季节的影响,生产不均衡。一般冬、春季为施工淡季,夏、秋季为施工旺季,加之建造物与大地相连,在施工中会遇到许多预料不到的情况。这些都会给工程项目成本预测工作带来一定的困难。因此,在进行工程项目成本预测时,除了运用工业产品成本预测的基本原理和方法外,还要注意使用工程项目成本预测的特殊方法。如在预测成本数值的基础上,加上按一定数量的不可预系数所计算的数额,使测算的成本数值更加接近客观实际。

(三)工程项目成本预测的类型

按照工程项目运作的不同阶段,其成本预测主要包括以下几种:

1. 在制订方案过程中,预测计划期项目目标成本

在工程项目中标、项目组织开展工作之后,首先要做的重要工作之一就是确定项目的目标成本。工程项目目标成本是以货币形式预先规定项目进行中施工生产耗费的目标总水平,是制订工程项目目标成本计划的依据。

2. 在方案(或计划)的实施过程中,进行中期成本预测

中期成本预测是计划实施阶段目标成本预测的继续和发展。在前一个阶段中,通过成本

预测和决策制订成本计划，但在计划执行过程中，通过对前一阶段降低成本效益方案的检查，发现方案还有一些缺点和问题以及新的成本变化趋势，然后针对后一阶段成本升降情况进行预测，并提出相应的改进措施，以确保完成降低成本任务。

3. 在日常管理中，预测成本水平及其变化趋势

在日常管理中，工程量、工作量、工程结构、工程质量、劳动力组合、材料代用及市场物价等都有可能发生变动，从而影响成本的变动。因此，在日常工作中必须及时捕捉有关经济信息，通过对有关经济技术指标变动情况进行分析，预测成本的变动趋势，有利于加强日常的成本控制。

按照工程项目成本预测贯穿于项目的不同顺序，其成本预测主要包括以下两种：

1. 自上而下的成本预测

自上而下的成本预测主要依据来源于上层、中层项目管理人员对类似或相关项目的管理经验和判断。完全相同的项目几乎不存在，但相似的项目却很多。上层、中层项目管理人员根据自身丰富的实践经验，运用科学合理的预测方法，使自上而下的成本预测成为可能。首先由上层和中层管理人员对构成项目整体成本的子项目成本进行估计，并把这些估计的结果传递给低一层的管理人员。在此基础上由这一层的管理人员对组成项目的任务和子项目的成本进行估计，然后继续向下一层传递他们的成本估计，直到传递到最低一层。

2. 自下而上的成本预测

实施自下而上成本预测的前提是工程项目的详细工作分解结构已经确定，工程项目内容容易明确到能识别出实现工程项目目标必须要做的每一项具体工作，对这些较小的工作单元能作出准确的预测。首先，底层项目管理人员对本层次所涉及的项目仔细地考查，进行成本预测，汇总上报上一层管理人员，上一层管理人员根据下一层管理人员的成本预测报告，在此基础上加上适当的间接成本，形成这一层次的成本预测结果。以此类推，逐级上报预测成本，最后汇集成整个工程项目的预测成本。

(四)工程项目成本预测的作用

工程项目成本预测的作用主要表现在以下几个方面：

1. 工程项目成本预测是企业投标决策的依据

目前，我国实行招标投标制度，建筑市场竞争激烈，那种仅靠事后分析来总结经验，提出改进措施的办法，已经远远不能适应客观形势发展的需要，要求运用科学的成本预测方法就显得十分迫切。施工企业在进行项目投标决策的过程中，往往需要根据项目是否盈利、利润多少等诸因素确定是否对项目投标。因此，施工企业在投标决策的过程中就要估计项目施工成本的情况，通过与施工图预算的比较，才能分析出项目是否盈利、利润多少等，最终选定成本预测值最低、利润最大、经济效益最好的项目。

2. 工程项目成本预测是编制成本计划的基础

计划是管理的第一步，因此编制可靠的计划具有十分重要的意义。但要编制出正确可靠的工程项目计划，必须遵循客观经济规律，从实际出发，对工程项目未来实施作出科学的预测。也就是说，在编制成本计划之前，施工企业首先要广泛收集有关工程项目成本、市场行情、施工消耗和物价变动等信息资料，并进行全面、系统的分析研究，通过以现代数学方法为基础的预

测方法体系和电子计算机,对未来施工经营活动进行定性研究和定量分析,并作出科学判断,预测成本降低率和降低额,从而为制订成本计划提供客观的、可靠的依据。只有通过成本预测,才有可能保证编制的工程项目成本计划不脱离实际。

3. 工程项目成本预测为成本决策提供科学依据

由于施工方案、组织方式以及材料获取等的不同,工程项目成本也具有较大的差异,必须找出成本最小的方案进行施工。要找出成本最小的方案就离不开预测。通过成本预测,对未来施工经营活动中可能出现的影响成本升降的各种因素进行科学分析,比较各种方案的经济效果,选择最佳成本方案,作为最优成本决策的依据。

4. 工程项目成本预测是挖掘内部潜力和加强成本控制的重要手段

工程项目成本预测是对施工活动实行事前控制的一种手段,其最终目的是降低工程项目成本,提高经济效益。为了达到预定成本目标,就要切实做好成本预测工作,以便及时发现问题、找出成本管理中的薄弱环节、指明降低成本的方向和提出具体的施工技术组织措施,最终加强企业的成本控制。

总之,市场经济对于单个市场参与主体而言,本质上是一个竞争经济。施工企业作为一个市场参与主体,其生命力在于市场竞争力,而企业的竞争力在于企业的竞争优势,包括绝对竞争优势和相对竞争优势。通常,这种竞争优势的取得有两种途径:作为垄断竞争的结果和开放竞争的结果。在市场经济体制日益完善的情况下,垄断伴随而来的绝对优势是脆弱的,在施工企业处于卖方市场的条件下,业主和消费者可以通过采购自由权对抗这种垄断优势,其结果必然是垄断的终结;由开放竞争带来的竞争优势是动态的,在一个趋于同质化的产品市场上,价格是衡量企业产品竞争能力的一个标尺。价格一般由成本和利润两块组成,在一个由市场竞争所决定的产品最优价格的前提下,施工企业要想获得尽可能多的利润,最大限度地控制成本(在不损害质量、工期目标的前提下)是实现利润最大化的唯一途径。而有效的成本控制离不开科学的成本预测。每个施工单位通过开展成本预测,千方百计地挖掘潜力,降低工程成本,从而通过成本优势取得最好的经济效果。

三、工程项目成本预测的基本程序

科学、准确的成本预测必须遵循科学、合理的预测程序。工程项目成本预测程序如图 2-1 所示。

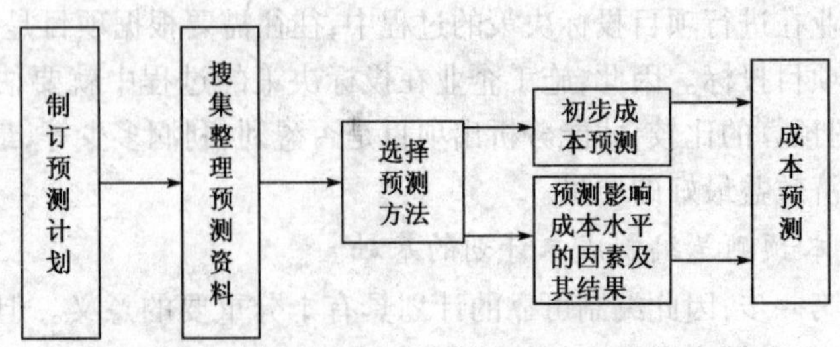

图 2-1 工程项目成本预测程序示意图

(一)制订成本预测计划

制订成本预测计划,是保证成本预测工作顺利进行的基础。成本预测计划主要包括:确定预测对象和目标、做好组织领导及工作布置、确定配合的部门、制订时间进度计划、确定搜集材料的范围等。如果在成本预测过程中,出现新情况或发现成本预测计划存在缺陷,则应及时修订成本预测计划,以保证成本预测的顺利开展,并获得良好的预测质量。

(二)搜集和整理成本预测资料

根据成本预测计划,搜集成本预测资料是进行成本预测的重要条件。预测过程中要广泛收集与决策问题相关的成本资料,如企业本部下达的与成本有关的指标、历史上同类项目成本资料、项目所在地的成本水平、工程项目中与成本有关的其他预测资料(如计划、材料、机械台班、工时消耗等)、其他与成本有关的资料(如项目技术特征,新材料、新工艺、新设备等的使用,交通、能源供应等)。这些相关的成本资料一般可分为两类:一类是纵向数据资料,如施工企业各类材料的消耗量及单价的历年动态数据资料等,据以分析其发展趋势;另一类是横向数据资料,如一定时期内同类施工项目的成本资料,据以分析所预测项目与同类项目的差异,并作出估计。

由于预测对象工程项目设计的因素相当复杂,要求收集和分析的数据多,需尽可能掌握与决策问题相关的详细资料。这些资料不仅包含各种核算的实际资料,还要包括有关的计划、定额资料;不仅要收集有关的数据资料,而且要收集有关的制度、合同、决议、报告、备忘录等文字资料;必要时,还要收集国内国外同类施工项目的有关资料。

在收集资料的过程中,应随时分析资料的可靠性、连续性、全面性和完整性,尽可能排除会计、统计资料中那些偶然因素、虚假因素对成本的影响。成本预测资料的真实与正确,决定了成本预测工作的质量,因此,对搜集的资料进行细致的检查和整理是很有必要的。如各项指标的口径、单位、价格等是否一致;核算、汇集的时间资料是否完整,如有残缺,应采用估算、换算、查阅等方法进行补充;对不具有可比性或重复的资料,要去伪存真,进行筛选,以保证成本预测资料的完整性、连续性和真实性。

(三)选择成本预测方法

成本预测方法一般有定性预测方法和定量预测方法两类。定性预测方法是在数据资料不足或难以定量描述时,根据经验和专业知识进行判断的一种预测方法,主要有德尔菲法、主观概率法和专家会议法等。定量预测方法是利用历史成本资料以及成本与影响因素之间的数量关系,通过一定的数学模型来推算、计算未来成本的可能结果。定量预测方法非常之多,本书主要介绍移动平均法、指数平滑法、回归分析法、本量利分析法、因素测算法等几种预测方法。

选择预测方法时,一般要考虑以下几个方面的因素:

(1)时间。不同的预测方法适用于不同的预测期限,定性预测一般多用于长期预测(通常在10年以上),定量预测则宜用于中期预测(通常为5年左右)和短期预测(通常在2年以内)。

(2)数据。不同的预测方法有不同的数据要求,应根据数据的特点,选择相应的数据模型,如我们有项目完整的月份成本数据,则可应用时间序列分析来进行预测,如我们有完整的同类项目相关数据,则可采用回归分析预测。

(3)精度。选择的预测方法应能获得足够精确的预测结果,只有已被证明为有效的模型,才可用于实际预测。

(四)初步成本预测

根据定性预测的方法及一些横向成本资料的定量预测,对工程项目成本进行初步估计。初步成本预测结果往往比较粗糙,需要进一步结合工程项目现有的成本水平进行修正,才能保证预测结果的质量。

(五)影响成本水平的因素预测

影响成本水平的因素主要有物价变化、劳动生产率、物料消耗、间接费用等。施工企业可以根据近期工程实施情况、本企业与分包企业情况、市场行情等,推测未来哪些因素影响工程项目成本水平,其影响结果如何。必要时可做不确定性分析,如量本利分析、敏感性分析和概率分析等。

(六)成本预测

根据初步成本预测结果以及成本水平变化因素预测结果,确定工程项目成本情况,包括人工费、材料费、机械使用费和其他直接费用等。

(七)分析预测误差

成本预测的结果常常与实施后实际发生的成本有出入,因而产生预测误差。预测误差的大小,反映了成本预测的准确程度。对这种误差进行分析,有利于提高今后工程项目成本预测工作的质量。

四、工程项目成本预测的基本要求

(一)成本预测同提高经济效益相结合

作为对工程项目进行科学组织和严格控制的重要环节,成本预测应在规划、控制未来的经营决策中,着重解决节约物料耗费、不断降低成本的问题,为提高经济效益创造条件。具体而言,只有在全面分析影响成本变动的各有关因素、协调好各专业职能部门的关系,调动各方面的积极性,充分挖掘内部潜力的基础上,才能使工程项目成本不断降低,从而提高企业营利水平。

(二)经济效益与社会效益相结合

在进行工程项目成本预测时,既要充分发挥经济技术等优势,又要向社会提供物美价廉的产品,履行企业对国家和社会的职责。因此,必须认真研究工程项目与成本的关系,在综合考虑经济效益与社会效益的前提下,预测成本的变动趋势和可能降低的水平。只有这样,才能使成本预测工作成为妥善处理经济效益与社会效益相互关系的有力杠杆,使企业沿着正确轨道前进。

(三)及时性与准确性相结合

成本预测要求及时提供预测数据,以达到事前控制和推动工程项目目标实现的目的。同时成本预测提供的数据必须准确、可靠,以免因数据不准作出错误的判断和决策,使工程项目蒙受损失。因此,在成本预测过程中要广泛收集资料,并对收集的资料进行认真的审查和科学的加工,及时提供预测结果。成本预测的及时性和准确性是相辅相成的,片面强调其中一个方面,都会影响其综合效果。

五、工程项目成本预测的基本方法

工程项目成本预测的方法有多种,它随着预测对象和预测期限的不同而有所差异。总体上,工程项目成本预测方法包括定性预测法和定量预测法。

(一)定性预测法

定性预测法是根据已掌握的信息资料和直观资料,依靠具有丰富经验、知识和分析能力的内行和专家,运用主观经验,对工程项目的材料消耗、市场行情及成本,作出性质和程度上的推算和估算,然后把各方面的意见进行综合,作为预测工程项目成本变化的主要依据。

定性预测在工程项目成本预测中被广泛运用。特别适合于对预测对象资料(包括历史和现实的)掌握不充分,或影响因素复杂,难以用数字描述,或影响因素难以进行数量分析等情况。

定性预测偏重于对市场行情的发展方向和施工中各种影响工程项目成本因素的分析,它有利于发挥专家经验和主观能动性,比较灵活,而且简便易行,可以较快地提出预测结果,其缺点是准确性较差。但进行定性预测时,也要尽可能地搜集数据,运用数学方法,其结果通常也是从数量上作出测算。

定性预测法虽然是在缺乏数据的情况下进行的,但它要求把人的主观意见尽可能转换成数量表示的估计值。也就是说,这种以一定逻辑思维和推理判断方式进行的定性预测方法,其结果应努力达到定量的要求。

(二)定量预测法

定量预测也称统计预测。它是根据已掌握的比较完备的历史统计数据,运用一定的数学方法进行科学的加工整理,借以揭示有关变量之间的规律性联系,用于预测工程项目成本未来发展变化情况的一类预测方法。定量预测基本上可以分为两类:一类是外推预测法,它是利用历史成本本身的变化趋势,推算未来成本的发展趋势,即把未来作为过去历史的延伸,根据历史数据推算未来成本的发展趋势,常用的是时间序列分析法;另一类是因果预测法,它是根据成本指标与产量、利润、各种费用、质量、劳动生产率等技术经济指标之间的因果关系,预测工程项目未来成本水平的方法。外推预测法的特点是只需时间序列本身的历史资料,无需寻找或说明与本身序列无关的因素。而因果预测法的特点是着重研究影响成本水平发生变化外因的作用,是一种应用较广的分析方法。

定量预测法具备以下几个方面的优点:

(1)偏重于数量方面的分析,重视预测对象的变化程度,能作出变化程度在数量上的准确描述。

(2)它主要以历史统计数据和客观实际资料作为预测的依据,运用数学方法进行处理分析,受主观因素的影响较少。

(3)它可以利用现代化的计算方法,来进行大量的计算工作和数据处理,求出适应工程进展的最佳数据曲线。

定量预测法的缺点是比较机械,不易灵活掌握,对信息资料质量要求较高。

进行定量预测时,通常需要积累和掌握历史统计数据。如果把某种统计指标的数值,按时间先后顺序排列起来去研究其发展变化的水平和速度,这个数列也叫动态数列。这种预测,就是对时间序列进行加工整理和分析,利用数列所反映出来的客观变动过程、发展趋势和发展速度,进行外推和延伸,借以预测今后可能达到的水平。

时间序列中每一时期的数值,都是由很多不同因素同时发生作用后的综合反映。总的说来,这些因素可分为三大类:

1. 长期趋势

长期趋势是时间序列变量在较长时间内的总势态,即长时间连续不断地增长或下降的变动势态。它反映预测对象在长时期内的变动总趋势,这种变动趋势,可能表现为向上发展,如劳动生产率提高;也可能表现为向下发展,如物料消耗的降低;还可能表现为向上发展转为向下发展,如物价变化。长期趋势往往是工程项目成本在数量上的反映。因此,它是进行分析和预测的重点。

2. 季节变动

季节变动是指一再发生于每年的特定时期内的周期波动。即这种变动上次出现以后,每隔一年又再次出现。所以,简单地说,每年重复出现的循环变动就叫做季节变动。季节性施工变动是季节性规律作用于施工活动的结果,源于自然气候的影响,如雨季施工和冬季施工等。

3. 不规则变动

不规则变动,又称随机变动,其变化无规则可循。这种变动都是由偶然事件引起的,如自然灾害、政治运动、政策改变等影响经济活动的变动。不规则变动幅度往往较大,而且无法预测。

实际应用中,定性预测法与定量预测法并非相互排斥,而是相互补充,两者可以结合应用。也就是说,在定量分析的基础上,考虑定性预测的结果,综合确定预测值,从而使最终的预测结果更加接近实际。

第二节 工程项目成本的定性预测法

定性预测法虽不够精确,但在掌握系统宏观趋势方面还是有一定的实用价值与意义,因此仍是人们常用的方法之一。在工程项目成本预测中,定性法主要有专家会议法、德尔菲(Delphi)法以及主观概率法。

一、专家会议法

专家会议法是目前国内常用的一种定性预测方法。它是指根据规定的原则选定一定数量的专家,按照一定的方式组织专家会议,发挥专家集体的智能结构效应,对工程项目未来的发展趋势及状况作出判断的一种方法。例如:对材料价格市场行情预测,可请材料采购人员、计划人员、经营人员等；对工料消耗分析，可请技术人员、施工管理人员、材料管理人员、劳资人员等；估计工程项目成本，可请预算人员、经营人员、施工管理人员等。这种方法的优点是简便易行，信息量大，考虑的因素比较全面，参加会议的专家可以相互启发，弥补个人意见的不足，产生“思维共振”，进而将产生的创造性思维活动集中于工程项目，在较短时间内得到富有成效的创造性成果。缺点是由于参加会议的人数有限，因此代表性不充分；受权威人士或大多数人意见的影响，而忽视少数人的正确意见；由于自尊心等因素的影响，使会议出现僵局；易受潮流思想的影响等。因此，选择专家时要注意以下几点：

1. 专家要具有代表性

专家应来自于与预测项目有关的各个方面，互相之间最好互不相识，有较好的代表性。

2. 专家要具有预测方面的知识和经验

专家应具有较高的学历，较长的相关工作经历，较丰富的相关性工作经验，良好的联想思维能力，良好的个人表达能力。

3. 专家的人数要适当

适当的人数有利于与会者充分发表自己的意见，从各个不同的侧面对问题进行分析，最后得出比较一致的意见。经验表明，人数控制在 15 人以内比较恰当。

采用专家会议法对会议组织者也有较高的要求。具体如下：

首先，专家会议组织者最好是预测方面的专家，有较丰富的组织会议、提出问题和在辩论中进行引导的经验，熟悉专家会议的处理程序和方法。

其次，组织者应善于应变，具有统筹全局的能力。组织者要有良好的驾驭会议的能力，善于引导会议沿着正确的轨道进行，但又不会取代专家或误导与会者的思路，不能限制与会者发表意见，更不能任意下结论。

再次，会议要精心组织，精心准备。为了使预测结果更准确，可以而且有必要对参加的专家提出具体的要求。会议开始，组织者的发言应能激起与会专家的心灵感应，促使参加者急于回答会议提出的问题，并能开阔参加者的思路。会议讨论中让专家充分发表意见，要有专人对各个专家的意见进行记录和整理。同时，要注意对专家的意见进行科学的归纳和总结，得出科学的结论。

最后，会议的组织者应尽量使调查预测会始终保持轻松融洽的气氛，使与会者广开思路，畅所欲言；并要谦虚谨慎、虚心求教，广泛听取每位专家的意见，切忌只听个别权威的意见，或自己首先拿出倾向性意见，使调查研究预测会趋于形式。在讨论过程中，还要紧紧地把握调查预测的主题，引导开展广泛深入的讨论和分析，求同存异，得出比较符合实际的预测结果。

另外需补充的一点就是，由于现在计算机及互联网发展得越来越快，使得专家会议法更加方便和快捷了，现在可以更多地采用这些电子技术来辅助我们的决策，比如现在常用的电子会议法就是将专家级会议法与尖端计算机技术相结合的一种最新的群体决策方法。

会议所需要的技术一旦成熟，概念就简单了。多达 50 人围坐在一张马蹄形的桌子旁，这张桌子上除了一系列的计算机终端外别无他物。主办者将问题显示给决策参与者，他们把自己的回答打在计算机屏幕上。个人评论和票数统计都投影在会议室内的屏幕上。当然也可以通过网络把分布在各地的专家联系起来，即网络会议法。

使用该方法，预测值经常出现较大差异。在这种情况下，一般可采用预测值的平均值或加权平均值作为预测结果。

【例 2-1】 B 建筑公司承建位于某市商住楼主体结构工程（框剪结构）的施工（以下简称 H 工程），建筑面积 10 000m²，20 层，工期为 2009 年 1 月至 2010 年 2 月。公司在施工之前将进行 H 工程的成本预测工作，采用专家会议法预测该工程的成本如下：

该公司召开由本公司 9 位专业人员参加的预测会议，预测 H 工程的成本，各位专家的意见分别为：685、700、715、680、695、710、705、690、685（单位：元/m²）。

由于结果相差较大，经反复讨论，意见集中在 685（4 人）、700（3 人）、710（2 人）。采用上述方法确定的预测成本（Y）为：

$$Y = \frac{685 \times 4 + 700 \times 3 + 710 \times 2}{9} \approx 696（元/m^2）$$

二、德尔菲法

德尔菲法（Delphi Method）起源于美国，又名专家预测法、函询调查法，是在 20 世纪 40 年代由 O. 赫尔姆和 N. 达尔克首创，经过 T. J. 戈尔登和兰德公司进一步发展而成的。德尔菲这一名称起源于古希腊有关太阳神阿波罗的神话。传说中阿波罗具有预见未来的能力。因此，这种预测方法被命名为德尔菲法。1946 年，美国兰德公司为避免集体讨论存在的屈从于权威或盲目服从多数的缺陷，首次用这种方法来进行定性预测。20 世纪中期，当美国政府执意发动朝鲜战争的时候，兰德公司又提交了一份预测报告，预告这场战争必败。政府完全没有采纳，结果一败涂地。从此以后，德尔菲法得到广泛认可。

德尔菲法最初产生于科技领域，后来逐渐被应用于其他领域的预测，如军事预测、人口预测、医疗保健预测、经营和需求预测、教育预测等。此外，还用来进行评价、决策、管理沟通和规划工作，现已成为一种国际上常用且被公认为可靠的技术测定方法。

德尔菲法主要采用函询的方式，依靠专家背对背地集体判断，来代替面对面的会议，使专家的不同意见能够充分发表，经过客观分析和多次的征询和反馈，使不同的意见逐步趋于一致，从而得出比较符合发展规律的预测结果。这种方法具有广泛的代表性，较为可靠，一般用于较长期的预测。

（一）德尔菲法的实施步骤

德尔菲法的具体实施步骤如下：

1. 组织领导

开展德尔菲法预测，需要成立一个预测领导小组。领导小组负责草拟预测主题，编制预测事件一览表，选择专家以及对预测结果进行分析、整理、归纳和处理。

2. 选择专家

选择专家是关键。按照工程项目所需要的知识范围，确定的专家一般应是掌握工程项目某一特定知识和技能的人。专家人数的多少，可根据预测项目的大小和涉及面的宽窄而定，一般以 10 ~ 20 人为宜。

3. 预测内容

根据预测任务，制订专家应答的工程项目成本问题提纲，说明做出定量估计、进行预测的依据及其对判断的影响程度。

4. 预测程序

第一轮，提出要求，明确预测目标，书面通知被选定的专家或专门人员。要求每位专家说明有什么特别资料可用于分析这些问题以及这些资料的使用方法。同时，请专家提供有关的资料，并请专家提出进一步需要哪些资料。

第二轮，各个专家接到通知后，根据自己的知识和经验，对预测工程项目成本的未来发展趋势提出自己的观点，并说明其依据与理由，书面答复主持预测的单位。

第三轮，预测领导小组根据各位专家定性预测的意见，加以归纳整理，对不同的预测值分别说明依据和理由（根据专家意见，但不注明是哪个专家的意见）。然后再寄给各位专家，要求专家修改自己原先的预测，并看有无其他要求。

第四轮，专家接到第二封信后，就各种预测的意见及其依据和理由进行分析，再次进行预测，提出自己的修改意见及其依据和理由。如此反复往返征询、归纳、修改，直到意见基本一致为止。

（二）德尔菲法的特点

德尔菲法有如下三个突出特点：

1. 匿名性

为克服专家会议易受心理因素影响的缺点，德尔菲法采用匿名形式。应邀参加预测的专家互不了解，专家之间互不见面，不发生横向联系，主持者与专家之间的联系采用书信方式，背靠背地分头征求意见，完全消除了心理因素的影响。专家可以参考前一轮的预测结果，修改自己的意见而无须作出公开说明，无损自己的威望。这样做可以使个人意见得以充分发表，有利于提高整个预测的质量，还能避免专家会议法所存在的不足。采用匿名信的方式可以创造一个平等、自由的气氛，鼓励专家独立思考，消除顾虑和心理干扰，同时各位专家还可以根据情况的变化随时修正自己的意见，而不必担心情面，减少了固执己见和无谓的争执。

2. 反馈性

德尔菲法不同于民意测验，一般要经过 3 ~ 4 轮。在匿名情况下，为了使参加预测的专家掌握每一轮预测的汇总结果和其他专家提出意见的论证，预测领导小组对每一轮的预测结果进行统计，并将其作为反馈材料发给每位专家，供专家作出下一轮预测时参考。通过反馈信息，专家们在背靠背的情况下，了解到所有其他专家的意见，以及持不同意见者的理由，有利于相互启发，集思广益，开拓思路，充分发挥专家们的智慧，提高预测的准确性和可靠性。

3. 统计性

定量处理是德尔菲法的一个重要特点。为了定量评价预测结果，德尔菲法采用统计方法对结果进行处理。在经过多轮的专家意见征询后，对最后一轮的专家意见运用适当的数学方法进行数量化处理。一般采用平均法和中位数法得到其预测值。

【例 2-2】 B 公司指定由经营科组织和领导进行专家调查，对 2011 年和 2012 年两年内建材价格的年平均增长率做出预测。选择的专家分布在该市的建筑行业主管部门、建材业主管部门及建材企业、建设银行等，共 12 人。给专家发送的“征询函”的内容有：①征询的目的和要求，即要求专家预测 2011 年和 2012 年两年内建材价格平均增长率；②向专家提供一些必要的资料供预测时参考,主要有2005~2010年的建材价格行情、基建规模、物价指数和建材供求情况等。经过四轮征询,最后一轮专家的意见集中在1%(3人)、1.5%(2人)、2%(4人)、2.5%(2人)、3%(1人)。采用平均法求得预测值。

解:建筑材料价格受到通货膨胀的影响,尤其对基建规模的变化很敏感,实际上很难用一个简单方便的数学模型描述它。对于施工企业来说,预测材料价格变化的最好方法是采用德尔菲法。具体的做法是采用德尔菲法对每年初或年末以后1~2年内的价格变动情况(通常是以上涨或下降的百分率表示)做出预测。由于单位工程的工期往往在2年内,选择预测期为1年和2年可以满足实际需要。

在本例中,B公司指定由经营科组织和领导进行专家调查,对未来一年内建材价格变化进行预测。经过四轮征询,最后一轮专家的意见集中在1%(3人)、1.5%(2人)、2%(4人)、2.5%(2人)、3%(1人),则采用平均法求得预测值:

$$y = \frac{1\% \times 3 + 1.5\% \times 2 + 2\% \times 4 + 2.5\% \times 2 + 3\% \times 1}{12} = 1.83\%$$

德尔菲法同常见的召集专家开会,通过集体讨论,得出一致预测意见的专家会议法既有联系又有区别。德尔菲法能发挥专家会议法的优点:能充分发挥各位专家的作用,集思广益,提高准确性;能把各位专家意见的分歧点表达出来,取各家之长,避各家之短。同时,德尔菲法又能避免专家会议法的缺点:权威人士的意见影响他人的意见;有些专家碍于情面,不愿意发表与其他人不同的意见;出于自尊心而不愿意修改自己原来不全面的意见。德尔菲法的主要缺点是过程比较复杂,花费时间较长。目前来看,德尔菲法是一种广泛应用的专家预测方法。

需要注意的是,并不是所有被预测的事件都要经过四步,可能有的事件在第二步就达到统一,而不必在第三步中出现;在第四步结束后,专家对各事件的预测也不一定都达到统一。不统一也可以用中位数和上下四分点来作结论。事实上,总会有许多事件的预测结果是不统一的。

三、主观概率法

一般而言,在数理统计以及概率论中有关事件发生的概率属于客观概率。在预测学中,客观概率常用于在已经掌握了有关事件(如市场需求量)的分布频率,可以据此进行概率运算的情形。但有时由于缺乏历史经验数据,又未能进行精确分析,不得不根据自己的主观想象来估计某一事件的可能性,这种根据"个人臆测"估计的概率称为主观概率。也就是说,主观概率是指在一定条件下,个人对某一事件在未来发生或不发生可能性的估计,反映个人对未来事件的主观判断和信任程度。主观概率也必须符合概率论的基本原理:①每一事件发生的概率大于或等于零,且小于或等于1;②必然发生的事件概率等于1,必然不发生的事件概率等于零;③两个互斥事件之和的概率等于它们的概率之和。

主观概率法是一种与专家会议法或德尔菲法相结合的方法,即在采用专家会议法或德尔菲法时,允许专家提出几个预测值,并给出每个预测值的主观概率,之后计算各位专家预测值的期望值,最后求出期望值的平均值作为预测结果。

主观概率法计算公式如下:

$$E_i = (\sum_{j=1}^{m} F_{ij}) P_{ij} \tag{2-1}$$

$$E = \frac{1}{n}\sum_{i=1}^{n} E_i \tag{2-2}$$

$$(i=1,2\cdots n; j=1,2\cdots m)$$

式中：F_{ij}——第 i 个专家所作出的第 j 个估计值；

P_{ij}——第 i 个专家对其第 j 个估计值评定的主观概率，$\sum_{j=1}^{m} P_{ij}=1$；

E_i——第 i 个专家预测值的期望值；

E——预测结果，即所有专家预测值期望值的平均值；

n——专家数；

m——允许每个专家作出估计值的个数。

【例 2-3】 在【例 2-1】中，进一步要求专家对意见集中的三个预测值评定主观概率，然后按照主观概率法预测单位成本。各位专家的预测值见表 2-1。

专家的预测值　　表 2-1

序　号	$A=685$	$B=700$	$C=710$	合　计	期望值 E_i
1	0.80	0.15	0.05		
2	0.85	0.1	0.05		
3	0.7	0.2	0.1		
4	0.25	0.75	0		
5	0.05	0.80	0.15		
6	0.10	0.70	0.20		
7	0.05	0.05	0.90		
8	0.10	0.20	0.70		
9	0.70	0.15	0.15		

解：根据各位专家的预测值及其主观概率，计算各位专家预测值的期望值。具体结果见表 2-2。

专家预测值的期望值　　表 2-2

序　号	$A=685$	$B=700$	$C=710$	合　计	期望值 E_i
1	0.80	0.15	0.05	1	688.50
2	0.85	0.1	0.05	1	687.75
3	0.7	0.2	0.1	1	690.50
4	0.25	0.75	0	1	696.25
5	0.05	0.80	0.15	1	700.75
6	0.10	0.70	0.20	1	700.50
7	0.05	0.05	0.90	1	708.25
8	0.10	0.20	0.70	1	705.50
9	0.70	0.15	0.15	1	691.00

以各位专家预测值期望值的平均值作为预测结果 E：

$$E=\frac{\sum E_i}{n}$$

$$=\frac{688.50+687.75+690.50+696.25+700.75+700.50+708.25+705.50+691.00}{9}$$

$$=696.56(\text{元}/\text{m}^2)$$

第三节　工程项目成本的定量预测法

定量预测也称统计预测，是根据已掌握的比较完备的历史统计数据，运用一定的数学方法进行科学的加工整理，借以揭示有关变量之间的规律性联系，用于预测和推测工程项目成本未来发展变化情况的一类预测方法。工程项目成本管理中的定量预测方法主要包括简单平均法、移动平均法、指数平滑法、回归分析法、高低点法、本量利分析法和系数测算法等。

一、简单平均法

简单平均法是在算术平均值的基础上发展起来的一种简单的预测方法。这种方法简单易行，不需要复杂的模型设计和数学运算。它适用于对不呈现明显倾向变化，而又具有随机波动影响的工程项目成本进行预测。根据平均值的计算方法不同，简单平均法可分为算术平均值法、加权平均值法和几何平均值法。

(一)算术平均值法

算术平均值法是将历史数据对预测值的影响作用等同看待，采用简单算术平均值法计算预测值。其计算公式为：

$$M_{t+1}=\frac{1}{n}\sum_{t=1}^{n}D_t \tag{2-3}$$

式中：M_{t+1}——第 $t+1$ 期的预测值；

D_t——第 t 期的实际值；

n——资料期数。

算术平均值法简单易行，如预测对象变化不大且无明显的上升或下降趋势时，应用较为合理，不过它只能应用于近期预测。

(二)加权平均值法

加权平均值法是在算术平均值的基础上，对所用资料按远近不同分别给予不同权数(近期数据更能反映下期趋势，故其权数大)，然后以近期数据的加权平均数作为下期的预测值。其计算公式为：

$$M_{t+1}=\sum_{t=1}^{n}W_tD_t \tag{2-4}$$

式中：W_t——D_t 的权数，$\sum_{t=1}^{n}W_t=1$；

其他符号意义同前。

当一组统计资料中每一个数据的重要性不完全相同时,求平均数的最理想方法是将每一个数据的重要性用权数来表示,即采用加权平均值法。

(三)几何平均值法

对于长期预测来说,为了反映时间序列的变动速度,可以采用几何平均值法。

设 M_i 为已知数据,$i=1,2\cdots n$,则 n 个计划期内总体发展速度为 V,每一年计划期的平均发展速度为$\overline{V}$,则有:

$$V = \frac{M_n}{M_1} \tag{2-5}$$

$$\overline{V} = \sqrt[n-1]{V} = \sqrt[n-1]{\frac{M_n}{M_1}} \tag{2-6}$$

$$\hat{M}_{i+1} = \overline{V} \times \hat{M}_i \tag{2-7}$$

式中:$\hat{M}_{i+1}$——第 $i+1$ 计划期的预测值。

显然,这是把 M_i 系列看成是平均的几何递增,这种方法对第 $i+1$ 计划期数量预测结果远优于算术平均值法。

【例 2-4】 某工程项目前 10 个月完成的预制构件数量见表 2-3。试用简单平均值法预测第 11 个月的预制构件数量。

预制构件数量(单位:件) 表 2-3

时间序列	1	2	3	4	5	6	7	8	9	10
预制构件数量	10	15	8	20	10	16	18	20	22	24

解:

1. 采用算术平均值法预测

$$M_{11} = \frac{10+15+8+20+10+16+18+20+22+24}{10} = 16.3(件)$$

2. 采用加权平均值法预测

前 5 个月的权数取 0.06, 后 5 个月的权数取 0.14,则:

$$M_{11} = 0.06 \times (10+15+8+20+10) + 0.14 \times (16+18+20+22+24)$$
$$=17.6(件)$$

3. 采用几何平均值法预测

$$\overline{V} = \sqrt[9]{\frac{24}{10}} = 1.10$$

$$M_{11} = 1.10 \times 24 = 26.4(件)$$

二、移动平均法

移动平均法是在算术平均法的基础上发展起来的一种预测方法。算术平均虽能代表一组数据的平均水平,但它不能反映数据的变化趋势。当时间序列的数据由于受周期变动和随机变动的影响,起伏较大且不易显示出发展趋势时,可用移动平均法消除这些因素的影响,显露出时间序列的长期趋势。移动平均法是时间序列分析中的一种基本方法,应用很广。

所谓移动平均,就是从时间序列的第一项数值开始,按一定项数求序列平均数,逐项移动,边移动边平均,这样就可以得出一个由移动平均数构成的新的时间序列。它把原有历史统计数据中的随机因素加以过滤,消除数据中的起伏波动情况,使不规则的线形大致上规则化,以显示出预测对象的发展方向和趋势。该方法一般适用于短期预测。

移动平均法又可分为一次移动平均法、加权移动平均法、趋势修正移动平均法和二次移动平均法等。这里主要介绍一次移动平均法和加权移动平均法。

(一)一次移动平均法

一次移动平均法又称简单移动平均法,其基本思路是每次取一定数量周期的数据平均,按时间序列逐次推进,每推进一个周期时,舍去前一个周期的数据,增加一个新周期的数据,再进行平均。其计算公式如下:

$$M_t = \frac{Y_{t-1} + Y_{t-2} + \cdots Y_{t-N}}{N} \tag{2-8}$$

式中:t——周期序列号;

M_t——第 t 周期的一次移动平均值;

Y_t——第 t 周期的实际数值;

N——移动平均值的分段数据的项数。

式(2-8)可改写为:

$$M_t = M_{t-1} + \frac{Y_{t-1} - Y_{t-(N+1)}}{N} \tag{2-9}$$

式(2-9)说明,在计算移动平均数时,只要在前一次移动平均数的基础上,加上一个修正项 $\frac{1}{N}[Y_{t-1} - Y_{t-(N+1)}]$,就可以求得所需的移动平均数。

一般可用最近时间的一次移动平均数作为下一周期的预测值,即:

$$\hat{Y}_{t+1} = M_t \tag{2-10}$$

式中:$\hat{Y}_{t+1}$——第 $t+1$ 周期的预测值;

其他符号意义同前。

移动平均法通过 N 个数据的移动平均可以削弱数据随机变动的影响,起到平滑数据的作用,在一定程度上反映了时间序列的变化趋势。可见移动平均法分段数据的项数 N 的选择是一个关键问题。如 N 取得大,移动平均值对数列起伏变动的敏感性差,反映新水平的时间长,随着 N 值的增加,趋势线逐渐平稳,但其滞后现象也同时愈益显著,容易导致预测结果滞后于可能的发展趋势。如 N 值取得小,其灵敏度高,反映新水平的时间短,对于随机因素反敏感,容易造成错觉,导致预测失误。

因此,在确定 N 时,要从以下几个方面考虑:①处理的数据数次的多少,如数据项数多,N 可取得大些;②对新数据适应程度的要求,N 取得小;③对新数据反应灵敏,但反应过快容易把意外情况错当为趋势,N 取得大,反映过慢,又缺乏适应性;④考查时间序列的变动是否有明显的周期性波动,如有,应以其周期作为 N,可消除周期性波动,使移动平均序列反映长期趋势;⑤应凭长期积累的经验,决定 N 值大小。

一次移动平均法的缺点是：

(1)会出现滞后偏差，如果近期内情况发展变化较快，利用移动平均法预测要通过较长时间才能反映出来，存在着滞后偏差。

(2)一次移动平均法对分段内部的各数据同等对待，没有考虑时间先后对预测值的影响，实际上各个不同时间期的数据对预测值的影响是不一样的，越是接近预测期的数值，对预测值的影响就越大。

为了弥补这两个缺点，可以利用加权移动平均法、趋势修正移动平均法和二次移动平均法。

(二)加权移动平均法

加权移动平均法就是在计算移动平均数时，并不同等对待各时间序列数据，而是给近期数据较大的比重，使其对移动平均数有较大的影响，从而使预测值更接近实际。这种方法就是对每一个时间序列的数据插上一加权系数。其计算公式如下：

$$M_t = \frac{a_1 Y_{t-1} + a_2 Y_{t-2} + \cdots + a_N Y_{t-N}}{N} \tag{2-11}$$

$$\hat{Y}_{t+1} = M_t \tag{2-12}$$

式中：M_t——第 t 周期的一次加权移动平均值；

a_t——第 t 期加权系数，$a_1 > a_2 > \cdots > a_N$，$\frac{1}{N}\sum a_t = 1$；

$\hat{Y}_{t+1}$——第 $t+1$ 周期的预测值。

【例 2-5】 数据同【例 2-4】，B 公司利用移动平均法预测第 11 个月的预制构件数量。

解：

1. 采用一次移动平均法预测

取 $N=3$，计算一次移动平均值 M_t，结果见表 2-4。

一次移动平均值(单位：件) 表 2-4

时间序列	1	2	3	4	5	6	7	8	9	10
预制构件数量	10	15	8	20	10	16	18	20	22	24
$N=3, M_t$	—	—	11.0	14.3	12.7	15.3	14.7	18.0	20.0	22.0

$$Y_{11} = M_{10} = 22.0(件)$$

2. 采用加权移动平均法预测

取加权系数 $a_1 = 1.8, a_2 = 0.9, a_3 = 0.3$，计算加权移动平均数，结果见表 2-5。

加权移动平均值(单位：件) 表 2-5

时间序列	1	2	3	4	5	6	7	8	9	10
预制构件数量	10	15	8	20	10	16	18	20	22	24
$N=3, M_t$	—	—	10.3	15.9	12.8	14.6	16.6	19.0	21.0	23.0

$$Y_{11}=M_{10}=23.0(\text{件})$$

三、指数平滑法

指数平滑法,也叫指数修正法,是一种简便易行的时间序列预测方法。它是在移动平均法基础上发展起来的一种预测方法,是移动平均法的改进形式。使用移动平均法有两个明显的缺点:一是它需要有大量历史观察值的储备;二是要用时间序列中近期观察值的加权方法来解决,因为最近观察中包含着最多未来情况的信息,所以必须相对地比前期观察值赋予更大的权数,即对近期的观察值应给予最大的权数,而对较远的观察值给予递减的权数。指数平滑法就是既可以满足这样一种加权法,又不需要大量历史观察值的一种新的加权移动平均值预测法,其包括一次指数平滑法、二次指数平滑法和三次指数平滑法。

(一)一次指数平滑法

指数平滑又称指数修匀,可以消除时间序列的偶然性变动,进而寻找预测对象的变化特征和趋势。一次指数平滑法适用于实际数据序列以随机变动为主的场合。一次指数平滑法的基本公式为:

$$S_t^{(1)}=aY_t+(1-a)S_{t-1}^{(1)} \tag{2-13}$$

式中:$S_t^{(1)}$——第 t 周期的一次指数平滑值;

Y_t——第 t 周期的实际观察值;

$S_{t-1}^{(1)}$——第 $t-1$ 期的一次指数平滑值;

a——平滑系数,$0\leqslant a\leqslant 1$。

一次指数平滑法是以最近周期的一次指数平滑值作为下一周期的预测值。即:

$$\hat{Y}_{t+1}=S_t^{(1)}=aY_t+(1-a)S_{t-1}^{(1)} \tag{2-14}$$

式中:$\hat{Y}_{t+1}$——第 $t+1$ 期的预测值;

其他符号意义同前。

计算指数平滑值必须先估计一个初始值 $S_0^{(1)}$。当实际数据较多($\geqslant 50$)时,取 $S_0^{(1)}=Y_1$,如实际数据较少($\leqslant 20$)时,取 $S_0^{(1)}=\frac{1}{3}(Y_1+Y_2+Y_3)$。

平滑系数 a 的选择是关键,a 取值的大小直接影响平滑值的计算结果。a 越大,其对应的观察值 Y_t 在 $S_t^{(1)}$ 中所占的比重越高,所起的作用也越大。若取 $a=0$,则 $S_t^{(1)}=S_{t-1}^{(1)}$,即下一期的预测值就等于本期的预测值,在预测过程中不考虑任何新的信息;若取 $a=1$,则 $\hat{Y}_{t+1}=Y_t$,即下期预测值就等于本期实际观察值,完全不相信过去的信息。这两种极端情况很难作出正确的预测,因此,a 值应根据时间序列的具体性质在 0 ~ 1 之间进行选择。

一般来说,如果时间序列资料波动较小,比较平稳,a 值可取小一些,如取 0.05 ~ 0.20;如果时间序列具有迅速且明显的变动倾向,则 a 值应取大一些,如取 0.30 ~ 0.70。另外还要分析时间序列不稳定的原因。如果是序列本身固有的轨迹变动,可按上述方法确定 a 值;如果前后时期之间有联系,应取较小的 a 值,以减少这种联系的影响。具体来讲,月度资料 a 值应比季度资料 a 值小,而季度资料的 a 值应小于年度资料的 a 值,这是因为时期单位越小,彼此间的联系就越大。

在实际应用中,选取 a 值应经过反复试算而确定,通过多取几个 a 值进行试算,看哪个预测误差小,就采用哪个。

一次指数平滑法的步骤:选取平滑系数 a;确定初始值 $S_0^{(1)}$;计算各期一次平滑值;预测。

(二)二次指数平滑法

一次指数平滑法虽然克服了移动平均法的两个缺点,但只能用于短期预测,对趋势稳定的时间序列预测精度可满足要求。但欲进行中长期预测,特别是有明显上升或下降趋势的时间序列预测,其仍存在着滞后偏差,因此,必须加以修正。正确的方法与二次移动平均法相同,即再作一次指数平滑,利用滞后偏差的规律来建立直线趋势模型,以便利用模型进行中、长期预测,由于它是对一次指数平滑序列再进行一次指数平滑,所以称为二次指数平滑。二次指数平滑不能直接用于预测,其主要目的是利用二次指数平滑法建立线性预测模型,然后再用模型预测。二次指数平滑法的计算公式为:

$$S_t^{(1)} = aY_t + (1-a)S_{t-1}^{(1)} \tag{2-15}$$

$$S_t^{(2)} = aS_t^{(1)} + (1-a)S_{t-1}^{(2)} \tag{2-16}$$

式中:$S_t^{(2)}$——第 t 周期的二次指数平滑值;

$S_{t-1}^{(2)}$——第 $t-1$ 周期的二次指数平滑值;

a——平滑系数,$0 \leqslant a \leqslant 1$;

其他符号含义同前。

二次指数平滑不能直接用于预测。当时间序列从某时期开始具有直线趋势时,并根据滞后偏差的演变规律建立线性预测模型。

$$\hat{Y}_{t+T} = a_t + b_t T \qquad (T = 1,2\cdots) \tag{2-17}$$

式中:t——目前的周期序号;

T——预测超前周期数;

a_t——线性模型的截距;

b_t——线性模型的斜率;

$\hat{Y}_{t+T}$——第 $T+t$ 周期的预测值。

其中 a_t 和 b_t 的计算公式为:

$$a_t = 2S_t^{(1)} - S_t^{(2)} \tag{2-18}$$

$$b_t = \frac{a}{1-a}\left[S_t^{(1)} - S_t^{(2)}\right] \tag{2-19}$$

平滑系数 a 和初始值 $S_0^{(1)}$ 与 $S_0^{(2)}$ 的确定方法与一次平滑预测法中介绍的原则相同。

现在把二次指数平滑预测法的步骤归纳如下:

(1)选择平滑系数 a,确定初始值 $S_0^{(1)}$ 和 $S_0^{(2)}$。

(2)分别计算一次平滑值和二次平滑值。

(3)分别计算参数 a_t,b_t(即平滑系数)。

(4)建立第 t 期的预测方程,预测第 $T+t$ 期的数值,和前面多次提到过的道理一样,这里 T 值不宜过大,即不宜用一个预测方程预测得太远。否则,预测方程中的 a_t、b_t 长期不变,就失去了平滑的特点。

(三)三次指数平滑法

如果数据序列的变化趋势带有非线性增长趋势，使用一次、二次指数平滑法就不能很好地预测对象变化的趋势，这就需要使用三次指数平滑法建立非线性预测模型，再用模型进行预测。三次指数平滑法几乎适用于所有的应用性预测问题，它是对二次指数平滑序列再进行一次平滑处理，即对原始时间序列数据共进行三次指数平滑处理。其计算公式为：

$$S_t^{(3)} = aS_t^{(2)} + (1-a)S_{t-1}^{(3)} \tag{2-20}$$

式中：$S_t^{(3)}$——第 t 周期的三次指数平滑值；

$S_{t-1}^{(3)}$——第 $t-1$ 周期的三次指数平滑值；

a——平滑系数，$0 \leqslant a \leqslant 1$；

其他符号含义同前。

三次指数平滑法建立的非线性预测模型为：

$$\hat{Y}_{t+T} = a_t + b_t T + c_t T^2 \tag{2-21}$$

式中：t——目前的周期序号；

T——预测超前周期数；

$\hat{Y}_{t+T}$——第 $T+t$ 周期的预测值。

其中模型系数 a_t、b_t 和 c_t 的计算公式为：

$$a_t = 3S_t^{(1)} - 3S_t^{(2)} + S_t^{(3)} \tag{2-22}$$

$$b_t = \frac{a}{2(1-a)^2}\left[(6-5a)S_t^{(1)} - 2(5-4a)S_t^{(2)} + (4-3a)S_t^{(3)}\right] \tag{2-23}$$

$$c_t = \frac{a^2}{2(1-a)^2}\left[S_t^{(1)} - 2S_t^{(2)} + S_t^{(3)}\right] \tag{2-24}$$

【例 2-6】 数据同【例 2-4】，B 公司利用指数平滑法预测第 11 个月的预制构件数量。

解：

1. 采用一次指数平滑法预测

取平滑系数 $a=0.5$，计算一次指数平滑如下：

$$S_0^{(1)} = \frac{1}{3}(Y_1 + Y_2 + Y_3) = \frac{1}{3} \times (10+15+8) = 11.0$$

$$S_1^{(1)} = aY_1 + (1-a)S_0^{(1)} = 0.5 \times 10 + 0.5 \times 11 = 10.5$$

$$S_1^{(1)} = aY_1 + (1-a)S_0^{(1)} = 0.5 \times 10 + 0.5 \times 11 = 10.5$$

$$\cdots$$

以此类推，其余计算结果见表 2-6。

一次指数平滑法预测(单位：件)　　表 2-6

时间序列	1	2	3	4	5	6	7	8	9	10
预制构件数量	10	15	8	20	10	16	18	20	22	24
$S_t^{(1)}$	10.5	12.8	10.4	15.2	12.6	14.3	16.2	18.1	20.1	22.0

$$\hat{Y}_{11} = M_{10}^{(1)} = 22.0(\text{件})$$

2. 采用二次指数平滑法预测

在一次指数平滑值 $S_t^{(1)}(a=0.5)$ 的基础上计算 $S_t^{(2)}$，结果见表 2-7。

二次指数平滑法预测(单位:件)　　表 2-7

时间序列	1	2	3	4	5	6	7	8	9	10
预制构件数量	10	15	8	20	10	16	18	20	22	24
$S_t^{(1)}$	10.5	12.8	10.4	15.2	12.6	14.3	16.2	18.1	20.1	22.0
$S_t^{(2)}$	10.9	11.9	11.2	13.2	12.9	13.6	14.9	16.5	18.3	20.2

$$a_{10} = 2S_{10}^{(1)} - S_{10}^{(2)} = 2\times 22.0 - 20.2 = 23.8$$

$$b_{10} = \frac{a}{1-a}[S_{10}^{(1)} - S_{10}^{(2)}] = \frac{0.5}{0.5}\times(22.0-20.2) = 1.8$$

$$\hat{Y}_{11} = a_{10} + b_{10}T = 23.8 + 1.8\times 1 = 25.6(\text{件})$$

3. 采用三次指数平滑法预测

在二次指数平滑值 $S_t^{(2)}(a=0.5)$ 的基础上计算 $S_t^{(3)}$，结果见表 2-8。

三次指数平滑法预测(单位:件)　　表 2-8

时间序列	1	2	3	4	5	6	7	8	9	10
预制构件数量	10	15	8	20	10	16	18	20	22	24
$S_t^{(1)}$	10.5	12.8	10.4	15.2	12.6	14.3	16.2	18.1	20.1	22.0
$S_t^{(2)}$	10.9	11.9	11.2	13.2	12.9	13.6	14.9	16.5	18.3	20.2
$S_t^{(3)}$	11.1	11.5	11.4	12.3	12.6	13.1	14.0	15.3	16.8	18.5

$$a_{10} = 3S_{10}^{(2)} + S_{10}^{(3)} = 3\times 22.0 - 3\times 20.2 + 18.5 = 23.9$$

$$b_{10} = \frac{a}{2(1-a)^2}[(6-5a)S_{10}^{(1)} - 2(5-4a)S_{10}^{(2)} + (4-3a)S_{10}^{(3)}]$$

$$= \frac{0.5}{2\times 0.5^2}\times[(6-5\times 0.5)\times 22.0 - 2\times(5-4\times 0.5)\times 20.2 + (4-3\times 0.5)\times 18.5]$$

$$= 2.05$$

$$c_{10} = \frac{a^2}{2(1-a)^2}[S_{10}^{(1)} - 2S_{10}^{(2)} + S_{10}^{(3)}] = \frac{0.5^2}{2\times(1-0.5)^2}\times(22.0 - 2\times 20.2 + 18.5)$$

$$= 0.05$$

$$\hat{Y}_{10+1} = a_t + b_tT + c_tT^2 = 23.9 + 2.05 + 0.05 = 26.0$$

四、回归分析法

回归分析法是以相关原理为基础的预测方法。其基本思路是：在掌握大量观察数据的基础上，分析研究预测对象与有关因素的相互联系，并用适当的回归模型表达出来，然后再根据数学模型预测其未来情况。

回归分析中，当研究的因果关系只涉及因变量和一个自变量时，叫做一元回归分析；当研究的因果关系涉及因变量和两个或两个以上自变量时，叫做多元回归分析。此外，依据描述自变量与因变量之间因果关系的函数表达式是线性的还是非线性的，回归分析分为线性回归分析和非线性回归分析。

（一）一元线性回归

如果两个变量之间存在相关关系，并且一个变量的增加或减少相对于另一个变量的增减来说成一定比例时，根据自变量去预测应变量的方法，称为一元线性回归法。

此法的基本步骤如下：

1. 根据历史数据绘出散点图

若图中各数据点的分布呈线性趋势，即大体呈一条直线分布，说明可以应用一元线性回归法进行预测。

2. 建立模型

一元线性回归模型是：

$$y = a + bx \tag{2-25}$$

式中：y——应变量；

x——自变量；

a、b——线性回归参数。

3. 参数估计

根据数理统计中的最小二乘法，可按下式分别求出回归系数 a 和 b 值。

$$b = \frac{\sum x_i y_i - \overline{x} \sum y_i}{\sum x_i^2 - \overline{x} \sum x_i} \tag{2-26}$$

$$a = \overline{y} - b\,\overline{x} \tag{2-27}$$

式中：x_i、y_i——分别代表自变量、应变量的历史数据；

$\overline{x}$、$\overline{y}$——分别代表自变量、应变量的平均值。

4. 相关性检验

根据历史数据，利用最小二乘法建立一元线性回归模型 $y = a + bx$，该模型是否满足线性回归模型的基本假设，还需要进行统计检验，检验可以采用相关系数来判断。相关系数是描述两个变量现行关系密切程度的数量指标，其计算公式为：

$$R = \frac{\sum (x_i - \overline{x})(y_i - \overline{y})}{\sqrt{\sum (x_i - \overline{x})^2 \sum (y_i - \overline{y})^2}} \tag{2-28}$$

当 $R_a \leqslant |R|$，y 与 x 存在显著的线性关系；当 $R_a \geqslant |R|$，y 与 x 不存在显著的线性关系。

R_a 可以根据显著性水平 a 查相关关系检验表得到，它表示对线性关系密切程度的最低要求临界值。

5. 应用回归模型进行预测

将相关变量代入回归模型，从而计算出预测目标的预测值。

（二）一元曲线回归

在实际应用中，一个自变量对应变量的影响，并不都呈线性关系，而需要采用一元曲线回

归。对这类问题预测的关键是确定自变量与应变量之间的函数关系，为此先将历史数据在图上标画出来，观察数据点的分布趋势和形状，或通过数据分析确定出变化规律，然后再拟合成近似的曲线方程。由于非线性问题一般比较复杂，在确定函数方程后，将非线性回归问题借助数学手段化为线性回归问题来处理。

常用的一元曲线回归预测有二次曲线和指数曲线等。

1. 二次曲线回归预测

一元二次曲线回归方程的基本公式是：

$$y = a + b_1x_1 + b_2x_1^2 \tag{2-29}$$

式中：y——应变量；

x_1——自变量；

a、b_1、b_2——非线性回归参数。

求解非线性回归系数的方法是把非线性回归借助数学手段转化为线性回归问题来处理。假设 $x_2 = x_1^2$，则一元二次曲线回归方程可转换为二元一次回归方程：

$$y = a + b_1x_1 + b_2x_2 \tag{2-30}$$

只要把 x_1^2 当作 x_2 的原始数据，运用二元一次线性回归预测法，求出回归参数 a、b_1、b_2，从而建立一元非线性回归预测模型，就可以进行预测了。

2. 指数曲线回归预测

指数曲线的数学模型为幂函数形式，其公式是：

$$y = ax^{b}(x > 0) \tag{2-31}$$

将两边取常用对数，即可将非线性回归转为线性回归。

$$\lg y = \lg ax^{b} = \lg a + b\lg x \tag{2-32}$$

设 $Y = \lg y$、$A = \lg a$、$X = \lg x$，则：

$$Y = A + bX \tag{2-33}$$

然后运用一元线性回归预测法求出 Y，再查反对数表，即可求出未来预测值 y。

(三)多元回归预测

多元回归预测分析首先是因素选择问题。对于任一预测对象 y，影响预测对象的因素可能有 N 个，关键在于选择主要的、起决定作用的因素。选择是通过检验因素间的相关性，即相关系数 R 来进行。

以二元线性回归说明模型的建立，二元线性回归预测是分析一个因变量和两个自变量之间呈线性关系的一种预测方法，其计算公式为：

$$y = a + b_1x_1 + b_2x_2 \tag{2-34}$$

式中：y——应变量；

x_1、x_2——自变量；

a、b_1、b_2——线性回归参数。

利用最小二乘法可以求得三个标准方程：

$$\begin{cases} na + b_1\sum x_1 + b_2\sum x_2 = \sum y \\ a\sum x_1 + b_1\sum x_1^2 + b_2\sum x_1x_2 = \sum x_1y \\ a\sum x_2 + b_1\sum x_1x_2 + b_2\sum x_2^2 = \sum xy \end{cases}$$

解此方程组,可得 a、b_1、b_2,或利用回归系数求解公式,即:

$$b_1 = \frac{\sum(y-\bar{y})(x_1-\bar{x}_1)\cdot\sum(x_2-\bar{x}_2)^2 - \sum(y-\bar{y})(x_2-\bar{x}_2).\sum(x_1-\bar{x}_1)(x_2-\bar{x}_2)}{\sum(x_1-\bar{x}_1)^2\cdot\sum(x_2-\bar{x}_2)^2 - [\sum(x_1-\bar{x}_1).\sum(x_2-\bar{x}_2)]^2}$$

$$b_2 = \frac{\sum(y-\bar{y})(x_2-\bar{x}_2).\sum(x_1-\bar{x}_1)^2 - \sum(y-\bar{y})(x_1-\bar{x}_1).\sum(x_1-\bar{x}_1)(x_2-\bar{x}_2)}{\sum(x_1-\bar{x}_1)^2\cdot\sum(x_2-\bar{x}_2)^2 - [\sum(x_1-\bar{x}_1).\sum(x_2-\bar{x}_2)]^2}$$

$$a = \bar{y} - b_1\bar{x}_1 - b_2\bar{x}_2 \tag{2-35}$$

式中 $\bar{y} = \frac{\sum y}{N}$,$\bar{x} = \frac{\sum x}{N}$。

求得 a、b_1、b_2 后,代入 $y = a + b_1x_1 + b_2x_2$,即可进行预测。

另外,采用回归分析法的规定之一,就是数据点的多少决定着预测的可靠程度。而所需要的数据点实际数量,又取决于数据的性质以及当时的经济情况。一般来说,历史数据观察点至少要在 20 个以上为好。

【例 2-7】 某施工队 2009 年 3 ~ 9 月份成本资料见表 2-9。如果 2009 年 10 月份和 11 月份预算成本分别为 20 万元和 30 万元,分别预测 10 月份和 11 月份的实际成本。

某施工队成本核算资料(单位:万元) 表 2-9

月份	3	4	5	6	7	8	9	合计
预算成本 x	17.9	14.2	21.9	26	33.5	38.5	30	$\sum x = 182$
实际成本 y	19.8	17.4	22.2	24.5	28.9	32.3	27.1	$\sum y = 172.2$
x^2	320.41	201.64	479.61	676	1 122.25	1 482.5	900	$\sum x^2 = 5\,182.16$
xy	354.42	247.08	486.18	637	968.15	1 243.55	813	$\sum xy = 4\,749.38$

解:由于历史数据呈现线性趋势,选用一元一次回归模型预测。

1. 计算模型参数

$$b = \frac{\sum x_iy_i - \bar{x}\sum y_i}{\sum x_i^2 - \bar{x}\sum x_i} = \frac{4\,749.38 - \frac{1}{7}\times 182\times 172.2}{5\,152.16 - \frac{1}{7}\times 182^2} = 0.60$$

$$a = \bar{y} - b\,\bar{x} = \frac{1}{7}\times 172.2 - 0.6\times\frac{1}{7}\times 182 = 9$$

2. 建立回归方程

$$y = 9 + 0.6x$$

3. 预测实际成本

10 月份实际成本 $y_{10} = 9 + 0.6x_{10} = 9 + 0.6\times 20 = 21$(万元)

10 月份实际成本比预算成本将超支 1 万元。

11 月份实际成本 $y_{11} = 9 + 0.6x_{11} = 9 + 0.6\times 30 = 27$(万元)

11 月份实际成本比预算成本将降低 3 万元。

五、高低点法

在一定的生产规模下，工程项目各期成本费用中有一部分是相对固定的，即不随着产量或工作量的变动而变动，如固定资产折旧、管理人员工资费用、水电费等，而另一部分则随着产量或工作量的变动而变动，如直接材料、直接人工费用等。因此，固定成本、变动成本和工作量之间具有以下线性关系：

某工作量下的成本 = 固定成本 + 单位变动成本 × 工作量

高低点法就是依据上述关系，根据统计资料中完成最高工作量与最低工作量两个时期的成本数据，通过计算总成本中的固定成本、变动成本和成本变动率来预测成本的。预测公式如下：

$$y = a + bx \tag{2-36}$$

$$b = \frac{y_1 - y_2}{x_1 - x_2} \tag{2-37}$$

式中：a——固定成本；

x_1、x_2——分别为最高点和最低点的工作量；

y_1、y_2——分别为最高点和最低点的成本。

【例 2-8】 某施工项目的合同价为 190 000 万元。试根据企业同类项目的产值与成本进行总成本预测，同类项目的产值与成本见表 2-10。

某项目同类项目的产值与成本　　表 2-10

期数	1	2	3	4	5
产值 x	120 000	135 000	148 000	156 000	172 000
成本 y	110 000	123 000	135 000	142 000	157 000

解：

1. 计算模型参数

$$b = \frac{157\,000 - 110\,000}{172\,000 - 12\,000} = 0.903\,8$$

$$a = 157\,000 - 0.903\,8 \times 172\,000 = 1\,546.4$$

由此得出预测模型：　$y = 1\,546.4 + 0.903\,8x$

2. 预测总成本

该预测项目的总成本为：

$$y = 1\,546.4 + 0.903\,819\,000\,0 = 173\,268.4（万元）$$

用高低点法预测工程项目成本简便易算，只要有两个不同时期的业务量和成本，就可求解，使用较为广泛。但这种方法只是根据最高、最低两点资料，而不是考虑两点之间的业务量和成本的变化，计算结果往往不够精确。

六、本量利分析法

本量利分析，全称为成本、产量、利润分析，通过揭示成本、产量、利润之间的内在联系来确定企业的保本点、保利点，以此挖掘企业内部潜力，寻求扩大生产、降低成本、增加盈利、提高效益的新途径。它既是一种重要的预测方法，也是一种科学的决策方法。本量利分析法传统上是研究企业在经营中一定时期的成本、业务量（生产量或销售量）和利润之间的变化规律，从而对企业进行规划的一种技术方法。今天，这种方法已广泛应用于工程项目成本管理中。在工程项目成本管理中，可以通过分析项目的合同价格、工程量、单位成本及总成本之间的相互关系，为工程项目成本预测和决策提供依据。

由于本量利分析法是在成本分为固定成本和变动成本的基础上发展起来的，因此我们必须对工程项目的固定成本和变动成本进行划分。

（一）固定成本和变动成本的划分

工程项目要取得收入，必须有相应的耗费，而且收入必须大于耗费才能盈利。工程项目的成本支出，按其成本数量与工程规模变动的内在联系，通常可划分为固定成本和变动成本两类。

1. 固定成本

固定成本是指成本总额在一定时期和一定工程规模范围内不受工程规模影响的成本。工程项目中的施工现场管理人员工资和办公费、临时设施费等均属于固定成本。

2. 变动成本

变动成本是指成本总额在一定时期和一定工程规模范围内随着工程规模的变动而成正比例变动的成本。工程项目中的人工、材料以及机械设备中的变动费用等均属于变动成本。

除了固定成本和变动成本外，还有一种介于固定成本和变动成本之间的成本费用，它可以通过一定的方法分解为固定成本和变动成本两部分。因此工程项目的全部成本费用最终可分解为固定成本和变动成本两种类型。

（二）本量利分析的基本数学模型

将工程项目成本分解成固定成本和变动成本两部分后，再将收入和利润加进来，成本、工程量和利润的关系就可统一于一个数学模型。

假设项目的建筑面积（或体积）为 S，合同单位平方造价为 P，施工项目的固定成本为 C_1，单位变动成本为 C_2，项目合同总价或预算收入为 Y 元，项目总成本为 C 元，项目利润为 TP。则成本、工程量、利润之间存在以下的关系：

工程利润 = 预算收入 - 预算成本

= 预算收入 - 变动成本 - 固定成本

=（单价 - 单位变动成本）× 工程量 - 固定成本

= 单价 × 工程量 - 单位变动成本 × 工程量 - 固定成本

$$TP = Y - C = (P - C_2) \times S - C_1$$

$$C = C_2 \times S + C_1$$

$$Y = P \times S \tag{2-38}$$

在建立工程项目本量利分析基本数学模型的基础上，应充分意识到本量利分析在工程项目成本管理中的特殊性。

1. 本量利分析在工程项目中的因素特征

（1）成本。本量利分析是在成本划分为固定成本和变动成本的基础上发展起来的，所以进行本量利分析首先应从成本性态入手，即把成本按其与产销量的关系分解为固定成本和变动成本。在工程项目管理中，就是把成本按是否随工程规模大小而变化划分为固定成本（以 C_1 表示）和变动成本（以 C_2 表示，这里指单位平方建筑面积变动成本）。

(2)量。在施工项目成本管理中，本量利分析的量不是一般意义上单件工业产品的生产数量或销售数量，而是指一个工程项目的建筑面积或建筑体积（以 S 表示）。对于特定的工程项目，由于建筑产品具有“期货交易”的特征，所以其生产量即为销售量，且固定不变。问题是确定 C_1 和 C_2 往往很困难，这是由于变动成本变化幅度较大，而且历史资料的计算口径不同。一个简便而适用的方法，是建立以 S 为自变量，C（总成本）为因变量的回归方程（$C = C_1 + C_2 \times S$），通过历史工程成本数据资料（以计算期价格指数为基础）用最小二乘法计算回归系数 C_1 和 C_2。

(3)价格。不同工程项目其单位价格是不同的，但在相同的期间内，同结构类型项目的单位价格则是基本相近的。因此，工程项目成本管理本量利分析中可以按工程结构类型建立相应的盈亏分析图。某种结构类型项目的单位价格可以按实际历史数据资料计算并按物价上涨指数修正，或者和计算成本一样建立回归方程求解。

2. 本量利分析在工程项目中的方法特征

与一般本量利分析方法不同的是：企业在建立了自己的各种工程结构类型工程项目的盈亏分析图之后，对于特定工程项目来说，其量（建筑面积）是固定不变的，从成本预测和定价方面考虑，变化的是成本（包括固定成本和变动成本）以及标价。其作用在于为项目投标报价决策和制订项目施工成本计划提供依据。

(三)盈亏分析图和盈亏平衡点

以纵轴表示项目收入与项目成本，以横轴表示工程量，建立坐标图，并分别在图上画出工程项目成本线和收入线，称之为盈亏分析图。盈亏分析图如图 2-2 所示。

从图上看出，工程项目收入线与成本线的交点称为盈亏平衡点或损益平衡点。在该点上，工程项目收入与成本正好相等，即项目处于不亏不赢或损益平衡状态，也称为项目保本状态。

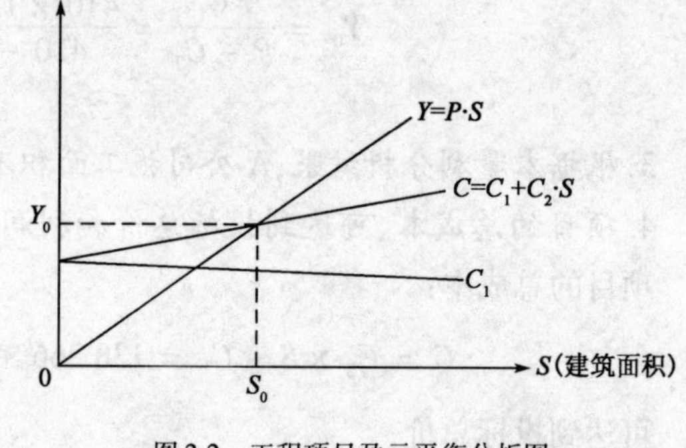

图 2-2 工程项目盈亏平衡分析图

(四)项目保本规模和保本合同价预测

项目保本规模和保本合同价，就是盈亏平衡点的工程量 S 和合同价 Y 的值，分别以 S_0 和 Y_0 表示。由于在保本状态下，项目预算收入（工程项目合同价）与工程总成本相等，即：

$$Y_0 = C_1 + C_2 \times S_0 \tag{2-39}$$

因此：

$$P \times S_0 = C_1 + C_2 \times S_0$$

则项目保本规模：

$$S_0 = \frac{C_1}{P - C_2} \tag{2-40}$$

项目保本合同价：

$$Y_0 = \frac{PC_1}{P - C_2} = \frac{C_1}{\frac{P - C_2}{P}} \tag{2-41}$$

式中：S_0——项目保本规模；

Y_0——项目保本合同价。

由于单位合同价减单位变动成本等于单位边际利润，单位边际利润除以单价等于边际利润率，则项目保本规模和保本合同价又可表达为：

$$保本规模 = \frac{固定成本}{单位合同价 - 单位产品变动成本} = \frac{固定成本}{单位边际利润} \tag{2-42}$$

$$保本合同价 = \frac{固定成本 \times 单位合同价}{单位合同价 - 单位产品变动成本} = \frac{固定成本}{边际利润率} \tag{2-43}$$

【例 2-9】 A 公司施工的砖混结构工程（H 工程）的本量利分析模型：$C_1 = 138\ 266$ 元，$C_2 = 211$ 元/m^2，当年砖混结构工程的合同价 P 为 410 元/m^2。据此建立 A 公司施工的砖混结构工程的保本规模和保本合同价，分别确定施工面积和合同价的最低额。如果现承建该工程面积 1 000m^2，估算该项目的总成本、可达到投标总价和利润。

解：

1. 则项目保本规模

$$S_0 = \frac{C_1}{P - C_2} = \frac{138\ 266}{410 - 211} = 695(m^2)$$

2. 项目保本合同价

$$Y_0 = \frac{PC_1}{P - C_2} = \frac{410 \times 138\ 266}{410 - 211} = 284\ 870(元)$$

3. 根据本量利分析结果，A 公司施工面积不低于 695m^2，合同价不低于 284 870 元

4. 项目的总成本、可达到投标总价和利润

项目的总成本：

$$C = C_2 \times S + C_1 = 138\ 266 + 211 \times 1\ 000 = 349\ 266(元)$$

可达到投标总价：

$$Y = P \times S = 410 \times 1\ 000 = 410\ 000(元)$$

可达到利润：

$$TP = Y - C = (P - C_2) \times S - C_1 = 410\ 000 - 349\ 266 = 60\ 734(元)$$

（五）项目目标成本预测

目标成本是成本管理的重要内容，是目标管理在成本管理中的实际应用。它是以企业的

目标利润和顾客所能接受的销售价格为基础，根据先进的消耗定额和计划期内能够实现的成本降低措施及其效果确定的，改变以实际消耗为基础的传统成本控制观念，增强成本的预见性、目的性和科学性。

项目目标成本是以项目为基本核算单元，通过定性或定量的分析计算，在充分考虑现场实际、市场供求的前提下，确定出在目前的内外环境下及合理工期内，通过努力所能达到的成本目标值。它是项目成本管理的一个重要环节。

在工程项目已中标、已签订合同后，工程项目预算成本（项目合同价）是可知的。因此，工程项目遵循的是“先定价、后生产”的流程，运用目标成本的管理模式预测计划成本降低率和目标成本就非常适用。

目标成本一般是根据工程项目预算及其同类项目成本情况确定项目目标成本额，一般来说就是工程的预测结果。

预测工程项目目标成本时，一般应根据历史或上年度同类项目成本资料作为测算的主要依据，按照成本与工程量之间的依存关系，把成本分为固定成本和变动成本两大类，再分析研究历史或上年度固定成本和变动成本的情况，结合工程项目计划期的实际情况及其要采取的技术组织措施，确定计划年度固定成本和变动成本水平，并预测计划期在一定工程量下的最优目标成本。

预测目标成本的方法和步骤如下：

(1)将历史或上年度同类项目的实际成本划分为固定成本和变动成本。

(2)计算历史或上年度同类项目的变动成本率、边际成本率和边际利润率。

(3)假设计划年度固定成本与历史或上年度相同（实际中因主观和客观的某些原因可能有所升降），预测计划年度的保本规模，通过保本规模预测可知项目必须完成的预算工作量。

(4)在工程任务确定的情况下，预测计划年度目标成本和计划成本降低率。

$$\text{工程目标成本} = \text{固定成本} + \text{计划年度预算成本} \times \text{变动成本率} \tag{2-44}$$

$$\text{工程计划成本降低率} = \frac{\text{项目计划年度预算成本} - \text{目标成本}}{\text{项目计划年度预算成本}} \times 100\% \tag{2-45}$$

【例 2-10】 某工程项目上年度成本报表中，预算成本 3 700 万元，实际成本 3 480 万元。在实际成本中，划分固定成本为 955 万元，变动成本 2 525 万元。该项目计划年度已确定工程预算成本为 3 800 万元，固定成本基本和上年度相同，试预测本年度保本点、目标成本和成本降低率。

解：

1. 计算上年度变动成本率和边际利润率

变动成本率 $\qquad \dfrac{C_2S}{Y} \times 100\% = \dfrac{2\,525}{3\,700} \times 100\% = 68.24\%$

边际利润率 $\qquad \dfrac{Y - C_2S}{Y} \times 100\% = \dfrac{3\,700 - 2\,525}{3\,700} \times 100\% = 31.76\%$

2. 预测计划年度保本点

$$Y_0 = \frac{PC_1}{P - C_2} = \frac{C_1}{\dfrac{P - C_2}{P}} = \frac{955}{0.317\,6} = 3\,007(\text{万元})$$

上式表明，计划年度必须完成预算成本3 007万元才能保本，不亏损。如果超过3 007万元，每超过100万元，盈利31.76万元。

3. 预测计划年度目标成本和成本降低率

$$\text{工程目标成本} = \text{固定成本} + \text{计划年度预算合同价} \times \text{变动成本率} = 955 + 3\,800 \times 68.2\% = 3\,548(\text{万元})$$

$$\text{工程计划成本降低率} = \frac{\text{项目计划年度合同价} - \text{目标成本}}{\text{项目计划年度合同价}} \times 100\% = \frac{3\,800 - 3\,548}{3\,800} \times 100\% = 6.63\%$$

利用本量利分析模型，还可以分析和预测固定成本和变动成本的变化对目标成本的影响程度。

【例2-11】 数据同【例2-9】，A公司H工程的目标成本为349 266元，其固定成本138 266元，变动成本211 000元。试分析固定成本和变动成本的变化对目标成本的影响。

解：

1. 变动成本变化对目标成本影响预测［图2-3a）、图2-3b）］

设单位变动成本变动率为a（增加为正，降低为负），则：

$$C_K = C_2 \times (1 + a) \times S + C_1$$

若设$a = -5\%$，则：

$$C_K = 138\,266 + 211 \times (1 - 5\%) \times 1\,000 = 338\,716(\text{元})$$

$$\text{目标成本降低率} = \frac{349\,266 - 338\,716}{349\,266} \times 100\% = 3.02\%$$

若设$a = 5\%$，则：

$$C_K = 138\,266 + 211 \times (1 + 5\%) \times 1\,000 = 359\,816(\text{元})$$

$$\text{目标成本降低率} = \frac{349\,266 - 359\,816}{349\,266} \times 100\% = -3.02\%$$

2. 固定成本变化对目标成本影响预测［图2-3c）］

设固定成本变动率为β（增加为正，降低为负），则：

$$C = C_2 \times S + C_1 \times (1 + \beta)$$

若设$\beta = -5\%$，则：

$$C_K = 138\,266 \times (1 - 5\%) + 211 \times 1\,000 = 342\,353(\text{元})$$

$$\text{目标成本降低率} = \frac{349\,266 - 342\,353}{349\,266} \times 100\% = 1.97\%$$

若设$\beta = 5\%$，则：

$$C_K = 138\,266 \times (1 + 5\%) + 211 \times 1\,000 = 356\,179(\text{元})$$

$$\text{目标成本降低率} = \frac{349\,266 - 356\,179}{349\,266} \times 100\% = -1.97\%$$

3. 固定成本变化和变动成本变化对目标成本的影响分析

一般工程的变动成本远远高于固定成本，因此寻求降低成本的途径应从变动成本入手，取得的效益也比固定成本高。从上面的实例中也可看出，变动成本降低5%，使得工程总成本降

低3.02%,而固定成本降低5%,使得工程总成本降低1.97%。另一方面,由于固定成本不随工程规模变化,是保证项目实施必须投入的费用,而变动成本随着规模而变化,成本内容也广泛,因此降低变动成本比降低固定成本容易实现。

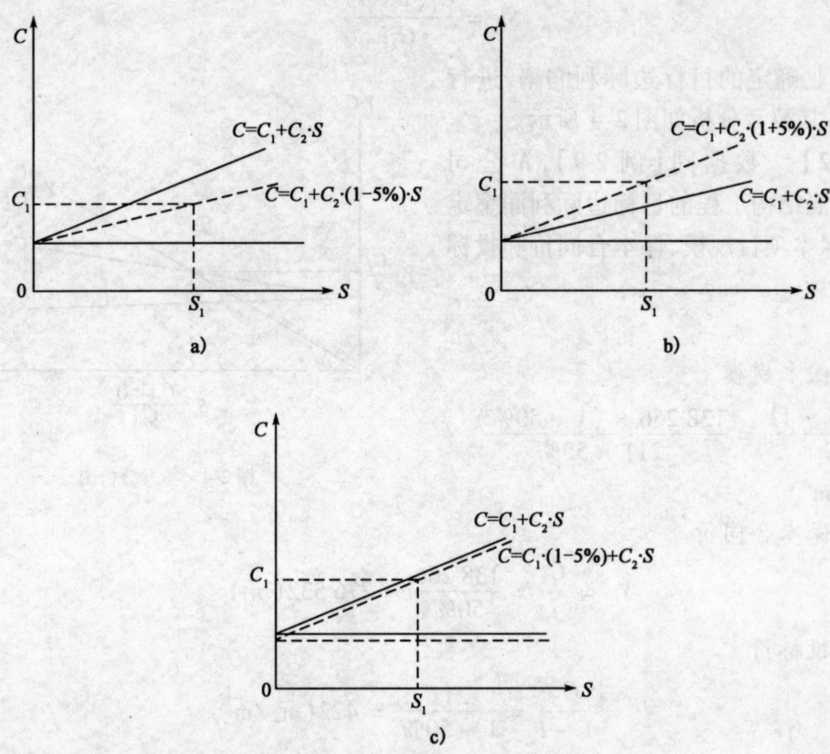

图2-3　固定成本和变动成本的变化对目标成本的影响

(六)有目标利润的保本点预测

由于项目的规模不可能完全一样,因此不可能有一个固定的目标利润。为便于本量利分析,可根据企业的经营状况和建筑市场行情确定各种类型项目的目标边际利润来计算。

$$\text{目标边际利润率}(i)=\frac{\text{单位造价}(P)-\text{单位变动成本}(C_2)}{\text{单位造价}(P)} \tag{2-46}$$

根据既定的目标边际利润(i),可以确定工程的投标单价的最低额为:

$$P=\frac{C_2}{1-i} \tag{2-47}$$

投标总价为:

$$Y=\frac{C_2}{1-i}\times S \tag{2-48}$$

项目保本合同价:

$$Y_0=\frac{C_1}{i} \tag{2-49}$$

项目保本规模,因为:

$$Y_0 = C_1 + C_2 \times S_0 = \frac{C_1}{i} \tag{2-50}$$

所以：

$$S_0 = \frac{C_1(1-i)}{C_2 i} \tag{2-51}$$

根据企业确定的目标边际利润率，进行本量利分析，其盈亏分析如图2-4所示。

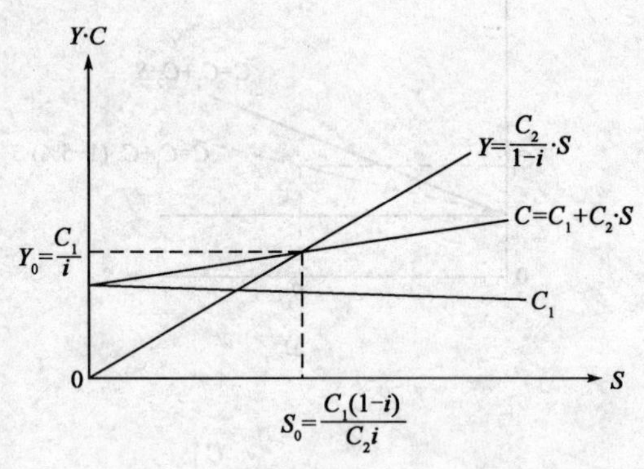

图2-4　盈亏分析图

【例2-12】　数据同【例2-9】，A公司2009年度砖混结构工程的目标边际利润率定位50%，则保本项目规模、保本合同价和投标价分别为多少？

解：

1. 项目保本规模

$$S_0 = \frac{C_1(1-i)}{C_2 i} = \frac{138\,266 \times (1-50\%)}{211 \times 50\%}$$

$=656(\mathrm{m}^2)$

2. 项目保本合同价

$$Y_0 = \frac{C_1}{i} = \frac{138\,266}{50\%} = 276\,532(\text{元})$$

3. 项目投标价

单价　$$P = \frac{C_2}{1-i} = \frac{211}{1-50\%} = 422(\text{元}/\mathrm{m}^2)$$

总价　$$Y = \frac{C_2}{1-i} \times S = \frac{211 \times 656}{1-50\%} = 276\,832(\text{元})$$

总之，本量利分析方法是通过揭示产量、成本、利润之间的内在联系来确定企业的保本点、保利点，以此来挖掘企业的内在潜力，寻求扩大生产、降低成本、增加盈利、提高效益的新途径。它既是一种重要的预测方法，也是一种科学的决策方法。但是，量本利分析方法也有其局限性：它必须在价格、销量无显著变比的基本假定下进行，否则，这种方法将无从解释和应用。在市场经济条件下，由于企业的生产经营是在风险和不确定情况下进行的，商品的销量往往是不确定的随机变量，在这种情况下，量本利分析的基本假定得不到满足，所以无法进行简单的量本利分析，应以数理统计为工具进行量本利分析。

七、系数测算法

系数测算法是指以上一年或同类可比项目平均单位工程成本为基础，根据计划年度各主要技术指标的变动系数，测算项目成本的降低率和降低额。一般要预测计划年度由于采取各项技术组织措施，使完成的工程量增加，原材料、燃料、动力消耗定额降低和价格下降，劳动生产率提高等而导致工程项目形成的节约。

预测步骤如下：

第一步，计算上年或同类可比项目平均单位工程成本。

第二步,测算各项主要因素的影响程度。影响工程项目成本变动的因素主要有工程量、材料消耗定额、材料价格、劳动生产率、间接费用(现场管理费)、废品损失等。

(一)预测直接材料费用变动影响工程项目成本降低的程度

工程项目中材料费用的大小,主要受两个因素的影响:一是材料消耗定额的高低,二是材料价格的变动。因此预测直接材料费用变动影响工程项目成本降低的程度,应考虑材料消耗定额和材料价格变动两个方面。

材料消耗定额的降低,会使工程项目单位成本中的材料费用相应降低,两者降低的幅度是一致的。但是材料费用的降低率,并不等于工程项目成本的降低率,因为材料费用只占工程项目成本的一部分,占比重愈大,材料费用降低对工程项目成本的影响也就越大,因此材料消耗定额降低形成的节约对成本的影响,应按下列公式计算:

$$\frac{\text{材料消耗定额降低}}{\text{影响的成本降低率}} = \frac{\text{材料消耗定额}}{\text{降低的百分比}} \times \frac{\text{材料费用占成本}}{\text{费用的百分比}} \tag{2-52}$$

在材料定额不变的情况下,材料价格变动影响产品成本降低(或升高)的程度,可以按下列公式计算:

$$\frac{\text{材料价格变动}}{\text{影响的成本降低率}} = \frac{\text{材料价格降低}}{\text{(或提高)的百分比}} \times \frac{\text{材料费用占}}{\text{成本的百分比}} \tag{2-53}$$

如果材料消耗定额和价格同时发生变动,除按前面的公式计算消耗定额对成本降低的影响外,应按以下公式计算价格变动对成本降低的影响:

$$\begin{array}{l}\text{材料消耗定额}\\\text{和材料价格同时变动}\\\text{影响成本降低(或升高)率}\end{array} = \left\{1 - \left[\frac{1-\text{材料价格降低}}{\text{(或+提高)的百分比}}\right] \times \left(\frac{1-\text{材料消耗定额}}{\text{降低的百分比}}\right)\right\} \times \text{材料费用占成本的百分比} \tag{2-54}$$

(二)预测人工费用影响工程项目成本降低的程度

提高劳动生产率和生产工人工资的增长都对工程项目成本中的人工费用发生一定的影响。概括起来,主要应分以下几种情况。

1. 由于劳动生产率提高,生产工人人数和工资不变而形成的项目成本节约

$$\begin{array}{l}\text{劳动生产率}\\\text{提高影响的}\\\text{成本降低率}\end{array} = \frac{\text{生产工人工资}}{\text{占成本的百分比}} \times \left(1 - \frac{1}{1+\text{劳动生产率提高的百分比}}\right) \tag{2-55}$$

2. 由于劳动生产率的提高超过平均工资增长而形成的成本节约

$$\begin{array}{l}\text{劳动生产率和}\\\text{平均工资相互}\\\text{作用的影响}\end{array} = \frac{\text{生产工人工资}}{\text{占成本的百分比}} \times \left(1 - \frac{1+\text{平均工资增长的百分比}}{1+\text{劳动生产率提高的百分比}}\right) \tag{2-56}$$

3. 由于单位工程工时耗用定额减少超过平均工资增长而形成的成本节约

劳动生产率的提高,既可以表现为单位时间内所完成的工程量的增加,也可表现为单位工程工时耗用定额减少。由于单位工程工时耗用定额减少超过平均工资增长而形成的成本节约可按下式计算:

$$\text{劳动生产率提高影响成本的降低率} = \left[\left(1 - \text{工时定额降低的百分比}\right) \times \left(1 + \text{平均工资增长百分比}\right)\right] \times \text{生产工人工资占成本的百分比} \tag{2-57}$$

（三）由于工程量增加超过现场管理费增加影响工程项目成本降低的程度

现场管理费中大部分属于固定费用，如现场管理人员的工资、办公费、差旅费等；也有一部分属于半变动费用，如低值易耗品、现场管理使用的交通工具的油料、燃料等。由于固定费用一般不随工程量的增加而发生变动，当工程量增加时，就会使单位工程所分摊的固定费用减少。半变动费用虽然随着工程量的增加而增加，但是可以通过各项节约措施进行控制。由于工程量增加超过现场管理费增加影响工程项目成本的降低率可按下式计算：

$$\text{固定管理费用节约影响成本降低率} = \left(1 - \frac{1}{1 + \text{工程量增加的百分比}}\right) \times \text{固定管理费用占成本的百分比} \tag{2-58}$$

$$\text{半变动费用节约影响成本降低率} = \left(1 - \frac{1 + \text{半变动费用增加的百分比}}{1 + \text{工程量增加的百分比}}\right) \times \text{半变动费用占成本的百分比} \tag{2-59}$$

（四）由于废品损失减少影响工程项目成本降低的程度

施工过程中发生废品损失，意味着资源的浪费。废品损失减少会带来工程项目成本的降低，成本降低的程度可以按下列公式计算：

$$\text{废品损失减少影响成本降低率} = \text{废品损失减少的百分比} \times \text{废品损失占成本的百分比} \tag{2-60}$$

第三步，综合各因素影响数，预测成本降低指标。综合上述计算结果，即将第二步测算的各种因素影响的成本降低率相加就可求得计划期项目成本总降低率，用总降低率乘以按上年平均单位工程成本计算的总成本，即预测出计划期项目总成本降低额。如果要确定各成本项目降低额，可以用各影响因素的降低率，分别乘以按上年平均单位工程成本计算的总成本。

【例2-13】 某工程项目计划年度影响工程成本变动的各项因素有：计划年度完成工作量增长2.7%、生产工人劳动生产率提高10%、生产工人平均工资增长8%、材料消耗降低6%、机械使用费降低8%、其他工程费用降低5%、施工管理费降低11%。另外，该工程项目预算成本项目的比重分别为：人工费11%、材料费66%、机械使用费6%、其他工程费、施工管理费13%。计划年度该工程项目预算成本为3 800万元。预测计划期该工程项目各成本项目降低额和总成本降低额。

解：

1. 由于劳动生产率的提高超过平均工资增长而使工程项目成本降低

$$\text{成本降低率} = 0.11 \times \left(1 - \frac{1 + 0.08}{1 + 0.10}\right) = 0.2\%$$

$$\text{成本降低额} = 3\,800 \times 0.002 = 7.6\text{（万元）}$$

2. 由于材料消耗降低使工程项目成本降低

$$\text{成本降低率} = 0.66 \times 0.06 = 3.96\%$$

$$\text{成本降低额} = 3\,800 \times 0.039\,6 = 150.48\text{（万元）}$$

3. 由于机械使用费降低使工程项目成本降低

$$成本降低率 = 0.06 \times 0.08 = 0.48\%$$

$$成本降低额 = 3\,800 \times 0.004\,8 = 18.24(万元)$$

4. 由于其他工程费降低使工程项目成本降低

$$成本降低率 = 0.04 \times 0.05 = 0.2\%$$

$$成本降低额 = 3\,800 \times 0.002 = 7.6(万元)$$

5. 由于生产增长,管理费用节约使成本降低

$$成本降低率 = 0.13 \times [1 - \frac{1 + (-0.11)}{1 + 0.027}] = 1.73\%$$

$$成本降低额 = 3\,800 \times 0.017\,3 = 65.74(万元)$$

6. 预计工程总成本降低额

$$总成本降低额 = 7.6 + 150.48 + 18.24 + 7.6 + 65.74 = 249.66(万元)$$

第四节　定性、定量预测法在工程项目中的应用

定量预测和定性预测是两类预测方法,但预测方法只是提供预测的手段,而不是目的,预测的目的是要科学地认识工程项目的成本变化,预测拟投标或准备或正在施工的工程项目成本,为项目的决策者和经营管理者提供正确而及时的依据。本节将上述工程项目成本预测的方法归纳为两类:第一类是近似预测法,即以过去的类似工程作为参照,预测目前工程项目成本,这类方法主要有时间序列法和指数回归法;第二类是详细预测法,即以近期内的类似工程成本为基数,通过结构与建筑差异调整,以及人工费、材料费等直接费用和间接费用的修正来预算目前施工项目的成本。

一、近似预测法

(一)一元线性回归法

线性回归的预测方法在本章中已叙述。该方法适用于物价波动不大时期内的成本预测,对于物价波动较大的,要进行价格口径换算,具体方法如下。

【例 2-14】　某建筑公司 2010 年 3 ~9 月成本核算资料见表 2-11,10 月份和 11 月份预算成本分别为 40 万元和 50 万元,分别预测 10 月份和 11 月份的实际成本。

某建筑公司成本核算资料　　表 2-11

月份	3	4	5	6	7	8	9	合　计
预算成本 x	20.9	17.2	25	30.1	38.2	45.1	50.6	$\sum x = 227.1$
实际成本 y	22.8	20.4	26	28.5	35.3	40.2	47.1	$\sum y = 220.3$
x^2	436.81	295.84	625	906.01	1 459.24	2 034.01	2 560.36	$\sum x^2 = 8\,317.27$
xy	476.52	350.88	650	857.85	1 348.46	1 813.02	2 383.26	$\sum xy = 7\,879.99$

解:根据资料计算 a 和 b

$$b = (N\sum x_i y_i - \sum x_i \sum y_i) \div (N\sum_i^2 - \sum x_i \sum y_i)$$

$$= (7 \times 7\,879.99 - 227.1 \times 220.3) \div (7 \times 8\,317.27 - 227.1^2) = 0.771\,8$$

$$a = (\sum y_i - b\sum x_i) \div 7 = (220.3 - 0.7718 \times 0.7718) \div 7 = 6.4320$$

因此,回归方程为 $y = 6.4320 + 0.7718x$。如果本年 11 月份预测的预算成本为 50 万元,即 $x = 50$,则实际成本 $y_{11} = 6.4320 + 0.7781 \times 50 = 45.022$(万元)

(二)时间序列分析预测

一个施工企业一般在同一年度内会有多个同类型的项目竣工,同一类型施工项目的单位成本也不可能一致。另外,许多项目是跨年度施工的,如果以一年为一个预测期,其成本实际上不仅仅反映了本年度的成本水平。针对这些问题,可采取下述方法计算:

(1)通常以一年为一个预测周期。

(2)跨年度的工程,其实际成本作为竣工年份的成本资料。

(3)同年度有多个同类工程竣工,以其平均值作为该年度的成本实际值。

【例 2-15】 2009 年内竣工的砖混结构工程有四个项目,其单方成本分是 253 元/m^2、269 元/m^2、274 元/m^2和 259 元/m^2,求 2009 年度的砖混结构工程的单位成本。

解:2009 年度的砖混结构工程的单位平方成本为:

$$\frac{253 + 269 + 274 + 259}{4} = 264(元/m^2)$$

用时间序列分析法预测下一年度的成本,在计算以前各年度的同类工程各年度平均单方成本之后,就可以采用时间序列分析方法中任意一种方法预测下年的同类工程单方成本。

具体的计算方法在前节中已专门介绍。在这里,我们建议采用指数平滑法计算,因为指数平滑法预测值的结果比其他方法更接近于实际值,且适用于短期预测。

二、详细预测法

详细预测法,通常是对工程项目计划工期内影响其成本变化的各个因素进行分析,比照近期已完工的工程项目或将完工施工项目的成本(单位面积成本或单位体积成本),预测这些因素对工程成本中有关项目(成本项目)的影响程度,然后用比重法进行计算,预测出工程的单位成本或总成本。

(一)预测未来项目修正成本

(1)要计算近期已完或将近完工的类似工程项目(以下称为参照工程)的成本,包括其项目成本的数额。

(2)要分析影响成本的因素,并分析预测各因素对成本有关项目的影响程度。

由于建筑产品的特殊性,每项工程在结构和建筑设计上都有所区别,这就是说利用近期类似工程成本作为本工程的初始预测成本必须对其进行必要的修正。即应考虑两个方面:一是对象工程与参照工程结构上的差异;二是对象工程与参照工程建筑上的差异。

具体修正公式如下:

对象工程总成本 = 参照工程单方 × 对象工程建筑面积 +

$$\sum\left[\text{结构或建筑上不同部分的量} \times \left(\begin{array}{l}\text{对象工程该部分的单位成本} - \\ \text{参照工程该部分的单位成本}\end{array}\right)\right]$$

或

对象工程单方成本 = 参照工程单方成本 +

$$\frac{\sum\left[\text{结构或建筑上不同部分的量}\times\left(\begin{array}{l}\text{对象工程该部分的单位成本}-\\\text{参照工程该部分的单位成本}\end{array}\right)\right]}{\text{对象工程建筑面积}} \quad (2\text{-}61)$$

上式中，如果参照工程有的部分而对象工程没有，则对象工程该部分单位成本取值为 0；反之，则参照工程有关部分的单位成本取值为 0。

(3)按比重法计算，预测出目前施工项目(以下称为对象工程)的成本。下面以 B 公司预测 H 工程的成本为例说明以上预测方法。

【例 2-16】 经调查，B 公司在该地区的最近期类似项目是外形仿古建筑内部框架结构的某饭店工程(以下简称 F 工程)，其主体结构工程施工成本为 450 元/m^2，面积 10 000m^2，20 层，工期为 2009 年 3 月到 2010 年 4 月。由于建筑产品的特殊性，H 工程与 F 工程无论结构和建筑设计上都有所区别。试分析 H 工程和 F 工程之间的建筑和结构上的差异，并进行成本修正。

解：H 工程和 F 工程之间的主要差异之处在于：一是 F 工程采用的是木窗(980 元/m^2)，而 H 工程是铝合金窗(6 490 元/m^2)；二是 F 工程屋顶是仿古歇山形屋顶(投影面积成本为 600 元/m^2)，而 H 工程是钢筋混凝土屋顶(成本为 78 元/m^2)。H 工程铝合金窗总面积为 120m^2，屋顶面积为 400m^2。

$$\text{H 工程单位成本修正值} = 450 + \frac{[120\times(6\,490-980)+400\times(78-600)]}{10\,000} = 495.24(\text{元}/m^2)$$

$$\text{H 工程总成本修正值} = 450\times10\,000+[120\times(6\,490-980)+400\times(78-600)] = 4\,952\,400(\text{元})$$

即 *H* 工程主体结构部分的总成本为 4 952 400 元，单位面积成本为 495.24 元/m^2。

(二)预测影响工程项目成本的因素

在上一步所估计的工程成本几乎不可能与工程实际成本完全一致，因为工程施工过程中受到众多因素的干扰，必须分析对象工程成本的影响因素，并在下一步中确定影响程度，对第一步中估计出的成本加以修正；使其与实际成本更加接近，在工程施工管理中发挥作用。

在工程施工过程中，影响工程成本的主要因素可以概括为以下几个方面：

1. 材料、燃料、动力消耗定额增加或降低

由于采用新材料或材料代用，引起材料消耗的降低或者采用新工艺、新技术或新设备，降低了必要的工艺性损耗，以及对象工程与类似工程材料级别不同时，消耗定额和单价之差引起的综合影响等。

2. 物价上涨或下降

工程成本的变化最重要的一个影响因素是物价的变化。有些工程成本超支的主要原因就是由于物价大幅度上涨，实行固定总价合同的工程往往会因此而亏本。

3. 劳动力工资的增长

劳动力工资(包括奖金、附加工资等)的增长不可避免地使得工程成本的增加，包括由于

工期紧而增加的加班工资。

4. 劳动生产率的变化

工人素质的增强或者采用新的工艺，提高了劳动生产率，节省了施工总工时数，从而降低了人工费用；另一方面，可能由于工程所在地的地理和气候环境的影响，或施工班组工人素质与类似工程相比较低，使劳动生产率下降，从而增加了施工总工时数和人工费用。

5. 其他直接费用的变化

其他直接成本费用包括施工过程中发生的材料二次搬运费、临时设施费、生产工具用具使用费、检验试验费、工程定位复测费、工程点交费和场地清理费等，这些费用对于不同的工程，其发生的实际费用是不同的。在预测成本时，要根据对象工程与基于计算的参照工程之间在其他直接费用上的差别进行修正。

6. 间接费用的变化

间接费用是项目管理人员及企业各职能部门在该施工项目上发生的全部费用。这部分费用和其他直接费用一样，不同工程之间也会有不同。如工程规模不同，施工项目上管理人员人数也不同，其管理人员工资、奖金，以及职工福利费等也都有差别。

7. 成本失控的风险预测

项目成本目标的风险分析，就是对在本项目中实施可能影响目标实现的因素进行事前分析，通常可以从以下几方面来进行分析：

(1) 对工程项目技术特征的认识，如结构特征、地质特征等。

(2) 对业主单位有关情况的分析，包括业主单位的信用、资金到位情况、组织协调能力等。

(3) 对项目组织系统内部的分析，包括施工组织设计、资源配备、队伍素质等。

(4) 对项目所在地的交通、能源、电力的分析。

(5) 对气候的分析。

以上这些因素对于具体的工程来说，不一定都有可能发生，不同的工程情况也不会相同。例如，一个时期内材料价格上涨，而另一个时期材料价格则会下降。分别在这两个不同时期的工程，成本因材料价格的变化就会向反方面进行。预测影响成本因素主要采用定性预测方法，即召集有关专业人员，采用专家会议法，先由各位参加人员提出自己的意见，然后再对不同的意见进行讨论，最后确定主要的因素。具体可见本章第二节的内容。

(三) 预测影响工程项目成本各个因素的影响程度

预测各因素的影响程度就是预测各因素的变化情况，再计算其对成本中有关项目的影响结果。

各因素变化情况预测方法的选择，可根据各因素的性质及历史工程资料情况，并视及时性的要求而决定。一般来讲，各因素适用预测方法如下：材料消耗定额变化，适用移动平均法；物价变化，适用回归分析法和专家会议法；劳动力工资变化，适用简单平均法和专家会议法；劳动生产率变化，适用指数平滑法；其他直接费用的变化，适用系数测算法；间接费用变化，适用移动平均法和回归分析法。这些预测方法的具体操作过程见本章第二节和第三节的内容。

(四) 综合各因素对成本的影响程度，计算工程项目预测成本

$$工程项目预测成本 = 工程项目修正成本 \times (1 + \sum 各因素对成本的影响程度)$$

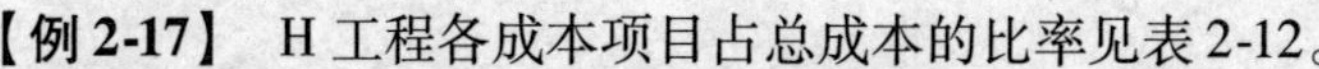

【例 2-17】 H工程各成本项目占总成本的比率见表2-12。

成本项目占总成本的比率　　表2-12

序　号	成本项目	占总成本比率
1	人工费	24%
2	材料费	48%
3	机械使用费	12%
4	其他直接费用	6%
5	间接费用	10%

之后,公司组织专家预测影响成本的因素及其影响程度,并预测成本,见表2-13。

预测成本表　　表2-13

序号	主要因素	变化范围	影响的成本项目	影响的成本项目占总成本的比率	各因素对成本的影响程度
1	建材价格	+5%	材料费	48%	5% ×48% =2.4%
2	劳动生产率	+8%	人工费	15%	15% ×[1÷(1+8%)-1] =-1.1%
3	间接费用	-2%	间接费用	10%	-2% ×10% =-0.2%

解:预测成本为

总成本 $=495.24\times10^4\times(1+2.4\%-1.1\%-0.2\%)=500.69\times10^4$(元)

单位成本 $=495.24\times(1+2.4\%-1.1\%-0.2\%)=500.69$(元/$m^2$)

总之,工程项目成本预测是对成本事前的预测分析,是对工程项目进行事前控制的重要手段,具体指通过取得的数据资料,运用统计分析数学模型的方法,借助计算机对成本水平作出科学的估计。它可以在满足项目业主和本企业要求的前提下,选择成本低、效益好的最佳方案,并能够在工程项目成本形成过程中,针对薄弱环节,加强成本控制,克服盲目性,提高预见性。因此,工程成本预测是工程项目成本决策与计划的依据。

第三章 工程项目成本决策

第一节 工程项目成本决策概述

一、工程项目成本决策的意义

(一)工程项目成本决策的内涵

决策自古有之。张良"运筹于帷幄之中,决胜于千里之外",为汉朝的建立和巩固谋划了很多英明的决策;诸葛亮作《隆中对》,三分天下;李冰父子设计了都江堰水利工程,妥善解决了分洪、排沙、引水等一系列兴利除害的问题;丁谓领导重建北宋汴宫工程,就地取土,把土建施工用土、开凿运河工程、处理残渣废物等任务统筹安排,节约了大量人力、物力和时间。这些决策的共同特点都是领导者的经验决策,决策的成功与否主要取决于领导者的智慧、阅历、才能和胆略是否超群。经验决策是与小生产方式相适应的,并没有规范化、程序化、科学化,也没有被多数人所掌握。

随着人类社会的进步,科学技术飞速发展,生产规模不断扩大,社会活动日益复杂、瞬息万变,经验决策已远远不能适应社会化大生产的需要。如果不讲究决策的科学化,决策失误就在所难免,这样的教训举不胜举。世界闻名的美国克莱斯勒汽车公司,是当时仅次于通用和福特两家汽车公司的大型企业,由于决策失误,在1978年世界"石油危机"中,存货堆积如山,每天损失200万美元,企业濒临破产。

现代化管理必须用科学的决策取代经验决策,这是社会发展的需要。由于现代电子计算机的推广和使用,信息论、系统论、控制论的产生,为确立一套科学的决策方法奠定了基础。1960年,美国H·A·西蒙出版《管理决策新科学》一书,提出了应用电子计算机和新的决策方法于社会组织和经济组织管理的可能性。1975年他又修改再版此书,提出了一套管理决策新科学的基础理论。由于西蒙对于决策科学进行开创性研究而荣获了1978年诺贝尔经济学奖。近年来,世界各国研究和推广决策科学方法的学派和机构越来越多,一门独立的新科学——"决策科学"正在逐步形成。

前苏联大百科全书中这样定义:"决策是自由意志行动的必要元素……和实现自由意志行动的手段。自由意志行动要求先有目的和行动的手段,在体力动作之前完成智力行动,要考虑完成或反对这次行动理由等,而这一智力行动以制订一项决策而告终"。在美国大百科全书中的"Decision Theory(决策理论)"条中这样解释:"所谓作决策,就是在若干个可能的备选方案中进行选择。决策论则是为了对制订决策的过程进行描述并使之合理化而发展起来的范围很广的概念和方法”。

综上所述,所谓决策是指人们确定未来行动目标,并从两个以上实现目标的行动方案中选择一个合理方案的工作过程。现代化管理是一个决策过程,它从提出问题、确定目标开始,寻找为达到目标可供选择的各种方案,比较并评价这些方案,进行最优方案的选择并作出决定,最后是执行这个决定,并在执行过程中进行查核和控制,以保证实现预定的目标。这一定义包含以下四个要点:

(1)决策都是为了达到某种预定的目标。没有目标,也就不存在决策的问题。即目标是决策的前提。

(2)决策都是要付诸实践的。在某项活动开展前,总是围绕活动的目标,根据客观条件提出很多可行的方案或对策,决策意味着要对其中某个方案加以实施,即决策具有实践性。

(3)决策与优选的概念是并存的,这是由方案的互斥性所决定的,从多种可行方案中选择一个令人满意的方案,这是决策,也是择优,所以决策具有择优性。

(4)决策应顾及实践中将出现的各种可预测或不可预测的变化,但往往由于对这些变化的判断错误造成失策,带来不良后果,所以决策也具有很大的风险性。

成本决策就是为了实现目标成本,根据客观的可能性,在占有成本信息和经验的基础上,借助于一定的工具、技巧和方法,进行正确的计算和判断后,从各种形成成本的备选方案中选定一个最佳方案的行为。成本决策目的在于实现目标成本。

工程项目成本决策是指对项目的未来成本水平提出目标,通过选择,决定达到目标的最优化成本的过程。具体说,工程项目成本决策是在成本预测的基础上,挖掘内部潜力,制订优化成本的多种可行性方案,运用决策理论和方法,对各种方案进行比较分析,从中选出最优方案,决定达到目标及其执行的过程。

进行工程项目成本决策,必须研究各种方案的必要、可能和效果,用数据作为科学判断的依据。数据是事物运动的客观反映,科学判断就是用数据说话。所以,应当先对数据进行收集调研,经过整理加工,去伪存真,分层归类进行系统排列,然后通过技术比较,经济评价,效果分析,总体权衡,合理判断,最后作出正确的决策。工程项目成本决策虽然是决策者对客观事物进行分析、判断后所作的决定,但在当代技术经济高度发展、影响成本的因素十分复杂的条件下,只靠个别人的思维和判断,很难作出非常准确和明智的决策。因此,必须借助于许多科学方法和先进工具(如运筹学、概率论、数理统计、电子计算机等)对多种因素进行定量分析和模型模拟,以提高工程项目成本决策的准确性。

(二)工程项目成本决策的重要性

1. 工程项目成本决策是合理确定目标成本的重要保证

必须指出,工程项目成本预测也是其成本决策过程。但是,将工程项目初步预测中所取得的成本数据集中起来,并非最优方案。因为有些降低成本的措施,不可能都与目标成本一致,甚至还有些措施相互矛盾,必须经过综合平衡,择优采用。例如,增加工程机械,运力多,效率高,单耗少,其成本虽然降低,但是运量不足,工程机械效率不能充分发挥,又会使成本增加;又如,施工企业租用或不租用外单位设备问题,原考虑不租用外单位设备降低外付租赁费,但为了增加工程量,保证按时交付工程,租用外单位设备,增加开工作业线,虽多付费用,但有时也合算。所以,对初步预测成本数据要综合权衡得失,才能取得比较理想的降低成本方案,作为最终的目标成本。

2. 工程项目成本决策是成本管理的核心环节

现代工程项目成本管理工作已逐渐形成了完整的成本管理体系,它包括工程项目成本预测、成本决策、成本预算、成本控制、成本核算、成本分析和成本考核等环节。在这些环节中,工程项目成本决策处于核心地位,同成本管理的其他环节存有密切的联系。

工程项目成本预测是成本决策的基础和前提。成本预测是为成本决策服务的,其目的是为成本决策提供更多的可靠信息。在进行成本决策之前,必须对相关的成本数据进行预测、分析和评价,以保证成本决策的正确无误。事实上,成本预测只是提供了多种可能的方案,只有经过成本决策,才能明确最终的实施方案。

成本预算是成本决策目标的具体化。成本决策中提出的目标往往都是总体目标,比较抽象,只有通过成本预算将目标具体化,即落实到有关工程项目或责任单位,才能对生产起到指导作用。只有在成本决策的基础上进行成本预算,才能保证成本预算与其他成本管理环节的一致性。

成本控制是实现成本决策目标的保证。成本控制是把实际成本与预算成本进行对比分析,发现差异并分析其产生原因,采取措施进行调整的过程。在调整过程中,如果决策目标制订得不合理,就要对目标进行修正;如果实际执行方面有问题,就要及时分析并加以解决,只有这样,才能保证决策目标的实现。我们只有在成本决策的基础上实施成本控制,才能明确控制对象,保证控制的有效性。

成本核算和成本分析是成本决策目标的评价依据。成本决策目标是否实现,要根据成本核算和成本分析的结果来判断。没有成本核算的结果,就没有客观的评价依据。

成本考核是实现成本决策目标的重要方法。成本考核就是根据各责任中心成本工作实际完成情况来对它们进行奖励或惩罚。通过成本考核,可以充分调动广大职工的积极性,确保成本决策目标的顺利实现。

可见,成本决策贯穿于整个工程项目的全过程,涉及面广,在每个环节都应选择最优的成本决策方案,才能达到总体的最优。

3. 工程项目成本决策是企业管理决策系统的重要组成部分

管理决策系统就是围绕着企业价值最大化目标来作相关的“选择”和“决定”。而成本决策是企业管理决策系统的重要组成部分。在企业价值管理中,不仅提高收入是增加价值的重要源泉,降低成本也是一个重要因素。企业通过科学合理的成本决策,一方面可以降低项目的资源消耗,另一方面可以避免决策差错带来的可能损失,从而获得一定的经济效益,最终保证企业价值最大化目标的实现。

4. 工程项目成本决策正确与否关系着企业的生存和发展

第二次世界大战以后,工程市场竞争更加激烈。在这种情况下,企业要想大幅度降低工程项目成本,必须对工程的设计、施工方案的选择、施工过程的组织、工程质量标准等进行决策,以便不断降低成本,提高经济效益,更好地生存和发展。几十年的实践证明,西方企业在这方面取得了很大成功,成本决策已成为企业降低成本的一种重要方法。当前,已推向市场的我国企业必须增强自主经营、自负盈亏、自我发展和自我约束的能力。同样,施工企业也面临着激烈的市场竞争,企业能否在市场竞争中立于不败之地,生存和发展好,关键在于企业能否为社会提供质量高、工期短、造价低的工程产品。而施工企业能否获得较大的经济效益,关键在于有无低廉的成本。换言之,施工企业成本管理的全部目的,就在于追求低于同行业平均成本水平,取得最大的成本差异。事实上,工程项目产品的价格一旦确定,成本就是决定的因素。要完成这个任务,没有正确的成本决策,其结果难以想象,任何美好的愿望都是不现实的。因此,企业只有通过正确的成本决策,才能以尽量少的物质消耗和活劳动消耗来创造较大的价值,通过获取工程款,以收抵支并有所盈利,最终确保企业的持续生存和发展。

(三)对工程项目成本决策的要求

1. 工程项目成本决策要抓住工程生产经营活动的关键

诊断是决策的第一步。要善于抓住各个时期工程项目成本管理存在的关键问题,通过比较初步预测成本与目标成本,对发生偏差较大的成本项目,深入调查研究,抓住主要矛盾,加以解决。只有通过成本分析,正确进行诊断,找出降低工程项目成本的症结,才能药到病除。

2. 工程项目成本决策要以达到目标成本为具体标准

工程项目不仅要有短期的目标成本,而且要有长期的目标成本。只有清楚地了解工程项目长期的目标成本,才能高瞻远瞩,抓住要害,正确决策。

3. 工程项目成本决策必须是经济上合理,技术上可行

可行性研究是工程项目成本决策的重要环节。工程项目成本决策必须考虑社会经济效益,把供给者、需求者和社会各方的利益作通盘考虑,挖掘降低成本的潜力,得出降低成本的措施必须是技术上可行的。例如,封存或报废的机械,必须经过技术分析,以不影响生产,不浪费国家资金为前提;项目施工过程中产生的噪声、振动、道路污损、地下水污染、建筑垃圾堆放和处理等以符合有关规定为前提。总之,决策选择的工程项目必须是在经济上合理,技术上可行,社会、政治、道德等各方面因素允许。

4. 工程项目成本决策必须有资源作保证

在进行工程项目成本决策时,施工企业要充分考虑人力、资源、设备、动力、原材料,技术、时间、市场、管理能力等各方面条件,并使这些条件能全部得到满足。

5. 工程项目成本决策必须有切实具体的行动规划

工程项目成本是个综合指标,牵涉面比较广,因此工程项目成本决策必须通过制订策略、确定职能、配备人员、组织落实、安排日程等具体行动规划,保证付诸实现。否则,即使一项最优的项目成本决策也无济于事。

6. 工程项目成本决策要有应变能力

工程项目在施工过程中存在着多种变化的可能性,所以成本决策要考虑一些应变措施,使之具有一定的弹性。

二、工程项目成本决策的分类

工程项目成本决策包括的内容很多,根据成本决策所处的地位、决策者的管理层次、涉及的时间跨度、决策目标与所用的分析方法、决策问题发生的频率、决策的条件和决策目标数量

的不同,可以划分为不同的类型。

(一)成本决策所处的地位

1. 战略成本决策

战略成本决策指关系企业生存和发展的长期性、全局性、方向性的工程项目成本决策,适应于高层管理者,属长期性成本决策。

2. 战术成本决策

战术成本决策指为了实现企业总体战略目标,针对局部的和日常运行的工程项目成本决策,属短期性成本决策。

(二)决策者的管理层次

1. 高层成本决策

高层成本决策指由企业高层管理者针对工程项目成本问题所作的决策,往往涉及战略性、全局性的重大成本问题,如建筑产品结构、市场开拓等,即战略性成本决策问题。

2. 中层成本决策

中层成本决策指由企业中层管理者针对工程项目成本问题所作的决策,往往涉及某个职能部门的局部问题,多属于安排一定时期的任务或解决生产中所存在的某些问题,如原料不足、费用超支、施工进度慢、出勤率不高等,属执行性成本决策。

3. 基层成本决策

基层成本决策指由企业基层组织所作的作业性成本决策,一方面是针对某项经常性具体业务或具体作业的安排,如每日每班的作业安排和设备使用等;另一方面是处理生产过程中出现的非常情况和偶然事件的决策,这类决策问题技术性较强,要求迅速解决,如原材料供应不上、设备发生故障等。

(三)涉及的时间跨度

1. 短期成本决策

短期成本决策指在一个经营年度或一个经营周期内能够实现其目标的工程项目成本决策,如生产决策、采购决策、追加施工任务决策、工程价款结算决策等。其特点表现为资金投入少,见效快。

2. 长期成本决策

长期成本决策指在超过一个经营年度或一个经营周期内实现其目标的工程项目成本决策,如施工方案决策、进度安排决策、质量标准决策等。其特点表现为资金投入多,见效慢,对企业影响重大。

(四)决策目标与所用的分析方法

1. 计量成本决策

计量成本决策即工程项目的成本决策目标有准确的数量描述,采用数学方法作出成本决策。

2. 非计量成本决策

非计量成本决策即工程项目的成本决策目标难以用准确的数量指标来表示,主要依靠决策者的分析判断能力来进行成本决策

(五)决策问题发生的频率

1. 程序化成本决策

程序化成本决策指这类决策属于反复的、常规的,当某一成本问题发生时,不必重新再实施新的决策,可按原有设立的一定方式进行决策。这种决策是属定型化、程序化或常规化的决策,主要适用于工程项目中的日常业务工作和管理工作,主要由中、下层管理人员来承担,并多用计量分析方法来制订。

2. 非程序化成本决策

非程序化成本决策指针对工程项目中偶然发生的或首次出现而又较为重要的成本问题所作的决策,是属于新规定的、一次的、例外的、未程序化或定型化的成本决策。这类成本决策活动并不经常重复出现,一般由高层管理人员来承担。这类决策的制订,除采用适当的计量分析法外,主要采用非计量分析法。大部分战略成本决策属非程序化成本决策,而战术成本决策属于程序化成本决策。

(六)决策条件

1. 确定型成本决策

确定型成本决策指在工程项目各备选方案只有一种自然状态条件下的成本决策。

2. 风险型成本决策

风险型成本决策指在工程项目各备选方案存在两种或两种以上的自然状态,且每种自然状态所发生概率的大小是可以估计条件下的成本决策。

3. 不确定型成本决策

不确定型成本决策指在工程项目各备选方案存在两种或两种以上的自然状态,且每种自然状态所发生的概率是无法估计条件下的成本决策。

(七)决策目标数量

1. 单一目标的成本决策

单一目标的成本决策指工程项目成本决策时只提出一个目标,或者只突出一个指标,其他指标不作要求时的成本决策。如只考虑成本因素时,成本指标最低的方案即为最优方案。

2. 多目标的成本决策

多目标的成本决策指工程项目成本决策时包含两个或两个以上的目标,而且各目标之间往往可能存在冲突。如决定采用何种施工方案,要综合考虑工期、质量、成本、资源需要量、施工用地等,进行综合评价,最后择优选出最佳方案。

三、工程项目成本决策的基本原则

工程项目成本决策原则是决定某项备选方案是否可行的主要标准。一般来说,应遵循以

下原则：

(一)有效化原则

工程项目成本决策的有效化包括两层含义。一是使项目以较少的投入获得最大的产出。在方案的收益和成本都可确定的情况下,必须按照收益大于成本的原则,选择净收益大于零或者净收益大的方案;当方案引起收益和成本都发生变化时,应当将边际收入和边际成本相配比,选择边际效益最大的方案;当方案引起的未来收益难以确定时,应考虑在达到既定目标的前提下,选择投入成本最小的方案。二是以最少的人力和财力,完成较多的项目成本决策工作,提高工作效率。

(二)科学化原则

现代工程项目的成本决策十分复杂。为了得到满意的决策方案,必须在取得了大量数据后,借助运筹学、概率论和电子计算机等数学、物理工具和方法进行计算,并与决策者的主观经验判断相结合,进行反复多次分析研究,最后得出一个正确的、满意的决策方案。

(三)全生命周期原则

成本决策的效果直接影响到工程项目的绩效。因此,应尽可能降低工程项目的成本。但是,在进行成本决策时不能片面要求项目形成阶段成本之和最低,而是要使项目全生命周期成本最低,即考虑从项目启动到项目结束的整个周期的成本最低,这是项目经济性评价的合理期限。

(四)全面原则

工程项目全面成本决策是针对工程项目成本决策的内容而言的。从全面性出发,需要对项目形成的全过程开展成本决策,对影响成本的全部要素开展成本决策,由项目全体团队成员参加成本决策。因此,全面成本决策就是全员、全过程和全要素的成本决策。

四、工程项目成本决策的基本程序

成本决策程序是指为了科学地进行成本决策而把成本决策的全过程划分为若干个阶段以及与各个阶段构成有内在联系的先后次序。可见工程项目成本决策是一个动态的完整过程,而不是一成不变的手续。任何工程项目成本决策过程都是一个确定目标,制订备选方案,进行比较分析,作出决定,实施并反馈的过程,其基本步骤如图 3-1 所示。

(一)提出问题,确定决策目标

工程项目成本决策实际上是成本选择和优化的过程。成本决策涉及工艺、材料、质量、产量等多方面的问题,决策时应该首先明确需要面对的具体问题,并充分认识该问题对工程项目成本管理全局乃至整个企业成本管理的重要性。

如果没有具体明确的目标,就会容易引起决策过程的混乱,造成无效决策。成本决策目标是指一定环境和条件下,决策者在解决成本问题的过程中所期望达到的结果。成本决策的总体目标是最合理、最有效、最充分地利用资源,以最低的成本支出取得最佳的经济效益和社会效益。具体确定工程项目成本决策目标时,首先,要注意目标的明确性。比如在固定成本确定

的情况下，完成多少数量的工程可以保本？在成批自制材料过程中，全年分几批生产最经济？其次，要注意目标的协调性。很多情况下，企业面临的是多目标决策，必须注意各目标之间的协调性，才能保证目标的有效性。第三，要注意目标的可操作性。成本决策目标要建立在需要和可能的基础上。既要参考历史成本费用标准，又要考虑今后成本费用结构和标准可能发生的变化，从而保证成本决策目标的合理性和可操作性；同时还要要注意目标与实现手段的统一性。

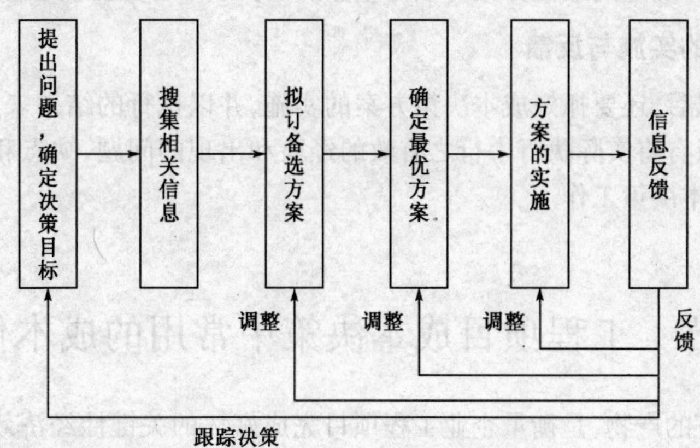

图 3-1　工程项目成本决策程序示意图

（二）搜集相关信息

信息是工程项目成本决策的前提条件。搜集的工程项目成本决策信息要具有广泛性，既要搜集与该工程项目有关的所有成本资料，还要搜集其他相关资料，如与成本决策方案有关的预期工程收入、预算成本、营业利润的资料等。搜集的信息资料必须是准确的、可靠的，如果不准确、不可靠就不能用来决策，否则就会造成决策失误。同时，信息资料必须经过加工整理，才能利用。例如成本资料经整理成为变动成本、固定成本、机会成本等决策成本资料。只有依赖大量准确可靠的信息，加以归类整理，并作详尽的分析研究，才能在一定程度上保证成本决策结果的合理和正确。总之，项目成本决策离不开信息的支持。

（三）拟订备选方案

工程项目成本决策的备选方案是指为保证工程项目成本决策目标的实现，提出具备实施条件的各种可行方案。进行工程项目成本决策必须拟订多个备选方案，才能从中进行比较和择优。因此备选方案的必备条件应该是：技术上先进、经济上合理；充分挖掘企业潜力，能使现有的人、财、物资源得到合理的配置和利用；节省投入、增加产出，产生较好的能降低成本的经济效益；要尽量满足方案之间的互斥性。

（四）确定最优方案

确定最优方案就是对备选方案进行评选。首先，将各备选方案和数据进行全面的比较分析，如着重对方案的产量、成本（费用）、收益等指标进行计算，分析和对比，在权衡利弊得失的基础上进行选择。第二，进一步根据各备选方案的“可行”条件和经济效益的大小进行综合评价，确定最优方案。第三，将确定的成本指标分解为成本项目、执行层次的分指标，规定成本指标的主、次及降低成本的取舍原则，指明实现成本指标的约束条件等。

值得注意的是，在优化选择中，要选择科学的、合适的决策方法，同时要选用合理的筛选标准。如果同样的备选方案采用不同的决策方法和标准，其决策结果是相同的，那么可以帮助决策者作出正确判断。如果决策结果不同，那么要进一步分析差异。另外，应综合考虑其他非计量因素的影响，如国际、国内政治、经济形势的变化，以及人们心理、习惯的改变等因素，缜密地、逐一地加以考虑。确定的最优方案可以为企业的项目成本管理提供参考。

（五）决策方案的实施与反馈

做出成本决策以后，还要抓好成本决策方案的实施，并以执行的结果来鉴定、检查成本决策是否正确。我们只有将实际执行中行之有效的经验和出现的问题、缺点和难点及时加以反馈，才能不断改进成本决策工作。

第二节　工程项目成本决策中常用的成本信息

成本是商品经济的产物，是衡量企业工程项目完成好坏的关键性经济效益指标。在现代企业管理中，成本具有广泛的含义。从商品价值的内涵上看，成本是生产过程的劳动耗费和补偿尺度，与之相关联的有预算成本、定价成本、计划成本、实际成本、直接成本、间接成本等概念。从成本管理要求出发，要对成本形成过程进行控制和降低，于是就产生了机会成本、责任成本、可控成本和不可控成本、边际成本、付现成本等概念。在决策中，成本最低是一种最优的决策。在合理配置经济资源、实现成本目标的优化方面，则要运用到决策成本。决策成本是指根据成本预测发生的费用来估算有关方案的预计成本，以便和收入对比，作为方案比较决策之用。所以决策成本不同于一般传统的成本概念，而只是与决策相关的一种预计成本。根据决策的不同要求，工程项目则要运用到机会成本、差别成本、增量成本、变动成本、固定成本、边际成本、隐含成本、付现成本、沉没成本等决策成本概念。虽然决策成本非会计核算上的现实成本，但决策成本往往会影响到现实的成本核算，所以它又与现实成本有一定的联系。

一、固定成本、变动成本和混合成本

按性态可将工程项目全部成本分为固定成本、变动成本和混合成本。成本性态也称成本习性，是指成本总额对工程项目规模（建筑面积或建筑体积）的依存关系。成本总额与工程项目规模的依存关系是客观存在的，而且具有规律性。

（一）固定成本

固定成本是指成本总额在一定时期和一定工程范围内不受项目规模影响的成本。工程项目中的施工现场管理人员工资和办公费、按直线法计提的固定资产折旧费、职工教育培训费、临时设施费等均属于固定成本。其特点是：在相关范围内，成本总额保持不变；单位成本随工程规模成反比例变动。

如某工程需混凝土搅拌机一台，价值30 000元，按直线法提存折旧，不计残值，每年折旧额为5 000元，年生产能力为5 000m^3混凝土。在这台设备的生产能力范围之内，不论工程规

模是多少，每年提取的折旧费始终是不变的。

如混凝土搅拌机每年折旧额为5 000元，年产混凝土4 000m^3时，每立方米混凝土分配的折旧费为$1.25\times\frac{5\,000}{4\,000}$元，如年产混凝土5 000$m^3$时，每立方米混凝土分配的折旧费为$1\times\frac{5\,000}{5\,000}$元。从单位成本上看，由于这台设备固定成本总额不随业务量的变动而变动，分配到单位工程上去的固定成本数额则是可变的，工程规模愈大，分配到单位工程上的固定成本数额就愈小。

（二）变动成本

变动成本是指成本总额在一定时期和一定工程范围内随着工程规模的变动而成正比例变动的成本。工程项目中的人工、材料以及机械设备中的变动费用等均属于变动成本。其特点是：成本发生总额与工程规模水平成正比例关系；单位工程中所含该种成本的份额保持不变。

如某工程项目所需的混凝土单位变动成本为320元，那么100m^3混凝土变动成本总额为32 000元，150m^3混凝土的变动成本为48 000元等。

必须指出，变动成本总额随工程规模的变动有一定的相关范围：

(1)往往是同一期间成本的变动，如果不是同期成本，必然会受到不同时期成本水平的影响。

(2)成本的规律性变动是外因（工程规模变动）在起作用，而不受内因（降低成本）的影响。

（三）混合成本

混合成本，顾名思义是指那些“混合”了固定成本和变动成本两种不同性质的成本。如前所述，人们利用本量利分析方法进行工程项目成本决策特别是短期成本决策，需要将成本按性态划分为固定成本和变动成本。但现实经济生活中，许多成本项目并不直接表现为固定成本性态或变动成本性态。这类成本的基本特征是，其发生额的高低虽然直接受工程规模大小的影响，但不存在严格的比例关系，人们需要对混合成本按性态进行近似的描述，即将混合成本按一定方法分解为固定成本和变动成本，只有这样才能为决策所用。其实，工程项目总成本就是一项混合成本，一项最大的混合成本。混合成本项目繁多，根据其发生的具体情况，通常可以分为以下四类：

1. 半变动成本

半变动成本由两部分组成：一部分是一个固定的基数，一般不变，类似于固定成本；另一部分是在此基数之上随着工程规模的增长而增加的成本，类似于变动成本。

2. 半固定成本

通常半固定成本在一定的规模范围内，其总额不随工程规模的增减而变动，但当工程规模超出相应的范围，成本总额便会发生跳跃式的变化，继而在新的规模范围内保持相对稳定。直到工程规模超出新的范围，成本总额出现新的跳跃为止，半固定成本又称为阶梯式成本。

3. 延期变动成本

延期变动成本是指在一定规模范围内成本总额不随工程规模而变动，但当工程规模超出这一范围后，成本总额将随工程规模的变动而发生相应的增减变动的成本项目。如在有加班费存在的情况下,工程项目人工总成本就属于延期变动成本,因为在正常工作时间之内,对员工支付的薪金是固定不变的;但当工作时间超过规定水准,则需按加班时间的长短成比例地支付加班费。

4. 曲线变动成本

曲线变动成本通常也有一个不变的基数,相当于固定成本,但在这个基数之上,成本虽然随着工程规模的增加而增加,但两者之间并不像变动成本那样保持严格的同比例变动关系,而是非线性的曲线关系。

二、 责任成本、可控成本与不可控成本

(一)责任成本

责任成本是一种以责任中心为对象计算的成本,是按照工程项目的经济责任制要求,在项目组织系统内部的各个责任层次,分解项目全面的成本内容,称为责任成本。责任成本划清了工程项目成本的各种经济责任,对责任成本的完成情况进行计量、记录、定期作出业绩报告。责任成本对于项目管理是非常必要的,也是加强工程项目成本管理的一种科学方法。责任成本的计算原则是谁负责谁承担,即不管属于工程项目的哪部分成本,只要是由该责任中心负责的,就由该责任中心承担责任。责任成本大部分是可控成本,因为只有责任中心能控制的成本,才能作为考核评价其业绩的依据,如果以不可控成本来衡量各责任中心的经营业绩,就会产生许多不合理的情况,从而挫伤各责任中心的积极性。责任成本也是责任会计核算的一个重要内容。

责任成本的划分是根据责任中心而确定的,可以分为工程项目的责任成本、项目组织各职能部门的责任成本、施工队的责任成本、施工队班(组)的责任成本。一个施工队班(组)的所有可控成本之和就是这个施工队班(组)的责任成本;一个施工队的所有可控成本之和就是这个施工队的责任成本;一个项目职能部门的所有可控成本之和就是这个职能部门的责任成本;一个工程项目的所有可控成本之和就是这个工程项目的责任成本。

总之,责任成本一般不是全部成本,而是与责任者生产经营有关的所有可控成本之和。

(二)可控成本与不可控成本

可控成本必须符合以下三个条件:其一,责任中心有办法知道将发生什么样的耗费;其二,责任中心有办法计量它的耗费;其三,责任中心有办法控制它的耗费。凡不符合上述三个条件的,称为不可控成本。

由于可控成本对各责任中心来说是可控制的,因而必须对其负责。而不可控成本是指各责任中心对成本的发生不能予以控制的成本,因而也不予负责。任何成本在某个时候,都是可以被人们在一定程度上加以控制的。因此,我们应该从特定时期和空间范围来说明可控成本这一概念。一般而言,可控成本的时间概念是会计期间;空间范围亦称“责任中心”。

事实上,可控成本与不可控成本都是相对的,而不是绝对的。对于一个部门来说是可控的,对另一部门来说就可能是不可控的。但从整个企业来考察,所发生的一切费用都是可控的,只是这种可控性需要分解落实到确切的部门。所以,从整体上看,所有的成本就都是可控成本,这样也就能同时调动各责任中心的积极性。

三、付现成本与沉没成本

(一)付现成本

付现成本,又称为现金支出成本,是指由于某工程项目决策需要支付现金(银行存款)而支出的成本。当资金比较紧张、筹措资金又比较困难时,项目管理部门对“付现成本”的考虑,往往比对“总成本”的考虑更为重视,并会选择“付现成本”最低的方案来代替“总成本”最低的方案。

需要注意的是:付现成本不一定都是变动成本,有时也可能是固定成本。在一般情况下,付现成本大多是与决策相关的成本,也常常是变动成本;但如果所决策的成本问题涉及扩大企业的施工能力时,如购进机器设备等固定资产,此时的付现成本也就包括固定成本。

如建筑公司为某工程项目急需购进水泥 800t,需付现金 30 万元。但企业流动资金不足,暂无银行贷款指标,经与供方洽谈,同意用分期付款结算方式:第一次先付货款 12 万元,其余从第二个月起,每月付 2 万元,10 个月内付清。经比较分析,第二方案(赊购)总成本为 32 万元,虽比第一方案(现购)总成本高出 2 万元(32 - 30),但不需一次付现,多支出的成本与银行贷款利息不相上下,而且可从以后的业务收入中得到补偿。此时企业就会选择总成本虽较高但付现成本低的第二方案。

(二)沉没成本

沉没成本又称沉落成本,是指那些在某种情况下不能回收的过去成本,是不论采取哪种决策方案都无法改变的成本。企业在决策时往往要考虑到沉没成本。

如为挽救停缓建项目已支付的投资,有两种处理方式:

(1)续建。如工程项目已投入资金 70% ~80%,一时停建。现只需补充投入 20% ~30% 的资金,就可以把已经支付的 70% ~80% 的“沉没成本”救活,而且可以获得追加投资的边际效益,续建是值得的。

(2)处理。如工程刚开始,只支付了项目价款的 10% ~20%,但发现项目已经落后,要救活还得再投入 80% ~90% 资金,这就需慎重决策,为避免因投入大量资金不仅救不回“沉没成本”,而且会越陷越深,这就需要加以处理(进行清理、回收变价收入)。

四、机会成本与估计成本

(一)机会成本

机会成本是指企业在进行项目决策时,从多种可供选择的方案中,优选出其中的最优方案而舍弃次优方案所获得的潜在利益,这个次优方案的潜在利益,就是优选方案的机会成本。机会成本不是一般意义上的“成本”,并非实际成本,也不用记入会计账簿,但它表明落选方案有可能获得的“潜在收益”。

机会成本是以经济资源(土地、资金、人力等)的稀缺性和多种选择机会的存在为前提的。若某项资产只有唯一的用途,既不能移作他用,也不能作为废品出售(如地下水管、煤气管道等),则该资产就不会发生机会成本,或将其机会成本看作零。在决策分析中,必须考虑机会成本,其主要原因是:如果一项资源具有多种用途,即多种利用机会,将其用之于甲就不能同时用之于乙,选定其中的一种机会就必须放弃其余几种机会。为了保证经济资源得到最佳利用,决策中选择了最优方案,同时意味着其他方案可能获利的机会被放弃或者丧失。有取必有舍,有得必有失。只有把已失去的“机会”可能获得的潜在收益也考虑进去,才能真正对选定方案(机会)的预期经济效益进行全面、客观的评价。

如某公司有土石方施工机械一台,采用出租方案,每月可取得租金收入 4 000 元,现将该土石方施工机械用于项目施工中,则放弃出租方案可能获得的租金收入 4 000 元,就是采用施工方案的机会成本。

(二)估计成本

相对于实际成本而言,估计成本是指尚未实际发生的,而是根据一定资料预先估计的成本,又可以称为假计成本。而实际成本是指已经发生,可以明确确认和计量的成本。

估计成本一般有这样几种情况:

(1)根据经验和历史资料估算成本,如购进存货要花费买入价、运杂费和仓储费等;

(2)没有历史资料,而根据技术资料测算的估计成本,如工程第一次建造的估计成本;

(3)由于历史资料和技术资料细目过多,所以采用估算的办法来预计成本;

(4)在决策时,尽管成本并未实际发生,但根据相关的经济业务和事项,可以合理估算出可能发生的成本额。

在财务会计中,估计成本往往是实际成本计算的一种手段,如计划成本和定额成本等。它们可以按成本项目分别估计,也可以按成本总额估计,通过对估计成本的调整,既能计算出实际成本,又能计算出与估计成本的差异,便于成本控制、分析和考核,也简化了成本核算工作。在管理中估计成本主要表现为预测和决策成本,也是机会成本的一种。这种成本可以有历史资料,也可根本没有历史资料。估计的目的是为了揭示成本变化和发展的规律,更有效地进行长短期的投资决策,同样能为企业成本控制和分析等提供依据。

实际成本和估计成本只是相对而言,它们的成本构成内容可能是相同的,在尚未实际发生之前,可能是估计成本,发生后便成为实际成本,经过调整加以重新确定后的预计成本又成为估计的成本。估算成本并不引起现金实际支付,是假设性支出,其典型形式就是利息。

如用于工程项目购置设备的资金 100 000 元,不论资金是自有还是借入,都应根据“货币的时间价值”的观念,将利息作为机会成本进行估计,并在决策中加以考虑。

五、差量成本与边际成本

(一)差量成本

差量成本又称差别成本、增量成本,是指在项目决策中,由于采用某一方案而不采用另一方案所增加或减少的成本,增加的成本称正增量成本,减少的成本称负增量成本。也可以称是在可供选择的方案中进行成本对比时的差异成本。不同方案的优劣,可从对比不同差别成本来判断。

如某建筑企业现场制作混凝土多孔板,每立方米成本为 1 000 元,如向混凝土构件厂订

购,每立方米价格为900元。外购方案当较自制方案为优越,因为产生了差量成本100元。

(二)边际成本

边际成本是指在一定业务量的基础上,每增加一个单位业务量所支付的追加成本。从理论上讲边际成本是指业务量的无限小变化后成本的变动额,由于业务量的最小变动只能是一个单位的变动,所以边际成本实际上只能是业务量增减一个单位量所引起的成本变动额。在大批量生产情况下,由于在一定的生产能力范围内,每增加一个单位业务量只增加变动成本,所以边际成本常表现为变动成本。但在单件小批生产情况下,增加一个单位业务量常需增加生产能力,即需增添机器设备等,这时边际成本就包括由增加这一单位业务量所发生的所有变动成本和固定成本。严格地说,边际成本的含义如上所述,是指增加一个单位业务量所增加的成本,但在实务中,人们常常也将增加一批产量所增加的成本看作边际成本,这时的边际成本实际上是边际成本总额。

边际成本常常用于产品的最优定价决策。影响产品售价的因素主要是产品的销量、成本和利润。它们对产品售价的影响表现在"边际收入"和"边际成本"的相互关系上。"边际收入"是指增加销量而增加的销售收入;"边际成本"是指增加产量而增加的成本。边际收入大于边际成本可获边际利润增加额,这是营业利润增长的基础。在市场竞争的条件下,只要是边际收入大于边际成本,降价出售是有利的,而产品的最佳售价应该是边际利润增加额接近于零时的价格,如果边际收入等于边际成本,则降价是毫无意义的。为了说明问题,见下面实例。

如某建筑公司2010年预计承包住宅工程5 000m^2,每平方米建筑价格2 000元,单位变动成本1 000元,固定成本500万元。现拟产量从5 500m^2起至8 500m^2止,每增加500m^2单价降低50元;产量增至8 501~9000m^2,单位变动成本增加50元,固定成本增加50万元,根据上述预计承包工程量分为九组进行决策,编制决策分析表见表3-1。

某建筑公司产量、收入、成本、利润决策分析表　　表3-1

组数	预计承包工程量(m^2)	单位价格(元)	工程收入(万元)	边际收入(万元)	单位变动成本(元)	工程成本(万元)			边际成本(万元)	边际利润增加额(万元)	营业利润(万元)
						变动总成本	固定成本	合计			
1	5 000	2 000	1 000	0	1 000	500	500	1 000	0	0	0
2	5 500	2 000	1 100	100	1 000	550	500	1 050	50	50	50
3	6 000	1 950	1 170	70	1 000	600	500	1 100	50	20	70
4	6 500	1 900	1 235	65	1 000	650	500	1 150	50	15	85
5	7 000	1 850	1 295	60	1 000	700	500	1 200	50	10	95
6	7 500	1 800	1 350	55	1 000	750	500	1 250	50	5	100
7	8 000	1 750	1 400	50	1 000	800	500	1 350	50	0	100
8	8 500	1 700	1 445	45	1 000	850	500	1 350	50	-5	95
9	9 000	1 650	1 485	40	1 050	945	550	1 495	145	-105	-10

表3-1有关数据计算如下:

边际收入=后项工程收入-前项工程收入

$$边际成本=后项工程成本-前项工程成本$$

$$边际利润增加额=边际收入-边际成本$$

$$营业利润=工程收入-工程成本$$

或 $$营业利润=前项营业利润+后项边际利润增加额$$

由表3-1分析可知：

(1)成本水平不变，实行降低销售，使边际收入大于边际成本，利润逐步增加，降价是有利可图的。

(2)产品的最佳售价是边际利润增加净额趋近于零时的价格；边际收入等于边际成本，降价已至极限，无利可图；继续降低售价，边际利润出现负增长，使营业利润下降。

(3)产量增加超过一定限度，单位变动成本和固定成本都会有所增加，其主要原因是：材料超过一定数额，可能会从远地采购，增加运费和采购保管费；新增施工机械折旧费和修理费；增加现场管理人员工资、临时设施费及其他间接费等。此时降价，不但无利可图，而且出现亏损。

六、可递延成本与不可递延成本

(一)可递延成本

可递延成本又称为“可延缓成本”，是指在短期经营决策中对其暂缓开支不会对工程项目未来的生产产生重大不利影响的那部分成本。在实际工作中，尽管已经决定要采纳某一方案，但由于企业财力有限，其具体实施时间应予推迟，而且推迟后对工程项目并无影响，此时，因为该方案可以延期实施，与该方案有关的成本就是可递延成本。

如某公司原定计划在年底装修办公大楼，改善公司办公条件，需要花费30万元。现因资金比较紧张，经研究，决定推迟一年再装修，那么，同装修工程有关的材料、人工费用等，就是可递延成本。

可递延成本具有一定弹性，在决策中应当予以考虑。

(二)不可递延成本

不可递延成本又称为“不可延缓成本”，是指在短期经营决策中若对其暂缓开支就会对工程项目未来的生产产生重大影响的那部分成本。即某备选方案一旦决定采纳，就应立即实施，即使企业财力有限，也不能推迟执行，否则，就会影响企业的大局。那么，与这一方案有关的成本就是不可递延成本。

如某企业过去一直采用烧重油的锅炉，能源浪费大，而且污染环境。现决定改用烧煤的锅炉，并装上防治污染的装置，需花费5万元。即使企业财力紧张，这个方案也必须实施，否则市政机关将勒令停业。那么，与该方案有关的成本属于不可递延成本。

不可递延成本具有较强的刚性，是与可递延成本相对立的成本。之所以将成本分为可递延和不可递延，是要求我们在决策过程中，充分注意各项决策相关成本。在企业财务负担能力有限的情况下，应分别轻重缓急，依次排队，量力而行。只有这样，才能更有效地运用现有的资金，提高资金的利用率，最大限度地提高企业经营效益。

七、可避免成本与不可避免成本

(一)可避免成本

可避免成本是指当决策方案改变时某些可免予发生的成本,或者在有几种方案可供选择的情况下,当选定其中一种方案时,所选方案不需支出而其他方案需支出的成本,是管理当局的决策行为可改变其数额的成本。事实上,可避免成本就是同备选方案是否被管理当局采纳直接相联系的成本。若某备选方案不被采纳,某项成本就不会发生;而若某备选方案被采纳,某项成本就会随之发生,此时,该项成本就是可避免成本。

如工程项目所需某零件既可自制也可外购。自制零件需要支付直接材料、直接人工、变动制造费用,共计5 000元。这5 000元是否发生,完全取决于管理当局是决定自制还是决定外购。若自制,这5 000元就会发生;若决定外购,这5 000元就不会发生,故属于可避免成本。再如酌量性固定成本中的广告费,对企业经营有好处,但其支出数额的多少并非绝对不可改变,因而属于可避免成本。

应予注意,可避免成本不是指可降低的成本,虽然对本方案来说,其他方案的某些支出本方案可免予支出,但本方案可能发生其他的支出,所以,可避免成本仅指其他方案的某些支出本方案可免予发生。可避免成本常常是与决策相关的成本。

(二)不可避免成本

不可避免成本是指无论决策是否改变或选用哪一种方案都需发生的成本,也即在任何情况下都需发生的成本,是管理当局的决策行动很难改变其数额的成本。即无论决策是否改变或选用哪一种方案都需要发生的成本。

如构成工程项目实体的钢材、水泥等材料成本无论哪一种方案都要发生,就是不可避免成本。不可避免成本常常是与决策无关的成本。

八、相关成本与无关成本

(一)相关成本

相关成本是指与决策有关的未来成本,即进行决策分析时必须认真加以考虑的各种形式的未来成本。如变动成本、付现成本、重置成本、差量成本、边际成本、机会成本、估算成本、可免成本、可递延成本、专属成本等都是相关成本。

如施工企业是否决定接受某项工程时,完成该项工程所需发生的各种成本即为相关成本。

(二)无关成本

无关成本是与相关成本相反的成本概念。它是指过去已经发生,或虽未发生但对未来决策没有影响的成本,也就是在决策分析时可予舍弃、无需加以考虑的成本。如固定成本、沉没成本、历史成本、难免成本、不可递延成本、共同成本等都属无关成本。此外,在选优决策中,凡各种备选方案中,项目相同、金额相等的未来成本,也属无关成本。

如采用不同的生产工艺组织施工时,构成项目实体的原材料在各种生产工艺过程中都要发生,这些材料成本就是非相关成本。

第三节　工程项目成本决策目标与判断标准

一、工程项目成本决策目标

工程项目成本决策的目标既是成本决策的出发点，又是成本决策的归宿点。

总体而言，工程项目成本决策的目标是选择符合预期质量标准和工期要求的低成本方案。在决策过程中，由于所要解决的具体问题有所差别，其目标又有不同的表现形式。如成本变动不影响收入的决策，成本决策目标可以简化为“成本最低”；对于收入、成本均取决于成本决策结果的项目，则需要将成本变动与收入变动联系起来考虑，不能简单地强调成本最低。特别是当企业为了增强竞争实力、保持竞争优势、追求长期效益最大时，成本是相关问题的一个方面，要将成本与环境、成本与经济资源、成本与竞争等因素结合起来考虑。

二、工程项目成本决策中的判断标准

工程项目成本决策中的判断标准是评价有关备选方案优劣程度的尺度，也是衡量决策目标实现程度的尺度。从理论上讲，评价工程项目备选方案优劣的标准应与决策目标一致。在工程项目成本决策中，评价方案优劣有：

(一)成本最低

成本最低是工程项目成本决策中常用的判断标准，它要求决策者从若干个备选方案中选择出预期成本最低的方案作为决策的结果，其适用于收入既定、成本决策结果只影响成本而不影响收入等其他因素的成本决策项目，如结构件是自制还是外购的决策。在具体决策时，可灵活使用“成本”指标。当有关备选方案没有固定成本，只有变动成本时，或者既有固定成本，又有变动成本，但固定成本数额相等，则衡量各方案优劣程度的“标准”可简化为该方案的变动成本，即预期变动成本总额最小的可行性方案为最满意方案。但当有关备选方案既有固定成本，又有变动成本，且固定成本不一致时，衡量各方案优劣程度的“成本”标准应是方案的总成本，即预期总成本最小的可行性方案为最满意方案。

必须特别指出的是，在以“成本最低”为标准进行方案的抉择时，不论是以总成本为判断标准，还是以变动成本为判断标准，都必须强调成本的相关性，注意不同备选方案成本信息的可比性，否则，抉择分析结论的正确性将会受到影响，有时还会做出错误的判断。

(二)利润最大

利润最大对于成本决策结果不但决定未来成本水平，还会影响预计收入状况，如是否加班加点，在决策时不仅需要考察方案的相关成本，还应密切关注与之相关的收入，以相关收入与相关成本的差额，即“利润”作为判断标准，要求决策者从若干个备选方案中选择出预期利润最大的方案作为决策的结果。在分析方案时，要注意各方案的利润均应根据该方案相关的预计收入与预计成本的差额计算。

(三)竞争优势

企业在其发展壮大阶段，为实现势力扩张、提高市场占有份额，增强竞争实力，保持竞争优势,往往以影响企业能否长期生存发展的"竞争优势"作为判断标准进行方案的选择。

此外,还尽可能地考虑那些对企业产生重要影响的不可计量经济因素和非经济因素,一并作为判断标准,以选取"足够好"的方案。

第四节 工程项目成本的短期决策

一、工程项目成本短期决策的内容

工程项目成本短期决策是对工程项目未来一年内的成本问题作出的决策。其所涉及的大多是项目在日常施工生产过程中与成本相关的内容,通常对项目未来经营管理方向不产生直接影响,故短期成本决策也称为战术型成本决策。与工程项目成本短期决策有关的因素基本上是确定的,因此,短期成本决策大多属于确定型成本决策和程序型成本决策。工程项目成本短期决策的内容主要包括:

1. 采购环节的短期成本决策

如不同等级材料的决策、经济采购批量的决策等就属于采购环节的短期成本决策。

2. 施工生产环节的短期成本决策

如结构件是自制还是外购的决策、经济生产批量的决策、分派追加施工任务的决策、施工方案的选择、短期成本变动趋势预测等就属于施工生产环节的短期成本决策。

3. 短期价款结算环节的短期成本决策

如结算方式、结算时间的决策等就属于短期价款结算环节的短期成本决策。

上述内容是仅就成本而言的。工程项目成本决策过程中,还涉及成本与收入、成本与利润等方面的问题,如特殊订货问题等。

二、工程项目成本短期决策的基本方法

(一)总额分析法

总额分析法是以利润作为最终的评价指标,按照"销售收入 - 变动成本 - 固定成本"的模式计算利润,由此决定方案取舍的一种决策方法。因为该决策方法中所涉及的收入和成本是指各方案的总收入和总成本,所以被称为总额分析法。这里的总成本通常不考虑它们与决策的关系,不需要区分相关成本与无关成本。

利润可用下列公式表示:

$$利润 = 收入 - 变动成本 - 固定成本 = 边际贡献 - 固定成本$$

总额分析法便于理解,但由于将一些与决策无关的成本也加以考虑,计算中容易出错,从而会导致决策的失误,因此决策中并不常使用。

(二)差量成本分析法

差量成本分析法,是指对两个或两个以上方案的相关成本进行分析,求出差量成本以确定

最优方案的决策方法。差量成本可用下列公式表示：

差量成本 = 甲成本 - 乙成本

= (甲业务量 × 甲单位变动成本 + 甲固定成本) - (乙业务量 × 乙单位变动成本 + 乙固定成本)

差量成本法的决策标准是差量成本，即计算各方案的成本(指相关成本)，然后选择成本低的方案。也可直接计算差量成本进行决策，如果比较的乙方案与被比较的甲方案的差量成本为正，则取甲方案；反之，则取乙方案。

差量成本法根据决策方案是否涉及固定成本而有所不同。当不涉及固定成本时，只需直接比较变动成本即可。当涉及固定成本，即备选方案中有一个以上涉及固定成本时，可直接比较成本，求出差量成本进行决策。

差量成本法应用的前提条件是两个方案的收入相同，或者两个方案都不直接涉及收入问题，即差量收入等于零。在此情况下，只需对两个方案的成本进行比较即可进行决策。因此，这种决策方法只研究差量成本，不研究差量收入。一般说来，不涉及收入变动的零部件自制与外购决策、设备租赁与购置决策、设备保留与更新决策、工艺如何选择决策、设备如何更新决策等，都可采用差量成本法。

需要指出，设备是否更新决策，设备如何更新决策等，本属长期决策，但如果不改变生产能力，或者不增加销售收入，在不考虑时间价值因素时，也可视做短期决策，运用差量成本法。

(三)差量利润分析法

所谓差量，是指两个不同方案的差异额。差量收入是指两个不同备选方案预期相关收入的差异额，差量成本是指两个不同备选方案的预期相关成本之差，差量利润是指两个不同备选方案的预期相关损益之差。差量利润分析法，是指对两个或两个以上方案的相关收入和相关成本(包括变动成本和固定成本)进行分析，求出差量利润以确定最优方案的决策方法。也就是说，差量利润分析法是以差量利润作为最终的评价指标，由差量利润决定方案取舍的一种决策方法。差量利润可用下列公式表示：

差量利润 = 差量收入 - 差量成本

= 甲利润 - 乙利润

= (甲业务量 × 甲单位贡献毛益 - 甲固定成本) - (乙业务量 × 乙单位贡献毛益 - 乙固定成本)

差量利润分析法的决策标准是差量利润，即计算各方案利润的有无或多少，对于可否决策来说，应该有则取之，无则弃之；对于择优决策来说，若各方案皆能带来利润，就应该多则取之，少则弃之。如果乙方案与甲方案的差量利润为正，则取乙方案；若差量利润为负，则取甲方案。

差量利润分析法应用的前提条件是两个方案都涉及收入、变动成本与固定成本。在此情况下，就不能应用差量成本法和差量毛益法，而应采用差量利润法。因此，差量利润法适用于备选方案的收入、变动成本和固定成本(可能是部分固定成本)皆不相同情况的决策。这种决策方法，不仅研究差量毛益，而且研究差量固定成本。

值得注意的是，差量利润分析法仅适用于两个方案之间的比较。如果有多个方案可供选择，在采用差量利润分析法时，只能分别两个两个地进行比较、分析，逐步筛选，择出最优方案。

(四)差量毛益法

差量毛益法,是指对两个或两个以上方案的相关收入和相关成本(变动成本)进行分析,求出差量毛益以确定最优方案的决策方法。也就是说,差量毛益是指两个方案贡献毛益之差。同时由于贡献毛益等于销售收入与变动成本之差,故差量毛益等于两个方案差量收入与差量变动成本的差额。用公式表示如下:

差量毛益 = 差量收入 - 差量变动成本
= 甲贡献毛益 - 乙贡献毛益
= 甲业务量 × 甲单位贡献毛益 - 乙业务量 × 乙单位贡献毛益
= 甲合同价格 × 甲贡献毛益率 - 乙合同价格 × 乙贡献毛益率

差量毛益法的决策标准是差量毛益,即各方案贡献毛益的有无或多少。对于可否决策来说,应该有则取之,无则弃之;对于择优决策来说,就应该对能带来贡献毛益的各方案,多则取之,少则弃之。这是因为,在固定成本不变的情况下,有毛益,就可以补偿固定成本,为企业作出贡献;无毛益,则不能给企业带来任何利益。同理,毛益越多,对企业的贡献就越大。当然,也可以直接计算差量毛益进行决策。如果乙方案与甲方案的差量毛益为正,则取乙方案;如果差量毛益为负,则取甲方案。需要指出,这里所说的毛益,是指整个方案的贡献毛益总额或各方案每机时或每人时所创的贡献毛益,而不是指单位产品(或商品)的贡献毛益。如果各方案的业务量已经确定,则可以将各自的业务量分别与其单位贡献毛益相乘,从而求得各自的贡献毛益总额后再进行决策。

差量毛益法应用的前提条件是两个方案的固定成本相同,即差量固定成本等于零。它适用于企业不改变生产能力和经营规模,备选方案皆无专属固定成本发生的情况。在此情况下,只需对两个方案的贡献毛益进行比较,即可进行决策。因此,这种决策方法只研究差量收入和差量变动成本,不研究固定成本,或者说只考虑差量毛益,不考虑固定成本。一般说来,不涉及固定成本变动的特殊订货是否接受决策等问题,都应采用差量毛益法。

(五)成本无差别点法

在成本按性态分类的基础上,任何方案的总成本都可以用 $y = a + bx$ 表述。成本无差别点,亦称成本平衡点、成本重合点、成本分界点等,是指两个方案总成本(或相关总成本)相等时共同的业务量。由于当高于或低于该业务量水平时,不同方案就具有了不同的业务量优势区域,因此可以利用不同方案的不同业务量优势区域进行方案选优的决策。

$$y_1 = a_1 + b_1 x \tag{3-1}$$

$$y_2 = a_2 + b_2 x \tag{3-2}$$

式中:x——成本无差别点业务量;

a_1, a_2——方案甲、方案乙的固定成本总额;

b_1, b_2——方案甲、方案乙的单位变动成本;

y_1, y_2——方案甲、方案乙的总成本。

根据成本无差别点的概念,当成本无差别时,两个方案的总成本相等,令:$y_1 = y_2$,则:

$$a_1 + b_1 x = a_2 + b_2 x \tag{3-3}$$

得:

$$x = \frac{a_2 - a_1}{b_1 - b_2} \tag{3-4}$$

这时整个业务量被分割为两个区域:$0 \sim x$ 与 $x \sim \infty$。其中 x 即为成本无差别点。

在成本无差别点上,方案甲、方案乙的总成本相等,也就是说两个方案都可取;而低于或高于该点,方案甲、方案乙就具有了不同的选择价值。至于在哪个区域哪个方案更可取,则应通过选取数据代入 y_1、y_2 公式来确定。一般说来,在成本无差别点以上,固定成本高、变动成本低的方案为优;在成本无差别点以下,固定成本高、变动成本低的方案为劣。根据预定的业务量,即可根据其在成本无差别点的具体位置进行方案的选择。

值得注意的是,如果备选方案超过两个,那么在进行决策时,应首先进行两两方案比较,确定成本无差别点业务量,然后再进一步通过比较,选出最优方案。

(六)边际分析法

边际分析法是在成本决策中应用微分极值原理,对根据微分求导的结果进行分析评价,从而进行生产决策的一种方法。一般运用于解决成本最小化或利润最大化等问题。

单从经济分析角度来看,企业工程项目成本决策的优化,目的在于使其经济效益最大(或亏损最小)。这其中涉及两组基本经济变量的分析比较,分别是收入变量和支出变量。在边际分析中,这两组变量即收入变量与支出变量通常分别用边际收入和边际成本两个指标来表示,而边际分析就是研究边际收入与边际成本之间的关系。在经济学中已经学过,所谓边际收入,就是指当企业的产量增加一个单位时其总收入的增量,而边际成本也就是此时其总成本的增量。

边际分析法的基本程序如下:

(1)建立数学模型:$y=f(x)$,这里的函数 y 既可以是利润、资金、成本,也可以是生产批量或采购批量。

(2)对上述函数求导,即计算 $y=f'(x)$,且令 $f'(x)=0$,求 x_0。

(3)计算上述函数的二阶导数:如果该函数的二阶导数小于零,则存在极大值;反之,存在极小值。通常决策分析中这一程序可以省略,因为根据实际情况往往可直接就确定它是极大值还是极小值。

三、工程项目成本短期决策方法的运用

(一)经济订货批量的决策

材料是工程项目必不可少的物资,涉及面广、品种多、数量大,在工程总投资(或工程承包合同价)中占很大比例。材料按时、按质、按量供应是工程项目顺利按计划进行的前提。而材料采购是保证工程项目物质供应的方式之一。材料采购应按照项目质量管理体系和环境管理体系的要求,依据项目经理提出的材料计划进行合理地采购,使之满足使用要求,并使订购费和储存费最低。为此,我们必须确定订货的经济批量。

经济订货批量或采购批量是指既能满足工程项目对材料的正常需求,又使材料订购费用和储存费用构成的总成本最低的每次订货数量。因此,在进行材料采购决策时,应选择采订购

费用和储存费用之和最低的方案为最优方案。

订购费用包括采购人员的工资、差旅费、采购手续费、检验费等。订购费用的特点是随着订购次数的增加而增加。通常年需要量一定时，订购费用又随订购批量的增加而减少。储存费用是指材料在库或在场所需要的一切费用，主要包括库存材料占用流动资金的利息、仓库及仓库机械设备的折旧费和修理费、燃料动力费、采暖通风照明费、仓库管理费（如仓库职工工资及办公费、管理费）库存材料在保管过程中的损耗以及由于技术进步而使库存材料性能陈旧贬值而带来的损失等。储存费用的特点是随库存量的增长而增长，也就是说与订购批量成正比。储存费用通常以年度为期限，按平均库存值的百分率表示。

在不允许缺货情况下，经济订货批量的计算公式为：

$$TC = \frac{D}{Q} \times K + \frac{Q}{2}K_c \tag{3-5}$$

式中：TC——总存货成本；

Q——订货批量；

D——全年总需求量；

K——每次订货成本；

K_c——变动储存成本。

经济订货批量 Q^* 计算的具体方法是将 TC 对 Q 求一阶倒数，并令其为0，然后求出令 TC 有极小值的 Q。

$$\frac{\mathrm{d}TC}{\mathrm{d}Q} = 0$$

解此方程，可得经济订货批量 Q^* 的计算公式：

$$Q^* = \sqrt{\frac{2KD}{K_c}} \tag{3-6}$$

此时的最低存货总成本公式为：

$$TC^* = \sqrt{2KDK_c} \tag{3-7}$$

年最佳订货次数 N^* 为：

$$N^* = \frac{D}{Q^*} = \sqrt{\frac{DK_c}{2K}} \tag{3-8}$$

年最佳订货周期 T^* 为：

$$T^* = \frac{360}{N^*} = \sqrt{\frac{2K}{DK_c}} \tag{3-9}$$

【例3-1】 某建筑工程项目的年合同造价为2 160万元，企业物资部门按概算每万元10吨采购水泥。由同一个水泥厂供应，合同规定水泥厂按每次催货要求时间发货。项目物资部门提出了三个方案：A_1 方案，每月交货一次；A_2 方案，每两月交货一次；A_3 方案，每三月交货一次。根据历史资料得知，每次催货费用为5 000元；仓库保管费率为储存材料单价的4%。水泥单价（含运费）为360元/吨。问：

(1)企业应为该项目采购多少水泥？

(2)通过计算,在三个方案中进行优选。

(3)通过计算,寻求最优采购批量和供应间隔期。

(4)按最优采购批量计算,该项目的年水泥费用是多少元?

解:(1)水泥采购量 $=2\,160\times10=21\,600$(吨)

(2)优选方案的计算:

A_1 方案的年采购次数为 12 月 ÷1 月 =12(次)

A_1 方案的每次采购数量为 $21\,600\div12=1\,800$(吨)

A_1 方案的水泥相关总成本 $TC=\dfrac{21\,600}{1\,800}\times5\,000+\dfrac{1\,800}{2}\times360\times4\%=72\,960$(元)

A_2 方案的年采购次数为 12 月 ÷2 月 =6(次)

A_2 方案的每次采购数量为 $21\,600\div6=3\,600$(吨)

A_2 方案的水泥相关总成本 $TC=\dfrac{21\,600}{3\,600}\times5\,000+\dfrac{3\,600}{2}\times360\times4\%=55\,920$(元)

A_3 方案的年采购次数为 12 月 ÷3 月 =4(次)

A_3 方案的每次采购数量为 $21\,600\div4=5\,400$(吨)

A_3 方案的水泥相关总成本 $TC=\dfrac{21\,600}{5\,400}\times5\,000+\dfrac{5\,400}{2}\times360\times4\%=58\,880$(元)

从 A_1、A_2、A_3 三个方案的水泥总成本比较来看,A_2 方案的总费用最小,故应采用 A_2 方案,即每二月采购一次。

(3)计算最优采购批量 $Q^*=\sqrt{\dfrac{2KD}{K_c}}=\sqrt{\dfrac{2\times5\,000\times21\,600}{360\times4\%}}=3\,873$(吨)

最优采购次数 $N^*=\dfrac{D}{Q^*}=\dfrac{21\,600}{3\,873}=5.6$(次)≈6(次)

最优采购间隔期 $T^*=\dfrac{360}{N^*}=\dfrac{360}{6}=60$(天),即两个月采购一次。

(4)该项目的年水泥费用为:

$$TC=21\,600\times360+6\times5\,000+\frac{3\,600}{2}\times360\times4\%=7\,961\,520(\text{元})$$

(二)经济生产批量的决策

经济生产批量决策又称最优生产批量决策,是指对进行成批生产的企业,考虑全年应分几批组织生产,每批应生产多少产品最为经济合理的决策问题。对于这类问题的决策,主要考虑两个相关成本因素,即调整准备成本和变动储存成本,至于生产过程中发生的直接材料、直接人工、制造费用等成本与此决策无关,不必加以考虑。

调整准备成本是指每批产品投产前为做好准备工作而发生的成本,如调整机器、准备模具、清理现场、布置生产线、领取原材料、准备生产记录等。这类成本每次的发生基本相等,与每批的生产数量(即批量)没有直接关系,而与一年之中生产的批次成正比。批次越多,调整准备成本就越高;反之,越低。

单位储存成本是指单位产品或零件在储存过程中所发生的年度成本,如仓库及其设备的维护费、折旧费、保险费、保管人员工资、自然损耗等。在这些费用中,有些是不随储存量变动而变动的固定成本,和最优生产批量的决策无关。而另一些则是随储存量的变动而变动的变动储存成本。这类变动储存成本与批次的多少无直接联系,而与生产批量成正比变化,批量越大,全年平均的储存量就越大,从而年变动储存成本就越高;反之,则越低。

经济生产批量决策的调整准备成本和变动储存成本,可以用以下公式表示:

$$TC = \frac{D}{Q} \times K + \frac{Q}{2}K_c(1 - \frac{d}{p}) \tag{3-10}$$

式中:TC——总存货成本;

Q——生产批量;

D——全年总需求量;

K——每次调整准备成本;

K_c——变动储存成本;

p——每日生产量;

d——每日需求量。

经济生产批量 Q^* 计算的具体方法是将 TC 对 Q 求一阶倒数,并令其为 0,然后求出令 TC 有极小值的 Q。

$$\frac{\mathrm{d}TC}{\mathrm{d}Q}=0$$

解此方程,可得经济生产批量 Q^* 的计算公式:

$$Q^* = \sqrt{\frac{2KD}{K_c} \times \frac{P}{p - d}} \tag{3-11}$$

此时的最低存货总成本公式为:

$$TC^* = \sqrt{2KDK_c(1 - \frac{d}{p})} \tag{3-12}$$

【例 3-2】 某工程需 3 600 件甲材料,企业采用自制方式,每件变动储存成本为 6 元,每批调整准备成本是 800 元,平均每日产出 30 件,每日耗用 10 件。要求:作出最优生产批量的决策。

解:根据上述资料,利用计算公式可确定最优生产批量及相应的指标。

$$Q^* = \sqrt{\frac{2 \times 800 \times 3\,600}{6} \times \frac{30}{30 - 10}} = 1\,200(\text{件})$$

$$TC^* = \sqrt{2 \times 800 \times 3\,600 \times 6 \times (1 - \frac{10}{30})} = 4\,800(\text{元})$$

可见,当每批生产 1 200 件时,全年的总成本最低,为 4 800 元。

对于最优生产批量的决策问题,除了根据上述公式进行直接的计算来确定最优的生产批量和批次外,也可以通过列表法和绘图法更直观地反映出来。采用这些方法需要先假设年变动储存成本、调整准备成本和总成本。依上例,见表 3-2 进行分析。

生产批次的有关资料 表 3-2

可能的生产批次	6	5	4	3	2	1
生产批量(件)	600	720	900	1 200	1 800	3 600
平均储存量(件)	200	240	300	400	600	1 200
年变动储存成本(元)	1 200	1 440	1 800	1 400	3 600	7 200
年调整准备成本(元)	4 800	4 000	3 200	2 400	1 600	800
年总成本(元)	6 000	5 440	5 000	4 800	5 200	8 000

由表 3-2 的年总成本可见,最优的生产批次是 3 次,最优的生产量是 1 200 件,此时年总成本最低为 4 800 元。

(三)结构件是自制还是外购的决策

工程项目在施工中经常碰到结构件是采用现场自制或者是外购的问题。一般来说,结构件专业化生产是工业现代化发展的必然趋势。结构件生产专业化程度越高,质量越好,劳动生产率越高,成本就越低,从而也会节省现场自制构件的生产场地,缩短施工期限,降低工程成本。结构件自制或外购的选择,除了专业化生产这一条件外,还有其他外部、内部等各种因素的影响。因此,结构件是自制或是外购,面临着抉择的问题。

结构件自制或外购决策,主要涉及三个因素:质量、成本和时间。如果自制质量差,当然只能外购;如果自制成本高,就没有自制的必要;如果自制或外购不及时,影响施工,那也就没有选择的余地;如果在质量、时间都不成问题的前提下,主要的考虑因素就是成本了。

结构件自制或外购决策,可能涉及固定成本变动,也可能不涉及固定成本变动,但不论涉及与否,都是只涉及成本,不涉及收入。因而直接比较成本,更准确地说直接比较相关成本就可以了。问题是哪些是相关成本,哪些不是相关成本?自制方案发生的直接材料成本、直接人工成本、变动制造费用,外购方案的单价、运费等都是相关成本。而应由自制方案负担的共同固定成本不属于自制的相关成本,因而不应计入自制的相关成本中。应由自制方案负担的专属固定成本如果是难免的,属于自制结构件的相关成本,因而应计入自制结构件的相关成本中。

如果企业闲置的生产设备不用于自制便可取得租金收入,则应将此租金收入作为自制方案的机会成本即相关成本考虑,视作自制方案的固定成本处理。

在决策时,如果利用闲置生产设备制造其他产品,可以比自制结构件产生更大的差量收益,则应做出外购结构件,同时制造其他产品的决策。

结构件自制或外购决策可分为以下几种情况:

1. 企业剩余生产能力不能移作他用,自制也不发生专属固定成本

此时不涉及固定成本的变动,即固定成本均为无关成本。在企业生产能力有剩余,自制与外购结构件均无可免专属固定成本发生的情况下,差量成本就是外购成本(包括进价和运杂费等)与自制变动成本的差额(无论是单位变动成本还是变动成本总额都一样)。

【例 3-3】 某建筑公司需某种混凝土构件 500m^3。外购每立方米价 1 600 元,如改由现场制作,可利用原有的生产设施和施工管理,不增加间接费用,每立方米构件成本为 1 320 元,其中:直接材料 780 元,直接人工 140 元,变动生产费 400 元。要求作出结构件自制或外购的

决策。

解:结构件自制或外购成本差异分析见表3-3。

结构件自制或外购成本决策分析(单位:元) 表3-3

项 目	自 制	外 购	成本差异
(1)自制成本			
直接材料:500×780	390 000		
直接人工:500×140	70 000		
变动生产费:500×400	200 000		
合计	660 000		
(2)外购成本:500×1 600		800 000	
(3)差别成本			140 000

注:表中变动生产费为机械动力、燃料等费用。

通过以上分析,利用原有设施自制,不增加固定成本,比外购方案降低成本140 000元,当以自制方案为优。

2. 剩余生产能力可以他用,自制不发生专属固定成本

在这种情况下,自制的相关成本包括变动生产成本和机会成本(即由于自制使生产能力不能他用而损失的收益)。

【例3-4】 (接例3-3)如该公司不自制结构件,则剩余生产能力可以用于其他工程项目,估计可以增加收益100 000元。要求作出结构件自制或外购的决策。

解:结构件自制或外购成本差异分析见表3-4。

结构件自制或外购成本决策分析(单位:元) 表3-4

项 目	自 制	外 购	成本差异
(1)自制成本			
直接材料:500×780	390 000		
直接人工:500×140	70 000		
变动生产费:500×400	200 000		
机会成本	100 000		
合计	760 000		
(2)外购成本:500×1 600		800 000	
(3)差别成本			40 000

注:表中变动生产费为机械动力、燃料等费用。

通过以上分析,自制不增加固定成本、原有设施可移做他用,比外购方案降低成本40 000元,当以自制方案为优。

3. 剩余生产能力不可以他用,但涉及固定成本的变动,即某些固定成本为相关成本

在自制方案中,如需增加专用设备,则应同时考虑增加的固定成本,也就是说,追加的固定成本和变动成本一起构成自制方案的相关成本。在结构件需要量已经确定,则可列表或列式

分别计算自制或外购的成本,然后根据成本的高低进行决策;如需要量未确定,则可根据成本平衡点进行确定。

【例3-5】 (接例3-3)如该公司自制结构件,需要增加混凝土搅拌机、混凝土输送和振捣设备、组合钢模的折旧、修理费、生产场地租金、场地平整及台模制作等专属固定成本140 000元。要求作出结构件自制或外购的决策。

解:自制方案除了变动成本外,还要负担专属固定成本。结构件自制或外购成本差异分析见表3-5。

结构件自制或外购成本决策分析(单位:元) 表3-5

项　目	自　制	外　购	成本差异
(1)自制成本			
直接材料:500×780	390 000		
直接人工:500×140	70 000		
变动生产费:500×400	200 000		
专属固定成本	140 000		
合计	800 000		
(2)外购成本:500×1600		800 000	
(3)差别成本			0

注:表中变动生产费为机械动力、燃料等费用。

通过以上分析,施工现场如所需预制构件每月保持在500m^3,自制方案的预期总成本等于外购方案的预期总成本,选择外购与自制方案无差别。

如果需求量不确定,工程业务量的最低界限是应能补偿固定成本时的业务量,亦即确定成本平衡点。成本平衡点业务量的计算公式如下:

$$\text{成本平衡点的业务量}=\frac{\text{自制追加的专属(固定)成本}}{\text{外购单价(单位变动成本)}-\text{自制单位变动成本}}$$

$$=\frac{140\ 000-0}{1\ 600-1\ 320}=500(m^3)$$

以上分析表明,施工现场如所需预制构件每月保持在500m^3,自制方案的预期总成本等于外购方案的预期总成本,选择外购与自制方案无差别;如所需预制构件每月保持在500m^3以上,自制方案的预期总成本低于外购方案的预期总成本,则以采用自制方案较为适宜;如果施工现场每月达不到这样高的业务量,则以采用外购方案较为适宜。

可用图示法进行成本平衡点分析,见图3-2。

4. 剩余生产能力可以他用,同时,自制需发生专属固定成本

在这种情况下,自制方案的相关成本不仅包括变动成本、机会成本,而且包括专属固定成本。

【例3-6】 (接例3-3)如该公司不自制结构件,则剩余生产能力可以用于其他工程项目,估计可以增加收益100 000元;如该自制结构件,需增加混凝土搅拌机、混凝土输送和振捣设备、组合钢模的折旧、修理费、生产场地租金、场地平整及台模制作等专属固定成本140 000元。要求作出结构件自制或外购的决策。

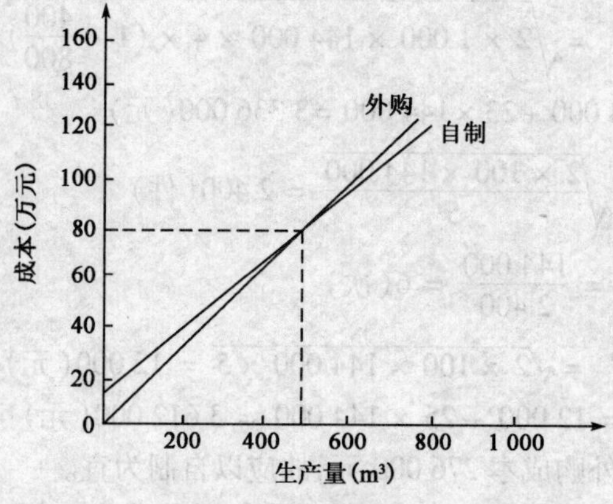

图 3-2 成本平衡点分析图

解:自制方案除了变动成本外,还要负担机会成本和专属固定成本。结构件自制或外购成本差异分析见表 3-6。

结构件自制或外购成本决策分析(单位:元) 表 3-6

项 目	自 制	外 购	成 本 差 异
(1)自制成本			
直接材料:500×780	390 000		
直接人工:500×140	70 000		
变动生产费:500×400	200 000		
机会成本	100 000		
专属固定成本	140 000		
合计	900 000		
(2)外购成本:500×1 600		800 000	
(3)差别成本			-100 000

注:表中变动生产费为机械动力、燃料等费用。

自制方案比外购方案高 100 000 元,因此采用外购方案较为适宜。

5. 涉及投产准备费用和订货成本、存储费用的决策

若生产每批工程结构件需要投产准备和存储过程,而外购存在订货和存储过程,这种情况结构件自制还应考虑投产准备费用和存储费用,结构件外购需考虑订货成本和存储费用。

【例 3-7】 某工程日全年需用 A 结构件 144 000 件,如果自制,每批投产准备费用 1 000 元,每单位变动成本 23 元,单位储存成本 4 元;如果外购,单位价格 25 元,每批订货成本 100 元,单位储存成本 5 元,无固定成本发生。要求作出结构件自制或外购的决策。

解:根据有关资料可分析如下:

$$最佳生产批量\ Q^* = \sqrt{\frac{2\times 1\ 000\times 144\ 000}{\frac{800-400}{800}\times 4}} = 1\ 200(件)$$

$$年最佳生产批次\ N^* = \frac{144\ 000}{1\ 200} = 12(次)$$

最低存货总成本 $TC^* = \sqrt{2 \times 1\,000 \times 144\,000 \times 4 \times (1 - \frac{400}{800})} = 24\,000$(元)

结构自制总成本 = 24 000 + 23 × 144 000 = 3 336 000(元)

最佳订货批量 $Q^* = \sqrt{\frac{2 \times 100 \times 144\,000}{5}} = 2\,400$(件)

年最佳生产批次 $N^* = \frac{144\,000}{2\,400} = 6$(次)

最低存货总成本 $TC^* = \sqrt{2 \times 100 \times 144\,000 \times 5} = 12\,000$(元)

结构件外购总成本 = 12 000 + 25 × 144 000 = 3 612 000(元)

可见,自制成本低于外购成本 276 000 元,故应以自制为宜。

需要指出,结构件的自制或外购并不能仅仅考虑数量因素,还必须同时考虑品质因素。所谓品质因素,一是指自制结构件本身的质量是否抵得上外购结构件的质量;二是指能否因为自制而影响企业与供应单位长期建立起来的互惠关系,能否因为某一零件的自制而造成其他品种的限供等。

(四)分派追加施工任务的决策

对于施工企业,其下属的有些班组往往同时完成同一种任务。在这种情况下如果企业现增加一项任务,就需要决定应由哪个班组承担这项任务。一般地讲,由于各班组的工艺设备先进程度不同,其完成任务的成本结构会存在一定的差异。工艺设备较先进的班组,完成任务的单位变动生产成本较低,但单位任务分摊的固定生产成本较高;而工艺设备较落后的班组则相反,其单位任务的变动生产成本较高,但单位任务分摊的固定生产成本较低。如果追加施工任务,应分派给哪个班组?这实际上就是分派追加施工任务的决策。

分派追加施工任务的决策又分为两种情况:

1.有剩余生产能力来承担追加任务

假设两个班组均有剩余生产能力来承担追加任务,那么这项追加任务应交给哪个班组承担?对于这个问题,一般人会认为应当交给单位任务成本低的班组承担。然而,从相关成本的角度看,由于追加任务由剩余生产能力完成,班组承担增产任务将仅发生变动成本,现有的固定成本为无关成本。因此,选择班组承担追加任务的标准应看班组的单位任务变动成本的高低,而不是单位任务成本的高低,可以采用差量毛益法或差量成本法。

【例3-8】 假设某企业下有甲、乙两个班组均能完成 A 任务,它们的年设计任务能力均为 50 000 件。今年两个班组 A 任务的实际产量、销售单价及有关的成本资料见表 3-7。

某企业的相关资料 表 3-7

摘　要	甲　组	乙　组
A 任务(件)	40 000	40 000
销售单价(元/件)	15	15
单位变动生产成本(元/件)	5	6
固定成本总额(元)	200 000	120 000
单位产品成本(元/件)	10	9

假设计划年度该企业除要求甲、乙两个班组仍按今年实际任务外，根据市场预测分析，决定再追加A任务10 000件。在企业召开的生产计划工作会议上，分管项目的副总经理在浏览了A任务上述的成本资料后认为，由于乙班组完成A任务的单位成本较低，A任务追加任务应交由乙班组承担，这样可比甲班组节约成本10 000元，但甲班组组长表示异议。

问：该副总经理的决策正确吗？

解：由于两个班组均可利用剩余生产能力承担追加任务，因而均不会发生新的固定成本；而它们现有的固定成本是由过去的决策引起的，与追加任务的承担与否无关。它们承担追加任务，将仅完成任务的变动成本（本例假定剩余生产能力不能移作他用），因此，由哪个班组承担追加任务应看哪个班组的任务变动成本低。由上面甲、乙两组的任务成本资料可见，甲任务的A任务单位变动成本为5元，而乙班组的A任务单位变动成本为6元，故应将追加任务交由甲班组承担，这样可比交给乙班组节约成本10 000元（或增加边际贡献10 000元）。所以，该企业分管任务的副总经理的决策是错误的。这个结论可更详细地通过编制边际毛益分析表（表3-8）来说明。

边际毛益分析表　　表3-8

摘　　要	甲　　组	乙　　组
追加任务（件）	10 000	10 000
销售单价（元/件）	15	15
单位变动生产成本（元/件）	5	6
单位边际毛益（元/件）	10	9
边际贡献总额（元）	100 000	90 000

由表3-8可见，将追加任务交给甲班组比交给乙班组所获得的边际毛益高10 000元。

同时，这个结论也可通过编制成本分析表（表3-9）来说明。

成 本 分 析 表　　表3-9

摘　　要	甲　　组	乙　　组
追加任务（件）	10 000	10 000
销售单价（元/件）	15	15
单位变动生产成本（元/件）	5	6
变动成本总额（元）	50 000	60 000

由表3-9可见，将追加任务交给甲班组比交给乙班组少花费变动成本10 000元。

2. 没有剩余生产能力，承担追加任务须增加固定资产投资

假设两个班组都没有剩余生产能力，承担追加任务，必须增加固定资产投资，这就必然发生固定成本，就不宜采用差量毛益法决策，而宜采用差量利润法或差量成本法决策。

【例3-9】　假设某企业甲、乙两个班组完成A任务的年设计能力均为40 000件。如果承担追加任务都须增加固定资产投资，甲班组增加20 000元固定成本，乙班组增加15 000元固定成本。请问如何分派追加任务。

解:由于两个班组均没有剩余生产能力来承担追加任务,因而均会发生新的固定成本。下面通过编制利润分析表(表3-10)和成本分析表(表3-11)来说明。

利 润 分 析 表　　表3-10

摘　要	甲　组	乙　组
追加任务(件)	10 000	10 000
销售单价(元/件)	15	15
单位变动生产成本(元/件)	5	6
单位边际贡献(元/件)	10	9
边际贡献总额(元)	100 000	90 000
固定成本(元/年)	20 000	15 000
利润总额(元)	80 000	75 000

由表3-10可见,将追加任务交给甲班组比交给乙班组所获得的利润高5 000元。

成 本 分 析 表　　表3-11

摘　要	甲　组	乙　组
追加任务(件)	10 000	10 000
销售单价(元/件)	15	15
单位变动生产成本(元/件)	5	6
变动成本总额(元)	50 000	60 000
固定成本(元/年)	20 000	15 000
成本总额(元)	70 000	75 000

由表3-11可见,将追加任务交给甲班组比交给乙班组所花费的成本低5 000元。

一般说来,追加施工任务时,如果追加任务合同价格低于变动成本,当然不能接受;如果无追加固定成本发生,追加任务合同价格高于变动成本,可以提供贡献毛益,就应该接受提供贡献毛益多的方案为最优方案;如有追加固定成本发生,追加任务合同价格高于变动成本和追加固定成本之和,就应该接受相关成本最低的方案为最优方案。

(五)施工方案的选择

施工方案的选择是单位工程施工组织设计的核心问题。所确定的施工方案合理与否,不仅影响到施工进度计划的安排和施工平面图的布置,而且将直接关系到工程的施工质量、效率、工期和技术经济效果,因此必须引起足够的重视。为防止施工方案的片面性,必须对拟定的几个施工方案进行技术经济分析比较,使选定的方案施工上可行,技术上先进,经济上合理,而且符合施工现场的实际情况。

施工方案的选择一般包括:确定施工程序和施工起点流向,确定施工顺序,合理选择施工机械和施工方法,制订技术组织措施等。

1. 确定施工程序和施工起点流向

施工程序是指单位工程中各分部工程或施工阶段的先后次序及其制约关系。工程施工受到自然条件和物质条件的制约，它在不同施工阶段的不同的工作内容，按照其固有的、不可违背的先后次序循序渐进地向前开展，它们之间有着不可分割的联系、既不能相互代替，也不允许颠倒或跨越。

施工起点和流向是指单位工程在平面或空间上开始施工的部位及其展开方向。一般情况下，单层建筑物应分区、分段地确定在平面上的施工流向，多层建筑物除了每层平面上的施工流向外，还需确定在竖向(层间或单元空间)上的施工流向。施工流向的确定涉及一系列施工活动的展开和进程，是组织施工的重要环节。

2. 确定施工顺序

施工顺序是指分项工程或工序之间施工的先后次序。它的确定既是为了按照客观的施工规律组织施工，也是为了解决不同工种之间在时间上的搭接和在空间上的利用问题，在保证施工质量与安全施工的前提下，力求达到充分利用空间，争取时间，缩短工期的目的。合理的确定施工顺序也是编制施工进度计划的需要。

3. 合理选择施工机械和施工方法

选择施工机械和施工方法是施工方案中的关键问题，它直接影响施工进度、质量、安全及工程成本。我们进行编制施工组织设计时，必须根据建筑结构特点、抗震要求、工程量大小、工期长短、资源供应情况、施工现场情况和周围环境等因素，制订出可行方案，并进行技术经济分析比较，确定出最优方案。

4. 制订施工组织措施

施工组织措施主要是确保施工质量，加快施工进度，保证安全施工和环保，降低工程施工成本等方面的措施。它包括技术方面和组织管理方面的措施。通过施工组织措施的编制，能系统完整地反映承包人对工程施工的筹划水平和承诺，使业主更全面了解承包商的现代化管理水平，增强业主对承包方完成项目的信心。同时施工组织措施也是对企业和工程项目施工的一种约束，可减少或杜绝施工过程的随意性，避免施工过程中的重大失误。因此，编制施工组织措施，是工程项目组织设计不可缺少的内容。

下面以人工挖土方或机械挖土方的成本决策、施工工艺选择为例进行说明。

在工程施工中，机械挖土方比人工挖土方的劳动生产率高，可节省大量的劳动力和现场临时设施费用，降低土方工程成本。但根据土方工程量大小，以及现场临时设施、劳动力配备等情况，多方面加以考虑，往往也面临着使用人工挖土方或者是使用机械挖土方的抉择，有以下两种对比方案：

(1)不增加临时设施及间接费用方案。在挖土方工程量不大的情况下，人工挖土方的劳动力比较容易解决，一般不需要增加临时设施、现场施工管理人员及有关间接费用，人工挖土方可能比机械挖土方成本要低。

【例 3-10】　设某建筑公司某期挖土方不增加临时设施及间接费用，对人工挖土方或机械挖土方两种方案进行成本比较，见表 3-12。

表 3-12 表明，在土石方工程量不大、不增加临时设施和间接费用的情况下，机械挖土方较人工挖土方高出 9.09%，采用人工挖土方可降低成本，此方案较为适宜。

人工挖土方与机械挖土方成本决策分析(1)　　表3-12

单位:××建筑公司　　单位:元

项　　目	人工挖土方	机械挖土方	差 异 成 本	差异(%)
土方工程量(m^3)	4 500	4 500		
(1)人工挖土方				
直接人工:1 500 工日,日工资 20 元	30 000			
材料、工具摊销费等	4 500			
间接费用	4 000			
人工挖土方成本合计	38 500			
(2)机械挖土方				
使用台班(台班产量 150m^3)		30		
每台班成本		1 400		
机械挖土方成本合计		42 000	3 500	9.09

(2)增加临时设施及间接费用方案。在土方工程量较大的情况下,采用人工挖土方需要增加大量的劳动力,相应增加临时设施、现场管理人员及有关的间接费用等,此时如采用人工挖土方,则可能发生较高的成本支出。

【例3-11】　设某建筑公司某期土方工程量为54 000m^3,作采用人工挖土方与机械挖土方的成本比较,见表3-13。

人工挖土方与机械挖土方成本决策分析(2)　　表3-13

单位:××建筑公司　　单位:元

项　　目	人工挖土方	机械挖土方	差 异 成 本	差异(%)
土方工程量(m^3)	54 000	54 000		
(1)人工挖土方				
直接人工:18 000 工日,日工资 20 元	360 000			
材料、工具摊销费等	80 000			
专属固定成本(临时设施等间接费用)	180 000			
人工挖土方成本合计	620 000			
(2)机械挖土方				
使用台班(台班产量 150m^3)		360		
每台班成本		1 400		
机械挖土方成本合计		504 000	-116 000	-18.71

表3-13表明,在土方工程量较大、增加相应的设施和费用的情况下,机械挖土方成本比人工挖土方成本降低18.71%,应舍弃人工挖土方而采用机械挖土方的方案。

施工工艺的选择可用成本无差别点进行决策。

【例3-12】　某企业完成工程项目A,有两种工艺方案可供选择。有关成本数据见表3-14,问应采取哪种方案。

成本数据表 表 3-14

工艺方案	固定成本总额(元)	变动成本总额(元)
新方案	45 000	300
旧方案	30 000	400

解:根据表 3-14 中的数据,利用业务量成本关系,确定新、旧方案的总成本公式为:

$$y_1 = 45\,000 + 300x$$

$$y_2 = 30\,000 + 400x$$

令 $y_1 = y_2$,则:

$$45\,000 + 300x = 30\,000 + 400x$$

得:

$$x = \frac{45\,000 - 30\,000}{400 - 300} = 150(\text{件})$$

即成本无差别点产量为 150 件,当产量等于成本无差别点产量即 150 件时,新、旧方案都可取;当产量超过 150 件,假定为 200 件时,新方案优于旧方案;当产量小于 150 件,假定为 100 件时,旧方案优于新方案。

工程机械选择应属长期成本决策范畴,但在不考虑时间价值时,亦可用差量利润法、差量成本法和成本无差别点法进行决策。

【例 3-13】 某工程项目目前使用的半自动化甲设备,生产能力有限,所耗变动成本较高,拟购置自动化设备取而代之,有关资料见表 3-15,请作出该设备保留抑或更新决策。

有关决策资料 表 3-15

项目	保留	更新
业务能力(件)	150	250
业务量(件)	150	200
单价(元)	50	50
单位变动成本(元)	40	32
年固定成本(元)	1 000	2 160

解:根据上述资料可作差量利润分析表,具体数据见表 3-16。

差量利润分析表 表 3-16

项目	保留	更新	差量
收入(元)	7 500	10 000	2 500
变动成本(元)	6 000	6 400	400
固定成本(元)	1 000	2 160	1 160
成本合计(元)	7 000	8 560	1 560
利润(元)	500	1 440	940

由表 3-16 分析可见,更新自动化设备有利。

【例 3-14】 假如有两种挖土机械均可满足施工需要,预计每月使用时间为 130h,有关经济资料见表 3-17，问选哪一种为好？

挖土机的有关经济资料　　　表 3-17

机　种	月固定费用(元)	每小时操作费(元)	每小时产量(m^3)
A	7 000	30.8	45
B	8 400	28.0	50

解：使用差量成本法，即比较单位工程量成本进行择优。

单位工程量成本的公式为：

$$单位工程量成本=\frac{操作时间固定费用+操作时间\times 单位时间操作费}{操作时间\times 单位时间产量}$$

A 机的单位工程量成本和 B 机的单位工程量成本计算如下：

$$A机的单位工程量成本=\frac{7\,000+30.8\times 130}{130\times 45}=1.88(元/m^3)$$

$$B机的单位工程量成本=\frac{8\,400+28.0\times 130}{130\times 50}=1.85(元/m^3)$$

显然 B 机的单位工程量成本低于 A 机，应当选用 B 机。

如果预计使用时间是 80h，则 A 机的单位工程量成本为 2.63 元/m^3，B 机单位工程量成本为 2.66 元/m^3，A 机低于 B 机，则应选 A 机。

可见，单位工程量成本受使用时间的制约。如果采用成本无差别点法我们能将两种机械单位工程量成本相等时的使用时间计算出来，则决策工作会更简便，也更可靠，我们把这个时间称为“界限使用时间”。

假如 R_a 和 R_b 分别为 A 机和 B 机的固定费用；Q_a 和 Q_b 分别为 A 机和 B 机的单位时间产量；P_a 和 P_b 分别为 A 机和 B 机的每小时操作费；界限使用时间为 X_0，则两机的单位工程量成本相等时可表示为：

$$\frac{R_a+P_aX_0}{Q_aX_0}=\frac{R_b+P_bX_0}{Q_bX_0} \tag{3-13}$$

解此式得：

$$X_0=\frac{R_bQ_a-R_aQ_b}{P_aQ_b-P_bQ_a} \tag{3-14}$$

这就是“界限使用时间”的计算公式。显然，使用时间高于这个时间和低于这个时间，单位工程量成本的变化会使选用机械的决策得到相反的结果。

为了判断使用时间的变化对决策的影响，假设两机的单位时间产量相等，则上式可以简化成：

$$X_0=\frac{R_b-R_a}{P_a-P_b} \tag{3-15}$$

这样，欲作决策，首先要计算“界限使用时间”，然后根据实际工程需要的预计使用时间，作出选用机械的决策。

【例 3-15】　利用成本无差别点法求出【例 3-14】的“界限使用时间”，以验证上述选用规律。

解：“界限使用时间”X_0 的计算如下：

$$X_0=\frac{R_bQ_a-R_aQ_b}{P_aQ_b-P_bQ_a}=\frac{8\,400\times45-7\,000\times50}{30.8\times50-28\times45}=100(\text{小时})$$

由于分子、分母均大于0，故当使用时间低于100小时，选用A机；当使用时间高于100小时，选用B机。

第五节　工程项目成本的长期决策

一、工程项目成本长期决策的内容

工程项目成本长期决策是指对工程项目产生影响的时间长度超过一年以上的成本问题所进行的决策。一般涉及诸如项目施工规模、机械化施工程度、工程进度安排、施工工艺、质量标准等与成本密切相关的问题。这类问题涉及的时间长、金额大、对企业的发展具有战略意义，故又称为战略性成本决策。与长期成本决策有关的因素通常难以确定，大多数属于不确定决策、风险性决策和非程序性决策。长期成本决策的内容主要包括：

(一)施工方案的决策

项目的施工方案是对项目成本有着直接、重大影响的长期决策行为。施工方案牵涉面广，不确定性因素多，对项目未来的工程成本将在相当长的时间内产生重大的影响。

(二)进度安排和质量标准的决策

工程项目进度的快慢和质量标准的高低也直接、长期影响着工程成本。在决策时应通盘考虑，要贯穿目标成本管理思想，在达到业主的工期和质量要求的前提下力求降低成本。

(三)工程机械设备的决策

机械设备是施工企业进行生产必不可少的物质技术基础，是构成生产力的基本因素，又是企业固定资产的重要组成部分，在施工中既能减轻工人劳动强度，改善劳动环境和安全条件，又能保证工程质量，提高劳动生产率，加快施工进度等。随着建筑工业化、机械化的发展，机械施工将逐步代替繁重的体力劳动，机械设备的数量、种类、型号必将逐渐增多，在施工中的作用也会愈来愈大。因此，加强机械设备管理，正确选择机械设备，合理使用并及时维修机械设备，不断提高机械设备的完好率、利用率，提高机械效率，并及时地对现有设备进行技术改造和更新，对多快好省地完成施工任务和提高企业的经济效益都具有十分重要的意义。

二、工程项目成本长期决策应考虑的主要因素

(一)考虑增量现金流量

在工程项目成本长期决策时，要牢牢把握相关性的原则，只考虑增量现金流量，凡属非相关成本和非相关收入，一律不予考虑。增量现金流量是指接受或拒绝某个工程项目后，企业总现金流量因此发生变化。凡是由于该工程项目而增加的现金收入或现金节约额都是现金流入量；凡是由于该工程项目而引起的现金减少或现金增加都是现金流出量。现金流量的计算是

建立在边际概念的基础上,只有增量的现金流量才是与项目有关的现金流量。

(二)不考虑沉没成本

沉没成本是指过去已经发生,无法由现在或将来的任何决策所能改变的成本。沉没成本是决策的无关成本,因此,在工程项目成本长期决策中不予考虑。如果决策者将沉没成本纳入投资成本总额中,则会使一个有利的项目变得无利可图,从而造成决策的失败。

(三)考虑机会成本

在工程项目的选择中,如果选择投资了一个项目,则必须放弃投资于其他项目的机会,其他投资项目可能取得的收益是实行本项目的一种代价。这种代价就是投资项目的机会成本。可见,机会成本不是人们通常所说的以支出或费用形式体现的"成本",而是一种失去的相对于被放弃方案而言的潜在的收益。显然,机会成本是一种相关成本,在工程项目成本长期决策中必须予以考虑。机会成本在决策中的意义就在于它有助于全面考虑可能采取的各种方案,以便为既定的资源寻求最佳使用途径。

(四)考虑对其他部门的影响

在估计项目的现金流量时,要以工程项目对企业所有经营活动的整体效果为基础进行分析,而不是孤立地考察某一项目。当采纳一个项目时,该项目可能对公司的其他部门造成影响。这种影响主要有两类:其一,新项目和原有项目之间是互补关系,即新项目的完成会导致原有项目收入增长或成本节约,那么应将原有项目这部分因收入增长或成本节约而增加的利润计入新项目的现金流入量(收入);其二,新项目和原有项目之间是竞争关系,即新项目的完成会导致原有项目收入减少或成本增加,那么应将原有项目这部分因收入减少或成本增加而减少的利润计入新项目的现金流出量或从新项目的现金流入量中剔除(支出)。

(五)考虑所得税和折旧

所得税是企业的一种现金流出,在估计工程项目的现金流量时必须予以考虑。由于应纳所得税额的大小取决于利润总额的大小以及所得税率的高低,利润总额大小又与费用的扣除额,其中包括由折旧方法确定的折旧额的大小有关,而折旧作为一种非付现成本,其大小又对项目的现金净流量产生影响。所以,必须将所得税问题与折旧问题放在一起来考虑。

1. 考虑所得税对收入和成本的影响

税后成本是指扣除了所得税影响后的成本。由于成本或费用的发生可减少应纳税所得额,从而减少所得税额这一现金流出,故凡可避免税负的项目,其实际支付额并非真实的付现成本,而是扣除减免税额之后的税后成本。

税后成本的一般公式为:

$$税后成本 = 实际支付额 \times (1 - 所得税税率)$$

如某项目所需工程机械月租赁费为100元,所得税税率为25%,则:

$$税后成本 = 100 \times (1 - 25\%) = 75(元)$$

与税后成本相对应的概念是税后收入。所谓税后收入是指扣除了所得税影响后的收入。由于收入的发生会增加应纳税所得额,从而增加所得税这一现金流出,故凡会增加税负的项目,其实际收入应是扣除应纳所得税后的税后收入。

税后收入的一般公式为：

$$税后收入 = 收入金额 \times (1 - 所得税税率)$$

如企业清理某项目的工程机械净收益10 000元，所得税税率为25%，则：

$$税后收入 = 10\,000 \times (1 - 25\%) = 7\,500(元)$$

2. 考虑折旧对所得税的影响

折旧是成本的一部分，其计入成本可加大费用，减少利润，从而减少所得税税额。折旧对企业应纳所得税的影响称为折旧的抵税作用，由此而少纳的税金称为节税额。

节税额可按以下公式计算：

$$节税额 = 折旧额 \times 所得税税率$$

因此，出于税收上的考虑，许多盈利的企业更愿意采用加速折旧的方法，这样可以更快地扣除，从而使应纳税额更低；折旧本身是一种非现金费用，是企业的现金流入。企业折旧金额越大，应纳税额就会越小。

（六）考虑时间价值

不同时间点收入和支出（资金）有不同的价值。由于工程项目成本长期决策涉及的时间长，这就要求在衡量方案优劣时，一定要确定项目寿命周期内每笔预期收入款项和支出款项的时间，并按照一定的折现率来计算资金的时间价值。

（七）考虑通货膨胀

通货膨胀在经济发展进程中是不可避免的，在估计工程项目现金流量时须对这一因素加以考虑。考虑通货膨胀对现金流量影响的分析，通常有两种做法：一种方法是将预期通货膨胀的影响计入到项目未来现金流量的估算中，得出该项目的名义现金流量，再按照考虑的预期通货膨胀因素的折现率（名义折现率）对项目的现金流量进行折现；另一种方法是先不考虑通货膨胀的影响，按照货币实际价值估算出项目的现金流量，然后再按照一个实际折现率对估算的现金流量进行折现。

名义折现率与实际折现率之间的关系由预期的通货膨胀率来决定，其计算公式如下：

$$1 + 名义折现率 = (1 + 实际折现率) \times (1 + 预期通货膨胀率)$$

$$名义折现率 = (1 + 实际折现率) \times (1 + 通货膨胀率) - 1$$

$$= 实际折现率 + 通货膨胀率 + 实际折现率 \times 通货膨胀率$$

同样，名义现金流量与实际现金流量之间的关系也由预期的通货膨胀率来决定，其计算公式如下：

$$实际现金流量 = 名义现金流量/(1 + 预期通货膨胀率)$$

如某工程项目的期望报酬率为10%，投资额100 000元，投资期为一年，年后收回110 000元，若这一年的通货膨胀率为5%，则名义折现率为：

$$名义折现率 = (1 + 10\%) \times (1 + 5\%) - 1 = 10\% + 5\% + 10\% \times 5\% = 15.5\%$$

则110 000元的实际现金流量现值为：

$$实际现金流量 = 110\,000/(1 + 5\%) = 104\,762(元)$$

$$实际现金流量现值 = 104\,762/(1 + 10\%) = 95\,238(元)$$

(八)考虑风险

工程项目成本长期决策涉及的时间长,未来现金收支金额及其发生的具体时间都充满着不确定性,因此在预测现金流量上不可避免出现偏差。这种由于预测现金流量上的偏差导致工程项目成本决策错误的可能性称为预测风险。既然这种不可避免的偏差足以影响项目决策的准确性,从而导致决策的失误,那么就必须对它们进行计量,并在决策时应加以考虑,以达到最优决策。

三、工程项目成本长期决策的非贴现现金流量决策法

(一)静态投资回收期

投资回收期又称投资返本年限或返本期,是反映工程项目或方案投资回收速度的重要指标。静态投资回收期是指在不考虑资金时间价值的前提下,用项目产生的净现金流偿付全部投资所需的时间期限。

$$I = \sum_{t=1}^{n} C_t \tag{3-16}$$

式中:I——项目投资总额;

C_t——时间 t 内产生的净现金流量;

n——项目投资回收期。

如果每年的现金流入量差别不大,也可以用以下公式计算:

$$n = \frac{I}{C} \tag{3-17}$$

式中:C——平均每年净现金流。

如果项目每年净现金流量差别较大,通常用列表法求出投资回收期;另外,还可以根据项目财务分析中使用的现金流量表计算投资回收期,其公式为:

$$n = n_{\mathrm{f}} + \text{第 } n_{\mathrm{f}} \text{ 年的累计净现金流量的绝对值/第}(n_{\mathrm{f}}+1)\text{年的净现金流量}$$

式中:n_{f}——项目各年累计净现金流第一次为正或零的前一年。

决策规则: $n_{\mathrm{f}} \leqslant n_{\mathrm{b}}$(方案可行)

式中:n_{b}——标准投资回收期,是根据同类项目的历史数据确定的或投资者认可的基准投资回收期。

【**例 3-16**】 某工程项目需投资 15 000 元,第一年可获净利 1 000 元,以后各年净利将以 10% 的比率递增,若标准静态投资回收期为 8 年,企业是否应选择该工程项目?

解:按上面公式有

$1\,000 + 1\,000(1+10\%) + \cdots + 1\,000(1+10\%)^{n-1} = 15\,000$

$1\,000 \times \dfrac{1.1^n - 1}{1.1 - 1} = 15\,000$

$1.1^n = 2.5$

$n = \dfrac{\ln 2.5}{\ln 1.1} \approx 9.6$(年)

有 $n > 8$,故该方案不可行,不应选择。

【例3-17】　经初步估计和计算,某工程项目的现金流量见表3-18,以此计算方案的静态投资回收期。若标准静态投资回收期为5年,判断项目是否可行。

某项目的现金流量(单位:万元)　表3-18

年	现金流量	累计现金流量
0	-3 000	—
1	500	-2 500
2	500	-2 000
3	800	-1 200
4	800	-400
5	800	400

解: 依据该项目净现金流量与累计净现金流量,该项目的投资回收期为:

$$n = 4 + \frac{|-400|}{800} = 4.5\text{(年)}$$

$n < n_b$,故项目可行。

用静态投资回收期决策的优点:第一,计算简单,使用方便;第二,能反映项目的风险性。因为一般而言,时间越长,项目的现金流量越难以正确估计,其收益也更难以保证,而项目的回收期越短,则表明该项目初始投资回收越快,项目的风险性将越小。

用静态投资回收期决策的缺点:第一,没有考虑资金的时间价值;第二,没有考虑项目投资回收期后发生的现金流量,因而无法反映项目在整个寿命期内的经济效果。因此用该指标进行计算,对短期收益大的方案有利,这是用其进行多方案评价时必须注意的问题。

(二)投资收益率

投资收益率是指项目达到设计生产能力后在正常生产年份的净收益与投资总额的比率。由于分析目的不同,投资收益率在具体应用中有许多不同的表达方式,其中在项目评价中最为常用的是投资利润率(也称为投资效果系数)。投资利润率的含义是单位投资所能获得的年净利,其计算公式为:

$$E = \frac{P}{I} \tag{3-18}$$

式中:E——投资利润率;

P——正常生产年份的年利润或年均利润(对生产期内各年利润变化较大的项目而言);

I——总投资额。

若E_b为标准投资收益率,则当$E \geqslant E_b$时投资方案可行。

【例3-18】　某项目总投资50万元,预计正常生产年份年收入15万元,年支出为6万元,若标准投资利润率为$E_b = 15\%$,该项目是否可行?

解:

$$E = \frac{15-6}{50} \times 100\% = 18\%$$

$E > E_b$,故该项目可接受。

用投资收益率决策的优点:第一,该指标与国家统计资料和企业有关财务资料较为对口,计算简单方便,如投资利润率就可以根据损益表的有关数据计算求得。第二,该指标的基准容易确定,实际可操作性强,可以选取银行利率、企业利税率等作为标准投资收益率。如在财务评价中,将投资利润率与行业平均利润率相比,可以衡量出项目单位投资赢利能力是否达到本行业的平均水平。因此,该指标使用范围较广。

用投资收益率决策的缺点:正如所有的静态指标一样,投资收益率指标也没有反映资金的时间价值,不能体现早期收益比后期收益的优越性。

(三)总费用和年平均费用

总费用与年平均费用是在评价项目时,仅考虑项目在整个寿命期内发生的现金流出量(即费用支出,包括总投资和各年的成本费用),而不考虑项目发生的现金流入量(即收入)。总费用与年平均费用是等效评价指标。总费用的计算公式如下:

$$C = \sum_{t=1}^{n} CO_t \tag{3-19}$$

年平均费用的计算公式为:

$$AC = \frac{C}{n} = \frac{\sum_{t=1}^{n} CO_t}{n} \tag{3-20}$$

式中:C——总费用;

AC——年平均费用。

CO_t——第 t 年的现金流出量。

评价方法:不能评价项目是否可行,只能用于多方案选优,判断准则为"总费用与年平均费用越小越好,费用最小的方案最优"。

【例 3-19】 已知某工程的正常持续时间、最短持续时间和相应费用见表 3-19 第 1 ~5 栏,间接费用率为 120 元/天。计划工期为 96 天,直接费用为 5.4 万元,工作的费用变化率见表 3-19 第 6 ~8 栏,试对工程进行费用优化。

工作持续时间与费用之间的关系 表 3-19

工作编号	正常工期		最短工期		相差值		费用变化率(元/天)
	时间(天)	费用(千元)	时间(天)	费用(千元)	时间(天)	费用(千元)	
1	2	3	4	5	6	7	8
1-2	6	1.5	4	2	2	0.5	250
1-3	30	9	20	20	10	1	100
2-3	18	5	10	6	8	1	125
2-4	12	4	8	4.5	4	0.5	125
3-4	36	12	22	14	14	2	143
3-5	30	8.5	18	9.2	12	0.7	58
4-5	0	0	0	0	0	0	—
4-6	30	9.5	16	10.3	14	0.8	57
5-6	18	4.5	10	5	8	0.8	62

解:费用优化又称工期成本优化,是指寻求工程总成本最低时的工期安排,或按要求工期寻求最低成本的计划安排的过程。工程总费用由直接费和间接费组成。直接费包括直接工程费和措施费,施工方案不同,直接费也就不同;同一施工方案,工期不同,直接费也不同。直接

费一般随着工期的缩短而增加。间接费包括规费和企业管理费,它一般会随着工期的缩短而减少。在考虑工程总费用时,还应考虑工期变化带来的其他损益,包括效益增量和资金的时间价值等。根据表3-19,可以进行6次工期优化(表3-20)。

工 期 优 化 表3-20

循环序号	压缩工作名称	可以压缩时间	实际压缩天数(天)	缩短时间费用增加(元/天)	增加费用小计(元)	直接费用合计(元)	总工期(天)	间接费用(元)	工程总费用(元)
1	—	—	—	—	—	54 000	96	19 500	73 500
2	4-6	14	12	57	684	54 684	84	18 120	72 804
3	1-3	10	6	100	600	55 284	78	17 400	72 684
4	4-6,5-6	2,8	2	119	238	55 522	76	17 160	72 682
5	3-4	14	6	143	858	56 380	70	16 440	72 820
6	3-4,3-5	8,12	8	201	1 608	57 988	62	15 480	73 460
5-6	1-3,2-3	4,8	4	225	900	58 888	58	15 000	73 888

从表3-20可以看出,直接费用与工期成反向关系,间接费用与工期成正向关系,将间接费用与直接费用相加,求得工程项目的最小费用所对应的工期为76天,工程项目的最小费用为72 682元,所对应的最优工期为76天。也就是说,所有工作都以最短时间完成时的费用并不是最优的。

四、工程项目成本长期决策的贴现现金流量决策法

(一)净现值

所谓净现值(Net Present Value,简写为NPV)是指在考虑资金时间价值的前提下,将项目整个寿命期内各年发生的现金流量按一定的贴现率贴现到同一时点上(通常是期初)的现值之总和。计算方法如下:

$$NPV = \sum_{t=0}^{n}(CI_t - CO_t)(1 + i_0)^{-t} \tag{3-21}$$

式中:NPV——净现值;

CI_t——第t年的现金流入量;

CO_t——第t年的现金流出量;

n——项目寿命期(一般为年);

i_0——基准贴现率(基准收益率)。

若有$NPV \geqslant 0$,则表明项目超过或达到了基准收益率标准,方案可行;若$NPV < 0$,则表明项目不能达到基准收益率标准,可以考虑不接受该方案。

进行多方案择优时,首先要判断各方案是否可行,若有多个方案可行,则须遵循净现值最大准则进行判断,即在资金充足的情况下,净现值越大的方案越优。

【例3-20】 某厂拟建一项目,该项目各年的现金流量见表3-21的1~4列,若期望收益率为10%,试用净现值指标判断该项目经济上是否可行?

解:计算见表3-21。

某项目的净现值计算表　　表 3-21

年　份	投资额(万元)	收入(万元)	支出(万元)	净现金流量(万元)	因　数	现值(万元)
0	-300	0	0	-300	1.000	-300
1	0	250	150	100	0.909 1	90.9
2	0	250	150	100	0.826 4	82.6
3	0	250	150	100	0.751 3	75.1
4	0	250	150	100	0.683 0	68.3
5	0	250	150	100	0.620 9	62.1
NPV 值					79(万元)	

也可由公式算出,$NPV(10\%) = -300 + 100(P/A,10\%,5) \approx 79$(万元)。

由于 $NPV > 0$,故项目在经济效果上可以接受。这说明,该项目在整个寿命期内除保证10%的收益率外,还可以多收入 79 万元(零年现值)。

由 *NPV* 的计算公式可看出,基准贴现率是其中一个重要的因素,两者之间呈现一个什么关系呢?我们可以把基准贴现率 i_0 看作自变量,净现值看作因变量,在其他因素不变的情况下考察两者的关系。此时,*NPV* 的计算公式就可看作是 *NPV* 与 i_0 之间的函数关系,我们称之为净现值函数。

以表 3-21 显示项目的现金流量为例,我们可计算 i_0 为 0、5%、10%、15%、20%、25%、30%、∞ 时的 *NPV* 值,结果列出见表 3-22。

某项目的净现值计算表　　表 3-22

年　份	净现金流量(万元)	i_0	$NPV(i_0) = -300 + 100(P/A,i,5)$(万元)
0	-300	0	200
1	100	5%	133
2	100	10%	79
3	100	15%	35
4	100	20%	1
5	100	25%	-31
—	—	30%	-56
—	—	∞	-300

依据表 3-22 的数据,可画出净现值函数的曲线,如图 3-3 所示。

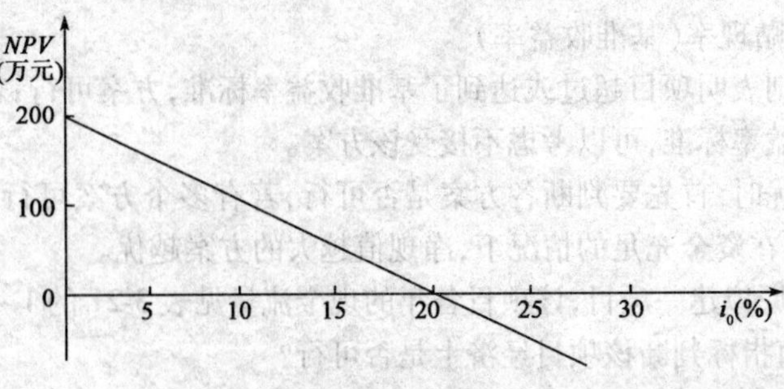

图 3-3　净现值函数曲线

由图3-3及表3-22可看出,净现值函数的特点为:

(1)对某一特定项目的现金流量来说,净现值随基准贴现率 i_0 的增大而减小。基准贴现率越高,可接受的方案越少。

(2)存在一个临界基准贴现率 i^*,此时 NPV 为0,净现值函数曲线与横坐标相交。当选定的 $i_0 < i^*$ 时,项目产生的 $NPV > 0$;当选定的 $i_0 > i^*$ 时,项目产生的 $NPV < 0$。

(3)图3-4为某项目的两个备选方案的净现值函数。

由图3-4可看出,当选定基准贴现率为 i_1 时,A、B两方案均可行,但A方案最优;当基准贴现率提高为 i_2 时,B方案更优;当基准贴现率再提高为 i_3 时,仅有B方案可行。这说明,各方案的净现值对基准贴现率 i_0 的敏感性不同。

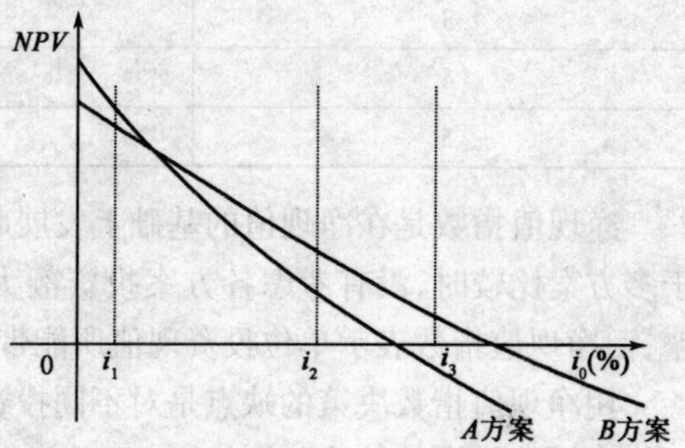

图3-4 A、B方案的净现值函数曲线

净现值是反映项目投资盈利能力的重要指标,用该指标进行决策,优点是:①计算简便;②计算结果稳定,不会因为计算方法的不同而带来任何差异;③比较直观,直接以货币金额表示项目投资收益;④考虑了资金的时间价值和项目在整个寿命期内的费用和收益情况。

用其进行决策的缺点是在方案择优时,不能简单地选择净现值最优的方案为最优方案,因为初始投资额也是非常重要的考虑因素,所以,需要结合净现值指数来一起对方案进行择优。

(二)净现值指数

净现值指数是项目净现值与项目投资总额现值两者之间的比率,也叫投资的赢利能力指数。其计算方法如下:

$$NPVI = \frac{NPV}{I_P} \tag{3-22}$$

式中:$NPVI$——净现值指数;

I_P——项目净投资现值。

评价规则:进行方案可行性评价时,若 $NPV > 0$,则 $NPVI > 0$;若 $NPV < 0$,则 $NPVI < 0$,所以用净现值指数评价单一项目是否可行时,评价准则与净现值相同。

另外,进行多方案比较时,$NPVI$ 还有如下的涵义:若 $NPVI < 0$,则该方案产生的收益率未达到预计期望收益率;$NPVI = 0$,则方案正好可以得到预计的期望收益率;$NPVI > 0$,则该方案产生的收益率超过了预计期望收益率。

【例3-21】 企业建造某项目有两个备选方案,若要求基准收益率为10%,用净现值指数法判断两方案是否可行(表3-23)?

解:方案一 $NPV_1 = 79$(万元) $NPVI_1 = \frac{79}{300} \approx 0.26$

方案二 $NPV_2(i_0 = 10\%) = -1\,000 + 300(P/A, 10\%, 5) = 137$(万元)

$NPVI_2 = \frac{137}{1\,000} = 0.137$

$NPVI_1 > 0$ $NPVI_2 > 0$,故两方案均可取。

方案一、二的净现金流量(单位:万元)　　表 3-23

年　末	方　案　一	方　案　二
	现 金 流 量	现 金 流 量
0	-300	-1 000
1	100	300
2	100	300
3	100	300
4	100	300
5	100	300

净现值指数是在净现值的基础上发展起来的,是净现值的辅助指标。因为净现值指标用于多方案比较时,没有考虑各方案投资额大小带来的差异,从而不能直接反映资金的利用效率,而净现值指数表示单位投资现值所能带来的净现值,直接反映了投资的利用效率。

用净现值指数决策的缺点是对不同投资额的方案进行比较时,以 *NPVI* 最大为择优原则,可能会导致错误的结论。因为用 *NPVI* 指标择优有利于投资规模小的方案,这样的方案可能并未达到最佳的投资规模。所以,第一,*NPVI* 指标择优不利于企业追求利润最大化的目标;第二,*NPVI* 指标择优仅仅适用于各方案投资额相近的情况。

(三)净年值

净年值是在考虑资金时间价值的前提下,根据项目在其整个寿命期内的现金流量,按一定的贴现率等值分摊到各年所得的等额年值,可用符号 *NAV* 表示。

其计算方法如下:

$$NAV = R - I(A/P,i_0,n) + SV(A/F,i_0,n) - C \tag{3-23}$$

式中:I——投资;

SV——残值;

C——每年的成本;

R——每年的收入。

评价方法:若 $NAV \geqslant 0$,则方案可行。

【例 3-22】 某工厂欲建一新项目,需投资 100 万元,寿命期 8 年,8 年末尚有残值 2 万,预计每年收入 30 万,年成本 10 万,该厂的期望收益率为 10%,用净年值法判断该项目是否可行?

解:

$$\begin{aligned} NAV &= 30 - 10 - 100(A/P,10\%,8) + 2(A/F,10\%,8) \\ &= 20 - 100 \times 0.187\,44 + 2 \times 0.087\,44 \\ &= 1.43(\text{万元}) \end{aligned}$$

$NAV > 0$,故该项目可行。

净年值可以通过项目的净现值换算而来,公式如下:

$$NAV = NPV(A/P,i_0,n) \tag{3-24}$$

由上式可以看出，净年值与净现值在判断项目是否可行时的结论总是一致的。所以，他们是等价的评价指标。又由于二者计算方法和包含的信息含义有所不同，在方案比较时，有时采用净年值比净现值更为方便。净年值法是西方国家应用最广泛的评价指标之一。

（四）费用现值与费用年值

费用现值与费用年值是在评价项目时，仅考虑项目在整个寿命期内发生的现金流出量（即费用支出，包括总投资和各年的成本费用），而不考虑项目发生的现金流入量。和净现值与净年值的关系一样，费用现值与费用年值是等效评价指标。费用现值的计算公式如下：

$$PC = \sum_{t=0}^{n} CO_t (P/F, I_0, n) \tag{3-25}$$

费用年值的计算公式为：

$$AC = PC(A/P, I_0, n) = \sum_{t=0}^{n} CO_t (P/F, I_0, n)(A/P, i_0, n) \tag{3-26}$$

式中：PC——费用现值；

AC——费用年值。

评价方法：不能评价项目是否可行，只能用于多方案选优，判断准则为"费用现值和费用年值越小越好，费用最小的方案最优"。

【例 3-23】 企业某排污工程有两个方案，均能满足同样的需要，方案的基准贴现率为 $i_0 = 10\%$。两方案发生的费用见表 3-24，请用费用现值和费用年值法进行方案择优。

方案费用表（单位：万元） 表 3-24

指标 / 方案	0 年末 总投资	年运营费用 （1～20 年末）
一	5 200	100
二	6 000	50

解： 两方案的费用现值分别计算如下：

$PC_1 = 5\,200 + 100(P/A,\ 10\%,\ 20) = 5\,200 + 100 \times 8.513\,6 = 6\,051.36$（万元）

$PC_2 = 6\,000 + 50(P/A,\ 10\%,\ 20) = 6\,000 + 50 \times 8.513\,6 = 6\,425.68$（万元）

有 $PC_1 < PC_2$，故第一方案更优。

两方案的费用年值分别计算如下。

$AC_1 = 100 + 5\,200(A/P,\ 10\%,\ 20) = 100 + 5\,200 \times 0.117\,46 = 710.79$（万元）

$AC_2 = 50 + 6\,000(A/P,\ 10\%,\ 20) = 50 + 6\,000 \times 0.117\,46 = 754.76$（万元）

有 $AC_1 < AC_2$，第一方案最优。

和净现值、净年值指标相比，这两个指标在多方案择优时有其特定的用途。一般在下列情况下采用这两个指标：第一，各方案的产出价值相同，表现为净现值和净年值相同，仅需要考虑费用大小；第二，各方案的产出效益无法用货币计量，比如不能用现金流入量表现其大小（带有国民福利性质的项目，比如国防、教育、市政建设、医疗保健、环保等方面的项目），用费用现值和费用年值指标最好。

（五）内部收益率

内部收益率是使项目在整个寿命期产生的净现值为零的贴现率。一般用 IRR 表示。它是项目经济评价最重要的指标之一。

对常规项目而言，所取的贴现率越大，项目的净现值就越小。如图 3-1 所示。而我们用净现值评价指标的评价标准是项目净现值不小于零。因此，内部收益率可以理解为使项目净现值指标可行的最大贴现率。也就是说，以项目在整个寿命期所产生的现金流入完全抵补其现金流出，平均每年还产生 *IRR* 的收益水平。*IRR* 可由以下公式算出：

$$NPV = \sum_{t=0}^{n} C_t/(1 + IRR)^t = 0 \tag{3-27}$$

式中：C_t——第 t 期(年)的现金流量；

IRR——内部投资收益率。

判别准则：先确定基准投资收益率 *MARR*，若 $IRR \geqslant MARR$，则方案可行。

计算方法及步骤：

从 *IRR* 的计算公式可以看出，内部收益率的求解是对一元高次方程的求解，用代数法解较为复杂，通常采用"试算内插法"求 *IRR* 的近似解。

第一步，初步估算 *IRR* 值。先用一个贴现率 i_1，计算相应的 $NPV(i_1)$，若 $NPV(i_1) > 0$，则表明 $IRR > i_1$，相反，若 $NPV(i_1) < 0$，则说明 $IRR < i_1$。

第二步，根据所求得的 *NPV* 值观察，反复试算，可得到两个较为接近的贴现率 i_m 和 i_n，且有 $NPV(i_m) > 0$，$NPV(i_n) < 0$，则 *IRR* 值必定在两个贴现率之间。

第三步，用线性内插法求得 *IRR* 的近似值。计算方法为：

$$IRR = i_m + \frac{NPV(i_m)}{NPV(i_m) + |NPV(i_n)|} \times (i_n - i_m) \tag{3-28}$$

有关上式的求解原理的证明如图 3-5 所示。

在图 3-5 中，当 i_n 距离 i_m 足够小时，可以将曲线 *AB* 近似看成直线段与横坐标交点处的折现率 i^*，即为 *IRR* 的近似值。三角形 $\triangle Ai_mi^*$ 相似于三角形 $\triangle Bi_ni^*$ 故有：

$$\frac{i^* - i_m}{i_n - i^*} = \frac{NPV(i_m)}{|NPV(i_n)|} \tag{3-29}$$

通过变换即可得到 *IRR* 的求解公式。

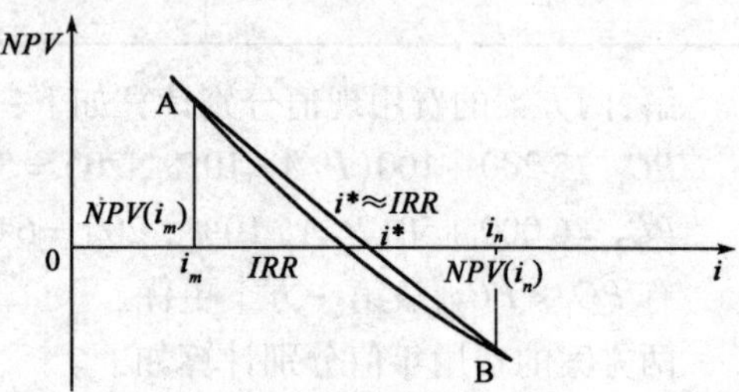

图 3-5 用内插法求 *IRR* 图解

由求解原理可知，计算结果的误差与 $i_n - i_m$ 的大小有关，$i_n - i_m$ 越大，则误差越大。因此，为保证计算结果的可靠性与精度，应反复试算，使 $i_n - i_m < 5\%$；在工程计算中，应使 $i_n - i_m \leqslant 1\%$，这样产生的误差会很小。

优点：

(1)内部投资收益率的经济含义是项目在整个寿命期内，用其全部现金流入抵补现金流出后，还可产生 *IRR* 的投资收益率，这个收益率是项目所固有的，反映了投资项目的贡献效率。因此，该指标可以作为有关部门监控行业经济效果的衡量标准。如主管部门可以根据情况制订本行业的基准投资收益率 *MARR*。这是净现值、净年值等指标所无法比拟的。

(2)当投资资金有限时，可以计算项目的内部投资收益率，从中选取投资收益率大的方案,可达到提高资金使用效率的目的;从另一方面来看,当净收益一定时,投资大的方案内部收益率会小些,所以投资收益率指标能在一定程度上起到控制投资的作用。

不足之处:

(1)对非常规投资项目而言,内部收益率方程可能会出现多解或无解的情况,此时不能用内部收益率指标来评价方案,宜选用净现值等其他指标。若实在需要用内部收益率,则须将项目的现金流量进行调整,才有可能求出唯一的正实数解。

(2)进行多方案比较时,要结合评价目标考虑指标的适用性。比如对企业而言,若希望获得最大利润,则不能采用内部收益率作衡量指标。因为内部收益率大的方案不一定是利润最大的方案。

(3)由于在对内部投资收益率的计算中采用了复利计算法,这就隐含了这样一个基本假定:项目寿命期内所获得的净收益可全部用于再投资,再投资的收益率等于项目的内部收益率。而现实投资中,出现这种情况的机会较小;这种假定也是造成非常规项目出现多解的原因。

【例3-24】 某工程项目需投资1 000万元,寿命期20年,各年净现金流量见表3-25,试计算该项目的内部收益率。若基准贴现率为 $i_0=10\%$,判断项目是否可行。

方案净现金流量表(单位:万元)　　表3-25

年末	0	1~20
净现金流量	-1 000	110

解:

(1)根据公式有　$-1\,000+110(P/A,\ i,\ 20)=0$

(2)设 $i_m=9\%$,$i_n=10\%$,分别计算其净现值

$NPV_m=-1\,000+110(P/A,\ 9\%,\ 20)$

$\quad=-1\,000+110\times9.128\,5=4.135$(万元)

$NPV_n=-1\,000+110(P/A,\ 10\%,\ 20)$

$\quad=-1\,000+110\times8.513\,6=-63.504$(万元)

(3)用内插法算出内部收益率 i(图3-6)

$$i=9\%+\frac{4.135}{4.135+63.504}\times(10\%-9\%)\approx9.06\%$$

由于 $i<i_0$,故该项目在经济效果上不可接受。

内部投资收益率的两种特殊情况:

1. 先收入后支出项目的内部投资收益率

在计算项目内部投资收益率时,我们前述讨论的都是先支出后收入的情形[图3-7a)],那么在先收入后支出(先收入后支出项目,典型的如用租赁设备进行生产)的情形下[图3-7b)],内部收益率又有什么特点呢?

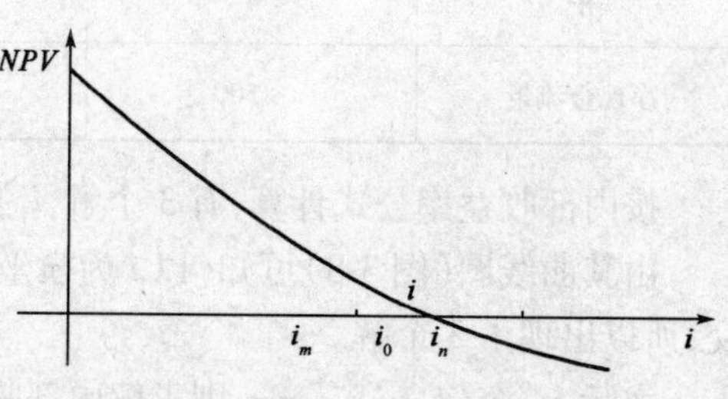

图3-6　内部收益率计算示意图

【例3-25】 某企业用租赁设备进行工程项

目施工,每年获利10万元,租金于5年末一次偿付61.05万元,若项目的基准收益率为12%,判断该项目在经济效果上是否可行?

解:$61.05 = 10(F/A,i,5)$ $i = 10\%$

$i < MARR$,故项目可行。

分析:先以项目取得收入,然后支付项目的有关费用,是一种较为特殊的情况。由于投资者是先获得收入,这表示用项目每年的收入冲销未来的开支,收入是一个增值过程(每年以 i_0 递增),因此内部收益率越低,表示项目的盈利能力越强,很低的贴现率就能满足未来支出的要求。所以只有项目的 $i_0 \leqslant MARR$ 时,项目才是可行的。

这与通常项目的结论是相反的。因为对于先支出后收入的项目来说,必须以未来的收入补偿现在的支出,其收入是一个贬值过程,贴现率(收益率)越高,表示项目盈利能力越强,即使以很高的贴现率贴现也能满足补偿现在投资的要求。

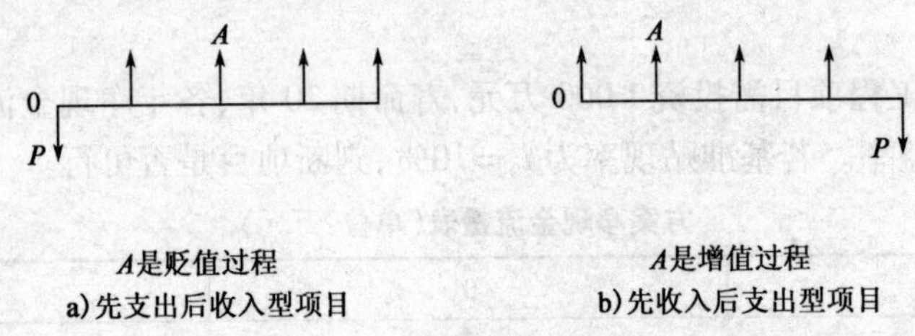

图3-7 先支后收与先收后支项目现金流量图

2.非常规项目的内部收益率

我们在前文讨论的项目有一个特点,即项目在整个寿命期内,建设期或投资初期的净现金流量为负,其后年份的净现金流量均为正值,我们称之为常规项目。而有的项目在整个寿命期内,支出不仅发生在建设期或投产初期,而且在投产期后某些年度也发生净现金流量为负的情况,我们称之为非常规项目。常规项目寿命期内现金流量仅有一次变号,所以只要项目积累净现金流大于0,就会有且仅有一个 *IRR* 解;非常规项目在整个寿命期内发生了现金流多次变号的现象,用内部收益率公式计算,会出现多个 *IRR* 值。为什么会这样呢?我们下面分析这个问题。

【例3-26】 某工程项目现金流量表见表3-26。

非常规项目的净现金流(单位:万元) 表3-26

年	0	1	2	3
净现金流量	-500	2 350	-3 600	1 800

按内部收益率公式计算,有3个解,$i_1 = 20\%$,$i_2 = 50\%$,$i_3 = 100\%$。

由其曲线图(图3-8)可知(以 i 为横坐标,NPV 为纵坐标),内部收益率曲线与横轴三次相交,所以出现了3个解。

实际上,令 $(1+i)^{-1} = x$,则求解内部收益率的方程式是一个高次方程,令 $C_t(t = 0, 1, \cdots n)$ 为各年发生的净现金流量,

则有：$\sum_{t=0}^{n} C_t x^t = 0$

即：$C_0 + C_1 x^1 + \cdots + C_n x^n = 0$

这是一个以 x 为未知数的一元 n 次方程，必有 n 个解，但其中的虚数根、负数根并没有实际意义，而且方程的解也可能包含重根。而 x 的正实数根的个数，就是内部收益率的个数。

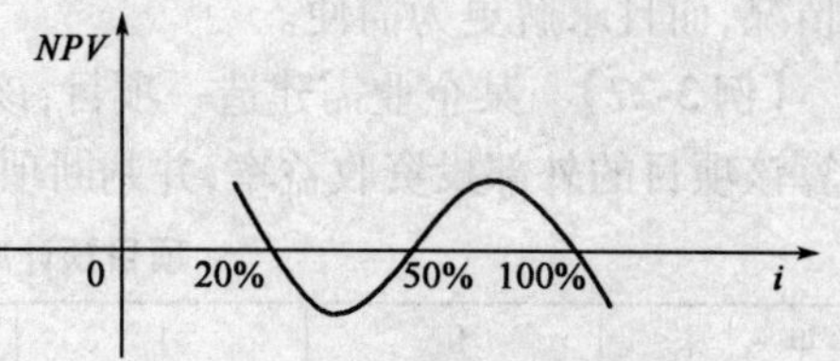

图 3-8 非常规项目现值函数曲线

根据笛卡尔符号法则可以看出，为什么有的项目只有一个内部收益率，而有的则有好几个。笛卡尔符号法则认为，系数为实数的 n 次多项式，其正实数根的数目不会超过其系数系列 C_t 符号变更的次数。即：当符号无变化时，方程无正根；当符号仅变化一次，最多有一个单正根；当符号变化多次，内部收益率方程则可能有多解。这就解释了为什么常规项目只有一个内部投资收益率，而非常规项目可能出现多个内部收益率。必须指出的是，如果非常规项目的内部收益率只有一个正实数根，则这个根就是项目的真实内部收益率；如果有 n 个正实数根解，则没有一个是真实内部收益率，此时，最好用其他经济评价指标进行项目评价。表 3-27 为常规项目和非常规项目的不同现金流量的对比。

常规项目和非常规项目的不同现金流量(单位:万元)　　表 3-27

年末＼项目	项目一	项目二	项目三	项目四
0	-1 000	-500	-500	-1 000
1	200	-200	300	500
2	400	600	300	-500
3	400	600	300	2 000
4	400	600	300	2 000
5	400	600	300	-500
6	400	600	-800	0
项目类别	常规项目	常规项目	非常规项目	非常规项目
内部收益率方程正根解的个数	最多一个	最多一个	最多 2 个	最多 4 个

(六)外部投资收益率

针对内部投资收益率求解复杂及易导致非常规项目多解这两个不足之处，提出了外部投资收益率指标。外部投资收益率是对内部投资收益率的一种修正，也按复利计算，即同样假定项目寿命期内所获得的净收益可用来进行再投资，但不同的是假设再投资的收益率等于基准收益率。计算公式如下：

$$\sum_{t=1}^{n} I_t(F/P, ERR, t) = \sum_{t=1}^{n} R_t(F/P, MARR, t) \tag{3-30}$$

式中：I_t——投资；

R_t——净收益。

判别准则：若 $ERR \geq MARR$，则项目可行。

ERR 指标具有以下特点：*ERR* 属于相对性指标，因此只能判断项目是否可行，不能用来进行方案择优；在实际中应用不普遍，但对非常规项目的评价比 *IRR* 要好，因为它不会出现多解

的情况，而且求解更为简便。

【例 3-27】 某企业需建造一项目，该项目的预计现金流见表 3-28，若期望收益率为 10%，计算该项目的外部投资收益率，并判断项目是否可行？

项目预计净现金流量（单位：万元） 表 3-28

年　末	0	1	2	3	4	5
净现金流	-3 100	1 000	-1 000	500	2 000	2 000

解：该项目是非常规项目，且最多有 3 个正实根解，因此计算其外部投资收益率更为简便，计算如下。

$$1\,000(P/F,1,10\%)+500(P/F,3,10\%)+2\,000(P/F,4,10\%)+2\,000(P/F,5,10\%)$$
$$=3\,100+1\,000(P/F,2,ERR)$$

$$(P/F,2,ERR)\approx 0.792\,55$$

查表有(P/F, 2, 12%) = 0.797 2，(P/F, 2, 15%) = 0.756 1。图 3-9 为插值法示意图。

$$ERR=12\%+\frac{0.797\,2-0.792\,55}{0.797\,2-0.756\,1}\times(15\%-12\%)$$
$$\approx 12.3\%$$

因为有 $ERR = 12.3\% > 10\%$，故项目在经济效果上可行。

（七）动态投资回收期

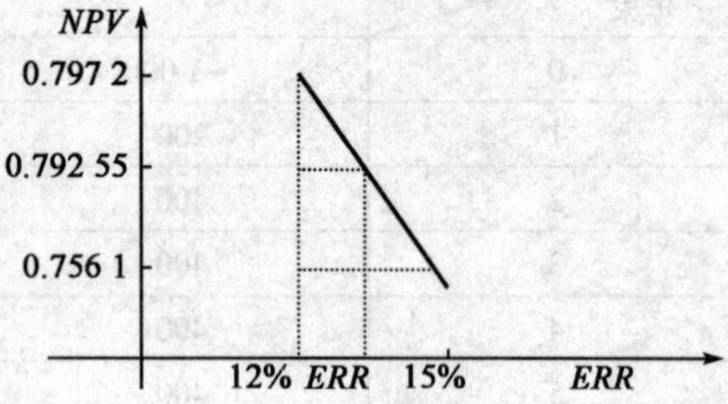

前面我们讨论过，投资回收期是项目经济效果评价的重要指标，这里，我们在静态投资回收期的基础上，考虑资金的时间价值，就有了动态回收期指标。动态投资回收期是能使下式成立的 n^*：

$$\sum_{t=0}^{n^*}(CI_t-CO_t)(1+i_0)^{-t}=0 \qquad (3\text{-}31)$$

图 3-9　插值法计算示意图

评判准则：若 $n^*\leqslant n_b^*$，则项目经济效果可行，其中 n_b^* 为基准动态回收期。

【例 3-28】 某工程项目的现金流量见表 3-29，计算项目的动态投资回收期，($i_0=10\%$)，若 $n_b{}^*=4$ 年，判断项目是否可行？

累计净现金流量贴现值计算（单位：万元） 表 3-29

年　末	净现金流量	贴　现　值	累计贴现值
0	-2 000	-2 000	-2 000
1	500	454.6	-1 545.4
2	800	661.1	-884.3
3	800	601.0	-283.3
4	800	546.4	263.1

解：根据动态投资回收期的计算公式，动态投资回收期是累计贴现值为零的时限，因此有以下公式。

$$n_t^*=\text{累计贴现值首次为正或零的年数}-1+\frac{\text{上一年累积贴现值的绝对值}}{\text{当年净现金流的贴现值}}$$

$$=4-1+\frac{|-283.3|}{546.4}\approx 3.5\text{ (年)}$$

有 $n_t^* < n_b^*$，故项目在经济效果上可行。

五、工程项目成本长期决策方法的运用

(一)独立方案

由于各方案的现金流是相互独立的，且任一方案的采纳不影响其他方案，因此，只需对每一个方案进行"绝对经济效果检验"。而单一方案的评价可以视为独立方案的特例。

【例3-29】 某工程项目现有A、B两个独立方案，现金流量见表3-30，基准收益率10%，$n_b=9$ 年。

A、B两方案现金流量与寿命期 表3-30

方案＼年末	0	年净现金流	寿 命 期
A	-500万元	90万元	10年
B	-500万元	60万元	20年

解： A、B为独立方案，只需进行绝对经济效果检验。这里，我们分别用净年值、内部投资收益率和静态投资回收期进行了方案评价与决策。

1. 用净年值指标评价与决策

$$NAV_A=-500(A/P,\ 10\%,\ 10)+90=8.625\text{(万元)}$$

$$NAV_B=-500(A/P,\ 10\%,\ 20)+60=1.27\text{(万元)}$$

$NAV_A>0$，$NAV_B>0$，A、B两方案经济效果都可行，故A、B方案均可接受。

2. 用内部投资收益率指标评价与决策

令 $NPV_A=0$ $NPV_B=0$，分别有：

$$-500+90(P/A,i_1,\ 10)=0 \qquad i_1\approx 12.45\%$$

$$-500+60(P/A,i_2,\ 20)=0 \qquad i_2\approx 10.34\%$$

有 $i_1>MARR$，$i_2>$ MARR，故A、B两方案均可接受。

3. 用静态投资回收期辅助决策

$$n_1=\frac{500}{90}\approx 5.56\text{ (年)}$$

$$n_2=\frac{500}{60}\approx 8.33\text{ (年)}$$

$n_1<n_b$，$n_2<n_b$ 故两方案均可取。

(二)完全互斥方案

在对完全互斥方案进行评价决策时，最多只能选取一个最优的方案。因此通常的方法是：先对各方案进行绝对经济效果检验，判断各方案的可行性；然后再进行相对经济效果检验，选

出相对最优的方案。这两个过程往往都不可缺少。唯一的例外是,如果方案决策要求不论方案是否可行,都必须选择一个,则此时只需进行相对经济效果检验。

【例3-30】 某工程项目现有A、B两互斥方案,现金流量见表3-30,基准收益率10%,$n_b=9$年,试进行方案择优。

解:第一步,进行绝对经济效果检验,解法与【例3-28】的解法同。

第二步,进行相对经济效果检验,有$NAV_A>NAV_B$,故选取A方案,舍弃B方案。

1.增量分析法——投资额不等时的分析方法

对完全互斥方案进行相对经济效果评价时,若各方案的投资额不同,通常用增量(差额)分析法来评价。增量分析法是判断增量投资的经济合理性,即投资额大的方案比投资额小的方案的增加投资是否会带来较好的增量收益。若增量投资能带来较好的增量收益,则这笔增量投资是划算的,投资额大的方案更优;若增量投资不能带来较好的增量收益,则显然投资额小的方案更优。

在静态指标中,投资回收期和投资收益率可用于增量分析,而在动态指标中,净现值、净年值和内部收益率等可用于增量分析,下面我们就这些指标进行分析讨论。

(1)追加投资回收期

追加投资回收期也叫返本期,相对投资回收期,是指在不考虑资金时间价值的前提下,用投资额大方案经营成本的节约额偿还多花费的投资所需期限,通常以年表示:

$$\Delta n=\frac{I_2-I_1}{C_1-C_2}=\frac{\Delta I}{\Delta C} \tag{3-32}$$

式中:I_1,I_2——分别为第1,2方案的投资额;

C_1,C_2——分别为第1,2方案的年经营成本;

ΔI——两方案的差额投资(追加投资或相对投资);

Δn——返本期(追加投资回收期,相对投资回收期);

ΔC——投资大的方案经营成本的节约额。

决策准则:$\Delta n<n_b$,选投资大的方案;$\Delta n>n_b$,选投资小的方案。

前提:各方案均可行。

【例3-31】 某装配车间有两个设计方案,产品性能与产量相同。方案一采用流水线;方案二采用自动线。投资与经营成本见表3-31,标准投资回收期$n_b=5$年。请计算追加投资回收期并据此对两方案进行评价决策。

方案费用表(单位:万元) 表3-31

方案 \ 年末	0	年经营成本
一	-500	300
二	-800	250

解:这是两个互斥方案。

第一步,选用动态投资回收期指标进行绝对经济效果检验。

$$n_1=\frac{500}{300}<n_b \qquad n_2=\frac{800}{250}<n_b$$

两方案均符合既定的投资回收期限要求。

第二步，用追加投资回收期进行相对经济效果检验。

$$\Delta n = \frac{800 - 500}{300 - 250} = 6\ (\text{年})$$

因为 $\Delta n > n_b$，所以选择方案一。

用追加投资回收期进行分析的优点：计算简便，便于理解。若 $\Delta n < n_b$，说明追加投资取得了好效果，选择投资大的方案；反之，选投资小的方案。

用追加投资回收期进行分析的缺点：当两方案的投资额与年经营费差别很小时，不能用该指标，否则会得出错误结论。

(2)相对投资效果系数

相对投资效果系数也叫差额投资收益率，其经济含义是单位差额投资所能获得的年盈利额。

$$\Delta E = \frac{R_1 - R_2}{I_1 - I_2} \tag{3-33}$$

式中：ΔE——差额投资；

R_1, R_2——分别为两方案产生的年净收益。

决策准则：若 $\Delta E > E_b$（E_b 为部门标准投资效果系数），则表明追加投资的经济效果好，投资大的方案为优。

前提：各方案均可行。

【例 3-32】 某企业需采购一台大型工程设备，有 A、B、C 三种型号可供选择，其投资与净收益见表 3-32，若 $E_b = 0.15$，进行方案评价决策。

方案投资、年净收益表（单位：万元） 表 3-32

方案	A	B	C
投资	10	8	12
年净收益	1.8	1.6	2.4

解：此为完全互斥方案的比选。

第一步，绝对经济效果检验。

$$E_A = \frac{1.8}{10} = 0.18 > E_b$$

$$E_B = \frac{1.6}{8} = 0.2 > E_b$$

$$E_C = \frac{2.4}{12} = 0.2 > E_b$$

可见，三种设备均可行。

第二步，相对经济效果检验。

$$E_{AB} = \frac{1.8 - 1.6}{10 - 8} = 0.1 < E_b$$

A 与 B 相比，选择 B 更优。

$$E_{BC}=\frac{2.4-1.6}{12-8}=0.2>E_b$$

B 与 C 相比,选择 C 更优。故应选择购买 C 设备。

(3)差额净现值与差额净年值

净现值、净年值及其特例费用现值、费用年值均可用于进行差额分析。这里以差额净现值(即两方案各年的差额现金流的净现值)为例。

$$\Delta NPV=\sum_{t=0}^{n}[(CI_1-CO_1)_t-(CI_2-CO_2)_t](1+i_0)^{-t} \tag{3-34}$$

式中: ΔNPV——差额净现值。

决策准则:若 $NPV \geqslant 0$,表明增量投资经济上可行,选用投资大的方案;反之,若 $NPV<0$,选用投资小的方案。

【例 3-33】 有投资额不等的 3 个互斥工程项目 A、B、C,其现金流量见表 3-33,应该选择哪个项目? $MARR=10\%$ 。

互斥方案净现金流量表(单位:万元) 表 3-33

项目 \ 年末	0	1	2	3	4	5
A	—1 000	300	300	300	300	300
B	—1 500	400	400	400	400	400
C	—2 000	600	600	600	600	600

解:

①用现值指标进行择优。

$NPV_A=-1\,000+300(P/A,\ 10\%,\ 5)=137.24$(万元)$>0$

$NPV_B=-1\,500+400(P/A,\ 10\%,\ 5)=16.32$(万元)$>0$

$NPV_C=-2\,000+600(P/A,\ 10\%,\ 5)=274.48$(万元)$>0$

各项目均可行,又因为 $NPV_C>NPV_A>NPV_B$,故方案 C 最优。

②下面我们用差额净现值来进行比选,看是否会得出同样的结论。由 $NPV_A>0$,$NPV_B>0$,$NPV_C>0$ 可知,三方案均可行。有:

$$\begin{aligned}NPV_{AB}&=-1\,500-(-1\,000)+400(P/A,\ 10\%,\ 5)-300(P/A,10\%,\ 5)\\&=-120.92(\text{万元})\end{aligned}$$

可见,B 项目相对于 A 项目的追加投资未取得好效果,故 A 项目更优。同理,有:

$$\begin{aligned}NPV_{AC}&=-2\,000-(-1\,000)+(600-300)(P/A,\ 10\%,\ 5)\\&=137.24(\text{万元})\end{aligned}$$

可见,C 项目最优。与用净现值判断所得结论一致。

指标评价:

其一,当各备选方案寿命期相同投资额不等时,用净现值、净年值、费用现值、费用年值可以直接进行择优,且所得结论与用相应的差额指标一致。以差额净现值为例,实际上,因为有:

$$\begin{aligned}\Delta NPV&=\sum_{t=0}^{n}[(CI_1-CO_1)_t-(CI_2-CO_2)_t](1+i_0)^{-t}\\&=\sum_{t=0}^{n}(CI_1-CO_1)_t(1+i_0)^{-t}-\sum_{t=0}^{n}(CI_2-CO_2)_t(1+i_0)^{-t}\end{aligned}$$

$$=NPV_1-NPV_2 \tag{3-35}$$

式中：NPV_1，NPV_2——分别为两方案的净现值。

不难解释为何两种指标所得结论一致。除此之外，其他指标，如投资回收期、内部收益率等，在各方案投资额不等时，则不可通过直接比选而择优。

其二，差额净现值指标能反映出追加投资的经济效果，从而为设计人员改进方案，确定最佳方案提供帮助；但用于方案决策时，不如净现值指标简便。

(4)差额内部投资收益率

差额内部投资收益率即两备选方案各年差额现金流量的贴现率，也叫相对投资收益率。

$$\sum_{t=0}^{n}[(CI_2-CO_2)_t-(CI_1-CO_1)_t](1+\Delta IRR)^{-t}=0 \tag{3-36}$$

式中：ΔIRR——差额内部投资收益率。

由上式可变形得：

$$\sum_{t=0}^{n}(CI_2-CO_2)_t(1+\Delta IRR)^{-t}=\sum_{t=0}^{n}(CI_1-CO_1)_t(1+\Delta IRR)^{-t} \tag{3-37}$$

由上式可知，差额内部投资收益率实际上是两方案净现值相等时的贴现率。决策准则如图3-10所示，图中 i_0 为基准投资收益率，A 方案投资额大于 B 方案投资额。

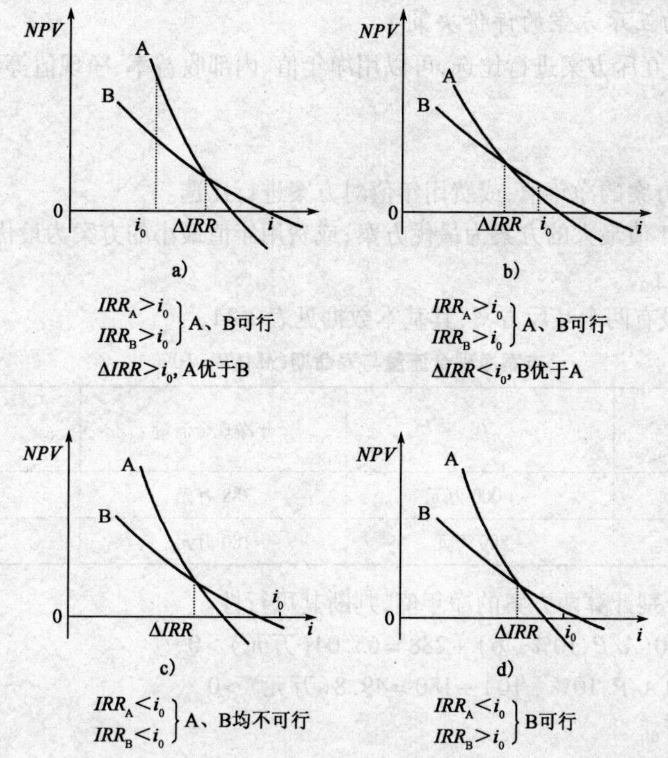

图3-10 用内部收益率法比选方案示意图

【例3-34】 情形如【例3-32】，用内部收益率法比选项目。

解：第一步，先进行绝对经济效果检验，计算各项目的内部投资收益率，与 *MARR* 比较。

$-1\,000+300(P/A,i_1,5)=0 \qquad i_1\approx15.25\%$

$-1\,500+400(P/A,i_2,5)=0 \qquad i_2\approx10.44\%$

$-2\,000+600(P/A,i_3,5)=0 \qquad i_3\approx15.25\%$

$i_1>MARR,i_2>MARR,i_3>MARR$。三个项目均可行。

第二步,将可行的项目按投资额大小顺序排列,计算差额内部收益率。有:

$-1\,000+300(P/A,i_{12},5)=-1\,500+400(P/A,i_{12},5)$

$(P/A,i_{12},5)=5 \qquad i_{12}\approx0.25\%<MARR$

可见应选投资小的项目 A。

接着计算项目 A、C 的差额内部收益率,有:

$-1\,000+300(P/A,i_{13},5)=-2\,000+600(P/A,i_{13},5)$

$(P/A,i_{13},5)\approx3.33 \qquad i_{13}\approx15.25\%>MARR$

可见 C 项目最优。这与差额净现值指标比选结果一致。

方法评价:用差额内部投资收益率和差额净现值、净现值比选方案可以得出相同的结论。这一点可以从图 3-10 得到映证。

$\Delta IRR_A>MARR,\Delta IRR_A>MARR$ 时,若有 $\Delta IRR>MARR$,则有 $NPV(i_0)_A>NPV(i_0)_B$,A 项目较优;若 $\Delta IRR<MARR$ 时,则有 $NPV(i_0)_A<NPV(i_0)_B$,B 方项目较优。

2. 寿命不等的互斥方案的评价决策

对寿命不等的互斥方案进行比选,可以用净年值、内部收益率、净现值等各种评价指标,下面分别进行介绍。

(1)年值法

年值法,即用方案的净年值,或费用年值对方案进行比选。

决策准则:净年值最大的方案为最优方案;或费用年值最小的方案为最优方案。

前提:方案可行。

【例 3-35】 设有两个互斥方案,其基本数据见表 3-34。

方案净现金流量与寿命期($MARR=10\%$) 表 3-34

方案 \ 年末	0	年净现金流量	寿命期
一	-1 000 万元	288 万元	6 年
二	-800 万元	180 万元	10 年

解:第一步,分别计算两方案的净年值,判断其可行性。

$NAV_1=-1\,000(A/P,10\%,6)+288=65.04(\text{万元})>0$

$NAV_2=-800(A/P,10\%,10)+180=49.8(\text{万元})>0$

两方案均可行。

第二步,择优。因为有 $NAV_1>NAV_2$,可见第一方案最优。

【例 3-36】 某施工企业 4 年前购买了一台两轮压路机(设备甲),其原始购置费用为 11 万元,目前,年度使用费为 2 万元,以后每年增加 0.5 万元,预计该机械还可使用 6 年,使用期满后预计净残值为 0.5 万元。现在市场上出现了与设备甲具有相同功能的三轮压路机(设备乙），其原始费用为12万元，年度使用费为1万元，3年后开始每年增加0.3万元，耐用期限为10年，到期后预计净残值为0.4万元。现在有两个方案，方案A：不做更新，继续使用设备甲；方案B：卖掉设备甲，购置设备乙。

已知现在市场上设备甲的折卖价值为3.5万元，折现率$i = 12\%$。要求对上述方案进行选择。

解：根据更新方案比较的原则，设备甲不考虑其原始费用，只按其现在的价值计算，因此方案A又可叙述为：以3.5万元的价格购入设备甲，使用6年，当年使用费为2万元，以后每年增加0.5万元，使用期满后净残值为0.5万元。按照方案A和方案B的现金流量情况，可以计算两个方案的年度费用为：

方案A年度费用：

$$
\begin{aligned}
AC_A &= 35\,000 \times (A/P,12\%,6) - 5\,000 \times (A/F,12\%,6) + 20\,000 \times (A/P,12\%,6)/(1+12\%) + 25\,000 \times (A/P,12\%,6)/(1+12\%)^2 + 30\,000 \times (A/P,12\%,6)/(1+12\%)^3 + 35\,000 \times (A/P,12\%,6)/(1+12\%)^4 + 40\,000 \times (A/P,12\%,6)/(1+12\%)^5 + 45\,000 \times (A/P,12\%,6)(1+12\%)^6 \\
&= 35\,000 \times 0.243\,2 - 5\,000 \times 0.123\,2 + 17\,857.14 \times 0.243\,2 + 19\,929.84 \times 0.243\,2 + 21\,353.41 \times 0.243\,2 + 22\,243.13 \times 0.243\,2 + 22\,697.07 \times 0.243\,2 + 22\,798.40 \times 0.243\,2 \\
&= 38\,752.97\text{（元）。}
\end{aligned}
$$

方案B年度费用：

$$
\begin{aligned}
AC_B &= 120\,000 \times (A/P,12\%,10) - 4\,000 \times (A/F,12\%,10) + 10\,000 + 3\,000 \times (A/P,12\%,10)/(1+12\%)^4 + 6\,000 \times (A/P,12\%,10)/(1+12\%)^5 + 9\,000 \times (A/P,12\%,10)/(1+12\%)^6 + 12\,000 \times (A/P,12\%,10)/(1+12\%)^7 + 15\,000 \times (A/P,12\%,10)/(1+12\%)^8 + 18\,000 \times (A/P,12\%,10)/(1+12\%) + 21\,000 \times (A/P,12\%,10)/(1+12\%)^{10} \\
&= 120\,000 \times 0.177\,0 - 4\,000 \times 0.057\,0 + 10\,000 + 1\,906.55 \times 0.177\,0 + 3\,404.56 \times 0.177\,0 + 4\,559.68 \times 0.177\,0 + 5\,428.19 \times 0.177\,0 + 6\,058.25 \times 0.177\,0 + 6\,490.98 \times 0.177\,0 + 6\,761.44 \times 0.177\,0 \\
&= 37\,137.91\text{（元）。}
\end{aligned}
$$

比较两个方案的年度费用可见，方案B比方案A在6年内平均每年节约费用38 752.97 − 37 137.91 = 1 615.06（元），因此应该选择方案B，即购置新的压路机设备代替原来的两轮压路机设备。而且，通过机械设备的更新，可以提高企业生产效率，实现技术先进、经济优化的目标。

方法评价：其一，在对寿命不等的互斥方案进行比选时，年值法、费用年值法最为简便；其二，年值法对不同寿命期的处理实际上是“最小公倍数法”的特例，假定各备选方案在其寿命期结束后均可按原方案重复实施。

（2）差额内部收益率法

用差额内部收益率法比选方案求解寿命不等互斥方案间差额内部收益率的方法是令两方案净年值相等。因此，实际上该方法与净年值法一样，假定方案可重复实施。用差额内部收益率法对寿命不等的互斥方案进行择优，与前述的对寿命相等互斥方案的评价方法略有不同。应用该方法有一个前提：初始投资额大的方案年均净现金流大，且寿命期长；而初始投资额小的方案年均净现金流小且寿命期较短。

方案择优的规则：在存在正的 ΔIRR 的前提下，若 $\Delta IRR > MARR$，则年均净现金流大的方案为优；若 $\Delta IRR < MARR$，则年均净现金流小的方案为优。其中：

$$\text{方案的年均现金流} = \sum_{t=0}^{n} \frac{C_t}{n} \tag{3-38}$$

式中：n——方案寿命期；

C_t——各年的净现金流。

【例 3-37】 企业面临两互斥工程项目 A、B，数据见表 3-35，$MARR = 8\%$，请比选择优。

项目净现金流量与寿命期 表 3-35

项目 \ 年末	0	年净现金流量	寿命期
A	-380 万元	100 万元	5 年
B	-680 万元	120 万元	10 年

解：第一步，进行绝对经济效果检验，先分别计算 A、B 项目的内部收益率 i_1，i_2。

$$-380 + 100(P/A, i_1, 5) = 0 \qquad i_1 \approx 10\%$$

$$-680 + 120(P/A, i_2, 10) = 0 \qquad i_2 \approx 12\%$$

$i_2 > i_1 > MARR$，故两项目均可行。由题意可知满足用内部收益率比选方案的前提条件。

第二步，用差额内部收益率指标进行相对经济效果检验。

$$\text{A 项目年均净现金流} = -\frac{380}{5} + 100 = 24$$

$$\text{B 项目年均净现金流} = -\frac{680}{10} + 120 = 52$$

因此可用差额内部收益率法进行寿命不等项目的比选，有：

$$-380\ (A/P,\ \Delta IRR, 5)\ + 100 = -680\ (A/P, \Delta IRR, 10)\ + 120$$

用内插法试算，可知 $\Delta IRR \approx 15\%$，因为 $\Delta IRR > MARR$，此时，应选择年均净现金流大的项目。故应选 B 项目。

用现值法比选方案时：

第一，对于某些项目来说，可以按共同的分析期将各方案的年值折现。判断与择优的准则是：净现值非负方案可行，净现值最大的方案最优。

该方法实际上是前述年值法的变形，与年值法所得结论相同。显然，共同分析期的取值并不会影响最终结论。

第二，对于自然资源（如矿产资源、煤、石油等）中不可再生资源的开发项目来说，在进行方案择优时，不能再假定其方案可重复实施，此时不能用前述的净现值、净年值和内部收益率法。恰当的方法是直接按方案各自寿命期计算的净现值进行择优评价。其隐含的假定是：用寿命期长的方案的寿命期作为共同分析期，寿命期短的方案在寿命期结束后，假定其持续方案按基准贴现率取得收益。

【例 3-38】 对于某矿产资源的开发设计了 A、B 两个方案，预计其投资和各年现金流见表 3-36，用现值法进行方案评选择优。$MARR=10\%$

方案净现金流量与寿命期　　表 3-36

方案＼年末	0	年净现金流量	寿命期
A	-8 000 万元	1 000 万元	90 年
B	-10 000 万元	1 100 万元	80 年

解：分别计算 A、B 两方案的净现值 NPV_1，NPV_2

$$NPV_1=-8\,000+1\,000(P/A,10\%,90)=199.81(\text{万元})$$

$$NPV_2=-10\,000+1\,100(P/A,10\%,80)=994.61(\text{万元})$$

两方案均可行，且 B 方案优于 A 方案。

（三）相关方案

相关方案的类型较多，因而评价的方法也就会有所不同，下面仅对现金流相关型和资金约束导致的相关型方案的评价择优进行介绍。

1. 互斥方案组合法

互斥方案组合法的基本思路是把各相关方案进行组合，组合成互斥方案，再利用互斥方案的评选方法，选择最佳的方案组合。

【例 3-39】 运用“互斥方案组合法”比选现金流相关方案。在两座城市间有两个投资方案 A、B，A 为建高速公路，B 为建铁路，只上一个方案时各方案的净现金流见表 3-37；两个方案都上时，会对另一方案的现金流产生影响，估计有关数据见表 3-38。$MARR=10\%$，试进行方案评价择优。

只有一个项目时的净现金流量（单位：亿元人民币）　　表 3-37

方案＼年末	0	年净现金流量	寿命期
高速公路 A	-50	10	40 年
铁路 B	-30	6	40 年

有两个项目时的净现金流量（单位：亿元人民币）　　表 3-38

方案＼年末	0	年净现金流量	寿命期
高速公路 A	-50	8.5	40 年
铁路 B	-30	5	40 年
两项目合计（A+B）	-80	13.5	40 年

解：A、B 两方案为现金流相关方案，可用“方案互斥组合法”评价择优。

根据“方案互斥组合法”的基本思路。第一步，先将各相关方案组合成互斥方案，见表 3-39。

互斥方案净现金流量与寿命期　表 3-39

方案＼年末	0 年末投资(万元)	年净现金流量(万元)	寿命期(年)
高速公路 A	-50	10	40
铁路 B	-30	6	40
两项目都上(A+B)	-80	13.5	40

第二步,对各互斥方案进行评价择优。可用前述的净年值、净现值、内部收益率等各种方法。这里用净年值法。

$$NAV_A = -50(A/P,10\%,40) + 10 \approx 4.887(\text{亿元})$$

$$NAV_B = -30(A/P,10\%,40) + 6 \approx 2.933(\text{亿元})$$

$$NAV_{A+B} = -80(A/P,10\%,40) + 13.5 \approx 5.319(\text{亿元})$$

有 $NAV_{A+B} > NAV_A > NAV_B > 0$,故两个方案同时采纳为最佳。

【例 3-40】 用“互斥方案组合法”比选资金约束条件下的相关方案。有 3 个具有独立性质的方案 A、B、C,各方案的有关数据见表 3-40。已知总投资限额为 2 000 万元,*MARR* 为 10%,试选择最佳投资方案组合。

有独立性质方案的净现金流量(单位:万元)　表 3-40

方案＼年末	0	1~15
A	-1 000	150
B	-600	100
C	-700	120

解:A、B、C 三方案总计需投资 2 300 万元,不能同时入选,因而为资金约束条件下的相关方案。

本例用净现值进行比选,结果见表 3-41。

互斥组合决策汇总表(单位:万元)　表 3-41

序　号	方案组合	投资额	年净现金流	净现值	决　策
1	B	600	100	160.61	
2	C	700	120	212.732	
3	A	1 000	150	140.915	
4	B+C	1 300	220	385.42	
5	A+B	1 600	250	301.525	
6	A+C	1 700	270	353.647	
7	A+B+C	2 300			超出投资限额

由上表可看出,B+C 方案的净现值最大,为最优组合方案。

解题基本步骤如下:

第一步,列出全部相互排斥的组合方案。对于资金约束条件下的相关方案,如果有 m 个方案,则有组合方案数 $N = 2^m - 1$。本例有 3 个方案,则互斥组合方案共有 7 个,见表 3-41。

第二步,将所有互斥组合方案按投资额大小顺序排列,除去不满足约束条件的方案组合。

第三步,用净现值、净年值、内部收益率等方法进行方案择优。

2. 效率指标排序法

效率指标排序法是计算方案或其组合的投资效率,并将各种方案及其组合按投资效率的高低顺序排列,从中选取最优的方案或组合。对于资金约束相关型方案来说,运用效率指标排序法进行评价择优,可以使投资效益最大。常用的效率指标有内部收益率、净现值指数等。下面举例说明。

内部收益率排序法是将方案按内部收益率的高低依次排序,按由高到低的次序选择方案,直到达到资金约束限额为止(即方案的投资总额不能超过资金限额)。其目的是使所选方案的总投资效益率最大。

【例3-41】 表3-42为6个具有独立性质的投资方案,寿命期均为10年。*MARR* 为10%。(1)若资金总额为350万元,选择哪些方案最有利?(2)若资金总额为280万元,选择哪些方案最有利?

有独立性质方案的净现金流量(单位:万元)　　表3-42

方案 \ 年末	0	1~10	内部投资收益率
1	50	7.79	9%
2	70	13.95	15%
3	90	20	18%
4	100	23.85	20%
5	120	21.24	12%
6	110	30.8	25%

解:解题步骤如下。

第一步,首先求出各方案的内部收益率,计算结果列于表3-42。

第二步,按计算出的内部收益率由高到低排序,如图3-11所示。并将约束条件及资金成本率标注在同一图中。

第三步,根据图3-11择优。

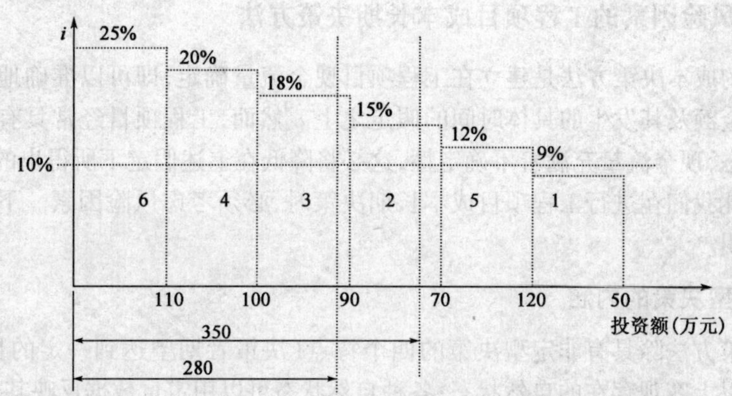

图3-11　有独立性质的投资方案的资金分配

在资金总额为350万元的约束条件下，选择第6、4、3方案最优，此时实际投资总额为300万元，尚余50万元。

在资金总额为280万元的约束条件下，可选择第6、4方案，此时投资总额为210万元，尚剩余资金70万元，由于方案的不可分性，不能选择第3方案，所以第2方案还可以入选。

净现值指数排序法即将各方案的净现值指数按大小顺序排序，并依次择优方案，直至不超过资金约束限额为止。这样，就能使资金约束条件下总投资的净现值最大。

【例3-42】 数据与资金限额条件如【例3-38】，试用净现值指数排序法进行方案评价择优。

解：先将各方案的净现值、净现值指数计算出来，结果列于表3-43，并进行排序。

所计算的结果与用内部收益率排序法所得结果一致，其中第1方案不可行，可行的五个方案的优先顺序为6→4→3→2→5。当资金总额为350万元时，应选择第6、4、3方案；当资金总额为280万元时，应选择第6、4、2方案。

方案净现值指数排序表 表3-43

方 案	净现值(万元)	净现值指数	排 序
1	-2.13	-0.04	不可行
2	15.72	0.22	第四
3	32.89	0.365	第三
4	46.60	0.466	第二
5	10.51	0.087	第五
6	79.25	0.72	第一

方法评价：效率指标排序法计算简便，应用方便。但是由于项目的不可分性，效率指标只有在下述三种情况下，才能达到或最近似达到“使投资效益最大”的目标：其一，各方案投资占投资总预算的比例很小；其二，各方案投资额差别不大；其三，入选方案几乎正好分配完预算总投资。

否则，在大多数情况下，对于资金约束相关型方案来说，使用互斥方案组合方法所得结论更可靠。

六、考虑风险因素的工程项目成本长期决策方法

前面讨论的成本决策方法是建立在工程项目现金流量确定，即可以准确地知道工程项目未来现金收支金额及其发生的具体时间的假定之上。然而，工程项目经常具有两种以上客观存在的自然状态，现金流量充满着不确定性，这必将降低在上述假定下所得出的项目评估结果的准确性。因此我们在进行工程项目成本长期决策时，必须考虑风险因素。下面以风险型决策为例进行说明。

（一）风险型决策的内涵

风险型决策方法除具有非定型决策的四个特点（决策者期望达到一定的目标；被决策的事物具有两种以上客观存在的自然状态；各种自然状态可以用定量数据反映其损益值；具有可供决策人选择的两个以上方案）外，还有一个很重要的特点，即决策人对未来事物的自然状态

变化情况不能肯定(可能发生,也可能不发生),但知道自然状态可能发生的概率。

风险型决策中自然状态发生的概率为:

$$1 \geqslant P_i(Y_i) \geqslant 0$$

$$\sum_{i=1}^{N} P_i(Y_i) = 1 \tag{3-39}$$

式中:Y_i——出现第 i 种情况下的损益数值;

P_i——第 i 种状态发生的概率;

N——自然状态数目。

由于这种决策问题引入了概率的概念,所以这种决策具有一定的风险性。

(二)风险型决策的决策标准

风险情况下的决策标准主要有三个:期望值标准、合理性标准和最大可能性的标准。

1. 期望值标准

损益期望值是按事件出现的概率而计算出来的可能得到的损益数值,并不是肯定能够得到的数值,所以叫做期望值。期望值的计算公式如下:

$$V = \sum_{i=1}^{N} Y_i P_i \tag{3-40}$$

式中:V——期望值;

P_i——第 i 种状态发生的概率;

Y_i——出现第 i 种情况下的损益数值。

用期望值标准来进行决策,就是以决策问题的损益表为基础,计算出每个方案的期望值,选择收益最大或损失最小的方案作为最优方案。

2. 合理性标准

合理性标准主要是在可参考的统计资料缺乏或不足的情况下采取的一种办法。正因为缺乏足够的统计资料,所以难以确切估计自然状态出现的概率。于是,可以假设各自然状态发生的概率相等。如果有 n 个自然状态,那么各个自然状态的概率就为 $1/n$。这种假设的理由是不充分的。所以一般又把它叫做理由不充分原理。

3. 最大可能性标准

最大可能性标准就是选择自然状态中事件发生的概率最大的一个,然后找出在这种状态下收益值最大的方案作为最优方案。

(三)决策树

决策树是图论中用于决策的一种工具,它是以树的生长过程的不断分枝来表示事件发生的各种可能性,应用期望值准则来剪修以达到择优目的的一种决策方法。对于未来成本的发生水平存在两种以上的可能结果时,可采取决策树方法进行决策。

1. 决策树的基本结构形式

决策树是决策者对某个成本决策问题未来发展情况的可能性和可能结果所作出的预测在图形上的反映,其基本结构形式如图 3-12 所示。

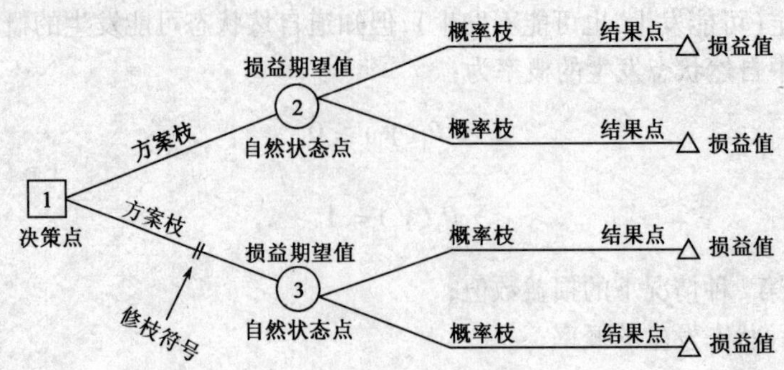

图 3-12　决策树的基本结构形式

2. 决策树的运用步骤

第一,绘制决策树,并对决策点及自然状态点从左至右、从上至下编号。

第二,根据期望值准则,从右至左、逆着编号计算每个方案的期望值。

第三,对各方案的期望值进行比较,剪去期望值较差的分枝,最后留下的一枝即为最优方案。

【例 3-43】 某施工企业拟对一施工项目进行投标,这一施工企业的投标策略有两种,一种是投高标,中标的可能性估计为 30%;另一种是投低标,中标的可能性估计为 50%。投标准备费为 2 万元。如果该施工企业中标,又有两种承包方案:一种是将一部分工程转包给其他施工企业,另一种是自己全包。根据资料分析,如果在投高标 5 800 万元的情况下中标,然后再部分转包,估计项目全部成本为 5 000 万元、4 800 万元和 4 700 万元的概率分别为 30%、50%、20%;自己全包,估计项目全部成本为 5 150 万元、4 900 万元和 4 800 万元的概率分别为 20%、60%、20%。如果在投低标的 5 400 万元的情况下中标,然后再部分转包,估计项目全部成本为 4 900 万元、4 800 万元和 4 600 万元的概率分别为 30%、40%、30%;自己全包,估计项目全部成本为 5 000 万元、4 800 万元和 4 700 万元的概率分别为 20%、50%、30%。根据上述情况,决策该施工企业的最佳报价承包策略。

解:

(1)画出决策树并编号(图 3-13)

(2)用期望值准则、逆着编号计算各点的期望值

点⑩成本期望值 = 5 000 × 20% + 4 800 × 50% + 4 700 × 30% = 4 810(万元)

点⑨成本期望值 = 4 900 × 30% + 4 800 × 40% + 4 600 × 30% = 4 770(万元)

点⑧成本期望值 = 5 150 × 20% + 4 900 × 60% + 4 800 × 20% = 4 930(万元)

点⑦成本期望值 = 5 000 × 30% + 4 800 × 50% + 4 700 × 20% = 4 840(万元)

点⑥的成本期望值:

因为 4 770 万元 < 4 810 万元,所以剪去自己全包的方案枝,点⑥的成本期望值为 4 770 万元。

点⑤的成本期望值:

因为 4 840 万元 < 4 930 万元,所以剪去自己全包的方案枝,点⑤的成本期望值为 4 840 万元。

点④ 利润期望值 =(5 400 -4 770)×50% -2×(1 -50%)=314(万元)。

点③利润期望值:

因为不行动,所示点③利润期望值为0。

点②利润期望值 =(5 800 -4 840)×30% -2×(1 -30%)=286.6(万元)

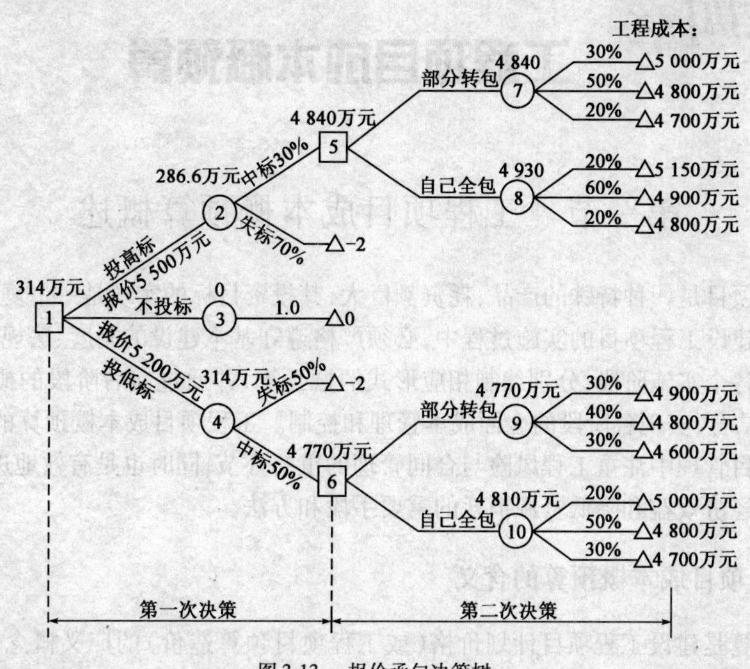

图3-13　报价承包决策树

(3)决策方案

点①利润期望值:

因为将点②、③、④的利润期望值比较,点④的最大,所以剪去投高标和不投标的方案枝,点①的利润期望值为314万元。

从上例的决策可以看出,决策树方法比较直观简捷,可以使决策者周密地考虑各种有关因素,从而有顺序、有步骤地进行决策。因此,对于较复杂的决策问题,用决策树方法比较有效,特别是对多级决策问题尤其方便。

除此之外,考虑风险因素的工程项目成本长期决策方法还有风险调整贴现率法和肯定当量法。

第四章 工程项目成本概预算

第一节 工程项目成本概预算概述

建设工程项目是一种特殊的产品,耗资额巨大,其投资目标的实现是一个复杂的综合管理系统过程。在建设工程项目的实施过程中,必须严格遵守基本建设的制度、法规和程序。在建设工程项目的各个实施阶段,分别编制相应形式的概预算,并通过前后阶段的概预算对比,实现“编”、“管”结合,实现各阶段的全面成本管理和控制。工程项目成本概预算的编制和管理,是一切工程项目管理中注重工程风险与合同管理的重要环节,同时也是有效地进行投资控制,不断提高投资经济效益和降低资源消耗的重要手段和方法。

一、工程项目成本概预算的含义

工程概预算是建设工程项目计划价格(或工程项目预算造价)的广义概念。工程概预算是以建设项目为前提,围绕建设项目分层次的工程价格构成体系,是由建设项目总概(预)算(建设项目总造价或修正概算)、单项工程综合概预算(单项工程造价)、单位工程施工图预算(或单位工程工程量清单计价预算价),或单位工程造价、工程量清单分项综合单价等构成的计划价格体系。从成本管理的角度来看,由于工程概预算所测算的内容包括直接费、间接费以及其他发生的各项费用,因此,工程概预算实质上是一套工程项目的成本测算体系。基于这种理解,本书不将工程概预算与工程项目成本概预算严格区分,而将工程概预算理解为工程项目成本概预算。

图 4-1 说明了基本建设程序、概(预)算编制与管理的总体过程,以及工程概预算与基本建设程序不可分割的关系。工程项目成本概预算的编制和管理是实施建设工程项目成本管理,有效地节约建设投资与资源和提高投资效益最直接的重要手段和方法。

二、工程项目成本概预算的分类

工程项目成本概预算是围绕建设项目分层次、分阶段的工程价格体系和成本测算体系。它表现出不同的分类形式:按工程建设阶段分类、按工程对象分类、按工程承包合同的结算方式分类等。

(一)按工程建设阶段分类

按工程建设阶段分类的工程项目成本概预算表现形式可分为:

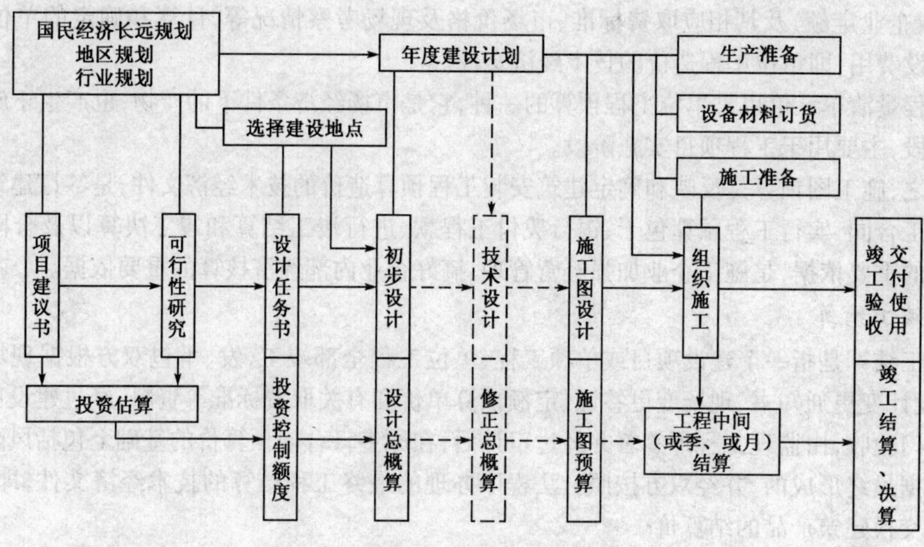

图 4-1 基本建设程序

1. 设计总概算

设计总概算是在初步设计或扩大的初步设计阶段，由设计单位以投资估算为目标，预先计算建设工程项目由筹建至竣工验收、交付使用的全部建设费用的技术经济文件。它是根据可行性研究阶段决定的工程估价、国家或企业经科学论证批准的总投资额度、初步设计图纸、概算定额（或概算指标）、设备预算价格、各项费用定额或取费标准、市场价格信息和建设地点的自然及技术经济条件等资料编制的。

设计总概算是国家确定和控制建设项目总投资，编制基本建设计划的依据。每个建设工程项目只有在初步设计和概算文件被批准之后，才能列入国家基本建设计划，才能进行施工图设计。

2. 修正总概算

采用三阶段设计时，在技术设计阶段，随着对初步设计内容的深化，建设规模、结构性质、设备类型等可能需要进行必要的修改和变动，此时，初步设计总概算也应作相应的调整和变动，即形成修正总概算。一般情况下，修正总概算不能超过已批准的设计总概算。

3. 施工图预算

图 4-1 所示的施工图预算，可以被认为包括传统的施工图预算（或称定额预算）与工程量清单计价两种不同的计价方法，但它们都反映单位工程造价的结果，都属于施工图设计阶段的预算，可以统称为施工图预算。

施工图预算是我国最主要的建筑安装工程预算编制方法，是计划经济体制下的产物，其编制依据是国家或地方统一规定的基础定额与费用定额，它有特定的编制程序、步骤和方法。由于它产生于施工图设计阶段，因而将其称为施工图预算。在实际应用中，它是一个广义的含义，既是我国编制单位工程或分部工程预算的一种定式，又可以领会为包括分部分项工程在内的单位工程的预算结果。施工图预算是施工图设计工作完成，在施工承包企业响应业主招标活动后或承包合同签订之前，根据招标文件要求和施工图、施工组织设计（或施工方案）、预算定额(或企业定额)及其相应取费标准、市场价格及现场考察情况等,计算和确定的单位工程全部建设费用,即单位工程造价的技术经济文件。

工程量清单计价也是单位工程预算的一种,它是市场经济条件下的产物,也产生于施工图设计阶段,主要用于工程项目实施阶段。

总之,施工图预算是反映和确定建筑安装工程预算造价的技术经济文件,是签订建筑安装工程施工合同、实行工程预算包干、银行拨付工程款、进行竣工结算和竣工决算以及合同管理与索赔的重要依据,是施工企业加强经营管理、搞好企业内部经济核算的重要依据。

4. 竣工结算

竣工结算是指一个建设项目或单项工程、单位工程全部竣工,发、承包双方根据现场施工记录、设计变更通知书、现场变更签证、定额预算单价和有关取费标准等资料,经过建设单位与有关部门验收,由监理工程师签署并经过审计后,在原签订合同预算价的基础上包括风险与索赔等依据最终形成的,并经双方按照合法程序办理的最终工程结算的技术经济文件,即发、承包双方交换建筑产品的结算价。

竣工结算是工程结算中最终的一次性结算。除此以外,工程结算还应包括中间结算,即定期结算(如月结算、季结算)、工程施工阶段按工程形象进度结算。其作用是使施工企业获得收入,补偿消耗,是进行分项核算的依据。

5. 竣工决算(或竣工成本决算、竣工财务决算)

竣工决算可分为施工企业单位工程竣工决算和建设单位的竣工决算。施工企业单位工程竣工决算,是以工程结算为依据编制的从施工准备到竣工验收后的全部施工费用的技术经济文件,用于分析该工程施工最终的实际效益,故也称竣工财务决算。建设单位的竣工决算,是由建设单位(业主)以竣工结算为依据编制的从决算项目筹建到竣工验收、交付使用全过程中实际支付的全部建设费用的技术经济文件,它主要反映基本建设实际投资额及其投资效果,是核定新增固定资产和流动资金价值的依据。

(二)按工程对象分类

建设项目的分解,既反映了价格体系的构成,也反映了工程产品及其价格之间的关联关系,表明它们在不同条件下又能形成独立的产品价格。

1. 分部分项工程概预算

分部分项工程概预算是以分部分项工程(即分部分项或专业工程分包产品)为对象而编制的工程建设费用的技术经济文件。它可能是分部分项工程设计概算,也可能是分部分项工程预算,可以作为业主(或总承包人)向专业工程分包商发包与结算的基本依据。

2. 单位工程概预算

单位工程概预算是以单位工程为对象而编制的工程建设费用的技术经济文件,可能是单位工程设计概预算,也可能是单位工程施工图预算。

3. 工程建设其他费用概预算

工程建设其他费用是以建设项目为对象,根据有关规定应在建设投资中支付的,除建筑安装工程费、设备购置费、工具及生产家具购置费和预备费以外的一切费用,如土地、青苗等补偿费,安置补助费,建设单位管理费,生产职工培训费等。工程建设其他费用概预算是根据设计文件和国家、地方主管部门规定的取费标准进行编制的，以独立的费用项目列入单项工程综合概预算或建设项目总概算中。

4. 单项工程综合概预算

单项工程综合概预算是确定单项工程建设费用的综合性技术经济文件，由该建设项目与其单项工程相关的各单位工程概预算汇编而成，当建设项目只有一个单项工程时，就可不必编制设计总概算，其工程建设其他费用概预算和预备费则列入单项工程综合概预算中，以反映该项工程建设的全部费用。

5. 建设项目总概预算

建设项目总概算或称为设计总概算，是以概算定额或概算指标为依据编制的。所谓建设项目总预算，是以预算定额为依据，以施工图预算为基础，按照单位工程预算、单项工程预算和建设项目预算路径逐步归纳并加上其他费用之总和的一切费用。

（三）按工程承包合同的结算方式分类

建设部令第107号《建筑工程施工发包与承包计价管理办法》第十二条规定，工程承包合同价格可以采用以下方式：①固定总价：合同总价或单价在合同约定的风险范围内不可调整；②可调总价：合同总价或单价在合同实施期内，根据合同约定的办法可以调整；③成本加酬金。

按照国际上通用的承包合同规定的不同工程结算方式，工程概预算可分为五类：

1. 固定总价合同概预算

固定总价合同概预算，是指以投资估算、初步设计阶段的设计图纸和工程说明书为依据，计算和确定的工程总造价。此类合同是按工程总造价一次包死的承包合同（即固定合同）。其工程概预算是编制的设计总概算或单项工程综合概算。工程总造价的精确程度取决于设计图纸和工程说明书的精细程度。如果图纸和说明书粗略，将使概预算总价难以精确，承发包双方可能承担较大的风险。

2. 计量定价合同概预算

计量定价合同概预算可称为工程量清单计价合同。它是以合同规定的工程量清单和清单分项综合单价为基础，计算和确定合同约定工程的工程造价。此种概预算编制的关键在于正确地确定每个分项工程的综合单价。这种定价方式风险较小，是国际工程施工承包中较为普遍的方式，也是我国即将普遍推行的合同计价方式。

3. 单价合同概预算

所谓单价合同，是根据拟建工程项目或单位工程产品的标准计价单位，如以房地产住宅项目每平方米产品的综合单价为计价依据，进行招标、投标时所签订的计价合同。这种方式在国际工程招标中可以多种方式发包定价：

（1）可以将工程设计和施工同时发包，承包商在没有施工图纸的情况下报价，显然这种计价方式要求承包商具有丰富的经验。

（2）可由招标单位提出合同报价单价，再由中标单位认可，或经双方协调修订后作正式报价单价。

（3）综合单价固定不变，也可商定在实物工程量完成时，随工资和材料价格指数的变化进行合理的调整，调整办法必须在承包合同中明文规定。

后两种方式在我国较稳定的房地产商与工程承包商之间,在房屋结构简单、户型变化不大的房地产项目中曾较多采用。

4. 成本加酬金合同概预算

成本加酬金合同概预算,是指按合同规定的直接成本(人工、材料和机械台班费等),加上双方商定的总管理费用(包括税金)和利润金额来确定预算总造价。这种合同承包方式,同样适用于没有提出施工图纸的情况下,或在遭受到毁灭性灾害或战争破坏后,亟待修复的工程项目中。此种概预算计价合同方式还可细分为成本加固定百分数、成本加固定酬金、成本加浮动酬金和目标成本加奖罚金等四种方式。

5. 统包合同概预算

统包合同概预算,是按照合同规定从项目可行性研究开始,直到交付使用和维修服务全过程的工程总造价。采用统包合同确定单价的步骤一般为:

(1)建设单位请投标单位进行拟建项目的可行性研究,投标单位在提出可行性研究报告时,同时提出完成初步设计和工程量清单(包括概算)所需的时间和费用。

(2)建设单位委托中标单位做初步设计,同时着手组织现场施工的准备工作。

(3)建设单位委托做施工图设计,承包商同时着手组织施工。

这种统包合同承包方式,每进行一个程序都要签订合同,并规定应付中标单位的报酬金额。由于设计逐步深入,其统包合同的概算和预算也是逐步完成的。因此,一般只能采用阶段性的成本加酬金的结算方式。

三、工程项目成本概预算的意义和作用

本书主要介绍施工图预算和设计概算的作用。

(一)施工图预算的作用

施工图预算在建设工程中具有十分重要的作用,主要体现在下列方面:

(1)施工图预算是设计阶段控制工程造价的重要环节,是控制施工图设计不突破设计概算的重要措施,也是编制或调整固定资产投资计划的依据。

(2)施工图预算是建设单位编制与确定标底、拨付工程价款,承包商投标报价决策,发承包双方建立工程承包合同价格,进行工程索赔、结算与决算的重要依据。

(3)施工图预算是实行建筑工程预算包干的依据。通过发承包双方协商,可在施工图预算的基础上增加一定系数,由施工承包商将工程费用一次包死。

(4)施工图预算是进行工程建设造价管理,强化施工企业经营管理,搞好企业经济核算的基础。

(5)施工图预算所确定的人工、材料和施工机械台班等消耗量指标,可以作为施工企业编制施工组织计划和劳动力需用量、材料需用量、施工机械使用与调度计划,以及统计完成工程数量及考核施工成本的依据。

(二)设计概算的作用

设计概算作为工程造价全过程控制的一个关键环节,在建设工程造价管理活动中起着投资控制性的重要作用。具体表现为:

1. 设计概算是编制建设项目投资计划，控制建设项目投资的基本依据

国家规定，编制年度固定资产投资计划，确定计划投资总额及其构成数额，要以批准的初步设计概算为依据，没有批准的初步设计及其概算的建设工程不能列入年度固定资产投资计划。

经批准的建设项目设计总概算的投资额，是该工程建设投资的最高限额。在工程建设过程中，年度固定资产投资计划安排、银行拨款或贷款、施工图设计及其预算与竣工结、决算等，未经规定的批准程序，都不能突破这一限额，以确保国家固定资产投资计划的严格执行和有效控制。

2. 设计概算是签订建设工程合同和贷款合同的依据

《中华人民共和国合同法》明确规定，建设工程合同是承包人进行工程建设，发包人支付价款的合同。合同价款的多少是以设计概算为依据的，而且总承包合同不得超过设计总概算的投资额。

3. 设计概算是银行拨款或签订贷款合同的最高限额

建设项目的全部拨款或贷款以及各单项工程的拨款或贷款的累计总额，不能超过设计概算。如果项目的投资计划所列投资额或拨款与贷款突破设计概算，必须查明原因后由建设单位报请相关部门调整或追加设计概算总投资额，凡未批准之前，银行对其超支部分拒不拨付。

4. 设计概算是控制施工图设计和施工图预算的依据

经批准的设计概算是建设项目投资的最高限额，设计单位必须按照批准的初步设计及其总概算进行施工图设计，施工图预算不得突破设计概算。如确需突破总概算时，应按规定程序报经审批。

5. 设计概算是衡量设计方案经济合理性和选择最佳设计方案的依据

设计概算是设计方案技术经济合理性的综合反映，据此可以用来对不同的设计方案进行技术与经济合理性的比较，以便选择最佳的设计方案。

6. 设计概算是工程造价管理及编制招标标底和投标报价的依据

以设计概算进行招标的工程，招标单位编制标底必须以设计概算造价为底线，并以此作为评标定标的依据。

7. 设计概算是考核与评价工程建设投资效果的依据

通过设计概算与竣工结(决)算对比，可以分析和考核投资建设效果的好坏，同时还可以验证设计概算的准确性，有利于加强和促进设计概算管理和建设项目的造价管理工作。

第二节　工程项目成本概算的编制

按编制步骤，概算可分建设项目总概算、单项工程(综合)概算和单位工程概算三级。单位工程概算、单项工程(综合)概算是建设项目总概算的子项，三者之间具有系统性关系。各级概算之间的相互关系如图 4-2 所示。

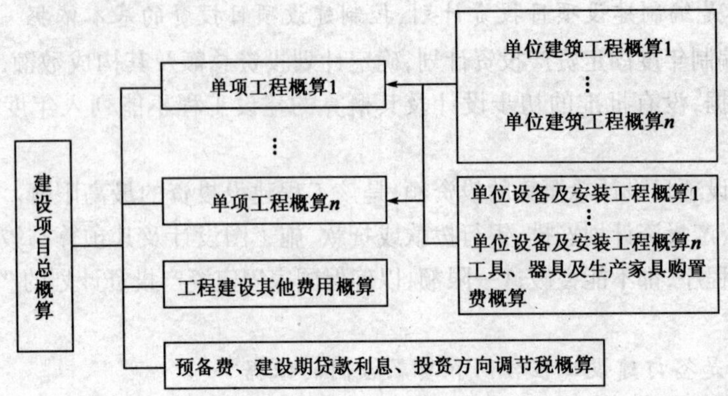

图 4-2　设计概算的三级概算关系图

单位工程概算是确定各单位工程建设费用的基础性技术经济文件,也是编制单项工程概算或单项工程综合概算的基本依据,是单项工程(综合)概算的组成部分。

单项工程概算是确定一个单项工程所需建设费用的技术经济文件,由单项工程中的各单位工程概算汇总编制而成,是建设项目总概算的主要组成部分。当建设项目只有一个单项工程时,另加上工程建设其他费用,则构成为单项工程综合概算。单项工程概算与单项工程综合概算的费用组成如图 4-3 所示。

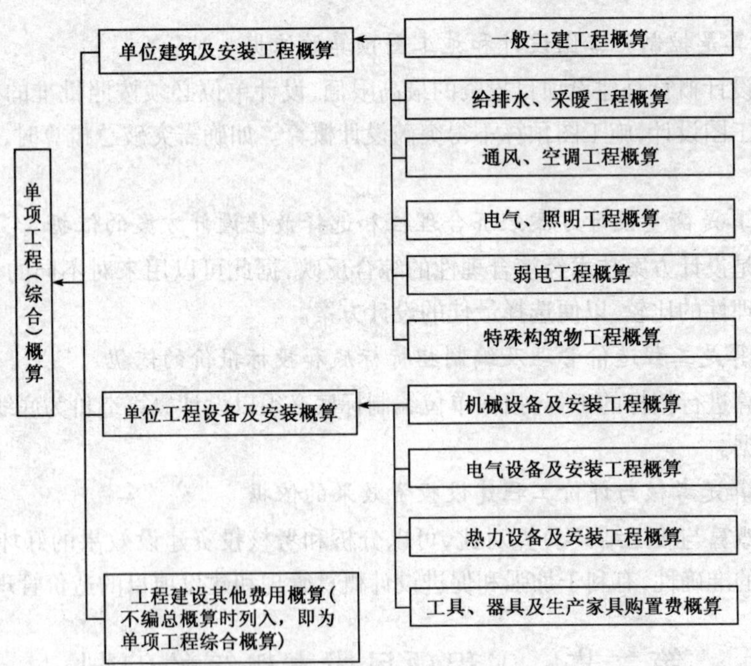

图 4-3　单项工程概算与单项工程综合概算的费用组成

建设项目总概算是确定整个建设项目从筹建到竣工验收所需全部费用的技术经济文件,由各单项工程概算、工程建设其他费用概算、预备费、建设期贷款利息和固定资产投资方向调节税概算汇总编制而成,如图 4-4 所示。

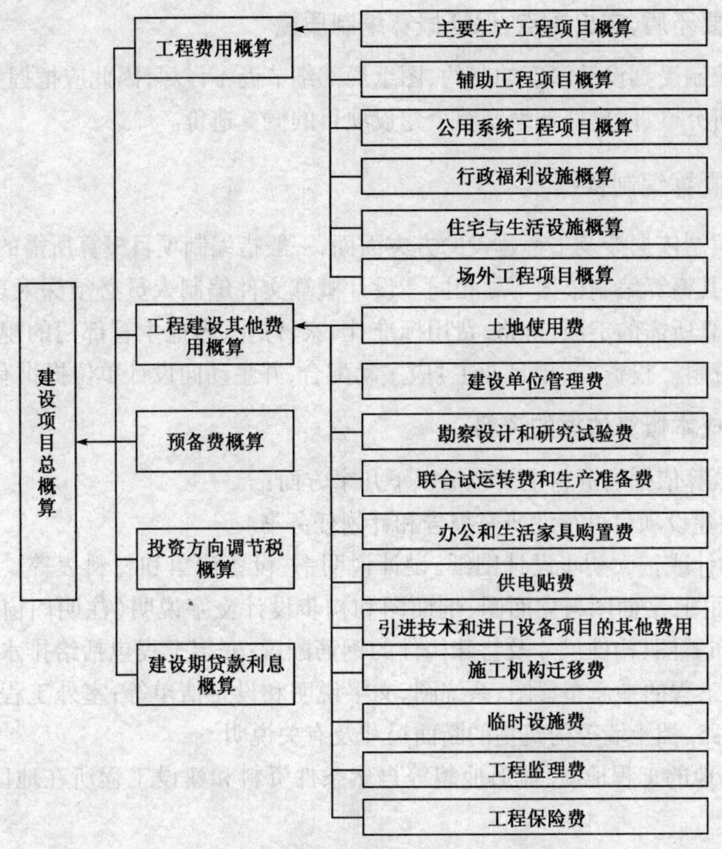

图4-4 建设项目总概算

一、成本概算编制原则

(一)正确处理国家、地方、企事业建设项目的关系,坚持国家经济与社会可持续发展第一的原则

初步设计方案与编制的设计总概算,应符合国民经济和社会发展中长期规划、行业及地区规划、产业政策及生产力布局等方面的要求,确保生态环境与建设安全的需要与要求,在工程、技术、经济效益和外部条件等方面,应认真进行全面分析比较、论证,作多方案比较并选择最佳方案,有利于促进国家经济与社会的可持续发展。

(二)充分调查研究,掌握第一手资料

概算编制人员应认真踏勘现场,进行调查研究,搜集、选用基础资料。对于新工艺、新材料、新技术、新结构的发展状况、技术水准及其费用与非标准设备的价格等,应认真查实核准。在有关信息与资料的筛选中,凡当地有明确规定的按当地规定执行。

(三)贯彻理论与实践、设计与施工、技术与经济相结合的原则

密切结合工程的结构性质和建设地区的施工条件,设计应尽量采用新工艺、新材料、新技术、新结构,合理确定各项费用。

(四)抓主要矛盾,突出重点,保证概算编制质量

由于概算编制受到设计深度的制约,图纸局部细节尚不详尽,因此应把握关键项目和主要部分的分析与研究,以便更好地编制整个建设项目的概算造价。

二、成本概算编制依据

成本概算编制依据涉及工程建设的方方面面,一般指编制项目概算所需的一切基础资料。对于不同项目,其概算编制依据不尽相同。设计概算文件编制人员必须深入现场进行调查研究,收集编制概算所需的定额、价格、费用标准,国家、行业、当地主管部门的规定、办法以及市场相关信息等资料。投资方(项目业主)应主动配合,并主动向设计单位提供有关资料。

(一)编制成本概算依据的资料

编制成本概算依据的资料主要包括以下几个方面:

(1)批准的建设项目可行性研究报告和计划任务书。

(2)初步设计或扩大初步设计图纸、设计说明书、设备清单和材料表等。其中,土建工程包括建筑总平面图、平面图与立面图、剖面图和初步设计文字说明(注明门窗尺寸、装修标准等),结构平面布置图、构件尺寸及特殊构件的钢筋配置;安装工程包括给排水、采暖、通风、电气、动力等专业工程的平面布置图、系统图、文字说明和设备清单等;室外工程包括平面图,土石方工程量,道路、挡土墙等构筑物的断面尺寸及有关说明。

(3)建设场地的工程地质、地形地貌等自然条件资料和建设工程所在地区的有关技术经济条件资料。

(4)国家或省、市、自治区现行的各种价格信息和计费标准,包括:

①国家或省、市、自治区现行的建筑设计概算定额(综合预算定额或概算指标),现行的安装设计概算定额(或概算指标),类似工程概预算及技术经济指标。

②建设工程所在地区的人工工资标准、材料预算价格、施工机械台班预算价格、标准设备和非标准设备价格资料、现行的设备原价及运杂费率。

③国家或省、市、自治区现行的建筑安装工程间接费定额和有关费用标准,工程所在地区的土地征购、房屋拆迁、青苗补偿等费用和价格资料。

(5)国家、行业和地方政府有关法律、法规或规定。

(6)资金筹措方式。

(7)施工组织总设计。

(8)项目的管理(含监理)、施工条件。

(9)项目所在地区有关的气候、水文、地质地貌等自然条件。

(10)项目所在地区有关的经济、人文等社会条件。

(11)项目的技术复杂程度,以及新工艺、新材料、新技术、新结构、专利使用情况等。

(12)有关文件、合同、协议等。

(二)成本概算编制依据应满足的要求

成本概算编制依据应满足以下要求:

1. 定额和标准的时效性

要使用概算文件编制期正在执行和使用的定额与标准,对于已经作废或还没有正式颁布执行的定额和标准禁止使用。

2. 针对性

要针对项目特点,使用相关的编制依据,并在编制说明中加以说明。

3. 合理性

概算文件中所使用的编制依据对项目的造价(投资)水平的确定应当是合理的,也就是说,按照该编制依据编制的项目造价(投资)能够反映项目实施的真实造价(投资)水平。

4. 对影响造价或投资水平的主要因素或关键工程的必要说明

概算文件编制依据中,应对影响造价或投资水平的主要因素作较为详尽的分析与说明。

三、成本概算编制方法与程序

单位工程概算是建设项目设计总概算文件的基本组成部分,是编制单项工程综合概算的直接依据。单项工程概算由单位工程概算汇总编制而成。而建设项目总概算则由单项工程概算、工程建设其他费用概算和预备费、建设期贷款利息、投资方向调节税概算汇总而成。

单位工程概算按其工程性质不同,一般分单位建筑及安装工程概算、单位设备及安装工程概算两大类。单位建筑及安装工程概算,包括单位工程土建工程概算、给排水工程概算、采暖工程概算、空调及通风工程概算、电气照明工程概算、弱电工程概算等。单位设备及安装工程概算,包括机械设备及安装工程概算,电气设备及安装工程概算,热力设备及安装工程概算,工具、器具及生产家具购置费概算等。

(一)单位建筑及安装工程成本概算

单位建筑及安装工程成本概算较为常用的编制方法有:概算定额计价法、概算指标计价法及类似工程预算计价法。

1. 概算定额计价法

(1)概算定额计价法概述

概算定额计价法又称扩大单价法或扩大结构定额法,是编制单位建筑及安装工程概算时最常用的编制方法。顾名思义,此方法是类似于编制施工图预算定额计价法的编制方法,不同之处在于采用概算定额来编制建筑及安装工程概算。它是根据初步设计图纸资料和概算定额的项目划分,首先划分工程分项,遵照规定的工程量计算规则计算出相关分项的工程量,然后套用相适应的概算定额单价(或称基价)计算各分项直接费,计算汇总各分项直接费后,再计取有关规定的间接费用,即可得出单位工程概算造价。其费用构成符合建筑安装工程定额计价费用构成的规定。

运用概算定额法时,要求初步设计必须达到一定深度要求,建筑结构尺度比较明确,能按照初步设计的平面、立面、剖面图纸计算出楼地面、墙身、门窗和屋面等扩大分项工程(或扩大结构构件)项目的工程量。

(2)概算定额计价法编制步骤

概算编制步骤与施工图预算编制步骤基本相同。一般可按下列步骤进行:

①收集各项基础资料、文件。收集的各项基础资料、文件包括设计任务书、设计图纸、工艺技术资料、国家颁布的有关法规、概算定额、概算指标、取费标准、工资标准、材料、施工机械台班使用费、设备预算价格等。这些基础资料,因地区不同而异,故应收集适用于项目建设地区的资料。熟悉设计文件,掌握施工现场情况,充分了解设计意图,掌握工程全貌,明确工程的结构形式和特点。掌握施工组织与技术应用情况,深入施工现场了解建设地点的地形、地貌及作业环境,并加以核实、分析和修正。

②分列工程项目。概算所列的工程项目,主要是依据概算定额手册所划分的项目及编排的顺序,结合初步设计图纸的内容进行划分和列项。应注意综合性与扩大性的分项特征,使分项名称、计量单位与概算定额项目取得一致。

③计算工程量。概算中,工程量的计算顺序与计算方法,与预算大体相同,因概算项目划分简略,工作内容综合扩大,编制概算时必须与概算定额规定的工作内容、计量单位口径一致,严格按照规定的计算规则进行。概算工程量的计算规则,与施工图预算的工程量计算规则在本质上是相同的。

由于概算定额的工程量计算单位往往选用 $100m^2$ 或 $100m^3$ 等扩大的计量单位,因此在计算和填表时要注意工程量的数值换算。

④确定套用的概算定额分项。正确地确定和选用概算定额分项,是保证和提高概算准确度的关键因素。具体操作时,应根据概算定额编号、计量单位、概算定额中规定的作业内容,以及换算调整的计算规则等进行认真分析,以确定适应各分项的定额分项。

概算定额单价的计算公式为:

$$\begin{aligned}\text{概算定额单价} &= \text{概算定额人工费} + \text{概算定额材料费} + \text{概算定额机械台班使用费}\\ &= \sum(\text{概算定额中人工消耗量} \times \text{人工单价}) + \sum(\text{概算定额中材料消耗量} \times \\ &\quad \text{材料预算单价}) + \sum(\text{概算定额中机械台班消耗量} \times \text{机械台班单价})\end{aligned} \tag{4-1}$$

⑤计算单位工程直接费。将算出的各分部分项工程项目的工程量分别乘以概算定额单价(基价),汇总各分项工程的直接工程费;最后再汇总措施费,即可得到该单位工程的直接费。其计算式如下:

$$\text{分项工程的直接工程费} = \sum(\text{各分部分项工程项目的工程量} \times \text{概算定额单价}) \tag{4-2}$$

$$\text{单位工程的直接费} = \sum\text{各分项工程的直接工程费} + \sum\text{措施费} \tag{4-3}$$

⑥计取各项费用,确定单位建筑及安装工程设计概算造价。根据单位工程的直接费,结合其他各项取费标准,分别计算间接费、利润和税金。取费计算可参照施工图预算中相应费用的计算公式进行。单位建筑及安装工程概算造价的计算公式如下:

$$\text{单位建筑及安装工程概算造价} = \text{直接费} + \text{间接费} + \text{利润} + \text{税金} \tag{4-4}$$

⑦编制单位建筑及安装工程概算文件。为了加强行业的自律管理,提高工程造价咨询成果的质量,规范建设项目设计概算的编制办法和深度要求以及编制成果,中国建设工程造价管理协会组织有关单位编制了《建设项目设计概算编审规程》(CECA/GC 2—2007)(以下简称《概算编审规程》)。《概算编审规程》对一般性建设项目设计概算文件中普遍涉及的相关术语和费用计算规则作了较为准确的界定,明确规定了设计概算文件的编制依据、编制办法、编审

程序及质量控制措施等内容，对设计概算文件的构成及应用表格的标准格式进行了规范。《概算编审规程》于2007年颁布并在全国范围内强制执行。

⑧进行概算技术经济指标分析。在确定工程概算造价之后，编者可以根据工程建设项目的特征和需要，编制各类相关的技术经济指标，例如元/100m^2、工日/100m^2、吨/100m^2等。

2. 概算指标计价法

1）概算指标计价法概述

概算指标计价法是用拟建厂房、住宅的建筑面积（或体积）乘以技术条件相同或基本相同的概算指标得出直接费，然后按规定计算出其他直接费、间接费、利润和税金等，编制出单位工程概算的方法。

概算指标计价法适用于可行性研究阶段（或立项时）编制投资估算，或当初步设计深度不够，不能准确地计算出工程量，但工程设计采用的技术比较成熟且又有类似工程概算指标可以参照应用时，可采用此法。概算指标是一种比概算定额具有更强综合性的指标，因此，用概算指标计价法编制概算的核心在于对概算指标的判定，选定时应使设计对象与所选用的指标在各方面尽量一致或接近。显然，采用概算指标计价时，有可能出现两种不同情况：一种情况是直接套用所选定的概算定额有较高的可靠度，即所确定的概算指标与拟建工程的结构特征能较全面地吻合；另一种情况是概算指标与拟建工程在建筑特征、结构特征、市场价格、自然条件和施工条件上不完全一致，此时必须对所拟用的概算指标进行调整、修正后才能套用。

2）编制方法

（1）直接套用概算指标的编制方法

该方法简称“直套法”。当拟建工程结构特征与概算指标所反映的特征一致时，可采取直接套用的编制方法。但是，根据概算指标特性不同，可选用两种套算方法：

①以指标中所规定的工程每1m^2（或1m^3）的直接工程费，乘以拟建单位工程建筑面积或体积，得出单位工程的直接工程费，再计算其他费用，即可求出单位工程的概算造价。直接工程费计算公式为：

$$\text{直接工程费} = \text{概算指标每}1m^2\text{（或}1m^3\text{）直接工程费单价} \times \text{拟建工程建筑面积（或体积）} \tag{4-5}$$

根据直接工程费，结合其他各项取费方法，分别计算措施费、间接费、利润和税金，得到概算单价，乘以拟建单位工程的建筑面积或体积，即可得到单位工程概算造价。

②以概算指标中规定的每100m^2建筑物面积（或1 000m^3建筑物体积）所耗人工工日数、主要材料数量为依据，首先计算拟建工程人工、主要材料消耗量，再套用相应的人工、材料消耗指标来计算直接工程费，最后计取各项规定的费用。其计算公式为：

$$100m^2\text{建筑物面积的人工费} = \text{指标规定的工日数} \times \text{本地区人工工日单价} \tag{4-6}$$

$$100m^2\text{建筑物面积的主要材料费} = \sum\text{（指标规定的主要材料数量} \times \text{地区材料预算单价）} \tag{4-7}$$

$$100m^2\text{建筑物面积的其他材料费} = \text{主要材料费} \times \text{其他材料费占主要材料费的百分比} \tag{4-8}$$

$$100m^2\text{建筑物面积的机械使用费} = \text{（人工费} + \text{主要材料费} + \text{其他材料费）} \times \text{机械使用费所占百分比} \tag{4-9}$$

$$\text{每 } 1m^2 \text{ 建筑面积的直接工程费} = \frac{\text{人工费} + \text{主要材料费} + \text{其他材料费} + \text{机械使用费}}{100} \quad (4\text{-}10)$$

同样,根据直接工程费,结合其他各项取费方法,分别计算措施费、间接费、利润和税金,得到概算单价,乘以拟建单位工程的建筑面积或体积,即可得到单位工程概算造价。

(2)概算指标存在局部差异调整时的编制方法

该方法简称"调整法"。由于拟建工程(设计对象)往往与类似工程概算指标的技术条件不尽相同,且概算指标编制年份的设备、材料、人工等价格与拟建工程当时当地的价格也会不一样,因此,必须对其进行调整。其调整方法是:

①调整概算指标中每 $1m^2$(或 $1m^3$)造价

这种调整方法是将原概算指标中的工程单位造价进行调整,扣除每 $1m^2$(或 $1m^3$)原概算指标中与拟建工程结构不同特征的造价含量部分,增加每 $1m^2$(或 $1m^3$)拟建工程与概算指标因结构不同而进行调整的造价含量部分,从而求得与拟建工程结构相适应的工程单位造价。

计算公式为:

$$\text{结构变化修正概算指标} = J + Q_1P_1 - Q_2P_2 \ (\text{元}/m^2 \text{ 或元}/m^3) \quad (4\text{-}11)$$

式中:J——原概算指标;

Q_1——换入新结构的含量;

Q_2——换出原结构的含量;

P_1——换入新结构的单价;

P_2——换出原结构的单价。

$$\text{直接工程费} = \text{修正后的概算指标} \times \text{拟建工程建筑面积(或体积)} \quad (4\text{-}12)$$

②调整概算指标中的工、料、机数量

计算公式为:

$$\begin{aligned}\text{结构变化修正概算指标的工、料、机数量} = &\text{原概算指标的工、料、机数量} + \\ &\sum(\text{换入结构件工程量} \times \text{相应定额工、料、机消耗量}) - \\ &\sum(\text{换出结构件工程量} \times \text{相应定额工、料、机消耗量})\end{aligned} \quad (4\text{-}13)$$

以上两种方法,前者是直接修正结构件指标单价,后者是修正结构件指标人工、材料、机械数量。

3. 类似工程预算计价法

类似工程预算计价法是利用技术条件成熟并与编制对象类似的已完工程或在建工程的工程造价资料来编制工程设计概算的方法。当拟建工程初步设计与已完工程或在建工程的设计相类似,且没有合适的概算指标选用时,可采用对类似工程建筑结构差异与工程造价进行调整的编制方法。建筑结构差异的调整方法与概算指标计价法的调整方法相同。类似工程造价的价差调整常用的方法是:

①类似工程造价资料有具体的人工、材料、机械台班的用量时,可按类似工程预算造价资料中的主要材料用量、工日数量、机械台班用量乘以拟建工程所在地适时的主要材料预算价格、人工单价、机械台班单价计算出直接费,再乘以当地的综合费率,即可得出所需的造价指标。

②类似工程造价资料只有人工、材料、机械台班费用和其他直接费、间接费时，可按下列公式调整：

$$D = A \cdot K \tag{4-14}$$

$$K = \alpha \cdot K_1 + b \cdot K_2 + c \cdot K_3 + d \cdot K_4 + e \cdot K_5 \tag{4-15}$$

式中：D——拟建工程单方概算造价；

A——类似工程单方预算造价；

K——综合调整系数；

a、b、c、d、e——分别为类似工程预算的人工费、材料费、机械台班费、其他直接费、间接费占预算造价的比重，%；

K_1、K_2、K_3、K_4、K_5——拟建工程地区与类似工程预算造价在人工费、材料费、机械台班费、其他直接费、现场经费和间接费之间的差异系数。

(二)单位设备及安装工程成本概算编制

单位设备及安装工程成本概算是指一个独立建筑物中的安装工程按不同专业分别进行计价的概算造价，它是单项工程综合概算和建设工程总概算的重要组成部分。设备及安装工程概算费用，由设备购置费和安装工程费组成。

1.编制依据

(1)国家或各部委行业，各省、市、自治区现行的安装工程间接费定额和其他有关费用标准等文件，当地有关行政性规范文件。

(2)全国统一安装工程预算定额，各部委行业，各省、市、自治区现行的安装工程概算定额。

(3)初步设计图纸、非标准设备图纸及相关设计说明书、工程项目一览表、设备清单、材料表等资料。

(4)现行设备原价与运杂费率，标准设备与非标准设备询价、报价及合同价格资料。

(5)劳务市场工资水平、材料市场价格、施工机械台班价格，运输、包装、采购与保管费等。

(6)类似工程概预(决)算资料、图纸及技术经济指标。

(7)有关合同协议。

2.设备及工器具购置费概算

设备及工器具购置费是由设备购置费、工器具购置费、现场自制非标准设备费、生产用家具购置费和相应的运杂费、采购保管费组成。它是固定资产投资中的积极因素。在生产性工程建设中，设备及工器具购置费与资本的有机构成相联系。设备及工器具购置费占工程造价比重的加大，意味着生产技术进步和资本有机构成的提高。概算编制中，设备及工器具购置费由设备购置费、工器具购置费两部分组成。即：

设备及工器具购置费 = 设备购置费 + 工器具购置费 (4-16)

1)设备购置费

设备购置费由设备原价和设备运杂费、采购保管费构成。即：

设备购置费 = 设备原价 + 设备运杂费 + 采购保管费

= 设备原价 ×(1 + 设备运杂费费率 + 采购保管费费率) (4-17)

式中,设备原价是指国产设备或进口设备的原价;设备运杂费是指设备自出厂地点起,运至施工现场仓库或堆放地点为止,所发生的包装费、运输费、装卸费、供销部门手续费等全部费用;材料采购保管费主要包括企业组织采购和保管材料过程中所需发生的各项费用,如采购管理人员的工资、劳动保护、差旅、交通费及材料仓库的保管费等。

$$设备运杂费 = 设备原价 \times 设备运杂费费率 \tag{4-18}$$

国内设备运杂费费率按各主管部门规定计算。国外引进设备按折算成人民币后的设备原价乘以运杂费费率计算,其费用范围是指从国内港口运到现场仓库的过程中所发生的一切费用。由于引进设备原价较高,因而国内运杂费费率应比国外设备运杂费费率适当降低。

采购保管费是针对甲方确定或提供的材料计取的,没有固定的费率。一般工程实例中,以采购和保管的材料总价为基数,采购保管费费率取2% ~5%,具体的费率没有强制性规定(除非合同中已经明确)。

工器具购置费,是指新建或扩建项目初步设计中所规定的,为保证项目初期运转所必须购置的没有达到固定资产标准的设备、仪器、工卡模具、器具、生产家具和备品备件等的购置费用,是第一次购置费用,以后购置的工器具费用应计入企业正常运营后的流动资产。

$$工器具购置费 = 工器具原价 \times 费率 \tag{4-19}$$

2)设备及工器具购置费概算编制方法

设备及工器具购置费概算,是指针对工程项目建设成本中设备及工器具购置费进行估价的概算文件。它有着很强的工艺性和专业性,在工业建设项目建设费用中占有较大的投资比重。它与单位设备安装工程费一起构成单位设备及安装工程概算,是单项工程概算及建设项目总概算的重要组成部分。

设备及工器具购置费概算的编制方法如下:

(1)收集初步设计中的设备清单、工艺流程布置图、非标准设备图纸、设备价格和运杂费用标准等有关编制设备购置概算的基础资料。

(2)熟悉基础资料,对照初步设计图纸及说明书,按照设备种类、型号以"台"、"套"或"组"为单位核对设备清单中的设备数量和类型。

(3)确定设备原价

设备分为国产标准设备、国产非标准设备和进口设备三大类,设备原价一般可按下列规定计算:

①国产标准设备

成套供应的机电设备,以订货合同价为设备原价;其他工业产品设备,一般以工业产品出厂价格为设备原价。可根据设备型号、规格、性能、材质、数量及附带的配件,向制造厂家询价,或向设备、材料信息部门查询,或按主管部门规定的现行价格逐项计算。

②国产非标准设备和工器具

按各主管部门批准的制造厂报价或按主要标准设备原价的百分比计算。百分比参考相关主管部门或行业的有关资料进行估算。

国产非标准设备原价在编制设计概算时可按以下两种方法来确定:

a. 台(件)估价指标法。根据非标准设备的类别、质量、性能、材质等情况,以每台设备规定的估价指标计算:

非标准设备原价 = 设备台数 × 每台设备估价指标(元/台)　　(4-20)

b. 吨重估价指标法。根据非标准设备的类别、质量、性能、材质等情况,以每台设备规定的吨重估价指标计算:

非标准设备原价 = 设备吨重 × 每吨重设备估价指标(元/吨)　　(4-21)

③进口设备

以进口设备货价、国外运费、运输保险费、银行财务费、外贸手续费、关税和增值税之和为设备原价。为简化计算,引进设备原价通常以上述各项费用换算成人民币综合价来确定。进口设备原价就是指进口设备的抵岸价,即抵达并通过买方边境港口或过境车站,且交完各种税费后形成的价格。

进口设备抵岸价(进口设备原价) = 货价 + 国际运费 + 运输保险费 + 银行财务费 + 外贸手续费 + 关税 + 增值税 + 消费税 + 海关监管手续费 + 车辆购置附加费　　(4-22)

确定设备原价时,为避免设备与材料计算混淆,必须明确两者的划分范围。

凡是由设备制造厂成套供应的设备,包括各单机配套的各种管道、阀门、金属结构及其他各种零部件一律视为设备;各种配电屏、控制箱、动力配电箱等各种电气设备及主体配套的零附件应视为设备;由于设备本身缺件或个别零配件质量不合格,安装时增添或更换的零配件应列入设备;随同设备带来的地脚螺栓等也应视为设备。

设备的零部件,包括各种管道、阀门等,不是随同设备带来的一律视为材料;设备内部填充物、内衬、保温、防腐、绝缘、油漆等应视为材料;各种电缆、电线等也应视为材料。

3)单位设备安装工程概算编制方法

设备安装工程概算,是指针对单位工程项目建设相关的设备、工器具、交通运输设备、生产家具等的组装、安装以及配套工程安装而发生的全部费用(即安装工程费)进行估价的概算文件。

设备安装工程费用概算较为常用的编制方法有:预算单价法、扩大单价法、设备价格百分比法和综合吨位指标法等。编制方法的选用主要是根据初步设计的深度以及委托方要求的精确程度来确定。

(1)预算单价法

当初步设计文件较深且有详细的设备清单,可直接根据全国统一安装工程预算定额或各省、市、自治区安装工程预算定额单价来编制设备安装工程概算,其编制的步骤、方法与设备安装工程施工图预算相同。该方法计算比较具体,精确度较高。

(2)扩大单价法

当初步设计处于方案阶段,深度不够,尚无完备的设备清单,只有主体设备或成套设备规格时,可采用主体设备、成套设备的综合扩大安装单价编制概算。

(3)设备价值百分比法

该方法主要用于定型产品和通用设备。设备价值百分比法又叫安装设备百分比法。当初步设计深度不够,只有设备出厂价而无详细规格时,安装费可按占设备费的百分比计算。其百分比值(即安装费费率)由主管部门、行业协会、生产商制订,或由设计单位根据已完类似工程确定。该法常用于价格波动不大的定型产品和通用设备。

$$设备安装费用 = 设备原价 \times 设备安装费费率 \quad (4\text{-}23)$$

(4)综合吨位指标法

该方法主要用于非标准设备或引进设备。当初步设计的设备清单尚不完备,但有成套设备的规格时,可按综合吨位指标编制概算。该法常用于价格波动较大的非标准设备或引进设备。

$$设备安装费用 = 设备吨重 \times 设备安装费费率 \quad (4\text{-}24)$$

第三节　工程项目成本预算的编制

2001 年 12 月 1 日起施行的中华人民共和国建设部第 107 号令《建筑工程施工发包与承包计价管理办法》规定:施工图预算,招标标底和投标报价由成本(直接费、间接费)、利润和税金构成。本书中的成本预算即指施工图预算,其编制可以采用以下计价方法:①工料单价法,即定额单价法。分部分项工程量的单价为直接费。直接费由人工、材料、机械的消耗量及其相应价格确定。间接费、利润、税金按照有关规定另行计算;②综合单价法。分部分项工程量的单价为"全费用"单价。全费用单价综合计算完成分部分项工程所发生的直接费、间接费、利润、税金。文件同时规定,传统的施工图预算(即定额单价法)和工程量清单计价(即综合单价法)在规定范围内可同时使用。

一、施工图预算的作用

施工图预算在建设工程中具有十分重要的作用,主要体现在下列方面:

(1)施工图预算是设计阶段控制工程造价的重要环节,是控制施工图设计不突破设计概算的重要措施,也是编制或调整固定资产投资计划的依据。

(2)施工图预算是建设单位编制与确定标底、拨付工程价款,承包商投标报价决策,发承包双方建立工程承包合同价格,进行工程索赔、结算与决算的重要依据。

(3)施工图预算是实行建筑工程预算包干的依据。通过发承包双方协商,可在施工图预算的基础上增加一定系数,由施工承包商将工程费用一次包死。

(4)施工图预算是进行工程建设造价管理,强化施工企业经营管理,搞好企业经济核算的基础。

(5)施工图预算所确定的人工、材料和施工机械台班等消耗量指标,可以作为施工企业编制施工组织计划和劳动力需用量、材料需用量、施工机械使用与调度计划,以及统计完成工程数量及考核施工成本的依据。

二、施工图预算的编制依据

(1)经有关主管部门批准,同时经过会审的全部施工图设计文件。包括全部设计图纸、设计说明书、标准图、图纸会审纪要、设计变更通知单及经建设主管部门批准的设计概算文件。

(2)经施工企业主管部门批准并报业主及监理认可的施工组织设计文件,包括施工方案、施工进度计划、施工现场平面布置及工艺方法、技术措施等。施工组织设计文件是编制施工图预算的重要依据之一。

(3)预算定额(或单位估价表)、地区材料市场价格信息,以及地区颁布的材料预算价格、工程造价信息、材料调价通知、取费调整通知等。它们是确定材料预算价格及材料差价的依据。

(4)招标文件、工程合同或协议书。它明确了施工单位承包的工程范围,应承担的责任、权利和义务。

(5)施工现场勘察的地质、水文、地貌、交通、环境及标高测量资料等。

(6)预算工作手册、常用的各种数据、计算公式、材料换算表、各类常用标准图集及各种必备的工具书。

三、施工图预算编制原则

施工图预算是施工企业与建设单位结算工程价款等经济活动的主要依据,是一项工作量大,政策性、技术性和时效性强的工作。编制时必须遵循以下原则:

(1)法规性原则。认真贯彻执行国家现行的各项政策法规及相关规范、标准和规程等。

(2)市场性原则。充分掌握工程建设市场人工、材料、机械等生产资料的市场行情。

(3)创新性原则。有效运用新技术、新材料、新工艺,坚持不断创新。

(4)面向工程实际的原则。深入调查研究和充分掌握施工现场施工条件,使预算编制符合设计意图和工程实际。

(5)互利双赢原则。认真负责、实事求是地制订工程造价,准确划分项目和计算工程量,有效合理地套用定额,既不高估多算、重算,又不漏算、少算。

四、一般土建工程施工图预算的编制方法

施工图预算的编制方法,根据计算路径与取用定额的分项单价不同,有两种不同的计算方式,即俗称的单价法与实物法。前者是采用定额分项产品“基价”的计算方式,后者是采用人工、材料、机械台班“单价”的计算方式。这两种方法计算工程造价的结果并无本质上的差别。

(一)单价法

用单价法编制建筑或安装工程施工图预算,是根据地区统一单位估价表中的各分项工程定额单价(或预算定额基价),乘以相应的各分项工程量并汇总,即得单位工程定额直接费。再以定额直接费(或定额人工费)为基数,乘以其他直接费、间接费、计划利润和税金等费率,分别求出该工程的其他直接费、间接费、利润和税金,最后将以上各项费用汇总,即可得到单位工程的施工图预算。

用单价法编制施工图预算的具体步骤如下:

1. 做好编制前的准备工作

编制前的准备工作是预算编制的重要阶段,要做好组织准备和技术条件准备,全面收集施工图预算的编制依据中所提示的相关信息资料,认真踏勘施工现场,了解和掌握施工实地情况,这是编制好工程造价、提高准确度与可靠度的基本保证。

(1)收集、熟悉编制预算的基础文件和资料。收集、熟悉编制施工图预算的相关文件资料,是重要的技术准备工作。需要收集的资料主要包括:招标文件、设计施工图纸与设计说明

书、地质与水文资料、地下文物与构筑物等勘察资料、施工现场地理环境与交通资料、施工组织设计、设计概算、现行建筑工程预算定额、建设工程间接费费用定额、材料预算价格表、工程承包合同、预算工作手册等文件和资料。

(2)熟悉和掌握预算定额及有关规定。建筑工程预算定额是确定工程造价的主要依据,要正确地运用预算定额及其有关规定,熟悉预算定额的计量单位、项目划分和全部内容,定额子目的工程内容、施工方法、材料规格、质量要求,项目之间的相互关系,以及调整换算定额的规定条件和方法,以便正确、有效地应用定额。

(3)熟悉设计图纸和设计说明书。一是要认真熟读图纸与说明,发现图纸和说明中的问题;二是要开好设计图纸预审会议;三是要认真参加图纸会审,主动提出图纸与说明书中存在的问题与合理化建议,全面理解设计意图与业主要求。

设计图纸和设计说明书是编制工程预算的重要基础资料,图纸和说明书反映了工程承发包对象的工程构造、做法,材料品种及其规格、质量、尺寸等细部内容,能为编制工程预算,结合预算定额分项确定与划分预算分项工程项目,计算各分项工程量,以及正确地选择与套用定额分项等提供重要依据。熟悉图纸和说明书的重点是,检查图纸是否齐全配套,细部结构、构造与装饰处理是否概念明确与图示清晰;设计要采用的标准图集是否齐备,图示尺寸是否有误,建筑图、结构图、细部大样和各类型图纸之间关系处置是否相互对应准确;如有设计变更通知单,属于全局变更的应装订在图册前面,属于局部变更的则列在有关变更图纸的前面,以免使用中被忽略;如果设计图纸和设计说明书的某些规定和要求与预算定额内容不能完全相符,或与材料品种、规格、质量要求不符而发生定额缺项,则应把需要换算的或需要补充的定额分项的工程分项记录下来,以便编制预算中进行定额换算、调整或补充。对编制的分项补充定额,还必须事先申报主管部门审批同意后方能生效。发现图纸设计缺陷而需要进行设计变更时,应尽早向业主(或监理)提出设计变更建议,缩短设计变更周期,否则将影响预算编制的准确性,影响施工进程,甚至会增加施工成本。

(4)充分了解和掌握施工组织设计的有关内容。编制工程预算要与生产技术部门密切协作,及时到施工现场了解情况,如地貌、土质、水位、施工条件、运输道路、堆场空地、施工方法、施工进度安排、技术组织措施、施工机械、设备材料能源供应条件,以及施工现场的总平面布置、自然地坪标高、挖土方式、放坡、吊装机械选用等情况和要求,使编制出的施工图预算符合施工实际。

2. 划分定额预算分项

进行施工图预算分部分项工程的分项划分,是编制工程概预算的关键环节,也是具体编制预算的起点。划分分项必须同预算定额单价的计量计价口径取得一致,即与预算定额单价所包含和规定的作业内容、计量计价单位必须取得一致;同时,预算计价表的分项排列顺序应与预算定额单位估价表的分部工程划分排序尽可能取得一致,如土(石)方工程、桩基础工程、脚手架及垂直运输工程、砌筑工程、混凝土及钢筋混凝土工程、屋面及防水工程、室内外装饰工程等排列顺序;并且尽可能按照建筑工程施工作业程序,如基础、结构、屋面、装饰工程的基本程序与顺序来编排,以防止工序作业和预算分项发生遗漏或重复。

3. 计算工程量

工程量是工程预算重要的基础数据,其计算的准确程度对预算准确性会直接产生影响,同时它还直接关系到预算编制工作的效率与及时性。在计算工程量之前，要对设计图纸、预算定额、预算编制项目划分的作业内涵及施工现场条件等做到心中有数。计算工程量一般应按下列步骤进行：

(1)根据工程内容和定额项目，审核列出的工程量计算表项目划分是否合理，内容是否齐全，有无差错遗漏之处；

(2)必须按照科学的计算顺序，如按线、面、体的内在关系，按分部、按层次顺序计算，遵循全国统一计算规则，按施工图纸设计尺寸及有关数据，列出详尽的工程量计算算式，便于复算、复核；

(3)对计算结果进行计量单位调整，使之与定额中相应的分部分项工程的计量单位保持一致。

4.套用定额项目，计算并汇总直接费

本阶段是计算分项直接费与进行分项直接费汇总的编制过程。即工程量计算完毕经反复核对后，套用预算定额，计算定额直接费。然后，按规定计算其他直接费，最后汇总单位工程直接费。具体步骤如下：

1)套用定额(包括定额换算与补充)，计算分项工程定额直接费

计算分项工程直接费，是先将已计算的工程量按顺序逐项填于工程预算表中，再套用定额计算其直接费。分项工程量乘以相应的预算定额(单位估价表中的定额基价)，即得分项工程定额直接费，如下式所示：

$$某分项工程定额直接费 = 某分项定额基价 \times 某分项工程量 \tag{4-25}$$

预算定额的套用、换算和补充是否正确，对定额直接费计算结果的准确性极为重要。套用预算定额时，必须以选定的分项名称如挖基础土方、砌筑砖基础等，根据施工图纸、设计要求和作业规定的工作内容，选定采用定额的相应项目对号入座。定额套用时还应注意，当设计图纸对该分项工程的要求与定额内容不完全相符时，是否调整应按规定执行。定额规定不允许调整的项目，仍套用该项定额；定额允许进行调整时，应记录在案，按照“调差”规定的范围进行。

进行定额换算时，必须根据定额总说明、分部工程说明或附注说明的有关规定，在定额规定范围内加以换算，不应强调某些主客观原因而自行违规换算。当分项工程设计要求与定额的内容完全不相符时，或由于设计采用新结构、新材料、新工艺或采用新施工方法导致定额缺项时，可以制订补充定额。但是，补充订额必须经地方有关管理部门同意后方能施行。

2)计算单位工程定额直接费(定额基价)

在套用定额和检查单价无误后，进行工程定额直接费汇总。通常情况下，汇总按分项顺序先分部后单位工程的顺序进行，汇总得单位工程造价的定额直接费。即：

$$某项预算分部定额直接费 = \sum 对应分部某分项工程定额直接费 \tag{2-26}$$

$$单位工程定额直接费 = \sum 某项预算分部定额直接费 \tag{4-27}$$

一个单位工程的定额直接费，即为该单位工程的人工费、材料费和机械使用费之和。有时，将定额直接费中的定额人工费、材料费和机械使用费单独列出，以便按分项或分部工程进行分析对比或审核成本与效益。

3)计算单位工程直接费

单位工程定额直接费计算出来后,以此作为取费基础,再根据建筑工程费用定额有关规定与费率,计算单位工程的构件增值税、其他直接费、施工图预算包干费、施工配合费、主要材料价差、辅助材料价差、人工费调差、机械费调差,按费用定额的取费程序表汇总,即得单位工程直接费。

5. 编制工料分析表

建筑工程施工图预算是以货币形式表现的工程价值,单位工程中各分部分项工程量及其预算价值的总和即工程造价,对完成各分部分项工程所需的人工、材料、机械等资源数量不能直观地反映其消耗水平。施工企业成本与资金管理、成本与经济核算以及出现资源耗用的量差与差价等,必须以工、料、机实际耗用量细目分析为依据,方能适应和满足科学管理即量化管理的需要。

因此,施工图预算除编制施工图预算总价外,还必须编制各分项与分部工程的工料机需用量分析表和单位工程工料机汇总表及其相关的文字说明。施工图预算工料机分析,是根据各分部分项工程项目的实物工程量分别乘以相应定额项目中所列的人工、材料、机械台班的用量;在计算出各分部分项工程所需的人工、材料、机械台班数量并逐项分类相加汇总后,即得出该单位工程所需的各类人工、材料及机械台班需用量总消耗量,即得到单位工程人工需用量、分类材料需用量、分类机械需用量三大类汇总表。

6. 计算其他费用、利税并汇总单位工程造价

确定单位工程直接费之后,根据本地区建筑工程费用定额的取费程序与规定费率,分别计算间接费、利润和税金。

$$\text{间接费} = \text{定额直接费(或人工费)} \times \text{间接费率} \tag{4-28}$$

$$\text{利润} = \text{直接费与间接费之和(或人工费)} \times \text{利润率} \tag{4-29}$$

$$\text{税金} = (\text{直接费} + \text{间接费} + \text{利润}) \times \text{综合税率} \tag{4-30}$$

按照建筑工程费用定额的取费程序表所列取费顺序,将以上费用进行汇总就是建筑工程单位工程造价,即建筑工程单位工程造价 = 直接费 + 间接费 + 利润 + 税金。

7. 复核

单位工程预算编制完后,应由相关人员对编制的主要内容及计算情况进行核对检查,如项目填列、分项有无重漏,工程量计算公式、计算结果、套用的单价、采用的各项取费费率、数字计算和数据精确度等有无错误,以便及时发现差错,及时修改,以利于提高预算的准确性。

8. 编制说明、填写封面

编制说明是编制方向审核方(包括使用者)交代编制的依据,应简要说明预算所包括的主要工程内容及范围,不包括哪些内容,依据的设计图图号,工程承包企业的等级和承包方式,有关调价依据及文号,套用单价需要的补充说明,对可能出现争议问题的申述,提出可能发生变动调整价(或调整量)项目的提示以及其他需要说明的问题等。

封面应写明工程编号、工程名称、工程量(建筑面积)、预算总造价和单方造价、编制单位名称、负责人和编制日期,以及审核单位的名称、负责人和审核日期等。最后,将封面、编写说明、费用计算表、工程预算书、工料分析表等按顺序装订成册。

(二)实物法

用实物法编制施工图预算,是先用计算出的各分项工程的实物工程量,分别套取预算定额分项单价,并按类相加。即求出单位工程所需的各种人工、材料、施工机械台班的消耗量,然后分别乘以当时当地各种人工、材料、施工机械台班的分项单价或实际单价,求得人工费、材料费和施工机械使用费,再汇总求和。其他直接费、间接费、利润和税金等费用的计算方法均与单价法相同。用实物法编制施工图预算的程序如下:

实物法编制施工图预算的首尾步骤与单价法类同,只是一些中间步骤显示了不同于单价法的计算路径。实物法不是取定额基价为计算基数计算直接费,而是取定额基价中的人工费、材料费、机械台班费为计算基数,分别乘以相应分项工程量,分别计算各分项人工费、材料费、机械台班费,再分别汇总人工费、材料费、机械台班费,最终求得直接费总额。

下面对实物法编制施工图预算的具体步骤、编制与计算特点给予说明,重点说明其特殊性。

1. 收集、熟悉施工图纸及施工组织设计等资料

针对实物法的特点,在此阶段需要更加全面地收集各种人工、材料、机械当时当地实际的市场价格和工程造价管理部门发布的参考信息价,包括不同品种、不同规格的材料预算价格,不同工种、不同等级的人工工资单价,不同种类、不同型号的机械台班单价等,要求获得的各种实际价格全面、系统、真实、可靠。本步骤的其他内容可以参考单价法相应的内容。

2. 划分分项与计算并整理工程量

其内容与单价法相同,不再重复。

3. 计算单位工程所需的工、料、机消耗量

根据预算人工定额所需的各类人工工日的数量,乘以各分项工程的工程量,算出各分项工程所需的各类人工工日的数量,然后统计汇总,获得单位工程所需的各类人工工日消耗量;同样,根据预算材料定额所列的各种材料数量,乘以各分项工程的工程量,并按类相加求出单位工程各类材料的消耗量;最后,根据预算机械台班定额所列的各种施工机械台班数量,乘以各分项工程量,并按类相加,从而求出单位工程各类施工机械台班的消耗量。其计算式表达如下:

$$单位工程定额人工直接费 = \sum(某分项定额人工费 \times 某分项工程量) \tag{4-31}$$

或

$$单位工程定额人工直接费 = \sum(某分项工种采用的人工单价 \times 某分项某工种人工需用量) \tag{4-32}$$

式中:

$$某分项某工种人工需用量 = \sum(某工种分项定额人工耗用量 \times 某分项工程量) \tag{4-33}$$

$$单位工程定额材料直接费 = \sum(某分项定额材料费 \times 某分项工程量) \tag{4-34}$$

或

$$单位工程定额材料直接费 = \sum(某分项某类材料采用的单价 \times 某分项某材料分项需用量) \tag{4-35}$$

式中：

$$某分项某类材料分项需用量 = \sum(某分项定额某类材料耗用量 \times 某分项工程量) \tag{4-36}$$

$$单位工程定额机械台班直接费 = \sum(某分项定额机械台班费 \times 某分项工程量) \tag{4-37}$$

或

$$单位工程定额机械台班直接费 = \sum(某分项定额某类机械台班采用的单价 \times 某分项某类机械台班分项需用量) \tag{4-38}$$

式中：

$$某分项某类机械台班分项需用量 = \sum(某分项定额某类机械台班耗用量 \times 某分项工程量) \tag{4-39}$$

4. 汇总直接费

对人工、材料的预算价格和施工机械台班单价，可由工程造价主管部门定期发布价格、造价信息，为基层提供服务。企业也可以根据自己的情况，自行确定人工单价、材料价格、施工机械台班单价。用当时当地的各类实际工料机单价乘以相应的工料机消耗量，即得单位工程人工费、材料费和机械使用费。根据前述计算公式汇总计算，即得单位工程预算直接费。

$$单位工程直接费 = \sum(某分项定额人工费 \times 某分项工程量) + \sum(某分项定额材料费 \times 某分项工程量) + \sum(某分项定额机械台班 \times 某分项工程量) \tag{4-40}$$

或

$$单位工程直接费 = \sum(某分项工种采用人工单价 \times 某分项某工程人工需用量) + \sum(某分项某类材料采用单价 \times 某分项某类材料分项需用量) + \sum(某分项定额某类机械台班采用单价 \times 某分项某类机械台班分项需用量) \tag{4-41}$$

5. 计算其他各项费用，汇总单位工程造价

本步骤的内容与单价法相同，不再重复。

6. 复核

要求认真检查人工、材料、机械台班的消耗数量计算是否准确，有没有漏算或多算，套取的定额是否正确。此外，还要检查采用的价格是否合理等。其他的内容，可参考单价法的相应步骤。

第四节　单位建筑工程设计概算编制实例

本工程实例为××××综合大楼工程，是集住宅、娱乐、办公为一体的综合区。该工程位于广州市天河东路，用地面积 10 274m^2。工程总平面图、一层平面图及 2-2 剖面图分别如图 4-5 ~ 图 4-7 所示。

y=4 415.214
用地红线
x=31 158.534
y=44 416.478
x=31 132.250
y=44 418.846
用地红线
x=31 097.714
y=4 448.874
办公入口
10.22m
11.300
10m
R=25m
商场入口
地下室边线
x=31 104.660
y=44 396.937
x=31 097.077
y=44 422.141
29
3
32
2
首层架空通道
23.04m>0.35H
5.5m
3
11.450
住宅入口
商场入口
2
26m
3
规划路边线
地下室边线
23.04m>0.35H
2
车库出入口
用地红线
1.300
8.5m
x=31 083.719
y=44 325.241
x=31 072.911
y=44 239.237

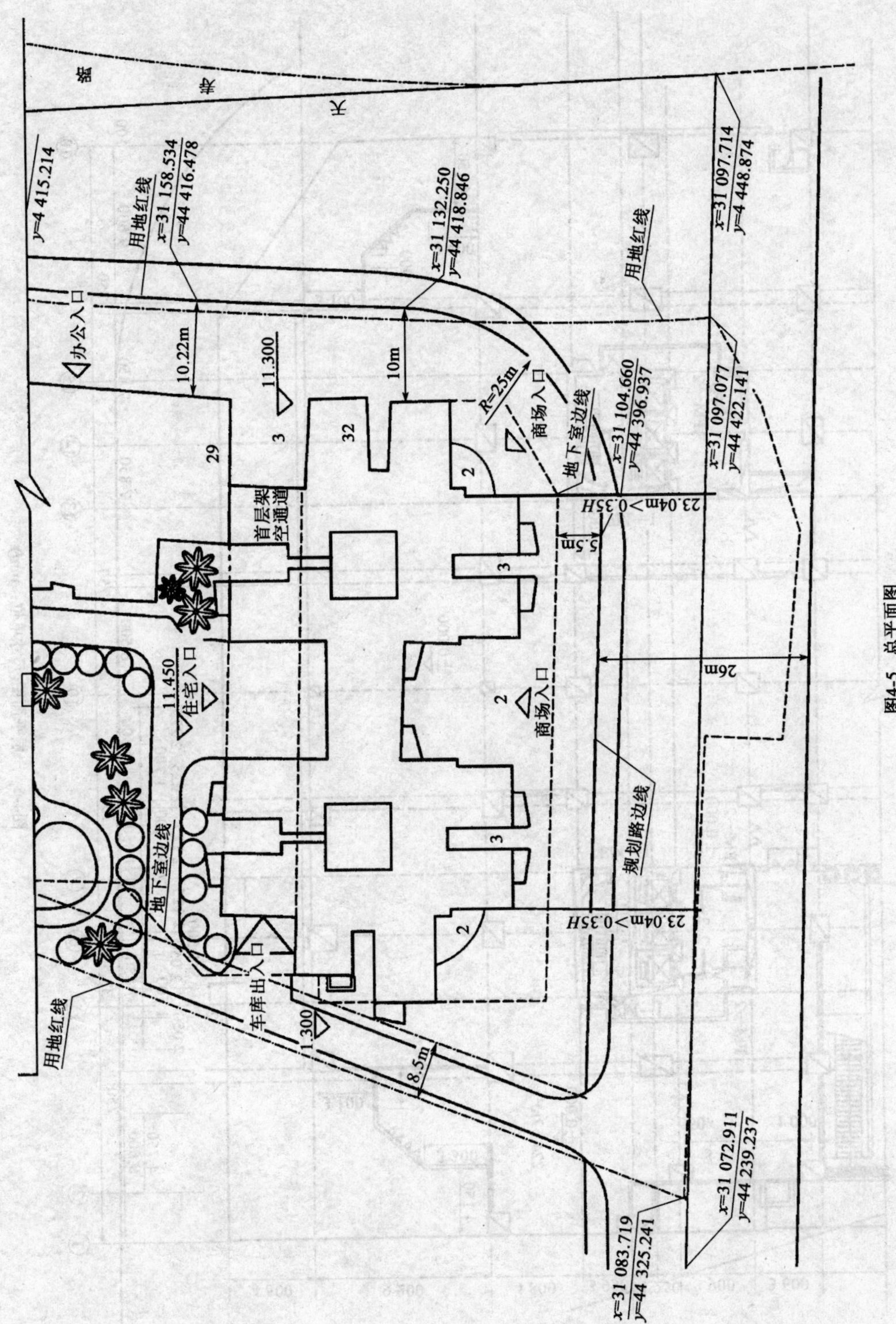

图4-5 总平面图

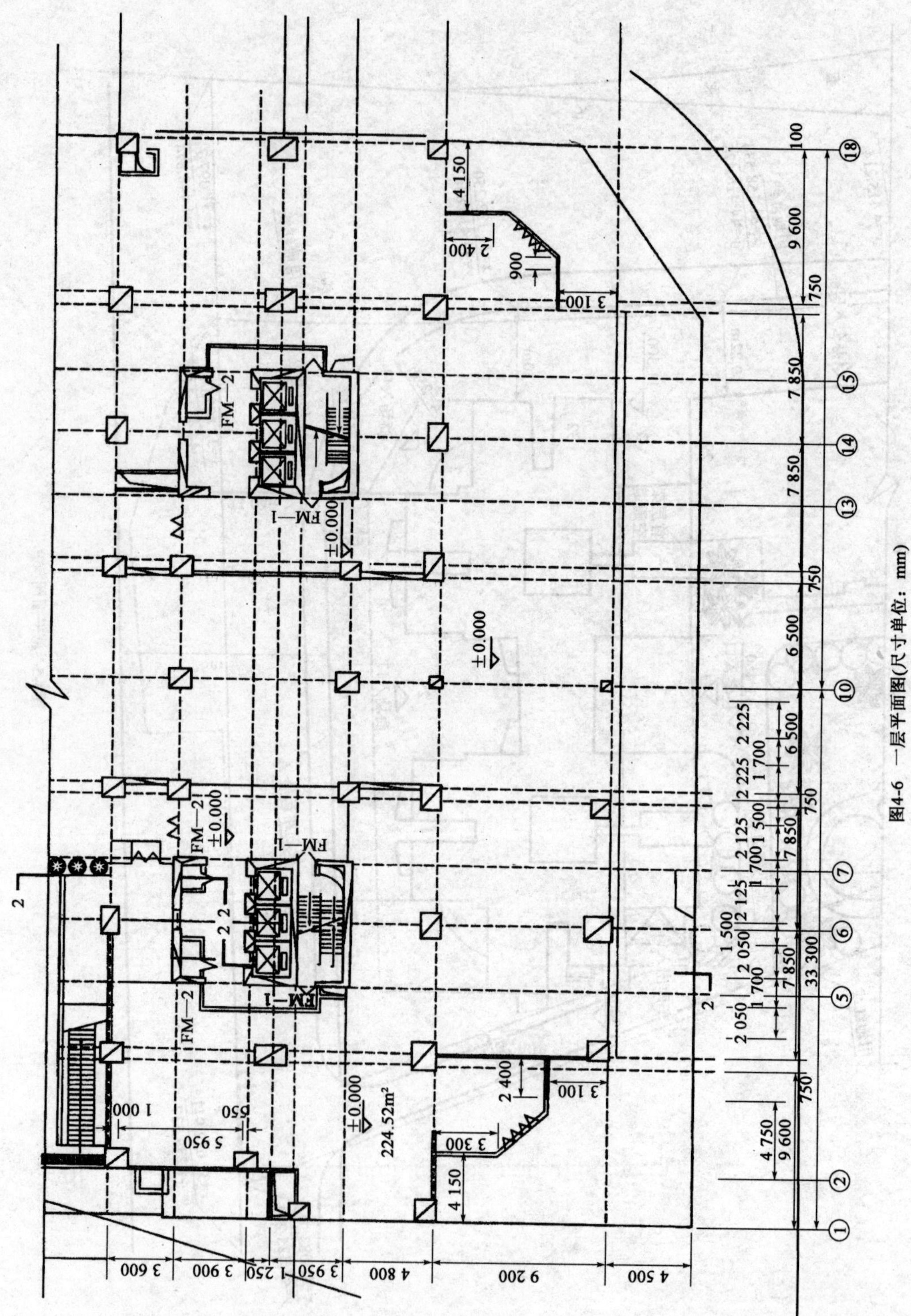

图4-6 一层平面图(尺寸单位：mm)

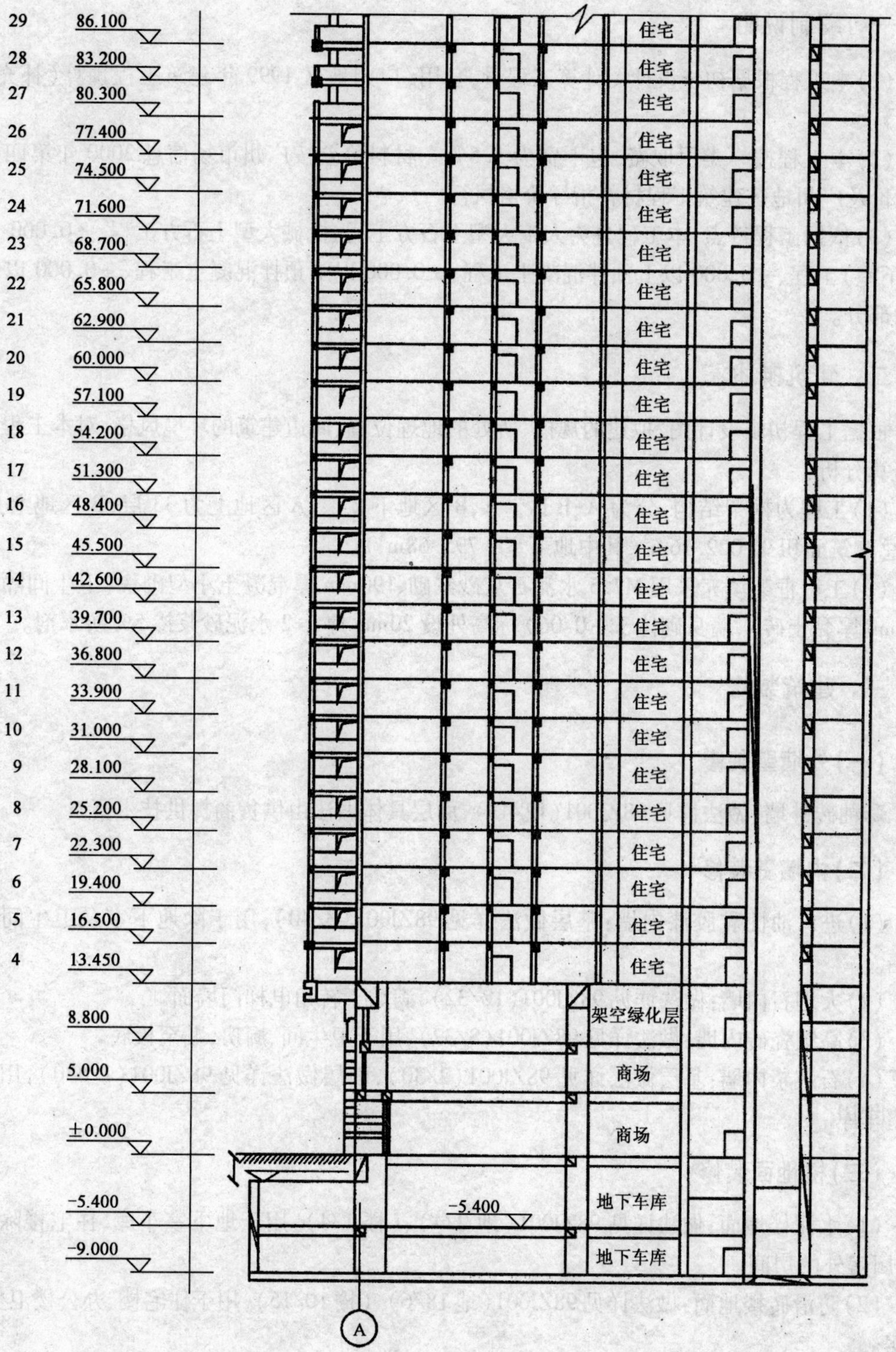

29 86.100 住宅
28 83.200 住宅
27 80.300 住宅
26 77.400 住宅
25 74.500 住宅
24 71.600 住宅
23 68.700 住宅
22 65.800 住宅
21 62.900 住宅
20 60.000 住宅
19 57.100 住宅
18 54.200 住宅
17 51.300 住宅
16 48.400 住宅
15 45.500 住宅
14 42.600 住宅
13 39.700 住宅
12 36.800 住宅
11 33.900 住宅
10 31.000 住宅
9 28.100 住宅
8 25.200 住宅
7 22.300 住宅
6 19.400 住宅
5 16.500 住宅
4 13.450 住宅
8.800 架空绿化层
5.000 商场
±0.000 商场
−5.400 地下车库
−9.000 地下车库
−5.400
A

图 4-7 2-2 剖面图(尺寸单位:m)

一、编制说明

(1)本工程根据初步设计图计算工程量,套用《广州地区1999年建筑工程预算(补充)价格表》。

(2)本工程按一类甲取费,包干费为1.5%。材料价差按广州市场信息2000年第四季度信息价及广州地区建筑工程材料指导价格执行。

(3)依据工程特点,本工程分为人工大型土石方工程、机械大型土石方工程、±0.000以下(地下室)工程、±0.000以上预拌混凝土工程、±0.000以下预拌混凝土工程、±0.000以上工程六部分。

二、建筑概述

根据工程初步设计图、拟建的规模、所处的地理位置、周边建筑的环境风格,对本工程作如下概算分析:

(1)工程为框架结构,分为A、B区。A、B区地下2层,A区地上为33层,B区地上为29层,总建筑面积90 022.16m^2(其中地下室9 795.68m^2)。

(2)工程框架填充采用M7.5水泥石灰砂浆砌、190mm厚混凝土小型砌块(卫生间隔墙为120mm厚黏土砖),墙身砌体于-0.060标高处设20mm厚1∶2水泥砂浆掺5%防水剂。

三、建筑装修

(一)外墙壁装修

彩釉砖外墙:做法详见98ZJ001(12/43),面层具体做法由供货商提供技术资料。

(二)内墙壁装修

(1)进口油性乳胶漆内墙:基层做法详见98ZJ001(3/40),用于除地下室及卫生间外的内墙。

(2)大理石内墙:做法详见98ZJ001(12/32),满贴于转角电梯门墙面。

(3)高级瓷砖内墙:做法详见98ZJ001(8/32),用于卫生间、厨房,贴至板底。

(4)石灰浆内墙:基层做法详见98ZJ001(2/30),面层做法详见98ZJ001(2/630),用于地下室车库。

(三)楼地面装修

(1)水泥楼地面:做法详见98ZJ001(地2/4)、(楼1/4),用于地下室车库、住宅楼除卫生间、厨房外的房间。

(2)防滑砖楼地面:做法详见98ZJ001(地18/6)、(楼10/15),用于住宅楼、办公楼卫生间、厨房。

(3)耐磨砖楼地面:做法详见98ZJ001(地18/6)、(楼10/15),用于1~3层商场、会场、大堂办公用地、B区办公楼。

(四)天棚装修

(1)混合砂浆天棚:做法详见98ZJ001(顶3/47),表面喷刷乳胶漆,用于除地下室及1~3层(不包括梯间墙)外。

(2)混合砂浆天棚:做法详见98ZJ001(顶3/47),表面喷刷乳胶漆。做法详见98ZJ001(漆23/60),用于1~3层商场、会场、大堂。

(3)轻钢龙骨埃特板吊顶:做法详见98ZJ001(顶9/48),表面喷刷乳胶漆。做法详见98ZJ001(漆23/60),用于1~3层商场、会场、大堂及办公用地,B区办公楼。

(4)铝合金龙骨吸音棉吊顶:做法详见98ZJ001(顶17/50),表面喷刷乳胶漆。做法详见98ZJ001(漆23/60),用于首层除商场、大堂、卫生间、楼梯间外的所有房间及B区办公楼。

(五)屋面

(1)塑料夹层防水屋面:做法详见《建筑夹层塑料板工程构造图集》第6页(6)、(8)、(9)、(10)、(11)节点大样,用于3层会所天面、A区33层及B区29层天面。

(2)防水砂浆防水天面:做法详见98ZJ001(屋21/86),用于天面楼梯屋面及电梯机房天面和雨篷面。

(3)种植屋面:用于3层室外活动场所及33层天面花园。

(六)墙裙、踢脚线

釉面砖踢脚线:用于住宅卫生间、厨房及1~3层墙面。

(七)门窗

(1)所有铝合金门窗框料均采用银白铝,玻璃采用白色及绿色透明玻璃。

(2)所有内木门油漆均为木器厂原色。

(八)地下室防水

(1)地下室沿建筑内墙均做夹层防水,做法为:

①钢筋混凝土自防水。

②20mm厚1:3水泥砂浆。

③聚氨酯满涂0.5mm黏结层。

④塑料夹层H10。

⑤20mm厚1:3水泥砂浆粉刷层。

⑥石灰水掺107胶水。

(2)地下室底板做塑料夹层防水,做法为。

①自防水钢筋混凝土底板塑料夹层H10。

②80mm厚(最薄处)C25细石混凝土找坡层。

③20mm厚1:2水泥砂浆面层(车道部分掺金刚砂,宽5m)。

④排水沟、集水坑及底板与内墙交接处均详见《建筑夹层塑料板工程构造图集》。

(九)其他

(1)沿建筑物四周均设散水800mm宽,做法详见98ZJ901(4/3)。

(2)室外台阶,做法详见98ZJ901(台5/66)。

(3)室外坡道,做法详见98ZJ901(坡9/68)。

(4)门窗过梁:门窗洞顶或墙上预留洞顶,除已有的结构梁外,其余均设钢筋混凝土过梁。

(5)房上水池考虑A区天面2个,B区天面1个。

(6)卫生间蹲位按410户,每户2个蹲位考虑。

四、结构概述

(1)地下室考虑四壁钻孔挡土地桩364条:$D=800$mm,桩长20m。钻孔桩钢筋笼:主筋8ϕ20,加劲筋8ϕ12,螺旋筋ϕ8@200。桩顶1 000mm×1 000mm压梁,C25混凝土。

(2)土方运输考虑运距16km。

(3)施工机械为塔吊2台、钻孔桩机4台、施工电梯2台。

五、实例的概算表

该工程建设单位为广州市××房地产开发有限公司,概算编制单位为广东省××工业设计院。该工程项目的建筑工程中,机械大型土石方、±0.000以下预拌混凝土工程的工程费用表、工料价差表以及建筑工程概算表见表4-1~表4-7。人工大型土石方、±0.000以下地下室工程、±0.000以上工程、±0.000以上预拌混凝土工程的概算表从略。

广州市××××工程概算表

建设单位:广州市××房地产开发有限公司　　　　业务编号:　　　　表4-1

工程项目	结构种类	建筑面积(m²)	工程造价(元)	经济指标	备注
一、建筑工程					
人工大型土石方			362 780.14		
机械大型土石方			2 293 750		见表4-2
±0.000以下预拌混凝土			9 813 744.41		见表4-5
±0.000以下地下室工程			19 568 073.86		
±0.000以上工程			105 163 562.8		
±0.000以上预拌混凝土工程			17 233 327.48		
小计			154 435 238.7	1 715.53	
二、安装工程					
给排水工程			8 501 333.33		
电气工程			45 949 112.47		
小计			54 450 445.8	604.86	
合计		90 022.16	208 885 684.5	2 320.38	

合计(大写):贰亿零捌佰捌拾捌万伍仟陆佰捌拾肆元肆角捌分

机械大型土石方工程费用表

工程名称：×××大型土石方工程　　　　编制阶段：概算　　　　表 4-2

序号	代码	费用名称	计算公式	费率（%）	金额（元）
1	A	定额直接费	RGF + CLF + JXF	100	1 449 053.24
2	A1	人工费	RGF	100	8 452.35
3	A2	材料费	CLF	100	956.68
4	A3	机械费	JXF	100	1 439 644.21
5	B	广东省综合费	A	28.92	419 066.2
6	C	广州市补充费合计	A	0.74	10 722.99
7	D	工资差价	(A1/18.5) × (24.5 − 18.5)	100	2 741.3
8	E	其他材料价差	A	−0.32	−4 636.97
9	F	主要材料价差	JCF	100	118 357.1
10	G	计划利润	A + B + C + D + E + F	9	179 577.35
11	H	预算包干费	A + B + C + D + E + F + G	1.5	32 623.22
12	I	防洪工程维护费	A + B + C + D + E + F + G + H	0.18	3 973.51
13	J	预算编制费	A + B + C + D + E + F + G + H + I	0.3	6 634.43
14	K	不含税金工程造价	A + B + C + D + E + F + G + H + I + J	100	2 218 112.37
15	L	税金	K	3.41	75 637.63
16	Z	工程价值	K + L	100	2 293 750

［编制依据］：穗建定［1999］243 号（1999 年 7 月 1 日起执行）

编制人：××

机械大型土石方工料价差表

工程名称：×××大型土石方工程　　　　编制阶段：概算　　　　表 4-3

序号	工料名称	型号规格	单位	数量	预算价（元）	市场价（元）	价差（元）	价差合计（元）
1	汽油	（机械用）	kg	895.69	2.79	3.53	0.74	662.81
2	柴油	（机械用）	kg	123 888.72	2.51	3.46	0.95	117 694.29
3	［价差合计］							118 357.10

［编制依据］：广州建筑 2000-4 季度材料价格

编制人：××

机械大型土石方建筑工程概算表

工程名称:×××大型土石方工程　　编制阶段:概算　　表4-4

序号	定额号	内　容	单位	数量	单价价值(元)				总价值合价(元)
					基　价	其中			
						人工费	材料费	机械费	
1	1-72+1-74	挖土机挖土,自卸汽车运土,运距6km内,三类土	1 000m³	49.826 9	28 738.22	111	19.2	28 608.02	1 431 936.42
2	1-86+1-87	机械垂直运土方深度10m内	100m³	33.566 4	382.55	77.91		304.64	12 840.83
3	1-67	挖土机挖土,一、二类土	1 000m³	2.760 4	1 549.05	111		1 438.05	4 275.99
4		[定额费合计]							1 449 053.24
5		[直接费用合计]							1 449 053.24

编制人:××

预拌混凝土(地下室)工程费用表

工程名称:×××预拌混凝土(地下室)　　编制阶段:概算　　表4-5

序号	代码	费用名称	计算公式	费率(%)	金额(元)
1	A	定额直接费	RGF+CLF+JKF	100	8 903 151.6
2	A1	人工费	RGF	100	866 650.23
3	A2	材料费	CLF	100	7 261 410
4	A3	机械费	JXF	100	775 091.38
5	B	广东省综合费	A×0.5	29.08	1 294 518.24
6	C	广州市补充费合计	A×0.5	0.78	34 722.29
7	D	工资差价	(A1/18.5)×(24.5－18.5)	100	281 075.75
8	E	其他材料价差	A	－0.32	－28 490.09
9	F	主要材料价差	JCF	100	－1 609 056
10	G	计划利润	A×0.5+B+C+D+E+F	9	400 755.29
11	H	预算包干费	A+B+C+D+E+F+G	1.5	139 577.51
12	I	防洪工程维护费	A+B+C+D+E+F+G+H	0.18	17 000.54
13	J	预算编制费	A+B+C+D+E+F+G+H+I	0.3	28 385.24
14	K	不含税金工程造价	A+B+C+D+E+F+G+H+I+J	100	9 490 130.9
15	L	税金	K	3.41	323 613.47
16	Z	工程价值	K+L	100	9 813 744.4
[编制依据]:穗建定㈠[1999]243号(1999年7月1日起执行)					

编制人:××

预拌混凝土(地下室)工料价差表

工程名称:×××预拌混凝土(地下室)　　编制阶段:概算　　表4-6

序号	工料名称	型号规格	单位	数量	预算价(元)	市场价(元)	价差(元)	价差合计(元)
1	松杂木枋板材	周转材综合	m^3	38.94	1 386.37	1 199.9	-186.47	-7 261.09
2	42.5级水泥		t	25.52	387.31	386.33	-0.98	-25.01
3	中砂		m^3	50.7	26.36	29.42	3.06	155.16
4	低碳钢电焊条		kg	527.69	5.1	5	-0.1	-52.77
5	柴油	(机械用)	kg	2 934.82	2.51	3.46	0.95	2 788.08
6	C15预拌普通混凝土		m^3	608	346.16	265	-81.16	-49 345
7	C25预拌普通混凝土		m^3	294.35	366.31	290	-76.31	-22 461.85
8	C30预拌普通混凝土		m^3	17.86	389.82	305	-84.82	-1 515.22
9	C40预拌普通混凝土		m^3	2 480.75	433.9	330	-103.9	-257 750.07
10	C50预拌普通混凝土		m^3	663.4	474	355	-119	-78 945.08
11	C15预拌普通混凝土		m^3	21.19	345.74	265	-80.74	-1 710.51
12	C30预拌普通混凝土		m^3	3 409.52	390.06	305	-85.06	-290 013.52
13	C40预拌普通混凝土		m^3	134.18	432.86	330	-102.86	-13 802.06
14	C25预拌普通混凝土		m^3	4 367.06	411.56	315	-96.56	-421 683.7
15	C40预拌B6-B8防水混凝土		m^3	3 919.08	446.16	347	-99.16	-388 616.30
16	C50预拌B6-B8防水混凝土		m^3	662.94	491.89	373	-118.89	-78 816.59
17	[价差合计]							-1 609 055.53
[编制依据]:广州建筑2000-4季度材料价格								

编制人:××

预拌混凝土(地下室)建筑工程概算表

工程名称:×××预拌混凝土(地下室)　　编制阶段:概算　　表4-7

序号	定额号	工程名称	单位	工程量	单价价值(元)				总价值合价(元)
					基价	其中			
						人工费	材料费	机械费	
1	5-130-3	人工挖孔桩桩芯,C30预拌普通混凝土	$10m^3$	335.913	4 213.6	149.11	3 977.56	86.93	1 415 403.02
2	5-131-5换	承台混凝土C40预拌普通混凝土,抗渗S12	$10m^3$	65.314	5 261.22	166.87	5 007.42	86.93	343 631.33
3	5-184换	预拌混凝土垫层C15混凝土	$10m^3$	53.302	3 838.02	266.22	3 534.03	37.77	204 574.15
4	5-134-7	地下室,矩形柱C50预拌普通混凝土	$10m^3$	65.36	5 159.21	318.39	4 825.27	15.55	337 205.97

续上表

序号	定额号	工程名称	单位	工程量	单价价值(元)				总价值合价(元)
					基价	其中			
						人工费	材料费	机械费	
5	5-132-5 换	地下室底板,C40 预拌普通混凝土,抗渗 S12	$10m^3$	222.752	4 793.61	161.32	4 543.32	88.97	1 067 786.22
6	5-137-5	基础梁 C40 预拌普通混凝土	$10m^3$	16.075	4 664.82	217.01	4 432.13	15.68	74 986.99
7	5-140-5 换	直形墙、弧形墙、电梯井壁 C40 预拌普通混凝土	$10m^3$	167.829	4 786.57	281.57	4 488.38	16.62	803 325.26
8	5-130-19	钻(冲)孔桩 D800mm,C25 预拌水下混凝土(护坡)	$10m^3$	363.922	9 073.78	1 526.62	5 602.03	1 945.13	3 302 148.16
9	5-137-2	压顶梁 C25 预拌普通混凝土	$10m^3$	29	3 976.45	217.01	3 743.76	15.68	115 317.05
10	5-138-5	单梁、连续梁、异形梁 C40 预拌普通混凝土	$10m^3$	45.94	4 681.7	233.66	4 432.36	15.68	215 077.3
11	5-141-5	平板、有梁板 C40 预拌普通混凝土	$10m^3$	182.394	4 645.08	176.49	4 449.6	18.99	847 234.72
12	5-108 换	排水沟 C40 预拌普通混凝土	$10m^3$	13.22	4 820.73	278.98	4 420.31	121.44	6 373.06
13	5-148-3	小型构件 C30 预拌普通混凝土	$10m^3$	1.76	4 621.97	472.68	4 149.29		8 134.67
14	5-184 换	普通混凝土垫层 C15 混凝土	$10m^3$	2.077	3 833.74	266.22	3 529.75	37.77	7 962.68
15	5-150-1	散水坡 C15 预拌普通混凝土	$10m^3$	4.996	3 786.78	224.59	3 537.11	25.08	18 918.75
16	5-185-1	台阶垫层 C15 预拌普通混凝土	$10m^3$	1.334	3 745.86	211.83	3 534.03		4 996.98
17		[定额费合计]							8 830 433.31
18		在洞、地下室、库或暗室内施工(人工×40%)							72 718.3
19		[直接费合计]							8 903 151.61

编制人:××

第五章 工程项目成本核算

第一节 工程项目成本核算概述

工程项目成本核算是施工企业会计核算的重要组成部分，是施工企业成本核算部门对工程施工生产中所发生的各项费用，按照规定的成本核算对象，以合理的方法进行归集和分配，以确定建筑安装工程单位成本和总成本的一种专门经济活动及方法。工程项目成本核算与成本预测、成本计划、成本控制、成本分析和成本考核等内容有机结合构成了工程项目成本管理系统。加强工程项目成本核算，不仅是实施项目全过程经济核算，完善成本管理系统的基本要求，也有利于强化工程项目的全过程管理，理顺工程项目各方经济利益关系，落实项目责任制，规范项目及企业的经济活动，提高其经济效益和社会效益。

工程项目成本核算在项目法施工条件下产生，是企业探索适合行业特点管理方式的一个重要体现。它是建立在企业管理方式和管理水平基础上，适合施工企业特点的一个降低成本开支、提高施工企业利润水平的主要途径。

建立项目法施工的工程项目成本核算体系，要以提高经济效益为目标，遵循项目法施工的内在要求，通过全面全员的项目成本核算，优化项目经营管理和施工作业管理，建立适应社会主义市场经济的施工企业内部运行机制。

工程项目成本核算作为施工企业成本管理中一个极其重要的环节，是成本预测、成本决策、成本计划、成本控制、成本分析、成本考核等其他各个环节工作主要的信息来源，同时也是企业进行工程项目成本控制得以实现的重要手段和方式。认真做好工程项目的成本核算工作，一方面从狭义上可以加强单个工程项目的成本管理，降低工程建设成本；另一方面从广义上可以促进整个施工企业实现增产节约，发展企业生产。其具体意义主要体现在以下四个方面：

1. 检查成本的执行情况

在工程项目成本核算中，按照用途和一定程序将各项生产费用直接计入或分配计入各项工程，可以正确算出各项工程的实际成本，将它与对应的预算成本相互比较，可以检查预算成本的执行情况，考察成本的节约和超支项目，为企业制订和调整经营战略提供数据和资料依据。

2. 界定经济责任

对工程项目进行成本核算，有利于经济责任制在企业内部的实施和推广，可以计算各个工程承包合同的盈利或亏损，可以分析施工企业各个施工单位的经济效益，从而能够分清各个单位的成本和经济责任,便于对各施工单位进行考核和奖惩。

3. 提高企业成本管理水平

在工程项目成本核算中,通过对各成本耗费的计量和记录,大量经济技术资料有序地积累下来,为修订预算定额、施工定额提供了依据,为企业成本的定量化管理打下了基础。另外,通过工程项目成本核算工作,企业成本管理人员可以及时了解施工过程中人力、物力、财力的消耗情况,可以随时观察人工费、材料费、机械使用费、措施费用的耗费情况和间接费用定额的执行情况,在此基础上分析成本升降的原因,挖掘降低工程成本的潜力,提高整体劳动生产率,发挥竞争优势,提高企业成本管理水平。

4. 增强企业竞争力

近些年来,激烈的建筑施工市场竞争迫使施工企业将视线转向企业内部,通过不断挖掘潜力,改善自身经营管理等方式来增强企业实力,获取更多的利润。合理组织和科学管理下的工程项目成本核算,为提高企业的经营管理水平提供了一条可行之道。通过加强成本核算来节约耗费,降低工程成本,是增加企业利润,提高经济效益,实现企业扩大再生产的重要途径,也是在工程项目实行招标承包制下,增加企业竞争力的关键。

正因为工程成本核算具有上述重要作用,施工企业必须树立成本核算的主观意识,建立成本核算的组织机构并配备相应资质的人员,开展一系列科学的成本核算活动,不断满足企业经营管理的需求。管理企业离不开成本核算,但成本核算不是最终目的,而是管好企业的一个经济手段。将成本核算作为企业管理的一个不可缺少的模块,与其他企业管理活动相互融合,互相促进,是现代工程项目成本核算的发展方向。

一、工程项目成本核算的原则

工程项目成本核算的首要任务在于,通过执行国家有关成本开支范围、费用开支标准、工程预算定额、企业施工预算和成本计划的有关规定,以核算为手段,达到减少成本损失,控制施工耗费,节约人力、物力和财力的目的。

工程项目成本核算的中心任务和主体工作在于正确、及时地核算施工过程中发生的各项费用,计算和反映施工项目的实际成本。

施工企业通过成本核算反映和监督施工项目成本计划的完成情况,为项目成本预测,为参与项目施工生产、技术和经营决策等经济管理活动提供可靠的成本报告和有关资料,促进项目改善经营管理,降低成本,提高经济效益。这是施工项目成本核算的根本目的和最终任务。

为了圆满完成成本核算的各项任务,我们要遵循对成本核算具体工作的一些基本要求,即成本核算原则。只有在各个原则的指导下,成本核算才能正确、有序地进行。在众多原则当中,有一些原则处于基础地位,一旦违背将出现重大问题,这些原则属于工程项目成本核算的基本原则;有一些原则处于从属地位,尽量要求遵守,其被这些原则属于工程项目成本核算的其他原则。

(一)工程项目成本核算的基本原则

1. 成本确认原则

只要是为了经营目的所发生,且耗费了企业内部资源或劳务,并要求得到补偿的一切支出,都应作为成本加以确认。成本确认原则要求在项目成本管理中,对各项经济业务发生的成本,都必须以准确的数额,按规定的标准和范围进行认定和记录。正确的成本确认往往与一定的成本核算对象、时期和范围相联系,以特定的标准来进行。这种确认标准具有相对的稳定性,既有国家颁布的具有强制性和普遍性的法定标准,又有企业在自主范围内指定的非法定标准。成本确认是成本核算的基础,成本首先必须被认定,然后才能加以核算。首先,应当确认是否属于成本概念范畴;其次,需要确认该成本归属于哪个核算对象;再次,需要考虑是否属于核算当期的成本等,在此基础上才能进行计算、分配和账务处理。

2. 分期核算原则

由于正常的施工生产是连续不间断的,为了核算一定时期的项目成本,反映该时期资源的耗费与劳动生产效率,就必须将施工生产活动划分为若干时期,分期核算各期项目成本。成本核算的分期原则与会计分期的基本假设既一致又存在差异。一致之处在于,二者都基于企业的持续经营,人为的划分核算期间,便于财务成果的确定。差别之处在于,不论施工生产情况如何,成本核算工作,包括费用的归集和分配等都必须按月进行。至于已完项目成本的结算,可以定期按月结转;也可以不定期,等到工程竣工后一次结转。

3. 权责发生制原则

权责发生制原则要求,凡是当期已经实现的收入和已经发生或应当负担的费用,不论款项是否收付,都应作为当期的收入或费用处理;凡是不属于当期的收入和费用,即使款项已经在当期收付,都不应作为当期的收入和费用。权责发生制原则主要从时间选择上确定成本的归属和会计处理期限,其核心是根据权责关系的实际发生和影响期间来确认企业的支出和收益。

4. 实际成本核算原则

在项目成本核算中要采用实际成本计价,反映施工过程中发生的所有实际生产耗费。企业必须根据计算期内已完成工程、已完作业和材料采购的数量,以及实际消耗和实际价格,计算工程、作业和材料的实际成本。不得以估计成本、预算成本或计划成本代替实际成本。当然也可采用定额成本或者计划成本等其他方法,但应当合理计算成本差异,月末编制会计报表时,最终调整为实际成本。

(二)工程项目成本核算的其他原则

1. 重要性原则

重要性原则要求,对于成本有重大影响的经济业务内容,应作为核算的重点,考虑周全,尽量精确详细;而对于那些影响不大却又琐碎的经济业务内容,可以相对从简处理,或者先归集起来到期末统一分配,不要事无巨细都搞详细核算。坚持重要性原则的作用在于抓住成本核算的重点和中心工作,有助于加强对经济活动和经营决策有重大影响和有重要意义的关键性问题的核算,达到简化核算工作量,缩短核算时间,节约人力、财力、物力,提高工作效率的目的。

2. 相关性原则

相关性原则指的是成本核算要与企业经营管理相关,要有利于企业管理者做出经营决策,只有这样,成本核算才能为项目成本管理目标服务。成本核算不只是简单的计算和记录,要做到算为管用,与管理融于一体。成本核算的具体方法、标准以及核算的对象和范围,应与建筑施工企业生产经营特点相契合,满足企业成本管理的要求并与项目一定时期的成本管理水平相适应。正确地核算出符合项目管理目标的成本数据和指标，真正使项目成本核算成为决策者的得力助手。没有相关性的成本核算是盲目的成本核算和无益的工作。

3. 一贯性原则

项目成本核算所采用的方法一经确定，不得随意变动。在一贯性原则的要求下，企业各期成本核算资料口径一致，前后连贯，相互可比。成本核算办法的一贯性原则体现在众多方面，如折旧的计提方法，耗用材料的计价方法，施工间接费的分配方法，未施工的计价方法等。实际核算中对一贯性原则把握并不是一成不变的，如果要做出变更，要有充分的理由说明如下事项：原成本核算方法的不适应性，新核算方法的必要性，方法改变对成本信息的影响。如果随意变动成本核算方法，且没有附带合理解释，则会造成对成本、利润指标、盈亏状况弄虚作假的嫌疑。

4. 配比原则

配比原则要求核算过程中营业收入与其对应的成本、费用相互配合。为取得本期收入而发生的项目成本和费用，应与本期实现的收入在同一时期内确认入账，既不得脱节，也不得提前或延后。只有这样，才能正确计算和考核项目一定时期内的经营成果。

5. 及时性原则

及时性原则是指在规定的时期内，项目成本的核算、结转和成本信息的提供等工作必须按时完成。及时性原则要求核算成本和提供成本信息，在确保真实性的前提下，于规定时期内完成，在成本信息尚未失去时效的情况下适时提供，确保不影响项目其他环节核算工作的顺利进行。对成本核算及时性原则的正确理解并不是越快越好，而是按时就好，成本事项的处理需要一定的时间，这是不可省略的。但也不能无故拖延，否则会导致核算工作越积越多，难于追溯。

6. 明晰性原则

既然成本核算承担为企业管理者提供有用信息与参谋经营决策的作用，那么它必定要为使用者所理解。明晰性原则就是要求项目成本核算的结果的记录和反映必须清晰简明、直观形象，便于理解和利用，项目经理和项目管理人员才能了解成本信息的内涵，弄懂成本信息所反映的经济实质和财务影响，信息的利用率和利用效果才能得到提高。

7. 谨慎原则

谨慎原则是指在市场经济条件下，充分预计可能的负债、损失和费用，尽量少计或不计可能的资产和收益。在项目成本、会计核算中应当对项目可能发生的损失和费用做出合理预计，避免盲目乐观情绪，增强抵御风险的能力。

二、工程项目成本核算的基本要求

(一)工程项目成本核算的特点

工程产品存在投资金额巨大、周期长、多样性、固定性、形体庞大等众多特点，在很多方面不同于其他工业产品，因此工程项目的成本核算也具有如下特点：

1. 成本核算内容繁杂

工程项目成本核算的内容包括人工费、材料费、机械使用费、其他直接费等直接成本项目，以及工作人员薪酬、福利费、办公费、差旅费、劳动保护费等间接成本，核算项目众多，核算对象各异，大量费用的产生和耗费发生在施工现场，不易直接核算。成本核算内容繁杂这一特点要求企业和项目配备更多和更专业的人员来参与成本核算工作。

2. 成本核算的周期长

工程项目的建设周期由工程的规模、复杂程度等客观因素，以及建设单位对完工期限的要求等主管因素综合确定。一些大型工程建设期间的时间跨度可以达到2～4年，甚至更久，造成这些项目的成本核算周期也比较长。较长的核算周期增加了成本核算组织工作的难度，也容易导致中期成本核算的懈怠和疏忽。另外，长核算周期也会给数据的收集和规整带来一定的困难。

3. 成本核算需要各部门分工合作

计划统计部门负责编制预算，确定内部结算单价，按成本核算对象确认当期已完工程的实物工程量和未完工程情况，编制工程价款结算单，及时同建设单位和分包单位进行结算。劳动工资部门制订项目用工记录，收集班组用工日报表，建立项目用工台账，编制单位工程用工统计表、职工考勤统计表等。物资管理部门负责搞好计划采购，按经济批量采购，降低存货总成本；建立健全材料收、发、领、退制度，做好修旧利废工作，注明工程项目或费用项目的耗料情况；加强施工机械设备的检修维护和调度平衡，提高设备完好率和利用率，准备机械设备运输记录和机械费用的分配资料。核算部门是成本核算的中心部门，全面组织成本核算，掌握成本开支范围，参与制订内部承包方案并对其执行情况进行考核，开展成本预测，进行成本分析。只有各部门分工合作，才能圆满完成成本核算的任务。

4. 成本核算具有全员性

施工企业落实经济责任制，将成本责任分解到各个成本核算对象和成本责任主体。包括计划统计部门、劳动工资部门、物资管理部门和成本核算部门在内的众多部门及其负责人和普通员工，都有可能是成本的责任主体。立足工作岗位、减少耗费、节约成本是企业每一个成员共同的责任。因此，全员性要求每一个员工都对施工成本及其核算有正确的认识，在实际工作中处处讲节约，求实效。

5. 在项目总分包制条件下，难以核算分包商的实际成本

随着建筑市场资金的大量投入，不少大型建筑施工企业承揽的任务大增，在成立项目后，总承包方自己寻找多个分包队伍，而这些队伍各管一摊，合作有限，专业化程度低，劳务队伍素质不稳定，造成工程项目管理的困难。总承包企业要花费大量的人力和资源投入成本核算，现代的项目管理工具缺乏良好的应用条件。

（二）工程项目成本核算的基本要求

基于以上特点，为了圆满地实现工程项目成本管理和核算的目标，及时准确地核算施工项目成本，提供对决策有用的成本信息，提高工程项目成本管理水平，工程项目成本核算应当遵守以下基本要求：

1. 严格遵守工程成本开支范围与标准

成本核算人员应按照《企业会计准则》的要求，将一切与生产经营有关的各项耗费，都计入企业的成本费用。凡不属于上述成本的开支，均不得纳入成本核算范围。按照具体规定，人工费、材料费、机械使用费、其他直接费用和间接费用计入建筑工程成本；管理费用、财务费用

作为期间费用单独核算，直接从当期收益中扣除，不计入施工成本。

施工企业应加强成本管理，正确组织成本费用核算。企业核算人员应按规定的成本项目，汇集施工生产过程中发生的各项支出，按适当的方法分配到确定的成本对象上。对于符合国家财经制度和企业发展计划，有利于企业生产发展的费用开支，要积极支持，否则要坚决抵制。

2. 制订先进、合理的企业成本定额

施工企业的施工定额是在一定的施工技术和施工组织条件下，企业在人力、物力、财力的利用和消耗方面应当遵守和达到的标准。企业成本定额是利用数量来控制企业施工经营活动的手段。定额的制订是一个技术含量很高的工作，定额过高和过低都不利于开展正常的成本控制和核算，合理的定额应当是先进的、合理可行的，多数职工经过努力能达到的水平，它和据以计算工程造价的预算定额不同。预算定额是建筑生产部门的平均定额，而施工定额是单个企业内部定额。因此，施工定额是编制企业计划的基础，也是进行成本控制和成本分析的依据。正确制订并运用施工定额，将有力推动企业厉行节约，降低工程成本，提高经济效益。

施工企业的施工定额，主要包括劳动定额、材料消耗定额、机械设备利用定额、工具消耗定额、费用定额等。各定额作用各异。劳动定额据以签发“工程任务单”，考核班组工效；材料消耗定额据以签发“领料单”，考核班组消耗；机械设备利用定额和工具消耗定额，据以考核机械设备效率和工具节约情况；费用定额据以控制费用开支。各项施工定额既要积极先进，又要切合实际。在制订定额时要群策群力，并且注意结合本企业的施工条件和施工组织管理水平。

3. 建立健全原始记录制度，严格执行资金收支、物资进出的各项手续

原始记录是反映企业生产经营情况的第一手资料，是企业经济业务实际发生或完成情况的书面证明，是核算成本的原始依据，是明确经济责任、进行会计处理的依据。原始记录的种类很多，包括材料物资方面的原始记录，如收料单、领料单、材料盘点清单等；劳动工资方面的原始记录，如水费、电费及劳务支出等各种发票、账单等。一旦原始记录的真实性和完整性出现问题，工程成本的核算就会建立在一个不可靠的基础上。为此，企业必须实行部门分工和岗位分离，建立和健全原始记录的填制、审核和交接等责任制度，使每项原始记录都有人负责。对施工经营管理过程中发生的各项经济业务，都要正确、及时地做好原始记录，以便正确计算材料消耗，合理分配工资和其他施工费用，做到“物资进出有手续，工时消耗有数据，工完料清有成本”。

企业对于资金的收支、物资的进出，都应同有关部门密切配合，健全管理程序，避免收支不清、手续不全的现象。以工程施工所需的材料为例，从采购、领用到耗费，都应有计量、验收、领退等手续。企业内部各单位、各部门领用材料时，都要进行严格审批，办理必要的手续。各施工班组耗用材料，要按施工定额和经法定程序审批的数量发放，防止造成浪费。剩余的材料要办理退库或转移手续。月末现场已领未用材料，要进行盘点。库存材料，要定期进行清查，做到账物相符，防止差错和变质。对于大堆的砂、石、砖、瓦等材料，也应采取一些简便易行的计量方法，定期进行盘点。

4. 规范成本账簿核算

企业及其内部独立核算单位对施工、生产经营过程中所发生的各项费用必须设置必要的账册，以审核无误、手续齐全的各类原始凭证为依据，按照成本核算对象、成本项目、费用项目和单位进行账务处理，做到真实、准确、完整、及时。

企业应规范以项目核算为基点的企业成本会计账表，包括工程施工账、施工间接费账、其他直接费账、项目工程成本表、在建工程成本明细表、竣工工程成本明细表和施工间接费表等。

企业应建立项目成本核算的辅助记录台账。施工项目成本是生产耗费的货币表现，而不是生产耗费的原始事务形态，项目应根据“必需、适用、简便”的原则，建立有关辅助记录台账。这些台账包括产值构成台账、预算成本构成台账、增减账台账、材料耗用台账、人工耗用台账、结构件耗用台账、周转材料使用台账、机械使用台账、临时设施台账、技术组织措施执行情况台账以及质量成本台账等。

5. 划清有关费用的界限

首先，要划清成本、费用支出和非成本、费用支出的界限，这是指划清不同性质的支出，即划清资本性支出和收益性支出与其他支出、营业支出与营业外支出的界限，这个界限也就是成本开支范围的界限。凡支出的效益涉及几个会计年度的，应作为资本性支出，如固定资产的购建和购入无形资产均属于资本性支出，应作增加资产处理，在以后使用过程中再逐渐通过折旧和摊销方式计入成本。凡支出的效益仅涉及本年度的，为取得本期收益而在本期内发生的各项支出，根据配比原则，应全部作为本期的成本或费用，作为收益性支出，如各种直接费用、间接费用及期间费用均属于收益性支出。划清不同性质的支出是正确计算施工项目成本的前提条件。

其次，对允许列入成本、费用开支范围的费用支出，在核算上应划清几个界限。包括划清施工项目工程成本和期间费用的界限，划清本期工程成本与下期工程成本的界限，划清不同成本核算对象之间的成本界限，划清未完工程成本与已完工程成本的界限。这些界限都是成本费用开支范围的内部分界。

6. 保持成本计算口径和会计处理方法的一致性

企业进行实际成本核算时，其实际成本的会计核算范围、项目设置和计算口径，应与国家有关财务制度、施工图预算、施工预算或成本计划取得一致。投标承包和投标包干的工程，其实际成本的会计核算范围、项目设置和计算口径，应与按中标价或合同编制的施工预算取得一致。只有保持该种一致性，才能使成本核算与工程特性相互结合。

企业成本核算的各种会计处理，包括材料的计价、材料成本差异的调整，周转材料和低值易耗品的摊销，费用的分配，已完工程和未完工程的计算等，前后各期必须一致，不得任意变更，如需变更，需报经主管部门批准。考虑变更的性质是作为会计估计变更还是会计政策变更，并将变更的原因及对成本和财务状况的影响，在当期的财务报告中加以说明。

7. 提高成本核算人员业务水平

成本核算人员业务水平是成本核算工作成败的关键，而工程成本核算工作的专业性和复杂性对从事成本核算工作的人员提出了种种挑战。一些成本核算人员并不是财会专业人员，而是兼职人员，有的是技术人员，缺乏财会专业知识，对成本核算人员进行培训和教育是十分必要的。培训和教育的方式可以多种多样,比如聘请行业专家授课,召开内部经验交流会,开展后续教育,与高校合作委托培养人才等;培训和教育必须是不间断的,应当特别注重对施工企业经营性质和工程项目建设流程的掌握,必须重视理论知识与实务处理相结合。应当建立相应的企业内部文化和学习氛围,提倡和促使成本核算人员自觉主动地学习国家相关政策法规、财务管理制度、企业会计制度和会计准则,就实际工作中出现的问题进行沟通交流,总结经验和教训,不断提高自身的业务水平和综合素质。

三、工程项目成本核算的层次

(一)成本核算的分类和层次

工程项目成本核算的成本分项对业主与承包商来说是各不相同的,对施工企业来说,成本核算一般可分为两大类三个层次,具体如图 5-1 所示。

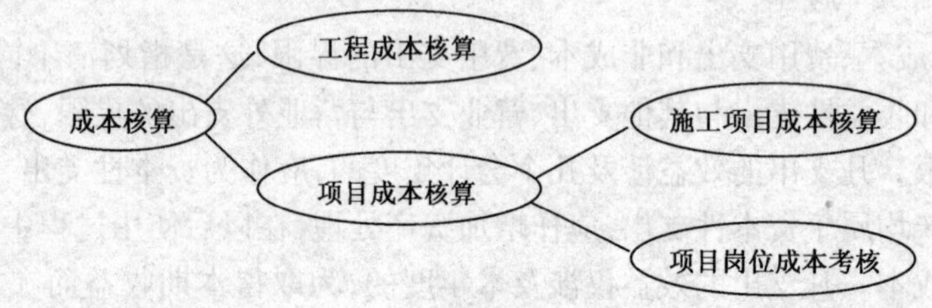

图 5-1　工程成本核算层次图

第一类是工程成本核算,构成核算的第一层次,是站在企业法人角度进行的核算。主要反映企业各个工程项目以及企业总的收入、支出及盈亏情况,它具有核算周期长的特征,基本与工程施工经营周期和企业经营期限一致,只要企业持续经营就务必要进行工程成本核算,国家严格制订和出台了诸如会计准则、企业会计制度等规范,因而企业自主调节变动的余地较小。

第二类是项目成本核算,是基于施工企业经营管理需要的内部成本核算,它分为两个层次,即下文要讲的第二层次和第三层次。当该核算具体到某一项目时,常称之为某工程项目的施工成本核算。

第二层次是施工项目成本核算,该种核算着重对工程项目施工过程中发生的收支进行核算和考核,在此基础上,它主要解决企业内部的核算和成本控制问题,明确企业与项目之间的经济责任。施工项目成本核算是开展项目法施工的条件之一,是检验项目管理水平的重要手段,也是落实项目经理责任制的重要体现。施工项目成本核算的特征是时间较短,一般与一个工程项目的施工周期等同。通过企业内部的成本核算和责任明确,体现着项目代行企业的部分职能和风险。国家和主管部门没有做出特别细致的要求,因而核算方法和方式较多,可供企业选择、调整的余地较大。

第三层次是项目岗位成本责任考核,是通过项目内部合同确立的成本责任和考核方法,将项目的管理风险和经济责任进行层次分解,既共同而又有所分工地承担成本责任,继而对项目各岗位分配的责任成本进行核算和考核。项目施工成本核算只有通过分解责任、实施过程控制和分岗位控制核算,将个人或几个人的压力转化为群体压力、群体动力,才能使施工成本控制落到实处。否则这种核算由于缺乏落实和控制，最终会使成本控制的目标变成一句套话、空话。这个层次的成本核算是企业内部成本管理的细化，基本上由企业自主决定其具体的实施方案和过程。

（二）成本核算各层次之间的关系

工程成本是指施工企业以工程项目为成本核算对象，按照一定的方法核算在施工过程中发生的所有生产耗费、要素的价值形态转化总和。

项目施工成本一般是指在工程成本范围内，根据各单位管理要求和项目施工成本责任合同所确定的项目施工成本收支范围内的各项生产耗费、要素的价值形态转化或转移的货币价值体现。

工程成本和项目施工成本之间是一个包含与被包含的关系，前者包含后者，如图 5-1 所示。工程成本是施工企业核算范围内制造成本的准确概括，而项目施工成本是施工企业根据自身管理水平、管理特点，考虑各单位所确定的项目施工责任成本范围而具体确定的。一般来讲项目施工成本是工程成本的一个部分，或者说是一个主要组成部分，但在具体的成本核算过程中，由于项目的责任成本合同与公司在某些项目上不尽一致，因而成本收支的范围、内容，甚至方法有时也不一致。它们之间的关系一般来讲有以下几点：

1. 项目施工成本的分类一般与工程成本保持一致

工程成本在制造成本核算方法的原则下，按生产耗费性质一般可分为人工费、材料费、机械使用费，其他直接费、间接费用等，包含了企业为完成合约中所确定的内容所发生的直接费用和间接费用。由于项目施工成本构成工程成本的主要组成部分，囊括了工程成本的绝大部分内容，所以一般也按人工费、材料费、机械使用费，其他直接费、间接费用进行分类归集和核算。

2. 项目施工成本的分类在与工程成本保持一致的基础上偶有差异

项目施工成本有时也打破工程成本的直接成本和间接成本范围组成的惯例。在项目施工责任成本合同下，有时将项目发生的排污费和招待费用列入项目施工成本责任范围。而这些费用一般作为工程成本核算中的期间费用处理或列支。

3. 项目施工成本核算和工程成本核算范围或有不同

工程成本核算范围的一些开支，根据各单位的管理要求，或依照项目施工责任成本合同，在项目施工成本核算中是不予列支的。比如在项目不承担市场风险的原则要求下，材料成本差价一般不纳入项目施工成本收支范围；再如，人工费定额中收入一般较少，但包给项目中的人工费单价和人工费往往超过工程成本中人工费收入。因而项目施工成本的核算范围围绕工程成本上下波动，有些方面核算的收支小于工程成本，有些方面又超出了工程成本的收支范围。

4. 项目施工成本与工程成本的核算程序、核算方法各有特点

工程成本核算范围和核算程序是由主管单位根据行业特点确定，企业一般不得随意变动；而项目施工成本的核算范围和核算程序则是企业根据管理需要由内部制订，一般允许灵活多样。工程成本核算方法，也是由主管单位确定的，同样不可随意变动，而项目施工成本核算方法可以根据企业需要由企业自定，无需受到各方面的制约。

四、工程项目成本核算的基本程序

(一)成本核算的步骤

工程项目成本的核算程序,是指施工企业及其所属施工单位有关部门的成本核算人员,根据成本核算的体制和成本核算的职责,在具体组织工程实际成本核算时所应遵循的次序和步骤,也就是对各种生产费用进行审核、控制,并将它们按照经济用途进行归类,记入各个成本核算对象和各个成本项目的过程中所应遵循的步骤。成本核算大体分为以下三个步骤:

1.确立成本核算指标

根据成本计划确立成本核算指标是工程项目成本核算的首个步骤。为了便于进行成本控制和成本管理,项目成本核算指标的设置应建立在科学的成本预测与计划基础上。通过成本核算结果与成本计划的对照比较,可以及时反映成本计划的执行情况,也能检验成本预测的准确性。

2.进行账务处理

进行工程项目实际发生成本的账务处理。首先要求对实际所发生的费用进行审核,审核通过后,再确认计入各个根据成本对象所设置的相应工程成本费用科目以及期间费用科目。同时,将应计入工程成本的各项费用,区分哪些应当计入本月的工程成本,哪些应由其他月份的工程成本负担。在每月月末将应计入工程成本的各项成本费用在各个成本对象之间进行相应的归集和分配,计算各工程成本。并对未完工工程项目进行盘点,结转已完工工程项目的实际成本费用,转入“工程结算成本”科目中。同时,对期间费用也进行相应结转。

3.处理成本核算结果

企业在完成项目成本核算过程之后,应该建立信息化成本核算体系,将项目成本核算成果进行系统储存。这是成本核算工作得以高效实施的后续保障,也是企业成本战略实施的重要环节。通过项目管理软件的开发和项目局域网络的建立,每位管理人员的核算结果将按既定核算体系由计算机汇总、加工,之后将完成处理的信息提交项目经理,作为项目考察当期成本计划执行情况、制订下期成本控制措施的依据。存储的成本核算资料可用于阶段性总结,也可作为以后进行成本分析和考核的历史资料。

(二)工程成本的总分类核算和明细分类核算

1.工程成本总分类核算的核算程序

(1)在会计期末,将本期发生的各项施工费用,按其用途归集到有关成本、费用科目。

(2)在会计期末,将归集在“生产成本——辅助生产成本”科目中的辅助生产费用,按照受益对象和受益数量,以适当方法分配后,转入“工程施工”、“机械作业”等科目。

(3)在会计期末,将归集在“待摊费用”科目的各项费用,按照一定的标准,分摊记入“工程施工”、“机械作业”科目。

(4)在会计期末,应将由本月成本负担的“预提费用”,转入有关成本、费用科目。

(5)在会计期末,将归集在“机械作业”科目中的各项费用,按照受益对象和受益数量进行分配,记入“工程施工”科目。

(6)在会计期末,计算确定本期已完工工程的实际成本,并将已经完工工程的实际成本从"工程施工"科目贷方结转到"工程结算"科目的借方。尚未完工工程的实际成本仍然保留在"工程施工"科目中,无需结转。

2.工程成本明细分类核算的程序

施工企业为了归集和分配各项施工生产费用,应当按照成本核算对象设置"工程成本明细账(卡)",按照施工机械或运输设备的种类设置"机械作业明细账",按照费用的种类或项目设置"待摊费用明细账"、"间接费用明细账"等。工程成本明细分类核算的程序如下:

(1)根据各种费用的原始凭证和有关费用分配计算表,将本期发生的施工费用,按照不同用途分别记入"工程成本明细账(卡)"、"机械作业明细账"、"待摊费用明细账"、"预提费用明细账"、"间接费用明细账"等。

(2)根据"待摊费用明细账",编制"待摊费用计算表",按照一定的标准分配记入"工程成本明细账(卡)"、"机械作业明细账"、"间接费用明细账"等。

(3)编制"预提费用计算表",预提应当由本期承担的工程成本,分别记入"工程成本明细账(卡)"、"机械作业明细账"、"间接费用明细账"等。

(4)根据"机械作业明细账"和"机械使用台账",编制"机械使用分配表",将应当由成本核算对象承担的机械使用费分别记入"工程成本明细账(卡)"。

(5)根据"间接费用明细账"编制"间接费用明细表",将归集在"工程施工——合同成本——间接费用"下的间接费用,分别记入各成本核算对象的"工程成本明细账(卡)"。

(6)在会计期末,各项施工费用全部记入"工程成本明细账(卡)"后,计算各个成本核算对象的本期已经完工工程的实际成本,并编制"工程成本表",将已经完工的"工程成本卡"抽出归档保管。

五、工程项目成本核算的科目设置

工程项目成本核算的科目设置具有施工企业自有的特点。根据《施工企业会计核算办法》规定,施工企业需要在统一的《企业会计制度》基础上增设"工程结算"、"工程施工"、"机械作业""临时设施"、"临时设施摊销"、"临时设施清理"和"周转材料"等会计核算科目。同时,为了按照用途合理归集各项费用,划清有关费用的界限,正确计算工程成本,企业还应设置"辅助生产"、"间接费用"等科目。另外,施工企业可以根据需要自行设置"内部往来"、"拨付所属资金"和"上级拨入资金"等科目。

(一)"工程结算"科目

本科目核算施工企业根据工程施工合同的完工进度向业主开出工程价款结算单,办理结算的价款。应按工程施工合同设置明细账,进行明细核算。本科目期末贷方余额,反映尚未完工工程已开出工程价款结算单办理结算的价款。

(二)"工程施工"科目

本科目核算施工企业(建筑承包商)实际发生的工程施工合同成本和合同毛利,该科目可按照监造合同,分别设置"合同成本"、"合同毛利"、"间接费用"明细科目,进程明细核算。该科目贷方记录已完工程成本。

“合同成本”科目核算各项工程施工合同发生的实际成本，一般包括施工企业在施工过程中发生的人工费、材料费、机械使用费以及施工现场材料的二次搬运费、生产工具和用具使用费、检验试验费、临时设施折旧费等其他直接费等。该科目应按成本核算对象和成本项目进行归集。借记“工程施工”（合同成本），贷记“应付职工薪酬”、“原材料”等科目。

“合同毛利”科目核算各项工程施工合同确认的合同毛利。本科目期末借方余额，反映尚未完工工程施工合同成本和合同毛利。确认合同收入、合同费用时，借记“主营业务成本”科目，贷记“主营业务收入”科目，按其差额，借记或贷记“工程施工”（合同毛利）科目。

“间接费用”科目核算各项工程施工合同确认的间接费用。发生的施工、生产单位管理人员职工薪酬、固定资产折旧费、财产保险费、工程保修费、排污费等间接费用，借记“工程施工”（间接费用），贷记“累计折旧”、“银行存款”等科目。会计期末，将间接费用分配计入有关合同成本，借记“工程施工”（合同成本），贷记“工程施工”（间接费用）。

（三）“机械作业”科目

本科目核算施工企业（建筑承包商）及其内部独立核算的施工单位、机械站和运输队使用自有施工机械和运输设备进行机械作业（包括机械化施工和运输作业等）所发生的各项费用。施工企业及其内部独立核算的施工单位，从外单位或本企业其他内部独立核算的机械站租入施工机械，按照规定的台班费定额支付的机械租赁费，直接记入“工程施工”科目，不通过本科目核算。

“机械作业”科目可按施工机械或运输设备的种类等成本核算对象设置明细账，按规定的成本项目分设专栏，进行明细核算。施工企业内部独立核算的机械施工、运输单位使用自有施工机械或运输设备进行机械作业所发生的各项费用，可按成本核算对象和成本项目进行归集。成本项目一般分为：人工费、燃料及动力费、折旧及修理费、其他直接费用、间接费用（为组织和管理机械作业生产所发生的费用）。

企业发生机械作业支出时，借记“机械作业”科目，贷记“原材料”、“应付职工薪酬”、“累计折旧”等科目。

会计期末，企业及其内部独立核算的施工单位、机械站和运输队为本单位承担的工程进行机械化施工和运输作业的成本，应转入承包工程的成本，借记“工程施工”科目，贷记“机械作业”科目。对外单位专项工程等提供机械作业（包括运输设备）的成本，借记“劳务成本”科目，贷记“机械作业”科目，该科目期末应无余额。

（四）“临时设施”科目

本科目核算施工企业为保证施工和管理的正常进行而购建的各种临时设施的实际成本，应按临时设施种类和使用部门设置明细账，进行明细核算。本科目期末借方余额，反映施工企业期末临时设施的账面原价。

（五）“临时设施摊销”科目

本科目核算施工企业各种临时设施的累计摊销额。施工企业的各种临时设施应当在工程建设期间内按月进行摊销，摊销方法可以采用工作量法，也可以采用工期法。当月增加的临时设施，当月不摊销，从下月起开始摊销；当月减少的临时设施，当月继续摊销，从下月起停止摊销。摊销时，按摊销额，借记“工程施工”等科目，贷记本科目。本科目只进行总分类核算，不进行明细分类核算。需要查明某项临时设施的累计摊销额，可以根据临时设施卡片上所记载的该项临时设施的原价、摊销率和实际使用年限等资料进行计算。本科目期末贷方余额，反映施工企业临时设施累计摊销额。

（六）“临时设施清理”科目

本科目核算施工企业因出售、拆除、报废和毁损等原因转入清理的临时设施价值及其在清理过程中所发生的清理费用和清理收入等。应按被清理的临时设施名称设置明细账，进行明细核算。本科目期末余额，反映尚未清理完毕临时设施的价值以及清理净收入（清理收入减去清理费用）。

（七）“周转材料”科目

本科目核算施工企业库存和在用的各种周转材料的实际成本或计划成本。周转材料是指施工企业在施工过程中能够多次使用，并可基本保持原来的形态而逐渐转移其价值的材料，主要包括钢模板、木模板、脚手架和其他周转材料等。本科目应设置“在库周转材料”、“在用周转材料”和“周转材料摊销”三个明细科目，并按周转材料的种类设置明细账，进行明细核算。采用一次转销法的，可以不设置以上三个明细科目。“周转材料”期末借方余额，反映施工企业在库周转材料的实际成本或计划成本，以及在用周转材料的摊余价值。

（八）“辅助生产”科目

本科目核算企业非独立核算的辅助生产部门为工程施工、产品生产、机械作业、专项工程等生产材料物资、提供劳务（如设备维修、构件现场制作、固定资产清理、风水电供应等）所发生的各项费用；本科目贷方记录：分配计入“工程施工”、“机械作业”和“其他业务支出”等科目的费用或成本。

（九）“间接费用”科目

本科目核算企业及其内部独立核算单位为组织和管理施工生产活动所发生的现场性费用支出，在实际工作中有的核算人员往往把握不住这点，比如，工资分配时，把所有的工资都计入本科目。

（十）“待摊费用”科目

“待摊费用”科目用来核算企业已经支出但应由本期和以后各期分别负担的各项工程施工费用，如低值易耗品摊销、一次支付数额较大的财产保险费、排污费和技术转让费等。

发生各项待摊费用时，借记“待摊费用”科目，贷记“银行存款”等科目。按受益期限分期摊销时，借记“管理费用”、“营业费用”等科目，贷记“待摊费用”科目。本科目期末余额反映尚未摊销的待摊费用。

（十一）“预提费用”科目

“预提费用”用来核算施工企业预先提取但是尚未支付的各项施工费用，如预提收尾工程费用、预提固定资产修理费用等。其贷方登记预先提取计入工程成本的预提费用，在实际发生支付时，借记“预提费用”科目，贷记“银行存款”等科目。期末余额反映尚未支出但已预提的费用。

除上述科目外,企业如果由附属内部独立核算的工业企业(如预制构件厂、机械加工厂等),为满足施工工程需要进行产品(包括代制品、代修品)生产并发生的各种生产费用,可单设"生产成本——工业生产成本"科目进行核算。企业非独立核算的辅助生产部门为工程施工、产品生产、机械作业、专项工程等提供生产材料和提供劳务(如设备维修,构件的现场制作,铁木件加工,固定资产清理,供应水、电、气,施工机械安装、拆卸的辅助设备的搭建工程等)所发生的各项费用,可单设"生产成本——辅助生产成本"科目核算。

第二节　工程项目成本核算的对象

企业会计准则等规定要求企业成本核算应当根据不同的核算对象,设置不同的成本核算方法及核算原则。因此,对工程项目而言,要做好其成本核算工作,首先就要明确项目的成本核算对象。这里的成本核算对象是指在计算工程成本中生产费用承担的客体,即确定归集和分配生产费用的具体对象。项目成本核算对象一般要求根据不同的项目合同内容、施工作业、费用发生情况和成本管理等方面的不同要求来确定。

成本核算对象的确定是设立工程成本明细分类账户,归集和分配生产费用以及正确计算工程成本的前提。在实际工作中从事后的检查结果来看,发现项目成本核算工作开展得不好,究其原因往往是成本核算对象的确定与项目实际的施工生产和经营管理相脱节。这种脱节表现在两个方面,成本核算对象没有根据实际情况进行合理的划分,有时划分过粗,有时划分过细。划分过粗是指把相互之间没有联系或联系不大的单项工程或单位工程合并,作为一个成本核算对象,不能反映独立项目的实际成本水平,不利于考核和分析工程成本;有时又会将成本核算对象划分过细,造成成本核算与实际脱节,出现许多间接费用分摊工作,不仅大大增加成本核算工作量以及核算成本,而且难以做到准确核算项目实际发生成本,同样不利于后期的成本分析以及成本考核工作。

一、业主工程项目成本核算对象

对于业主来说,在确定工程项目成本核算对象时,应以单个施工项目为成本核算对象,在划分成本核算对象时,主要有以下几种方法:

(1)建筑安装工程一般应以每一独立的单位工程成本作为核算对象。

(2)单位工程由几个施工单位共同施工的,以该单位工程为成本核算对象,将该核算对象的成本在各个施工单位之间进行分配。

(3)工期长、规模大的单位工程,可以考虑将工程划分为若干个部位,以每一个部位工程作为成本核算对象。

(4)对同一工程项目,如果由同一单位施工,具有相同的施工地点,类似的结构类型,相近的开工、竣工时间,单位工程量较小,包含若干单位工程,可将其合并作为一个成本核算对象加以核算。

(5)改建、扩建的零星工程,可以将开竣工时间相近,属于同一建设项目的各个单位工程合并作为一个成本核算对象。

(6)土石方工程、打桩工程可以根据实际情况和管理需要,以一个单项工程作为成本核算对象,或将同一施工地点的若干个工程量较少的单项工程合并作为一个成本核算对象。

(7)独立施工的装饰工程的成本核算对象,应与土建工程成本核算对象一致。

(8)工业设备安装工程,可按单位工程或专业项目,如机械设备、管道、通风设备、工业筑炉的安装等作为工程成本核算对象。变电所、配电站、锅炉房等可按所、站、房等安装工程作为成本核算对象。

二、施工工程项目成本核算对象

对于施工单位来说,成本核算对象并不就是施工项目。有时一个施工项目是多个单位工程的组合,其中各个工程的具体情况往往差别很大,有的工期很长、规模很大;有的则是一些规模较小、工期短的零星改扩建工程,这些工程需要分别加以核算。

单位工程是编制工程预算,制订施工项目工程成本计划和与建设单位结算工程价款的计算单位。施工项目成本一般应按照分批(定单)法原则,以每一独立编制施工图预算的单位工程为成本核算对象,而对大型主体工程的成本核算对象则应尽可能确定到每一个分部工程,这样可以保证在进行成本核算工作中,有针对性地对每一个单位工程进行核算。也可以按照承包工程项目的规模、工期、结构类型、施工组织和施工现场等情况,结合成本管理要求,灵活划分成本核算对象。在划分项目成本核算对象时,除注意以下情况外,其他情况与业主工程项目成本核算对象的确定相同。

(1)建筑安装工程一般应以每一独立编制施工图预算的单位工程成本为核算对象。

(2)一个单位工程有几个施工单位共同施工时,各施工单位都应以同一单位工程为成本核算对象,各自核算自行完成的部分。

要注意的是,一旦成本核算对象确定以后,工程成本明细账的建立,以及所有的原始记录均需按照确定的成本核算对象进行填制。即为集中反映各个成本核算对象应负担的费用,按成本核算对象设置工程成本明细账,并按成本项目分设专栏,以便计算各成本核算对象实际成本。另外,所有的原始记录都必须按照规定的成本核算对象写清楚,以便于归集和分配成本费用。一般要求不得中途变更,以免造成项目成本核算不实,结算漏账和经济责任不清的弊端。若要更改,应及时通知施工企业内部相关部门,以统一成本的核算口径,减少因此造成的成本分析和考核上的潜在矛盾。

合理划分成本核算对象,可以做到各种经济、技术资料归集与成本核算对象统一,可以细化项目成本核算和考核项目经济效益,不会削弱作为工程承包合同事实上的履约主体的项目经理部对工程最终产品以及建设单位负责的管理实体的地位。

第三节　工程项目成本

工程项目生产费用按计入成本的方法分类,可分为直接成本和间接成本。一般来说,直接成本是指为生产某种(类、批)产品而发生的费用,它可以根据原始凭证或原始凭证汇总表直接计入成本。而间接成本是指为生产几种(类、批)产品而共同发生的费用,它不能根据原始凭证或原始凭证汇总直接计入成本。这样分类是以生产费用的直接计入或分配计入为标志划分的,它便于合理选择各项生产费用的分配方法,对于正确及时地计算成本具有重要作用。

施工企业采用计入成本方法分类时,还应结合“建筑安装工程费用项目组成”的要求进行。按照现行财务制度规定,施工企业工程成本分为直接成本和间接成本。建筑安装工程费由直接工程费、间接费、计划利润、税金四个部分组成,直接工程费由直接费、其他直接费、现场经费组成,“制造成本法”意义下的间接成本与“造价组成法”下的间接费不是同一概念,比较间接成本与现场经费(包括现场管理费和临时设施费),除后者包含临时设施费外系属同一概念。

一、工程直接成本

工程直接成本是指施工过程中耗费的构成工程实体或有助于工程形成,并可以直接计入成本核算对象的各项支出,包括人工费、材料费、机械使用费和其他直接费。

(一)人工费

人工费指直接从事建筑安装工程施工的生产工人开支的各项费用。包括工资、奖金、工资性质的津贴、生产工人辅助工资、职工福利费、生产工人劳动保护费等。

(二)材料费

材料费包括施工过程中耗用的构成工程实体的原材料、辅助材料、构配件、零件、半成品的费用和周转材料的摊销及租赁费用。

(1)上述材料费中,如使用结构件较多,工厂化程度较高,可以单列“结构件”成本项目,核算施工过程中所耗用的构成:工程实体的结构件及零件,如钢门窗、木门窗、铝门窗、混凝土制品、木制品、成型钢筋、金属制品等。

(2)为了反映周转材料使用情况,说明工期与成本的关系,也可以将“周转材料费”成本项目单列。

(三)机械使用费

机械使用费包括施工过程中使用自有施工机械所发生的机械使用和租用外单位施工机械的租赁费,以及施工机械安装、拆卸和进出场费。

(四)其他直接费

其他直接费包括有关的设计和技术援助费用、施工过程中发生的材料二次搬运费、临时设施摊销费、生产工具和用具使用费、检验试验费、工程定位复测费、工程点交费、场地清理费、水电费等,建筑安装工程费用项目组成还列有:冬雨期施工增加费、夜间施工增加费、仪器仪表使用费、特殊工程培训费、特殊地区施工增加费。

二、工程间接成本

工程间接成本是指项目经理部为施工准备、组织和管理施工生产所发生的,与成本核算对象相关联的成本中不能用一种经济合理的方法追溯到成本核算对象的全部施工间接费用支出。其具体的费用项目及其内容包括如下。

(一)工作人员薪金

工作人员薪金指现场项目管理人员的工资、奖金、工资性质的津贴等。

(二)劳动保护费

劳动保护费指现场管理人员的按规定标准发放的劳动保护用品的购置费及修理费,防暑降温费,在有碍身体健康环境中施工的保健费用等。

(三)职工福利费

职工福利费指按现场项目管理人员工资总额的14%提取的福利费。

(四)办公费

办公费指现场管理办公用的文具、纸张、账表、印刷、邮电、书报、会议、水、电、烧水和集体取暖用煤等费用。

(五)差旅交通费

差旅交通费指职工因公出差期间的旅费、住勤补助费、市内交通费和误餐补助费、职工探亲路费、劳动力招募费、职工离退休及职工退职一次性路费、工伤人员就医路费、工地转移费以及现场管理使用的交通工具的油料、燃料、养路费及牌照费等。

(六)固定资产使用费

固定资产使用费指现场管理及试验部门使用的属于固定资产的设备,仪器等折旧、大修理、维修费或租赁费等。

(七)工具、用具使用费

工具、用具使用费指现场管理使用的不属于固定资产的工具、器具、家具、交通工具和检验、试验、测绘、消防用具等的购置、维修和摊销费等。

(八)保险费

保险费指施工管理用于财产、车辆保险及高空、井下、海上作业等特殊工种安全保险等的费用。

(九)工程保修费

工程保修费指工程施工交付使用后在规定的保险期内的修理费用。

(十)工程排污费

工程排污费指施工现场按规定交纳的排污费用。

(十一)其他费用

按项目管理的要求,凡发生于项目的可控费用均应下沉到项目核算,不受层次限制,以便落实项目管理经济责任,所以还应包括下列费用项目。

(十二)工会经费

工会经费指按现场管理人员的工作总额2%计提的经费。

(十三)教育经费

教育经费指按现场管理人员的工作总额1.5%提取使用的职工教育经费。

(十四)业务活动经费

业务活动经费指按“小额、合理、必需”原则使用的业务活动费。

(十五)税金

税金指应由项目负担的房产税、车船使用税、土地使用税、印花税等。

(十六)劳保统筹费

劳保统筹费指按工资总额一定比例交纳的劳保统筹基金。

(十七)利息支出

利息支出指项目在银行开户的存贷款利息收支净额。

(十八)其他财务费用

其他财务费用指汇兑净损失、调剂外汇手续费、银行手续费等费用。

以上各项费用,属于人工费、材料费、机械使用费和其他直接费等直接成本费用,直接计入有关工程成本,间接费用可先在“合同成本”下设置“间接费用”明细科目进行核算,月末,再按一定分配标准,分配计入有关工程成本。

第四节 施工项目成本核算方法

施工项目成本核算是在项目法施工条件下诞生的,是企业探索适合行业特点管理方式的一个重要体现。它是建立在企业管理方式和管理水平基础上,适合施工企业特点的降低成本开支,提高利润水平的重要途径。施工项目成本核算方法的形成在施工企业是一个渐近的过程,目前主要有表格核算法和会计核算法两种。

一、表格核算法

表格核算法是建立在企业内部各项成本核算基础上,各要素部门和核算单位定期采集信息,据以填制预先设置好的表格,并通过一系列不同种类表格的有机集合,形成项目施工成本核算的整个体系,构建支撑项目施工成本核算平台的方法。

表格核算法的最大特点在于其核算的主要工具是一套格式各异的表格体系,它的实施依靠众多内部部门和单位的支持,与会计核算法相比,专业性要求较低。一系列表格由有关部门和相关数据提供单位,按有关规定填写,完成数据比较、考核和简单的核算。表格核算法的优点是简明易懂,易于理解和操作,实时性较好。它的缺点在于所能覆盖的范围较窄,如核算债权债务等比较困难;难以实现科学的、严密的审核制度,有可能造成数据失实,精度较差。

表格核算成本一般有如几个过程:

(一)确定项目责任成本总额

首先根据确定的“项目成本责任总额”分析项目成本收入的构成。

核算表格的形式参考表5-1,可根据企业的具体情况和管理要求加以变通。

项目责任成本总额确认表 表5-1

项目名称：　　　年　月　日　　　单位：元

工程项目报价收入		工程项目成本收入		备注
分部分项名称	价格	分部分项名称	价格	

公司领导：　　　项目经理：

项目合约人：　　　合约责任人：

该核算表格一般应包括如下几项内容：①分部分项的工程报价收入；②分部分项的项目施工成本收入；③两者的差额，即公司经营性的收益；④相关人员的签字。

(二)项目编制内控成本，落实岗位成本责任

在做好优化施工方案、改进技术措施的基础上，控制项目成本开支；在落实岗位成本考核指标的基础上，制订项目施工成本计划总支出。

核算表格的形式参考表5-2，可根据企业的具体情况和管理要求加以变通。

项目施工成本计划支出 表5-2

项目名称：　　　年　月　日　　　单位：元

项目责任成本收入		项目施工成本计划支出		差额
分部分项名称	价格	分部分项名称	价格	

项目经理：　　　项目成本会计：

项目合约负责人：

该核算表格一般应包括如下几项内容：①各分部分项的名称或岗位的名称；②各分部分项或岗位的"成本控制指标"，或称"项目施工成本计划总支出"；③相关人员的签字。

(三)项目责任成本和岗位收入调整

项目责任成本收入调整包括工程施工过程中收入调整和因签证而引起的工程报价变化或项目成本收入的变化，而后者更为重要。以上各项工作一般由项目预算人员和公司合约部门以及项目经理与公司经理等一起依据"项目岗位成本责任合同"等条件共同商定。

核算表格的形式参考表5-3，可根据企业的具体情况和管理要求加以变通。

项目责任成本收入调整表 表5-3

项目名称：　　　年　月　日　　　单位：元

项目责任成本收入		项目责任成本变更明细		项目责任成本调整后收入金额
分部分项名称	价格	分部分项名称	价格	

项目经理：　　　项目成本会计：

项目合约负责人：

该核算表格一般应包括如下几项内容:①原工程报价收入;②原项目施工成本收入总额;③本次调整工程报价收入和项目施工成本收入的额度,后应附工程签证单;④相关人员的签字。

(四)确定当期责任成本收入

在已确认的工程收入的基础上,按月确定本项目的成本收入。这项工作一般由项目统计员或合约预算人员,会同公司合约部门或统计部门,依据项目成本责任合同中有关项目成本收入确认方法和标准进行计算。

核算表格的形式参考表5-4,可根据企业的具体情况和管理要求加以变通。

月度项目成本收入额确认表 表5-4

项目名称: 年 月 日 单位:元

项目产值收入		项目成本收入		备注
分部分项名称	价格	分部分项名称	价格	

公司合约负责人: 项 目 经 理:
公司统计负责人: 项目合约负责人:
项 目 统 计 员:

该核算表格一般应包括如下几项内容:①当月的主要分部分项的工程收入;②主要分部分项的项目施工成本收入;③项目施工成本收入的计算方法;④相关人员的签字。

(五)确定当月的分包成本支出

项目依据当月分部分项的完成情况,结合分包合同和分包商提出的当月完成产值,确定当月的项目分包成本支出,编制"分包成本支出预估表"。这项工作一般程序是:施工员(工长)提出,预算合约人员初审,项目经理确认,公司合约部门批准。

核算表格的形式参考表5-5,可根据企业的具体情况和管理要求加以变通。

月度项目分包成本预估支出表 表5-5

项目名称: 年 月 日 单位:元

项目成本收入		分包成本预估		差额
分部分项名称	价格	分部分项名称	价格	

工 长: 项目经理:
项目预算员: 公司审核:

该核算表格一般应包括如下几项内容:①分包商的名称;②项目岗位成本开支类别和费用预估金额;③相关人员的签字。

(六)本单位职工工资的结算

该项工作的一般程序为:工长落实当月的本单位职工所完成的工日数,劳资员根据人工单位计算其人工费支出,经项目经理确认后,报公司劳资部门批准,计算其工资收入超额工资。当月完成发放后,计入成本中相应的科目列支。

核算表格的形式参考表5-6,可根据企业的具体情况和管理要求加以变通。

工资及资金分配表 表5-6

项目名称: 年 月 单位:元

工资种类	金 额	岗位耗用对象	金 额	责任人签字
基本工资				
各种补贴				
加班工资				
其他工资				
资金				
合计				

项目经理: 成本会计:

该核算表格一般应包括如下几项内容:①职工小组的名称;②项目岗位成本开支类别和费用金额;③相关人员的签字。

(七)材料消耗的核算

项目材料员和成本核算员以经审核的项目报表为准,计算确认主要材料消耗值和其他材料的消耗值。在分清岗位成本责任的基础上,编制材料耗用汇总表。由材料员依据各施工员开具的领料单,而汇总计算的材料费支出,经项目经理确认后,报公司物资部门批准。

核算表格的形式参考表5-7,可根据企业的具体情况和管理要求加以变通。

材料耗用汇总分配表 表5-7

项目名称: 年 月 单位:元

材料耗用类别	金 额	材料耗用对象	金 额	责任人签字
木材				
钢材				
机械配件				
结构件				
砂石材料				
水泥				
金属				
沥青				
……				
合计				

材 料 员: 项目经理:
成本会计: 公司审计:

该核算表格一般应包括如下几项内容:①材料消耗类别;②项目岗位成本开支类别和费用金额;③相关人员的签字。

(八)周转材料租用支出的核算

以施工员(工长)提供的或财务转入项目的租费确认单为基础,由项目材料员汇总计算,在分清岗位成本责任的前提下,经公司财务部门审核后,落实周转材料租用成本支出,项目经理批准后,编制其费用预估成本支出。如果是租用外单位的周转材料,还要经过公司有关部门批准。

核算表格的形式参考表5-8,可根据企业的具体情况和管理要求加以变通。

周转材料租用预估支出表　　表5-8

项目名称:　　年　月　　单位:元

租用材料类别	金　额	租用材料对象	金　额	责任人签字
钢架杆				
模板				
扣件				
支架				
……				
合计				

材 料 员:　　项目经理:

成本会计:　　公司审计:

该核算表格一般应包括如下几项内容:①周转材料租用类别;②项目岗位成本开支类别和费用金额;③相关人员的签字。

(九)水费、电费支出的核算

以机械管理员或财务转入项目的租费确认单为基础,由项目成本核算员汇总计算,在分清岗位成本责任的前提下,经公司财务部门审核后,落实周转材料租用成本支出,项目经理批准后,编制其费用成本支出。

核算表格的形式参考表5-9,可根据企业的具体情况和管理要求加以变通。

周转材料租用预估支出表　　表5-9

项目名称:　　年　月　　单位:元

租用材料类别	金　额	岗位成本	金　额	责 任 人	备　注
水费					
电费					

成本员:　　项目经理:

管理员:

该核算表格一般应包括如下几项内容：①水费、电费类别；②项目岗位成本开支类别和费用金额；③相关人员的签字。

(十)项目从外租入机械设备的核算

这里所称的"项目从外租入机械设备"，是指项目从公司内部或公司从外部租入用于项目的机械设备，对项目而言，不管此机械设备是公司的产权还是公司从外部临时租入用于项目施工的，对于项目都是从外部获得。周转材料也是这个性质，真正属于项目拥有的机械设备，往往只有部分小型机械设备或少数大型工器具。

核算表格的形式参考表5-10，可根据企业的具体情况和管理要求加以变通。

机械设备租用费分配表　　表5-10

项目名称：　　年　月　　单位：元

编　号	设备名称	单　价	租　价	岗位对象	责任签字	备　注

施工员：　　机械管理员：

成本员：　　项目经理：

该核算表格一般应包括如下几项内容：①机械设备租用类别；②项目岗位成本开支类别和费用金额；③相关人员的签字。

(十一)项目自有机械设备、大小型工器具摊销、CI费用分摊、临时设施摊销等费用开支的核算

由项目成本核算员按公司规定的摊销年限，在分清岗位成本责任的基础上，计算按期进入成本的金额。经公司财务部门审核并经项目经理批准后，按月计算成本支出金额。

核算表格的形式参考表5-11，可根据企业的具体情况和管理要求加以变通。

自有机械设备费用分摊表　　表5-11

项目名称：　　年　月　　单位：元

编　号	设备名称	单　价	摊销价	岗位对象	责任签字	备　注

成 本 员：　　机械管理员：

项目经理：

该核算表格一般应包括如下几项内容：①费用摊销类别；②项目岗位成本开支类别和耗费金额；③相关人员的签字。

(十二)现场实际发生的其他直接费用、各种现场经费等费用开支的核算

由项目成本核算员按公司规定的核算类别，在分清岗位成本责任的基础上，按照当期实际发生的金额，计算进入成本的相关明细。经公司财务部门审核并经项目经理批准后，按月计算成本支出金额。

核算表格的形式参考表5-12，可根据企业的具体情况和管理要求加以变通。

其他费用核算表　　表 5-12

项目名称：　　年　月　　单位:元

序　号	费用类别	金　额	岗位对象	金　额	责任人签字
1	其他直接费				
	检验试验费				
2	现场经费				
(1)	管理人员工资资金				
(2)	差旅费				
(3)	办公费				
(4)	招待费				
(5)	物资消耗				
(6)	低值易耗品				

项目经理：　　成本员：

该核算表格一般应包括如下几项内容:①费用开支类别;②项目岗位成本开支类别和耗费金额;③相关人员的签字。

(十三)项目成本收支核算

按照已确认的当月项目成本收入和各项成本支出,由项目会计编制,经项目经理同意,公司财务部门审核后,及时编制项目成本收支计算表,完成当月的项目成本收支确认。

核算表格的形式参考表 5-13,可根据企业的具体情况和管理要求加以变通。

月度项目成本收支表　　表 5-13

项目名称：　　年　月　　单位:元

序　号	费用类别	收入金额	支出金额	备　注
1	人工费			
(1)	定额人工费			
(2)	辅助人工费			
2	材料费			
(1)	大宗材料			
(2)	小型材料			
(3)	周转材料			
(4)	水电费			
3	机械费			
(1)	大型机械费			
(2)	小型机械费			
4	其他直接费			
(1)	检验试验费			
(2)	临时设施费			
5	现场经费			

续上表

序　号	费用类别	收入金额	支出金额	备　注
(1)	现场管理人员工资			
(2)	办公费			
(3)	差旅费			
(4)	招待费			
(5)	物资消耗			
(6)	低值易耗品			
合计				

项目成本员：　　　　　　　　　　　　　　　　　　　　　公司财务科：
项目预算员：　　　　　　　　　　　　　　　　　　　　　公司合约科：
项 目 经 理：　　　　　　　　　　　　　　　　　　　　　公司人事科：

该核算表格一般应包括如下几项内容：①收支类别；②项目岗位成本开支类别和耗费金额；③相关人员的签字。

（十四）项目成本总收支的核算

首先由项目预算合约人员与公司相关部门，考虑项目成本责任总额和工程施工过程中的设计变更，以及工程签证等变化因素，落实项目成本总收入。由公司财务部门与项目成本核算员，根据每月的项目成本收支确认表中所记录的支出与耗费，经有关部门确认并依据相关条件调整后，汇总计算并落实项目成本总支出。在以上基础上由成本核算员落实项目成本总收入、总支出和项目成本降低水平。

核算表格的形式参考表5-14，可根据企业的具体情况和管理要求加以变通。

项目责任成本总收支表　　　　　　　　　　表5-14

项目名称：　　　　　　　年　月　　　　　单位：元

序　号	费用类别	收入金额	支出金额	备　注
1	人工费			
(1)	定额人工费			
(2)	辅助人工费			
2	材料费			
(1)	大宗材料			
(2)	小型材料			
(3)	周转材料			
(4)	水电费			
3	机械费			
(1)	大型机械费			
(2)	小型机械费			
4	其他直接费			
(1)	检验试验费			

续上表

序　号	费用类别	收入金额	支出金额	备　注
(2)	临时设施费			
5	现场经费			
(1)	现场管理人员工资			
(2)	办公费			
(3)	差旅费			
(4)	招待费			
(5)	物资消耗			
(6)	低值易耗品			
合计				

该核算表格一般应包括如下几项内容:①项目施工成本责任总额和各自调整额度;②项目施工成本总支出和各期的支出情况;③相关人员的签字。

二、会计核算法

会计核算法是一种在会计假设的基础上,利用会计核算所独有的借贷记账法,按项目成本内容和收支范围,建立一系列会计核算账簿并进行账务处理,组织项目成本核算的方法。

会计核算法主要是以传统的会计方法为主要手段组织成本核算。该方法充分利用了复式记账,以借、贷为记账符号,企业的支出和收入,购进和转出,都有另一方做备抵。会计核算不仅核算项目施工直接成本,而且还要核算和反映项目施工生产过程中出现的债权、债务,项目为施工生产而自购的料具、机具摊销、与业主的结算,责任成本的计算和形成过程、收款、分包完成和分包付款等众多内容。会计核算法具有核算范围较大、组织严密、逻辑性强、人为调节的可能性较小等特点。在会计核算法下,工程项目的成本核算人员必须拥有一定的资质,具备较高的专业技术水平,这种专业技术水平既包括财务管理和会计核算的相关理论,又包含对工程项目的施工特征的把握。

使用会计法核算项目施工成本,按在企业或项目进行核算,有不同的核算方式。项目施工成本在项目进行核算的称之为直接核算,不直接在项目上而在企业进行核算的称为间接核算,而一种列账核算则介于直接核算与间接核算之间。采用何种方式应根据各施工单位的具体情况和条件,充分考虑在哪一个层次上进行核算更有利于开展成本核算工作而确定。

(一)项目成本的直接核算

对于直接进行项目施工的成本核算,核算人员编制会计报表,落实项目成本和盈亏,并按要求及时上报规定的工程成本核算资料。这种情况下,项目不仅是基层财务核算单位,而且是项目成本核算的主要承担者。

直接核算是将核算工作布置于单个项目上,有利于项目及时、全面地了解项目本身各项成本的情况,避免与其他核算对象之间成本界限不清,核算重叠等现象,减少扯皮和内斗。但是,直接核算要求各个项目都要设置专门的成本核算部门和岗位,配备具有专业水平和工作能力较高的会计核算人员。目前一些单位还不具备直接核算的条件。因此该种核算方式一般适用于大型项目。

（二）项目成本的间接核算

对于实行项目成本的间接核算的，项目经理部不设置专门的会计核算部门，由项目有关人员按照一定时期、规定的程序和质量要求向企业财务部门提供成本核算资料，在本项目成本责任范围内委托企业进行项目成本核算，落实当前项目成本盈亏。企业在外地设立分公司的，一般由分公司组织成本会计核算。

间接核算是将核算工作置于企业财务部门，项目经理部不成立专职的会计核算部门，不组织具体的成本核算工作，而是通过提供资料和委托核算的方法，交由项目有关人员按期与相应部门共同确定当期项目的成本收入。在间接核算法下，整个企业所需的会计专业人员大大减少，且集中在企业，少数的会计专业人员在企业统一安排下完成多个项目的成本核算任务，节省了大量人力。不足之处在于，对项目而言，要了解自身成本情况必须借助于企业，信息的掌握不及时也不方便，且对核算结论信任度不高；另外，由于核算不在项目上进行，不利于项目开展管理岗位成本责任核算。

（三）项目成本的列账核算

项目成本的列账核算是介于直接核算和间接核算之间的一种方法。在这种方法下，项目经理部组织相对的直接核算，但正规的核算资料仍将留在企业的财务部门。项目每发生一笔业务，财务部门将正规资料审核存档，再与项目成本员办理确认和签认手续。项目凭此列账通知作为核算凭证和项目成本收支的依据，对项目成本范围的各项收支，登记台账进行会计核算，编制项目成本及相关的报表，企业财务部门按期确认资料，对其审核。这里的列账通知单，一式两联，一联给项目据以核算，另一联以备财务审核。项目所编制的报表，企业财务不汇总，只作为考核之用。

运用列账核算法，企业财务部门收集正规核算资料，便于所以项目资料的统一归档保管；而项目凭相关资料进行核算，也能够组织项目成本核算，进行项目岗位成本责任考核。不足之处在于，对于同一成本开支，企业和项目要核算两次，相互之间往返次数较多，手续比较繁琐。因此这种方法适用于较大工程。

为了实现成本核算主体和载体的统一，方便项目了解、计算、监督和控制各项成本开支，支持项目开展岗位成本责任考核，在企业范围内应尽量使用项目施工成本直接核算和列账核算这两种方法。间接核算只有在成本核算人员确实不够，部门机构也不健全的时候暂时使用，最后还是应该过渡到上述两种方法上去。使用间接核算，单个会计师可以同时负责两个甚至两个以上的项目，但要尽量做到一个项目一套账，一个项目一套报表。同时要建立相应的规章制度，让项目逐渐参与到成本核算工作中来，培养项目的成本核算能力，为过渡做好思想指导和工作准备。

三、两种核算方法并用

项目岗位责任核算要求同时核算并考核相应责任成本的数量和金额，这个特点决定了会计核算方法对于项目岗位责任考核的不适应性，具体表现在：项目各类人员大多是非会计专业出身，对阅读和编制财务数据不内行；同时也不能满足责任成本双向核算的要求。这时候我们会发现，由于表格格式灵活自由，可以根据项目管理方式和要求设置各种表格式样，反映的内容较为丰富，而且易于理解和操作，因而对项目内各岗位成本的责任核算比较实用，因此使用表格法核算项目岗位成本责任，更方便项目施工成本核算工作的开展。表格核算法在项目施工成本核算工作的早期应用较多，随着工程建设和项目施工成本核算工作的深入发展，表格的种类、格式、内容、数量、流程都在不断地改进和完善，以满足各个岗位的成本控制和考核要求。

随着项目法施工管理的深入开展，项目经理责任制和项目施工成本核算制得到广泛推广，要求项目施工成本核算内容更全面，组织更严密，结论更权威，考核标准越来越高。表格核算由于它的局限性，逐渐难以适应，于是采用会计核算法进行项目施工成本核算已成为目前施工项目成本核算的重要方法。目前，项目管理已基本具备了采用会计核算法开展项目施工成本核算的系列条件。比如近年来理论界和实务界对项目施工成本核算方法的认识已趋于统一；计算机及其网络的使用和普及、财务软件的迅速发展，为开展项目施工成本核算的自动化和信息化提供了可能；大量的财务会计专业大专、本科和研究生等新生力量进入企业，改变了企业会计和财务管理的人才结构，为开展项目施工成本核算充实了人员队伍。

施工项目成本的会计核算目前一般在施工项目的上级机关进行。目前，越来越多的施工企业在项目上设成本会计，进行施工项目成本核算，减少数据的传递次数，提高数据的及时性，便于与表格核算提供数据接口，这已然成为项目施工成本核算的发展趋势。总的来说，用表格核算法核算项目岗位责任成本，用会计核算法进行施工项目成本核算，两种方法并行不悖，相互促进，可大大提高项目施工成本核算工作的效果。

第五节　工程直接成本的核算

一、人工费的核算

(一)人工费的概念和内容

工程成本中的人工费，是指在施工过程中直接参加施工生产的建筑安装工人以及在施工现场直接制作工程构件或负责运料、配料的辅助生产工人的工资、工资性津贴、职工福利费及劳动保护费等，具体包括：

1. 基本工资

基本工资也称标准工资，是按照规定的标准计算的工资。结构工资制下的基本工资包括基础工资、职务工资和工龄津贴。基本工资可分为计时工资和计件工资两种形式。其中计时工资是按计时工资标准和工作时间计算并支付给职工的劳动报酬；计件工资是根据职工所完成的合格工程、产品数量和计件单价计算并支付给职工的劳动报酬。基本工资是职工的基本收入，也是工资总额的主要组成部分。

2. 经常性奖金

经常性奖金是指对完成和超额完成工作量以及有关经济技术指标的职工支付的各种奖励性报酬，如质量奖、安全(无事故)、超产奖、考核各项经济技术指标的综合奖、提前竣工奖、年终奖、节约奖和劳动竞赛奖等。

3. 工资性津贴

工资性津贴是指为了补偿职工额外或特殊的劳动消耗,鼓励职工安心于劳动强度大、条件艰苦的工作岗位而支付给职工的各种津贴,如井下津贴、野外津贴、高空津贴、夜班津贴和技术性津贴等。

4. 补贴

补贴是指为了保证职工的工资水平不受物价的影响而支付给职工的各种物价补贴。

5. 加班加点工资

加班加点工资是指按国家规定的标准支付给职工在法定休息时间的加班工资和加点工资。

6. 特殊情况下支付的工资

特殊情况下支付的工资是指根据国家法律、法规和政策的规定,在某些特殊情况下非工作时间内支付给职工的工资和其他工资。如在病假、工伤假、产假、婚丧假、探亲假、计划生育假、定期休假、停工学习、执行国家或社会义务时间内支付给职工的工资。

(二)人工费的归集和分配

人工费用计入成本的方法,一般应根据单位实行的具体工资制度确定:

(1)如果施工单位采用的是计件工资制度,人工费的收益对象容易确定,只要根据“工程任务单”和“工程结算汇总表”,将所归集的人工费用直接计入到工程成本中去即可。借记“工程施工——合同成本——××工程——人工费”科目,贷记“应付职工薪酬”、“应付福利费”等科目。

(2)如果施工单位采用的是计时工资制度,且能够正确区分工人劳动的服务对象如建筑安装工人只为一项工程工作,就可以采用和计件工资制度下相同的方法,直接将人工费计入“工程施工”科目中去。但如果建筑安装工人同时为多项工程工作,就需要将发生的工资在各个核算对象之间进行分配。分配的方法是按照月份内工人工资总额和职工福利费,除以工人作业工时总和,然后乘各项工程耗用的工时,就可算得各该工程在某月份内应分配的人工费。

(三)人工费的核算

1. 计时工资的计算

计时工资是根据施工单位平均工资率和工程耗用的人工工时数计算的职工劳动报酬。计算公式如下:

$$\begin{array}{c}\text{某项工程应}\\\text{分配的人工费}\end{array}=\begin{array}{c}\text{施工单位}\\\text{平均工资率}\end{array}\times\begin{array}{c}\text{该项工程耗}\\\text{用的工时数}\end{array}\tag{5-1}$$

$$\begin{array}{c}\text{施工单位}\\\text{平均工资率}\end{array}=\left(\frac{\begin{array}{c}\text{月份内全部}\\\text{计时工资总额}\end{array}+\begin{array}{c}\text{月份内职}\\\text{工福利费}\end{array}}{\begin{array}{c}\text{月份内建筑安装}\\\text{工人作业工时总和}\end{array}}\right)\tag{5-2}$$

【例 5-1】 某施工单位在 2008 年 6 月份建筑安装工人的工资总额为 60 000 元,职工福利费为 7 932 元,建筑安装工人作业工时总数为 5 661 工时,其中 1 号建筑工程耗用 3 200 工时,2

号建筑工程耗用 2 461 工时。则计时工资分配见表 5-15。

人工费分配表(计时工资) 表 5-15

单位:第一工程处 2009 年 6 月 单位:元

成本核算对象	耗用工时	平均工资率(元/工时)	分配人工费
1 号工程	3 200	12	38 400
2 号工程	2 461		29 532
合计	5 661		67 932

注:平均工资率 = 67 932/(3 200 + 2 461) = 12(元/工时)。

2. 计件工资的计算

计件工资是根据"工程任务单"中验收的合格工程量乘以规定的计件单价计算的。它的计算公式如下:

$$计件工资 = \sum(验收合格工程量 \times 计件单价)$$

如果是实行班组集体计件,则应先计算出整个班组的劳动报酬,再在班组成员之间根据每个职工的日标准工资和实际作业工日计算的标准工资的比例进行分配。

【例 5-2】 由两个不同工资等级工人组成的泥工班组,在某月份内工完成 $200m^3$ 砖基础砌筑工程。每立方米砖基础计件单价为 18 元,则应付班组计件工资为:200 × 18 = 3 600(元)。班组每个工人的工资等级、日标准工资、实际作业工日和按日标准工资计算的标准工资见表 5-16。

标准工作计算表 表 5-16

工人姓名	工资等级	日标准工资(元)	实际作业工日	按日标准工资和作业工日计算的标准工资(元)
张三	6	35	50	1 750
李四	4	25	50	1 250
	合计		100	3 000

按照每个工人实际作业工日和日标准工资计算的标准工资为 3 000 元,但由于劳动生产率的提高,实得计件工资为 3 600 元。计件工资占标准工资的百分比为:

$$计件工资占标准工资的百分比 = \frac{计件工资}{\sum(日标准工资 \times 作业工时)} \times 100\%$$

$$= \frac{3\,600}{3\,000} \times 100\% = 120\%$$

根据上面计算的计件工资占标准工资的百分比,就可用下列公式算得每个工人应得的计件工资:

每个工人应得计件工资 = 日标准工资 × 作业工日 × 计件工资占标准工资的百分比

张三应得计件工资 = 1 750 × 120% = 2 100(元)

李四应得计件工资 = 1 250 × 120% = 1 500(元)

合计 = 2 100 + 1 500 = 3 600(元)

3. 奖金、津贴的计算

施工企业应付的各项工资性奖金,应根据各施工生产单位和职能部门的评定和分配结果进行计算。对于有定额考核的一线生产工人,应依据劳动定额、消耗定额,并结合考虑完成施工生产任务的质量、效率、安全、节约和出勤情况等,按月进行考核,按分进行计奖。对于无定额考核的二线人员以及技术、管理、服务人员,应在建立和实施部门、个人经济责任制的基础上,结合任务轻重、工作难易以及责任大小等情况,实行计分的办法,按月或按季进行考核,按分进行计奖。

各种工资性的津贴,不论是实行计时工资还是计件工资,均应按照国家和地区的有关规定计算。

4. 伤、病假工资和其他工资的计算

根据《劳动保险条例》,职工因工负伤,其医疗、休养期间的工资应按标准工资金额支付。职工因病或非因工负伤,及其他如执行国家或社会义务时间工资,停工学习期间工资,以及职工定期休假、探亲假、婚丧假、计划生育假、女工产假期间工资,都应按计时工资标准或规定的计时工资标准的一定比例计算。

但是每月应付工资往往并不等于实发工资。因为企业在发放工资时,往往要从应付工资中扣回一些代交款项,如代交住房公积金、养老保险费、医疗保险费等。所以会计部门应根据每个职工的应付工资和扣款通知单中所列的代交款项,计算每个职工的实发工资。

5. 不包括在工资总额中的支出

施工企业不能将下列不包括在工资总额范围的支出列为工资总额。

(1)根据国务院发布的有关规定颁发的创造发明奖、自然科学奖、科学技术进步奖和支付的合理化建议及技术改进奖。

(2)有关劳动保险和职工福利方面的各项费用。

(3)有关离休、退休、退职人员待遇的各项支出。

(4)劳动保护的各项支出。

(5)稿费、讲课费及其他专门工作报酬。

(6)出差伙食补助费、误餐补助费、调动工作的旅费和安家费。

(7)对自带工具来企业工作职工所支付的工具补偿费用。

(8)实行租赁经营单位的承租人的风险性补偿收入。

(9)对购买本企业股票和债券的职工所支付的股利和利息。

(10)劳动合同制职工解除劳动合同时由企业支付的医疗补助费、生活补助费等。

(11)因录用临时工而在工资以外向提供劳动力单位支付的手续费或管理费。

(12)支付给家庭工人的加工费和按加工订货办法支付给承包单位的发包费用。

(13)计划生育独生子女补贴。

6. 账户设置及账务处理

(1)根据"工资分配表"分配工资时,应作如下会计分录。

借:工程施工——合同成本

　　工程施工——间接费用

机械作业

辅助生产

管理费用

贷:应付职工薪酬——应付工资

应付职工薪酬——应付福利费

但是,企业如果有从事多种经营业务的业务人员,则将他们的工资记入"其他业务支出"科目的借方;有从事固定资产建造、扩建、改建、修理以及临时设施搭建等专项工程的工人,则将他们的工资记入"在建专项工程"科目借方。

(2)对于向职工收回的代交款项,则作如下会计分录。

借:应付职工薪酬——应付工资

贷:其他应付款

(3)在支付职工福利费时,则做以下会计分录。

借:应付职工薪酬——应付福利费

贷:应付职工薪酬——应付工资

(4)开出支票,向银行结算户提取现金,支付工资时,作如下分录。

借:现金

贷:银行存款

借:应付职工薪酬——应付工资

贷:现金

(5)对于少数职工因故不能按时领取的工资,并超过企业规定的工资发放期限时,应由班组、车间、部门交回,并编制待领工资明细表,作如下会计分录。

借:现金

贷:其他应付款——未领工资

同时,将未领工资存入银行:

借:银行存款

贷:现金

(6)上半月预付工资时,应作如下分录。

借:应付职工薪酬——应付工资

贷:现金

下半月结算工资时,由于已做了预付工资的会计分录,所以不必再作扣款的分录,只要对下半月发放工资的金额,作工资支付的分录即可。

(7)单位应交社会保险费、住房公积金以及计提工会经费(2%)和职工教育经费(1.5%)时作如下分录。

借:管理费用

贷:应付职工薪酬——应付社会保险费

——应付住房公积金

——应付工会经费

——应付职工教育经费

二、材料费的核算

材料费是指在施工过程中耗用的构成工程实体的主要材料、结构件、零件、半成品和有助于工程形成的其他材料费以及周转材料的摊销费和租赁费。材料费在工程全部成本中占有很大比重,因此,认真核算材料费用,加强材料管理,是降低工程成本的主要途径。

(一)材料的计价

1.自购材料的计价

(1)实价,是指供货单位开具的发票所填制的价款,包括材料的原价、供销单位的手续费和税金。购买材料支付的增值税属于价外税,在专用发票上另行注明。施工单位支付的材料应交增值税,应作为购料成本。

(2)运杂费,是指材料从采购地点运到工地仓库或施工现场堆存材料的地点以前所发生的包装费、运费、装卸费及合理的运输损耗费等。但包装物的保证金或押金不包括在其中,回收包装物的收入应冲减运杂费。

(3)采购保管费,是指单位材料供应部门和仓库(包括露天堆放场)在组织材料采购、验收、整理、保管和收发过程中所发生的各项费用以及合理的保管损耗费。对于不能直接计入某一种材料的支出,则需要按照适当的标准分摊计入。

2.建设单位供应材料的计价(甲供料)

(1)甲供料主要有钢材、木材、水泥和特殊材料,甲供料的计价一般不论实际采购成本为多少,一律按材料预算价格计价,或双方合同约定价格计价。

(2)在材料预算价格中,包括按规定取费率计算的采购管理费(%)与工地保管费(%)。如果建设单位委托施工企业采购,可向建设单位收取采购保管费,如果建设单位自行采购供应施工企业,可向建设单位收取工地保管费。

(3)甲供钢材一般应要求建设单位供应定尺材,如果供应的是非定尺材,应测定提超理论重量,如果超出国家规定的理论重量,则应办理甲供钢材补偿核定单进行补偿。

3.自制产品的计价

单位自制产品的入账价值为制造成本,包括在制造过程中发生的直接材料、直接人工、其他制造费用等。

4.单位内部材料供应部门调拨材料的计价

单位内部材料供应部门或各项目之间调拨的材料按单位材料处发布的材料信息价计价。

5.委托加工材料的计价

委托加工材料的计价一般由以下三个部分组成:

(1)原材料的实际成本。

(2)支付给对方单位的加工费。

(3)支付的运杂费。

(4)按规定计入成本的税金等。

6.废旧材料及修复报废物品的计价

回收的材料应当在不影响工程质量的前提下,予以充分利用,可根据新旧程度按市场价格估价，修复报废物品的计价应包括报废时的残值和加工修理的费用。

7. 发出材料的计价

发出材料的计价可采用先进先出法、移动加权平均法、月末一次加权平均法和个别计价法等方法。

1）先进先出法

先进先出法以先购入的材料应先发出这样一种材料流转假设为前提，对发出材料进行计价。采用这种方法，先购入的材料成本在后购入材料成本之前转出，据此确定发出材料和期末材料的成本。

2）移动加权平均法

移动加权平均法以每次进货的成本加上原有库存材料的成本，除以每次进货数量与原有库存材料的数量之和，据以计算加权平均单位成本，作为在下次进货前计算各次发出存货成本的依据。

3）月末一次加权平均法

月末一次加权平均法以当月全部材料进货数量加上月初材料数量作为权数，去除当月全部材料进货成本加上月初材料成本，计算出材料的加权平均单位成本，以此作为基础计算当月发出材料的成本和期末材料的成本。

4）个别计价法

个别计价法注意所发出材料具体项目的实物流转与成本流转之间的联系，逐一辨认各批发出材料和期末材料所属的购进批次或生产批次，分别按其购入或生产时所确定的单位成本计算各批发出材料和期末材料的成本。即把每一种材料的实际成本作为计算发出材料成本和期末材料成本的基础。对于不能代替使用的材料、为特定项目专门购入或制造的材料以及提供的劳务，通常采用个别计价法确定发出材料的成本。

（二）材料费的归集和分配

1. 材料费的归集

施工企业建筑安装活动中需要耗费大量的材料，材料品种非常多，大堆材料比重大，各工程往往在同一施工现场，同一时间进行施工。因此，材料费的分配应按材料费领用的不同情况进行归集和分配，并建立健全材料物资的管理制度。

(1) 对于能点清数量和分清用料对象，并直接用于工程的材料，如钢材、木材、水泥，通常都可分别按成本核算对象直接计入各工程成本的材料费项目中。

(2) 对于能点清数量、集中配料或统一下料的材料，如玻璃、木材、油漆等，应在领料凭证上注明“工程集中配料”字样，月末由材料管理人员或领用部门，根据用料情况、材料消耗定额，编制“集中配料耗用分配表”，在各成本核算对象之间进行材料费的分配。

(3) 对于不能点清数量，也很难立即分清用料对象，由几个单位工程共同使用的一些大堆材料，如砖、瓦、砂石、白灰等，先由材料员或领料部门验收保管，月末进行实地盘点结存数量，然后根据月初结存数量与本月进料数量，倒计本月实际消耗数量，结合材料耗用定额，编制“大堆材料耗用计算单”，据以计算应计入各成本核算对象的成本。

(4) 对于其他不能清点数量的材料，也需要采用适当的方法分配计入各工程成本材料费用项目。用于辅助生产部门、机械作业部门的各种材料应分别记入“辅助生产”、“机械作业”科目的借方。

(5)实行材料节约奖的,应按材料节约的数额,直接计入各成本核算对象。

(6)成本计算期内已办理领料手续,但没有全部耗用的材料,应在期末进行盘点,并填制“退料单”,作为办理退料的凭证,据以冲减本期材料费。工程施工后的剩余材料,也应填制“退料单”,办理退料手续,据以冲减工程材料费。施工过程中发生的残次料和包装物等,应尽量回收利用,并填制“废料交库单”,估价入账,并冲减工程材料费。

(7)周转材料,应根据各个工程成本核算对象在用的数量,按照规定的摊销方法计提当月的摊销额,并编制各种“周转材料摊销计算表”,以分配计入各工程成本材料费用项目。

月末,财会部门必须严格审核各种领退料凭证,并根据限额领料单、退料单、报损报耗单,大堆材料耗用计算单及材料成本差异等,按单位工程编制“耗用材料汇总表”、“材料费分配表”,计算受益对象应分配的材料费。

2. 材料费用的分配

材料费用的分配需要定期将审核后的领料凭证按材料的用途进行归类,对于应计入工程成本的材料费用应直接或间接计入工程成本,对于不应计入工程成本的材料费用则计入各自费用项目。

周转材料应按受益的工程项目采用适当的摊销方法计算摊销额,并计入各工程成本的材料费项目。租用周转材料的租赁费,应直接计入各受益工程项目的材料费项目。

低值易耗品的摊销可直接计入工程成本,并记入“工程施工”、“机械作业”等科目的借方;但对于摊销数额较大的情况,则应先将其计入“待摊费用”科目,然后分期记入上述科目的借方。

材料费用的分配一般是先根据各种领料凭证按各个成本计算对象汇总编制“耗用材料分配表”,然后汇总计算各成本计算对象耗用材料计划成本和分摊的材料成本差异,据以确定应记入各项工程成本的材料费项目的数额。

此外,对实施租赁制的周转材料的归集和分配应注意如下问题:

(1)周转材料实行内部租赁制,以租费的形式反映其消耗情况,按“谁租用谁负担”的原则,核算其项目成本。

(2)按周转材料租赁办法和租赁合同,由出租方与项目经理部按月结算租赁费。租赁费按租用的数量、时间和内部租赁单价计算计入项目成本。

(3)周转材料在调入移出时,项目经理部都必须加强计量验收制度,如有短缺、损坏,一律按原价赔偿(缺损数 = 进场数 - 退场数),计入项目成本。

(4)租用周转材料的进退场运费,按其实际发生数,由调入项目负担。

(5)对U形卡、脚手扣件等零件除执行项目租赁制外,考虑到其比较容易散失的因素,故按规定实行定额预提摊耗,摊耗数计入项目成本,相应减少次月租赁基数及租赁费。单位工程竣工,必须进行盘点,盘点后的实物数与前期逐月按控制定额摊耗后的数量差,按实调整清算计入成本。

(6)实行租赁制的周转材料,一般不再分配负担周转材料差价。退场后发生的修复整理费用,应由出租单位做出租成本核算,不再向项目另行收费。

3. 账户设置和账务处理

1) 耗用原材料的账务处理

(1) 如果材料日常收发按实际成本计价时，施工生产单位将为构建工程而耗用的材料费登记入账时，可直接按材料实际成本直接贷记“原材料”科目，借记“工程施工——合同成本”、“工程施工——间接费用”、“辅助生产”、“机械作业”、“其他业务支出”等科目。

借：工程施工——合同成本
　　工程施工——间接费用
　　辅助生产
　　机械作业
　　其他业务支出
贷：原材料

(2) 如果材料日常收发按计划成本计价时，施工生产单位将为构建工程而耗用的材料费登记入账时，需根据“领料单”、“定额领料单”、“大堆材料耗用单”等，按计划价格成本分别自“原材料”等科目的贷方转入“工程施工——合同成本”、“辅助生产”、“机械作业”、“管理费用”、“其他业务支出”等科目的借方。

借：工程施工——合同成本
　　辅助生产
　　机械作业
　　管理费用
　　其他业务支出
贷：原材料

按照计划价格成本列账的材料，对发出耗用部分，应分摊成本差异，将计划价格成本调整为实际成本，即要将“材料成本差异”科目中属于耗用材料的成本差异，转入各生产费用科目。当材料实际成本高于计划价格成本，“材料成本差异”科目结有借方余额时，应作如下分录。

借：工程施工——合同成本
　　辅助生产
贷：材料成本差异

如果材料实际成本低于计划价格成本，“材料成本差异”科目结有贷方余额时，用红字作如上相同分录入账。

(3) 废旧材料的处理：

①废旧材料回收，重新估价入库，根据入库单作。

借：原材料——其他材料
贷：工程施工——合同成本

②废旧材料变卖，则作如下分录。

借：银行存款
贷：工程施工——合同成本

2) 耗用周转材料的账务处理

购入、自制、委托外单位加工完成并已验收入库的周转材料、施工企业接受的债务人以非现金资产抵偿债务方式取得的周转材料、非货币性交易取得的周转材料等，以及周转材料的清查盘点，比照“原材料”科目的相关规定进行账务处理。

施工企业应当根据具体情况对周转材料采用一次转销、分期摊销、分次摊销或者定额摊销的方法。

(1)一次转销法。一般应限于易腐、易糟或使用一次后一般即不再使用的周转材料，于领用时一次计入成本、费用。

(2)分期摊销法。根据周转材料的预计使用期限分期摊入成本、费用。

周转材料每月摊销额 = [周转材料原值 × (1 - 残值占原值的百分比)] ÷ 预计使用月数

(3)分次摊销法。根据周转材料的预计使用次数摊入成本、费用。

$$\text{周转材料每月摊销额} = \frac{\text{周转材料原值} \times (1 - \text{残值占原值的百分比})}{\text{预计使用次数}} \tag{5-3}$$

(4)定额摊销法。根据实际完成的实物工作量和预算定额规定的周转材料消耗定额，计算确认本期摊入成本、费用的金额。

$$\text{周转材料每月摊销额} = \text{该月完成的建筑安装工程量} \times \text{单位工程量周转材料消耗定额} \tag{5-4}$$

施工企业可以根据周转材料的类别，分别选用不同的摊销方法，也可以多种方法并用，但是不论单位选用何种摊销方法，年度终了或转移工地时，均要对周转材料重新估计成色，补记或冲减工程成本。周转材料的摊销方法确定以后，一般不能随意变更，确需变更的需在会计报表附注中予以说明。

周转材料账务处理如下：

(1)领用周转材料时的账务处理

①采用一次转销法的，领用时，将其全部价值计入有关的成本、费用。

借：工程施工

　　机械作业等科目

贷：周转材料——在库周转材料

对于易腐、易糟或使用一次后一般即不再使用的可一次记入有关受益对象成本的周转材料，也可考虑将它归为“原材料——其他材料”，而不列作周转材料，这样，一方面使周转材料名副其实，均属可以多次周转使用的材料；另一方面也可使周转材料的核算规范化。

②采用其他摊销法的，领用时，按其全部价值。

借：周转材料——在用周转材料

贷：周转材料——在库周转材料

(2)摊销周转材料时的账务处理

摊销时，按摊销额：

借：工程施工等科目

贷：周转材料——周转材料摊销

摊销额注销时：

借：周转材料——周转材料摊销

贷：周转材料——在用周转材料

(3)退回周转材料时的账务处理

退库时,按其剩余价值:

借:周转材料——在库周转材料

贷:周转材料——在用周转材料

(4)周转材料报废时的账务处理

①采用一次转销法的,将报废周转材料的残料价值作为当月周转材料转销额的减少,冲减有关成本、费用:

借:原材料——其他材料等科目

贷:工程施工等科目

②采用其他摊销法的,补提摊销额时:

借:工程施工等科目

贷:周转材料——周转材料摊销

将报废周转材料的残料价值作为当月周转材料摊销额的减少,冲减有关成本、费用时:

借:原材料——其他材料等科目

贷:工程施工等有关科目

同时,将已提摊销额:

借:周转材料——周转材料摊销

贷:周转材料——在用周转材料

3)采用计划成本核算的施工企业的账务处理

采用计划成本核算的施工企业平时领用周转材料时,按计划价格成本入账。月度终了,则结转当月领用周转材料应分摊的成本差异。对周转材料的成本差异,可按各月周转材料摊销额合计及当月材料成本差异分摊率来计算。各月分摊的周转材料成本差异,应记入"工程施工"科目的借方和"材料成本差异"的贷方。如果实际成本小于计划价格成本,用红字记入"工程施工"科目的借方和"材料成本差异"科目的贷方。

(1)领用时,作如下分录入账。

借:周转材料——在用周转材料(计划价格)

贷:周转材料——在库周转材料(计划价格)

(2)摊销时,则作如下分录。

借:工程施工(按计划价格计算的当月耗用量)

贷:周转材料——周转材料摊销(按计划价格计算的当月耗用量)

(3)分摊周转材料成本差异时,则作如下分录。

借:工程施工

贷:材料成本差异

(4)月末将摊销额注销时,则作如下分录。

借:周转材料——周转材料摊销

贷:周转材料——在用周转材料

在用周转材料,以及使用部门退回仓库的周转材料,应当加强实物管理,并在备查簿上进行登记。

4)实施租赁制的周转材料的账务处理

对于周转材料的租赁费,月末根据周转材料租赁费、收据或发票作如下分录。

借:工程施工——合同成本

贷:银行存款

三、机械使用费的核算

工程成本项目中的"机械使用费",是指建筑安装工程施工过程中采用施工机械、运输设备进行机械作业所发生的各项费用以及按照规定支付的施工机械进出场等费用。随着工程机械化施工程度的不断提高,机械使用费在工程成本中所占的比重日益增大,因此,加强施工机械的管理和核算,合理组织机械施工,对提高施工机械的利用率,加速施工进度,降低机械使用费有着重要意义。

(一)机械的分类和管理

施工机械一般按照规模和型号分为中小型机械和大型机械,管理的方法有所不同。中小型机械如小型挖土机、机动翻斗车、混凝土搅拌机、砂浆搅拌机等,由土建施工单位使用并辅助管理;大型机械和数量不多的特殊机械设备如大型挖土机、压路机、推土机、大型吊车、升板滑膜设备等,则由机械施工单位负责管理,如各土建施工单位施工有需要,则由机械施工单位进行施工,或以向土建施工单位收取机械台班费或机械租赁费的方式将机械租给土建施工单位。

施工企业使用的施工机械可分为自行管理的机械和租赁的机械两种,其中租赁的机械又包括向企业外部和向企业内部独立核算的机械供应站租赁。由于所有权的不同,自行管理和租赁的机械会计核算方法也不相同。

1. 租赁机械

从外单位或本企业其他内部独立核算的机械站租入施工机械而支付的租赁费和进出场费,一般可以根据"机械租赁费结算账单"所列金额,直接计入各有关工程成本"机械使用费"科目,不通过"机械作业"科目核算。施工企业所属内部独立核算的机械站和运输队,应根据各成本项目,归集当月实际发生机械作业费用总额,计算当月机械作业的总成本,并根据当月机械运转台班或完成的工程量,计算当月机械作业的实际单位成本。同时,对于发生的租赁费应由两个或两个以上成本核算对象共同负担的,则施工单位应根据所支付的租赁费总额和各个成本核算对象实际使用台班数分配计入有关成本核算对象。计算公式如下所示:

$$\frac{\text{某成本核算对象}}{\text{应承担的租赁费}} = \frac{\text{该成本核算对象}}{\text{实际使用台班数}} \times \text{平均台班租赁费} \tag{5-5}$$

$$\text{平均台班租赁费} = \frac{\text{支付的租赁费总额}}{\text{租入施工机械作业总台班数}} \tag{5-6}$$

【**例 5-3**】　第一工程处从成工建筑机械公司租入设备,接到成工建筑机械公司租赁费结算单见表 5-17。

成工建筑机械公司租赁费结算单　　表 5-17

2009 年 7 月

工作对象	机械名称	使用台班数	结算单价(元)	总金额(元)
D 工程	挖土机	50	3 500	175 000

如果以银行存款支付租赁费,根据上表,账务处理如下。

借:工程施工——合同成本——D 工程(机械使用费)　175 000

贷:银行存款　175 000

2. 自有机械

自有施工机械使用过程中发生的费用,应首先按机组或单机归集,计算每台班的实际成本,然后根据各个成本核算对象的所耗用的台班数,确定应计入各成本核算对象的机械使用费。

进行机械作业所发生的各项费用的归集和分配,通过"机械作业"账户进行,该账户按照机械设备的类别设置明细账,按规定的成本项目归集费用。费用发生计入该账户的借方,费用项目的确定通常应和机械台班预算定额的构成内容一致,以便计算出来的台班实际成本与定额相比较;月末根据归集的费用和设备作业时间计算各类机械的台班成本,或按适当的标准分配计入各项工程成本的"机械使用费"科目,同时从"机械作业"科目的贷方转出。

要注意的是,施工企业所属各施工单位的自有施工机械设备,一般只计算机械作业的直接费成本,而将间接费用直接分配计入各工程成本核算对象的间接费用成本项目。

【例 5-4】　第一工程处自有机械 2009 年 9 月发生的相关费用见表 5-18。

机械作业费明细表　　表 5-18

2009 年 9 月

费 用 支 出	压路机作业费(元)
支付人员工资	7 800
耗用燃料动力	58 000
支付水电费	18 000
计提折旧	45 000
合计	128 800

根据该表,自有施工机械作业费用的账务处理如下。

借:机械作业——压路机——人工费　7 800

贷:应付职工薪酬　7 800

借:机械作业——压路机——燃料及动力　58 000

贷:原材料　58 000

借:机械作业——压路机——水电费　18 000

贷:银行存款　18 000

借:机械作业——压路机——折旧费　45 000

贷:累计折旧　45 000

（二）机械使用费包括的内容

1. 人工费

人工费是指施工设备操作人员的工资和职工福利等费用。但为施工机械运料、配料和搬运成品的工人支付的工资，应计入工程成本的“人工费”项目。

2. 燃料、动力费

燃料、动力费是指施工机械消耗的燃料、动力费。

3. 材料费

材料费是指施工机械耗用的润滑材料和擦拭材料等。但施工机械所加工的各种材料，如搅拌混凝土时所用的水泥、砂、石等，应记入工程成本的“材料费”项目。

4. 折旧修理费

折旧修理费是指对施工机械计提的折旧费、大修理费用摊销和发生的经常性修理费，以及出租施工机械的租赁费。

5. 运输装卸费

运输装卸费是指将施工机械运到或远离施工现场（若运往其他现场，运出费用由其他施工现场的工程成本负担）和在施工现场范围内转移的运输、安装、拆卸及试车等费用。

6. 辅助设施费

辅助设施费是指为使用施工机械建造、铺设基础、底座、工作台、行走轨道等所发生的费用。如果施工机械的辅助设施费数额较大，应先记入“待摊费用”或“长期待摊费用”科目，然后按照在现场内施工的期限，分次从“待摊费用”或“长期待摊费用”科目转入“机械作业”科目，分摊计入各月工程成本。

7. 替换工具、部件费

替换工具、部件费是指施工机械上使用的传动皮带、轮胎、胶皮管、钢丝绳、变压器、开关、电线、电缆等替换工具和部件的摊销和维修费。

8. 养护费、牌照税

养护费、牌照税是指为施工运输机械（如铲车等）交纳的养护费和牌照税。

9. 间接费用

间接费用是指机械施工单位组织机械施工、保管机械发生的费用以及停机棚的折旧、维修费等。如果是内部独立核算单位，应单独设置间接费用明细分类账，进行明细分类核算。

（三）机械使用费的分配方法和账务处理

机械使用费的分配，一般以施工机械的工作台时（台班）或完成工程量为标准。各施工机械可以根据各种机械的使用记录，在“机械使用月报”中汇总对各个成本计算对象施工的工作台时（台班）或完成工程量。

1. 按施工机械的实际台时（或完成工程量）分配机械使用费

月末，根据“机械作业明细分类账”记录的机械使用费合计数和“机械使用月报”中汇总的各个成本计算对象的工作台时（台班）或完成工程量，将机械使用费按如下计算公式进行分配。

$$\text{某工程应分配的机械使用费}=\frac{\text{该项工程使用机械的工作台时(台班)或完成工程量}}{\text{机械工作台时(台班)或完成工程量合计}}\times\text{机械使用费合计} \tag{5-7}$$

根据以上计算结果，编制“机械使用费分配表”，将分配的机械使用费计入工程成本计算单的机械使用费项目内，同时借记“工程施工——合同成本”账户，贷记“机械作业”账户。

“机械作业”账户发生的费用一般当月分配完毕，月末没有余额。

【例 5-5】 2009 年 9 月，华天建筑工程公司某工程处的一台吊车和一台挖土机分别对 1 号工程和 2 号工程进行了机械作业。“机械作业”账户吊车机械使用费明细账的借方发生额为 70 000 元，吊车实际作业台班数为 1 号工程为 150 小时，2 号工程 25 小时。“机械作业”账户挖土机机械使用费明细账的借方发生额为 41 250 元，挖土机实际作业台班数为 1 号工程为 140 小时，2 号工程 25 小时。则编制的机械使用费分配表（表 5-19）和账务处理如下。

机械使用费分配表

表 5-19

2009 年 9 月　　单位：元

受益对象	吊车			挖土机			合计
	台班数	每台班成本	金额	台班数	每台班成本	金额	
1 号工程	150		60 000	140		35 000	95 000
2 号工程	25		10 000	25		6 250	16 250
合计	175	400	70 000	165	250	41 250	111 250

根据机械使用费分配表 5-19，编制如下会计分录：

借：工程施工——合同成本——1 号工程　　95 000

　　工程施工——合同成本——2 号工程　　16 250

贷：机械作业——吊车　　70 000

　　　　　　——挖土机　　41 250

2. 先按机械的计划台时费分配，然后按比例调整实际机械使用费

为简化计算手续，各种中型施工机械的机械使用费在分配时，首先确定各种施工机械台时费计划数，然后月终结合“机械使用月报”中各种机械的工作台时（或完成工程量）合计计算出当月按台时费计划数计算的机械使用费合计，再根据“机械作业明细分类账”汇总计算实际发生的机械使用费，并计算机械使用费实际数占按台时费计划数计算的机械使用费合计的百分比，然后按算得的百分比调整各个成本计算对象按台时费计划数计算的机械使用费计划数，最后做出相关机械使用费分配的会计分录：

$$\text{按台时费计划数计算的机械使用费合计}=\sum(\text{机械工作台时合计}\times\text{该机械台时费计划数}) \tag{5-8}$$

$$\text{某项工程应分配的机械使用费}=\sum\left(\text{机械工作台时合计}\times\text{该机械台时费合计数}\right)\times\frac{\text{实际发生的机械使用费}}{\text{按台时费计划数计算的机械使用费合计}} \tag{5-9}$$

【例 5-6】 华天建筑公司机械施工情况见表 5-20，2009 年 9 月该公司“机械使用费明细分类账”计算的机械使用费实际数为 21 240 元。

机械使用费资料表

表 5-20

2009 年 9 月

单位:元

施工机械名称	计划台时费(元/台时)①	本期实际使用台时(台时)②	合 计 ③=①×②	实际机械施工费
履带挖土机	12.00	300 台时(其中:1`号工程 250 台时,3 号工程 50 台时)	3 600	4 500
混凝土搅拌机	3.50	320 台时(其中:1 号工程 140 台时,2 号工程 110 台时,3 号工程 70 台时)	1 120	1 000
其他施工机械			12 980	15 740
		合计	17 700	21 240

依据以上资料,对机械使用费的分配和账务处理如下:

(1)各种施工机械按台时费计划数计算的机械使用费合计为 17 700 元。

(2)该企业“机械作业明细分类账”汇总计算机械使用费实际数为 21 240 元。

(3)机械使用费实际数占按台班费计划数计算的百分比 = 21 240/17 700 × 100% = 120%。

(4)各成本计算对象按台时费计划数计算的机械使用费,按算得的百分比加以调整后可得表 5-21。

机械使用费分配表

表 5-21

2009 年 9 月

单位:元

工 程 名 称	使用履带挖土机总费用(计划数 12 元/台时)①	使用混凝土搅拌机总费用(计划数 3.50 元/台时)②	使用其他施工机械总费用③	按台时费计划数计算的机械使用费合计④=①+②+③	机械使用费调整分配数(调整比例 95%)⑤=1.2×④
1 号工程	3 000	490	3 280	6 770	8 124
2 号工程		385	5 220	5 605	6 726
3 号工程	600	245	2 350	3 195	3 834
4 号工程			2 130	2 130	2 556
合计	3 600	1 120	12 980	17 700	21 240

根据表 5-21,其机械使用费分配的会计分录为:

借:工程施工——合同成本——1 号工程　　8 124

　　工程施工——合同成本——2 号工程　　6 726

　　工程施工——合同成本——3 号工程　　3 834

　　工程施工——合同成本——4 号工程　　2 556

贷:机械作业——挖土机　　4 320(3 600 × 1.2)

　　　　　　——搅拌机　　1 344(1 120 × 1.2)

　　　　　　——其他机械　　15 576(12 980 × 1.2)

四、其他直接费的核算

其他直接费是指施工现场发生的材料二次搬运费、生产工具用具使用费、检验试验费、工程定位复测费、临时设施摊销费、工程点交费、场地清理费、远征费、冬雨季施工及夜间施工增加费、土方运输费、仪器仪表使用费、工程水电费、特殊工种培训费等。

(一)其他直接费的归集和分配

施工企业发生的其他直接费用,凡是能分清成本对象的,应直接计入各受益的工程成本核算对象下的“其他直接费用”项目中。凡由几个工程共同发生、不能直接确定成本核算对象的,可先在“其他直接费用”明细账中汇总归集,月末或竣工时再分配计入各成本核算对象。

1. 施工过程中的材料二次搬运费

施工过程中的材料二次搬运费,以项目经理部向劳务分公司汽车队的托运汽车按天或月结算的租费费计算,或以运输公司的汽车运费计算。

2. 临时设施摊销费

临时设施摊销费,按项目经理部搭建的临时设施总价(包括活动房)除项目合同工期求出的每月应摊销额计算,临时设施使用一个月则摊销一个月,直到摊销为止,项目竣工后存在搭拆差额(盈亏)的,则按实调整原摊销数额为实际成本。

3. 生产工具用具使用费

大型机动工具、用具等使用费可以参照内部机械租赁办法以租费形式计入项目成本,也可按一次摊销法将购置费计入项目成本,并做好在用工具、用具的借出记录,以便反复利用和加强管理。工具用具的修理费按实际发生数计入成本。

4. 其他

除上述以外的措施费内容,均应按有效结算凭证上的实际发生数计入项目成本。

(二)账户设置及账务处理

(1)生产工具用具如以租赁方式取得,付款时根据工具用具结算单、收据作:

借:工程施工——合同成本——其他直接费

贷:银行存款

(2)生产工具用具如是一次性摊销的,根据工具用具领用报表作:

借:工程施工——合同成本——其他直接费

贷:周转材料——工具用具

(3)如以现金形式发放给职工承包使用,不发实物,根据发放单作:

借:工程施工——合同成本——其他直接费

贷:现金

(4)工程水电费按水电表实际使用量和预算单价计算,如现场没有水电表的,则按定额计算、编制水电费耗用表,月末作:

借:工程施工——合同成本——其他直接费

贷:应付账款——水电费

(5)其他费用在支付时,根据发票、合同等作:

借:工程施工——合同成本——其他直接费

贷:银行存款或应付职工薪酬等科目

(6)临时设施的核算,按工期分期摊入成本,月末作:

借:工程施工——合同成本——其他直接费

贷:临时设施摊销

月末或竣工时,按照定额用量预算费用或以工程的工料成本作为分配基数,编制“其他直接费用分配表”,分配计入各成本核算对象。

【例5-7】 华天建筑施工企业A工程处本月共发生其他直接费260 000元,通过月末统一分配,归属于甲工程的其他直接费为120 000元,归属于乙工程的其他直接费为140 000元。请作出相应的会计分录。

借:工程施工——合同成本——甲工程　　120 000

　　工程施工——合同成本——乙工程　　140 000

贷:工程施工——合同成本——其他直接费　　260 000

第六节 工程间接成本的核算

一、工程间接成本的内容

建筑安装工程成本中除了各项直接费用外,还包括企业所属的各工程处、施工队、项目经理部等施工单位为准备、组织和管理施工生产所发生的各项费用。这些费用的集合即为工程间接成本。工程间接成本不能将其确定为单项工程所应负担,因而也无法将它们直接计入各个成本计算对象。为了简化工程间接成本的核算过程,可先通过“工程施工——间接费用”或“生产成本——工程施工成本——间接费用”科目进行归集,然后按照确定的分配标准,将它分配记入各项工程成本。

为了加强对各项间接成本费用的明细分类核算,考核成本预算的执行结果,分析各项费用增减变动的原因,编制下年度的间接成本计划,进一步节约费用开支,降低工程成本,施工单位应按照有关规定在工程间接成本下设置如下明细项目。

(一)临时设施摊销费

临时设施摊销费指为保证施工和管理的正常进行而建造的各种临时性生产和生活设施,包括临时宿舍、办公室、文化福利及公用设施、加工厂、仓库,以及规定范围内道路、水、电管线等临时设施的摊销费。

施工企业的各种临时设施应当在工程建设期间内按月进行摊销,摊销方法可以采用工作量法,也可以采用工期法。当月增加的临时设施,当月不摊销,从下月起开始摊销;当月减少的临时设施,当月继续摊销,从下月起停止摊销。摊销时,按摊销额,借记“工程施工”等科目,贷记本科目。本科目只进行总分类核算,不进行明细分类核算。需要查明某项临时设施的累计摊销额,可以根据临时设施卡片上所记载的该项临时设施的原价、摊销率和实际使用年限等资料进行计算。本科目期末贷方余额,反映施工企业临时设施累计摊销额。

(二)管理人员工资

管理人员工资指施工单位管理人员的工资、奖金和工资性津贴等。

(三)职工福利费

职工福利费是按施工单位管理人员工资总额 14% 提取的职工福利费。

(四)办公费

办公费主要指施工单位管理部门在办公过程的支出,包括但不仅限于文具、纸张、账表、印刷、邮电、书报、会议、水电、烧水和集体取暖(包括现场临时宿舍取暖)用煤等费用。

(五)差旅交通费

差旅交通费指施工单位职工因公出差期间的旅费、住勤补助费、市内交通费和误餐补助费、劳动力招聘费、职工探亲路费、工伤人员就医路费、工地转移费、职工离退休、退职一次性路费以及现场管理使用的交通工具的油料、燃料、养路费及牌照费等。

(六)劳动保护费

劳动保护费是用于施工单位职工的劳动保护用品和技术安全设施的购置、摊销和修理费,用于职工保健的营养品、解毒剂、防暑饮料、洗涤肥皂等物品的购置费或补助费,以及工地上职工洗澡、饮水的燃料费。

(七)折旧费

折旧费指施工单位施工管理和实验部门等使用房屋、设备、仪器等固定资产,以及使用不实行内部独立核算的辅助生产单位的厂房、设备等而发生的折旧费。

(八)修理费

修理费指施工单位施工管理和实验部门等使用房屋、设备、仪器等固定资产,以及使用不实行内部独立核算的辅助生产单位的厂房、设备等而发生的经常性修理费用和大修理费。

(九)工具用具使用费

工具用具使用费是施工单位施工管理和实验部门等使用非固定资产性质的工具、器具、家具、交通工具和检验、试验、测绘、消防用具等的购置、摊销和修理费,以及支付给自备工具工人的补贴费。

(十)保险费

保险费指施工管理用于财产、车辆的保险费,以及对工人从事海上、高空、井下作业等特殊工种的安全保险费。《建筑法》第四十八条规定,建筑施工企业必须为从事危险作业的职工办理意外伤害保险,支付保险费。《建设工程安全生产管理条例》第三十八条规定,施工单位应当为施工现场从事危险作业的人员办理意外伤害保险。

(十一)保修费

保修费指工程竣工交付使用后,在规定的保修期和保修范围内所发生的维修、返工等各项费用支出,应采用预提方式计入。

施工单位未按国家有关规范、标准和设计要求施工,造成质量缺陷,由施工单位负责无偿返修并承担经济责任。如果在合同规定的程序和时间内,施工单位未到现场保修,建设单位可以另行委托其他单位修理,由施工单位承担经济责任。因设备、建筑材料、构配件质量不合格引起的质量缺陷,属于施工单位采购的或经其验收同意的,由施工单位承担经济责任;属于建设单位采购的,由建设单位承担经济责任。至于施工单位、建设单位与设备、材料、构配件供应单位或部门之间的经济责任,应按其设备、材料、构配件的采购供应合同处理。

(十二)其他费用

其他费用指上列各项费用以外的其他间接费用,如工程排污费、场地清理、现场照明、支付临时工劳动力管理费等。

材料费和机械使用费等费用属于变动费用,而我们从上述工程间接成本的明细项目中可以发现,工程间接成本各项目具有相对的固定性,其成本总额与工程量没有明显的比例关系。因此,工程间接成本相当于商品生产企业的固定成本,具有类似经营杠杆的作用。单位工程分摊的间接成本将随着工程数量的变动呈反向变动,即随着完成工程数量的增加,单位工程分摊的间接成本随之减少,反之,随着完成工程数量的减少,单位工程分摊的间接成本随之增加。可见,超额完成工程任务,可降低工程成本。

总之,工程间接成本属于施工企业内部公共成本,难以分清具体的受益对象。施工企业需先归集后分配,且通过“工程施工——间接费用”账户进行工程间接成本的核算,先及时汇总本期发生的各种间接成本费用,并按费用项目进行明细核算,然后月末按照确定的标准分配到各项工程。

当间接成本发生时计入“工程施工——间接费用”科目的借方;月末将归集的费用采用一定的标准全数分配,借记相应的工程成本项目,贷记“工程施工——间接费用”科目,并计入各项工程施工成本明细分类账的“间接费用”费用项目。

二、工程间接费用的归集和分配

工程间接成本账务处理的难点在于如何确定间接费用的月末分配标准,在实务中,其分配标准因工程类别不同而有所不同,需要根据不同的工程类型,分别采用不同的分配标准来分配。

土建工程一般应以土建工程的直接费用为分配标准,安装工程一般应以安装工程的人工费用为分配标准,同时有土建和安装的工程比较复杂,需要进行两次分配。

在实际工作中,由于施工单位施工的工程当中往往不仅有土建工程还有安装工程,甚至有时辅助生产单位生产的产品或劳务还可能对外销售,所以施工单位的间接成本需要进行两次分配,一次是在不同类的工程、劳务和作业间进行分配,另一次是在同类的工程、劳务和作业间进行分配。

(一)第一次分配

间接费用的第一次分配一般是以各类工程、劳务和作业的人工费为基础进行分配,其计算方法如下:

$$\text{间接成本分配率}=\frac{\text{间接成本总额}}{\text{各类工程(劳务、作业)成本中人工费总额}}\times 100\% \tag{5-10}$$

$$\text{某类工程应分配的间接成本}=\text{该类工程成本中的人工费}\times\text{间接成本分配率} \tag{5-11}$$

(二)第二次分配

间接成本的第二次分配是进行类内分配,即将第一次分配到各类的工程间接成本再分配到本类的工程、劳务和作业中去。第二次分配要区别情况,分别按各类工程、劳务和作业发生的直接费用或人工费为基础进行分配,其计算方法如下:

1. 土建工程

土建工程以工程的直接成本,即以人工费、材料费、机械使用费和其他直接费用之和的实际数或以已经完工工程直接费用的预算数为标准进行分配,计算公式如下:

$$\text{土建工程间接费用分配率}=\text{该土建工程发生的直接费用}\times\text{间接费用分配率}\times 100\% \tag{5-12}$$

$$\text{某土建工程应分配的间接费用}=\text{该土建工程发生的直接费用}\times\text{间接费用分配率} \tag{5-13}$$

2. 安装工程

安装工程以工程人工费用的实际发生数或以已完工程人工费用的预算数作为标准分配,计算公式如下:

$$\text{安装工程间接费用分配率}=\frac{\text{安装工程应分配的间接费用总额}}{\text{各安装工程发生的人工费用总额}}\times 100\% \tag{5-14}$$

$$\text{某安装工程应分配的间接费用}=\text{该安装工程发生的人工费用}\times\text{间接费用分配率} \tag{5-15}$$

另外,在实际核算工作中,对于间接费用的分配,若已给出间接费用定额,也可先计算出按各项建筑安装工程间接成本定额计算的间接成本总额,然后计算本月实际发生的间接成本与按间接成本定额计算的间接成本的百分比,用算得的百分比将各项建筑安装工程按定额计算的间接成本调整为实际成本。计算公式如下:

$$\text{某项工程本月应分配的间接费用}=\frac{\text{该项工程本月实际发生的直接费用或人工费}\times\text{该项工程规定的间接费用定额}}{\text{各安装工程发生的人工费用总额}}\times\frac{\text{本月实际发生的间接费用}}{\sum\left(\text{各项工程本月实际发生的直接费用或人工费}\times\text{各项工程规定的间接费用定额}\right)}\qquad(5\text{-}16)$$

三、账户设置和账务处理

施工单位间接费用的总分类核算,在“工程施工——间接成本”或“生产成本——工程施工成本——间接费用”科目进行。在发生时,都要自“原材料”、“周转材料——周转材料摊销”、“材料成本差异”、“应付职工薪酬”、“累计折旧”、“长期待摊费用”、“预提费用”、“银行存款”、“现金”等科目的贷方转入“工程施工——间接成本”或“生产成本——工程施工成本——间接费用”科目的借方。对于分配到各项工程的间接费用,应自“工程施工——间接成本”或“生产成本——工程施工成本——间接费用”科目的贷方转入“工程施工”或“生产成本——工程施工成本”科目的借方,同时记入各项工程施工成本明细分类账的“间接费用”项目。作如下分录。

借:工程施工——间接成本

　或生产成本——工程施工成本——间接费用

贷:原材料

　周转材料——周转材料摊销

　材料成本差异

　应付职工薪酬——应付工资

　　　　　　——应付职工福利费

　累计折旧

　长期待摊费用

　预提费用

　银行存款

　现金

分配间接费用到各项工程时,作如下分录。

借:工程施工

　或生产成本——工程施工成本

贷:工程施工——间接成本

　或生产成本——工程施工成本——间接费用

【例 5-8】 华天建筑公司道路工程处在 2009 年 9 月只有 1 号、2 号两处土建工程,无安装工程和劳务发生。本月间接费用的发生情况见表 5-22,该公司的间接费用按照各个工程项目所耗用的直接费用为标准进行分配,本月 1 号工程发生直接成本 850 000 元,2 号工程发生直接费用 750 000 元。请编制间接成本分配表,并进行相应的会计处理。

间接费用明细账 表 5-22

单位名称:道路工程处 单位:元

日期		凭证及摘要	借方										贷方
月	日		工作人员工资	奖金	职工福利费	办公费差旅费	固定资产及工具使用费	劳动保护费	工程保修费	财产保险费	其他	合计	
9	8	工资汇总分配表	25 200	32 000								57 200	
9	10	以银行存款支付				10 500		9 250	11 500	6 455	1 500	39 205	
9	14	以现金支付				5 545		3 505	11 025			20 075	
9	30	折旧计算表					5 200					5 200	
9	30	周转材料摊销表						1 520				1 520	
9	30	材料汇总分配表					4 800					4 800	
9	30	分配间接费用											128 000
合计			25 200	32 000	0	16 045	10 000	14 275	22 525	6 455	1 500	128 000	128 000

根据表 5-23 作如下会计分录。

借:工程施工——合同成本——1 号工程 68 000

工程施工——合同成本——2 号工程 60 000

贷:工程施工——间接费用 128 000

间接成本分配表 表 5-23

2009 年 9 月 单位:元

工 程 项 目	直 接 费 用	分 配 系 数	间接费用分配金额
1 号工程	850 000	0.08	68 000
2 号工程	750 000		60 000
合计	1 600 000		128 000

注:分配系数 = 128 000 ÷ 1 600 000 = 0.08。

四、工程成本结算

施工企业的各项生产费用,按上节所述方法在各成本核算对象之间归集和分配后,应计入本月各成本核算对象的生产费用,并全部归集在“工程施工——合同成本”账户的借方和有关成本计算单中。月末,对于已经竣工的工程,自开工到竣工计入该工程成本的全部生产费用,就是该项工程的竣工成本;对于尚未竣工或正在施工的工程,则应将本月发生的生产费用和月初结转的上月末未完施工的生产费用之和,为本月已完工程和月末未完施工成本。计算公式如下:

月初未完施工的生产费用 + 本月发生的生产费用 = 已完工程成本 + 月末未完施工成本

(一)未完施工成本的计算

从理论上来说,施工企业的竣工工程,应指已经全部完工,不再需要进行任何施工活动的工程。但是由于建筑安装工程一般施工周期长,如果等到工程竣工之后再进行工程成本的结算,成本核算便失去了其在企业管理当中的作用,不能满足企业管理的需要。因此,为了加强企业成本核算,加速资金周转,检查成本计划执行情况,考核经济效果和现行制度规定的遵守情况:凡是已经完成工程施工所规定的所有工序,本企业不需再进行任何施工的分部分项工程,应作为已完施工工程。虽然分部分项工程不具有完整的使用价值,也不属于竣工工程,但是由于本企业已根据要求完成全部施工活动,已能确定工程数量和工程质量情况,故可将分部分项工程视为已完施工工程,通过计算它的预算成本和预算价值,向建设单位收取工程款。对虽已投入人工、材料进行施工,但尚未完成工程施工规定的全部工序,则应作为未完施工工程,不能据以向建设单位收取工程款。

未完施工工程成本的计算,月末需要先由统计人员到施工现场实地丈量盘点,获得未完施工实物量数据,并按其施工进度折合为已完工程数量,再根据预算单价计算未完施工成本。计算公式如下:

$$未完施工成本 = 未完施工实物量 \times 完工程度 \times 预算单价 \quad (5\text{-}17)$$

根据以上计算结果填制“未完施工盘点表”,并记入“工程成本计算单”,即可据以结转已完施工工程实际成本。

期末未完施工成本一般不负担管理费。当未完施工工程量占当期全部工程量的比重很小或期初与期末数量相差不大时,可以不计算未完施工成本。

【例 5-9】　华天建筑公司第一工程处甲工程有 600m² 内墙涂料工程,规定涂刷三遍,如果期末只涂刷了两遍,约等于完成总工程量的 75%,其中每平方米涂料工程预算单价为 6.0 元。则计算过程如下:

$$折合已完工程量 = 600 \times 75\% = 450(m^2)$$

$$600m^2 内墙涂料工程未完施工成本 = 450 \times 6.0 = 2\,700(元)$$

再按预算单价中工、料、费比例进一步分解计算出人工费、材料费、机械费等。“未完施工盘点单”的编制见表 5-24。

未完施工盘点表　　表 5-24

项目部:　　2009 年 9 月　　单位:元

单位	分部分项工程		已完工序					其中			
工程名称	名称	预算单价	工序名称或内容	占分部分项工程比率	已做数量	折合分部分项工程量	预算成本	人工费	材料费	机械费	其他直接费
甲工程	内墙涂料三遍	6.0	已涂刷两遍	75%	600m²	450m²	2 700	650	1 680	370	
			小计				2 700	650	1 680	370	

(二)已完工程实际成本的计算

月末确定未完施工成本后,即可根据下列公式计算当月各个成本核算对象已完施工工程的实际成本。

已完工程实际成本 = 月初未完施工成本 + 本月生产费用 − 月末未完施工成本 (5-18)

根据以上计算结果,将已完工程实际成本数额填入各成本核算对象的"成本计算单"中,同时填入"已完工程成本表"(表5-25)中对应的实际成本栏中,并据此结转本月已完工程实际成本,借记"主营业务成本"账户,贷记"工程施工——合同成本"账户。

已完工程成本表　　表5-25

项目部:　　2009年9月　　单位:元

成本项目	甲工程		乙工程		总计	
	预算成本	实际成本	预算成本	实际成本	预算成本	实际成本
材料费	1 048 596	1 062 848	326 419	344 332	1 375 015	1 407 180
人工费	275 435	258 212	95 938	96 992	371 373	355 204
机械使用费	143 284	152 551	36 822	31 347	180 106	183 898
其他直接费	36 477	37 883	23 230	22 138	59 707	60 021
直接费合计	1 503 792	1 511 494	482 409	494 809	1 986 201	2 006 303
间接费用	125 088	126 230	50 242	41 706	175 330	167 936
工程成本	1 628 880	1 637 724	532 651	536 515	2 161 531	2 174 239

(三)已完工程预算成本的计算

已完工程实际成本确定后,还需计算当月已完工程的预算成本和预算价值,以对比考察成本的升降情况并与建设单位结算工程款。

已完工程预算成本是根据已完工程实物量、预算单价和间接费定额计算的。其计算公式如下:

$$\text{已完工程预算成本} = \sum(\text{实际完成工程量} \times \text{预算单价})(1 + \text{间接费定额}) \quad (5\text{-}19)$$

$$\text{已完安装工程预算成本} = \sum(\text{实际完成工程量} \times \text{预算单价}) + (\text{已完安装工程量} \times \text{间接费定额}) \quad (5\text{-}20)$$

在实际工作中,已完工程预算成本的计算是根据由统计部门于月末实地丈量的已完工程实物量、预算定额中预算单价和间接费定额,在"已完工程月报表"或"已完工程计算表"中进行的。

"已完工程结算表"计算的是当月已完工程的预算总价值,包括直接费、间接费、计划利润和税金四部分。直接费用包括按预算单价计算的人工费、材料费、机械使用费、其他直接费。间接费包括按间接取费率计算的管理费和劳动保险费、临时设施费等其他间接费。由于"已完工程结算表"中所提供的预算成本项目内容和实际成本的内容不完全一致,而为了便于将其与工程实际成本的各项内容进行对比,就需分解调整"已完工程计算表"中所提供的属于预算成本范围的项目,包括以下几项:

(1)由于上式中的间接费定额中既包括公司机关的管理费,又包括施工单位的管理费,但公司机关管理费不能计入工程成本,应计入期间费用,因此,必须分别计算公司机关和施工单位各自的管理费所占的比重,分解按综合取费率计算的间接费。

(2)由于包括在其他间接费中的临时设施费列入了工程实际成本的其他直接费项目中，故应相应调整预算成本。

(3)对于预算成本中包括的综合性取费项目，如夜间施工增加费、冬雨季施工增加费等，应按所含工、料费的比重分解计算出人工、材料费、机械使用费等项目金额后计入预算成本的相应项目内。

上述调整和分解可在“预算成本分析表”中进行。再根据“预算成本分析表”中分解后的预算成本填写“已完工程成本表”。根据华天建筑公司第一工程处甲工程的“已完工程结算表”编制的“预算成本分析表”见表5-26。

预算成本分析表　　表5-26

单位：元

项　目	分析内容					合　计
	人工费	材料费	机械使用费	其他直接费	间接费	
直接费用	242 567	1 036 229	108 103			1 386 899
冬雨季施工增加费	4 973	6 685	35 311			46 969
材料二次搬运费				34 890		34 890
间接费用					130 793	130 793
合计	247 540	1 042 914	143 414	34 890	130 793	1 599 551

上述方法虽然计算比较准确，但工程量大。因此，在实际工作中，也可以采取根据同类型工程历史资料计算各成本项目占总成本的比例，然后分别乘以单位工程的预算总成本，得以求出各成本项目的预算成本。

例如，根据天星建筑公司某类工程的各项成本项目所占总成本的比重，分析计算该公司第一工程处本月已完工程预算成本见表5-27。

已完工程预算成本表　　表5-27

成本项目	占总成本比重(%)	金额(元)	成本项目	占总成本比重(%)	金额(元)
人工费	16.45	263 126	其他直接费	3.92	62 702
材料费	62.18	994 601	制造费用	8.03	128 444
机械使用费	9.42	150 678	合计	100	1 599 551

第七节　工程项目自用产品成本的核算

一、工程项目自用产品成本的明细分类核算

(一)工程项目自用产品成本核算的意义

施工企业既有在施工现场直接从事建筑安装工程施工的施工单位，还有一些直接或间接为建筑安装工程施工服务的生产单位。这些生产单位从事工程施工所需材料、构件的生产和加工，施工机械设备的制造和维修，以及水、电、蒸汽等供应。

按生产单位的性质可分为如下三类：

(1)为工程施工生产和加工所需材料、构件的生产单位。如石灰窑、砖瓦厂、矿石采掘场、混凝土搅拌站、木材加工厂(或车间)、混凝土构件预制厂、金属结构加工厂(或车间)等。

(2)为工程施工制造和修理所需机械设备的生产单位。如机修厂(或车间)。

(3)提供水、电、蒸汽等的生产单位,如给水站、发电站、蒸汽站等。

按生产单位是否实行内部独立核算,可分为如下两类:

(1)不实行独立核算的生产单位,即"辅助生产单位",其通过"辅助生产"科目核算其所发生的生产费用。

(2)实行内部独立核算的生产单位,它执行企业下达的计划,但拥有独立的资金,单独编制成本报表,并计算盈亏,即"附属工业企业",并通过"工业生产"科目核算其所发生的生产费用。

为了提高劳动生产率,加快施工进度,既要提高机械化施工程度,又必须实行工厂化的施工方法,采用装配式构件,在工厂(即附属工业企业、辅助生产单位)预制各种构件,并进行现场安装。这样一方面可以在工厂内进行大部分建筑生产过程,而不受或少受自然条件的影响;另一方面可以实现现场的施工过程向构件的安装过程的逐渐演变,从而有利于实现机械化施工。可见,各个施工企业有必要根据施工需要,设置一些附属企业和辅助生产单位,为建筑安装工程施工提供服务。同时施工企业还可根据单位的人力、物力资源情况,自己制造和革新部分机械设备,使施工机械配套,并及时修理机械设备。这对促进机械化施工程度的提高有着积极作用。随着对装配程度和机械化施工程度的要求不断提高,施工企业的附属工业企业和辅助生产单位会越来越多,相应地其核算也会变得越来越重要。

为了搞好附属工业企业和辅助生产单位的管理,促进工程成本的不断降低,必须正确组织附属工业企业和辅助生产单位的生产费用核算和自用产品成本计算。

第一,通过正确组织附属工业生产和辅助生产的核算,可以及时掌握单位生产费用的发生情况,对生产过程中的各项耗费做到心中有数,从而便于确定控制重点,进而有效控制生产费用,做到厉行节约。

第二,通过正确组织附属工业生产和辅助生产的核算,可以计算各种自用产品的总成本和单位成本,掌握产品成本的超降情况,从而采取有针对性的措施,进一步挖掘成本降低的潜力,促进工程成本的降低。

第三,通过正确组织附属工业生产和辅助生产的核算,可以反映在产品和产成品的增减变动和结存情况,有利于加强对在产品和产成品的管理。

第四,通过正确组织附属工业生产和辅助生产的核算,便于掌握和评价各个附属工业企业和辅助生产单位及其所属车间的生产活动的经济效益,从而有利于我们学先进,找差距,采取增产节约的措施。

附属工业企业和辅助生产单位虽然其生产特点和工业生产单位相同,但是它只作为施工企业的一个附属工业企业或者一个辅助生产单位,并不是一个完全独立核算的工业企业,而且其往往同时生产不同类别的产品,如在一个机修厂中,除了钢木门窗、金属结构件的制造,还有铁件的加工;除了机械设备、工具、机械配件的制造,还有机械设备的修理。因此,必须根据附属工业企业和辅助生产单位的生产特点,采用合理、简便的方法,正确组织附属工业企业和辅助生产单位的生产费用和产品成本的计算。

(二)工程项目自用产品的成本项目

附属工业企业和辅助生产单位产品和作业的成本也包括材料费、人工费、固定资产折旧费等生产费用。为了便于考核产品成本计划的执行情况,分析成本超降的原因,附属工业企业和辅助生产单位在计算自用产品成本时,同样要将生产费用按照经济用途分为如下各项成本项目:

1. 人工费

人工费指直接从事产品生产和提供作业的生产工人的工资和职工福利费。

2. 材料费

材料费指产品生产时所耗用的构成产品实体的原材料和有助于形成产品的其他材料的成本,以及周转材料的摊销额。

3. 其他直接费

即车间费用或制造费用,指车间直接发生的除人工费、材料费以外的其他费用,如机器设备折旧、修理费、燃料和动力费等。

4. 间接费用

间接费用指附属工业企业厂部为组织和管理产品生产所发生的各项管理费用,包括工作人员工资、职工福利费、办公费、劳动保护费、差旅交通费、物料消耗、办公用房屋设备折旧、修理费等。

附属工业企业和辅助生产单位如果实行分步骤连续生产并结转成本的,应设置“自制半成品”项目,用以计算前一生产步骤结转的半产品成本。附属工业企业和辅助生产单位如果生产有不符合规定质量标准的产品并进行废品损失核算的,应设置“废品损失”项目,用以计算生产过程中发生的不可修复废品的成本和可修复废品的修复费用。

(三)自用产品成本的明细分类核算

附属工业生产和辅助生产的核算,应设置“工业生产”和“辅助生产”科目,用以总括反映附属工业企业和辅助生产单位在一定时期内发生的生产费用。同时,为了进一步反映生产费用发生和分配的详细情况,并进行产品成本的计算,还应设置有关生产费用的各种明细分类账,包括:产品成本明细分类账、间接费用明细账、废品损失明细账等。

1. 产品成本明细分类账

设置产品成本明细分类账是便于计算产品成本,并了解成本的构成情况。其设置需按照产品的品种、类别、批次或加工步骤进行设置,并按成本项目进行登记,以便反映产品成本的构成,进而分析成本超降的原因,挖掘降低成本的潜力。产品成本明细分类账的格式,一般要根据产品的生产特点、成本计算的要求和所采用的成本计算方法来确定。按产品品种设置的产品成本明细分类账的一般格式见表5-28。

2. 间接费用明细分类账

间接费用是指附属工业企业为组织和管理产品生产所发生的各项管理费用。间接费用总额不随或几乎不随产品数量的增减而发生变动,大都属于相对固定的费用。间接费用一般要按年、月编制间接费用预算,以加强对费用的控制,并要组织间接费用的明细分类核算,以便对间接费用预算的执行情况进行反映和考核。

产品成本明细分类账

表 5-28

产品名称:甲　　　　单位:元

年		凭证号数	摘　要	人工费	材料费	其他直接费	间接费用	成本合计
月	日							
			月初在产品成本					
			本月生产费用合计	5 800	64 320	7 530	11 560	89 210
			产成品总成本	4 200	42 580	6 028	9 200	62 008
			产成品单位成本	11.6	128.64	15.06	23.12	178.42
			月末在产品成本	1 600	21 740	1 502	2 360	27 202

间接费用明细分类账的格式与施工单位间接费用明细分类账基本相同,采用多栏式,按照明细项目进行登记。而辅助生产单位发生的间接费用,一般在施工单位间接费用明细分类账进行核算。

附属工业企业如采用车间、厂部两级成本核算,产品成本明细分类账则要分车间并按产品的品种、批次或类别来设置。车间只计算产品的车间成本,而一般由厂部进行间接费用的分配计入。

对于同时生产多种产品的车间,还可设置其他直接费用明细分类账。通过此账户对车间发生的其他直接费用先行汇总记录,于月终按一定标准将其分配记入有关产品成本。其他直接费用明细分类账的格式,也可采用多栏式,按车间和明细项目进行登记。

3. 废品损失明细分类账

废品是附属工业企业、辅助生产单位生产过程中产生的不符合规定质量标准而不能按原定用途使用或者需要加工修复后才能使用的那部分产品。

废品一般按其能否修复分为不可修复废品和可修复废品。前者指技术上不可修复,或者技术上虽可修复而所需修复费用较高而不再修复的废品。后者指技术上可以修复,且所需修复费用合算的废品。

产生废品而发生的损失,包括不可修复废品损失(不可修复废品成本扣除废品残值后的损失净额)和可修复废品返修过程中的修复费用。对于废品损失要通过按车间和产品品种、批次或类别设置明细分类账来进行核算,它的格式见表 5-29。

废品损失明细分类账

表 5-29

车间名称:一车间

年		凭证号数	摘要	产品名称及废品损失金额				
月	日			×产品	×产品	×产品	×产品	×产品
			废品成本合计 减:废品残值 废品损失净值					

附属工业企业和辅助生产单位如有在产品和半成品，还应设置在产品、半成品卡片或台账，它们的格式和材料卡片相同，用以记录各种在产品、半成品的变动情况和结存数量，以便及时反映或掌握在产品、半成品的库存状况，从而有利于加强对在产品、半成品的管理。月末，还应该核对在产品、半产品卡片反映的结存数量与实际盘存数量是否相符。如发现短缺，应查明原因，及时处理。

施工企业所属的施工单位和附属工业企业中从事机械设备修理、工具用具制造和技术革新的生产班组，属于施工单位和附属工业企业的辅助生产单位，有关业务也应通过“辅助生产”科目进行核算，并按成本计算对象，在“辅助生产明细分类账”中分栏登记发生的工料费用。

生产班组在确定成本计算对象时，一般来说，施工单位和附属工业企业的机械修理班组对机械设备的修理如果属于经常性修理，则可将各种修理机械合并作为一个成本计算对象；如果属于机械设备的大修理，则应将各种修理机械分别作为成本计算对象。对机械设备的制造和装置的改良，以及工具用具的制造，则应将它们分别作为成本计算对象，在完工验收后，再将它们的造价分别转作固定资产和材料的价值。机械修理与技术革新班组工人到施工现场从事工程施工活动所发生的工料费用，应直接将发生的材料费和人工费记入工程成本的有关项目。而对于这些班组内发生的固定资产折旧和修理费、工具用具的使用费等，可先行在“辅助生产明细分类账”的“其他直接费”栏进行汇总登记，月末再按各个成本计算对象耗用的工时或人工费的比例加以分配记入各种成本计算对象栏内。对于施工单位发生的间接费用和附属工业企业发生的间接费用，为简化核算手续，一般可不加分配，全部计入工程成本和产品成本。

二、工程项目自用产品成本的归集和分配

附属工业企业和辅助生产单位发生的生产费用，按其计入产品成本的方式分为直接费用和间接费用。直接费用是指可以并宜于直接计入某一确定种类、确定批次的产品成本的费用，如直接为生产某种或某一批产品而耗用的材料、生产工人工资等。间接费用是指不能或不宜直接计入而需按照一定标准分配计入各种、各类、各批产品成本的费用。对于附属工业企业和辅助生产单位发生的生产费用，凡是可以并宜于直接计入产品成本的，应尽可能直接计入，凡是需要通过分配计入产品成本的，应采取合理的方法分配计入产品成本，以确保产品成本计算的正确性。

生产费用应以原始凭证（如领料单等）为依据，计入产品成本明细分类账和间接费用等明细分类账，但当原始凭证数量较多时，为简化核算手续，应将属于同类经济业务的原始凭证汇总，以编制耗用材料分配表等各种费用分配表，再据以登入产品成本明细分类账和间接费用等明细分类账。

在各种费用分配表内，要列明费用的用途包括产品的品种、类别、批次、加工步骤、成本项目或费用的明细项目，此外还需列明金额等。对于只用于某一种产品的费用，可以直接根据有关原始凭证汇总后，按该种产品填列费用分配表。对于用于多种产品的费用，则应先按一定标准分配，然后再填列费用分配表。根据原始凭证和各种费用分配表，就可登记产品成本明细分类账和间接费用等明细分类账。但间接费用明细分类账归集的是综合性费用，在月终还要编

制间接费用分配表，按照一定标准进行分配记入产品成本明细分类账。在分配各种费用时，分配标准的确定应考虑费用的发生情况，保证成本计算准确的同时简化计算工作。

（一）人工费的归集和分配

附属工业企业和辅助生产单位的工人工资和职工福利费，应按月编制人工费分配表，以便对工资和职工福利费的分配进行总分类核算，并按其用途分配计入各种产品成本明细分类账和间接费用等明细分类账。

生产工人的工资和职工福利费，在计时工资制度下，一般以各种产品耗用的工时为分配依据进行分配，计算公式如下：

$$\text{生产工人平均工资率}=\frac{(\text{生产工人工资总额}+\text{职工福利费总额})}{\text{生产工人工时总和}} \tag{5-21}$$

某种产品应分配的人工费 = 该种产品耗用工时数 × 生产工人平均工资率　(5-22)

【例 5-10】 某附属工业企业 9 月份生产工人工资总额为 9 200 元，职工福利费总额为 1 075元，甲种产品耗用 2 530 工时，乙种产品耗用 1 530 工时，修复乙种废品耗用 50 工时，则：

$$\text{生产工人平均工资率}=\frac{(9\,200\text{元}+1\,075\text{元})}{(2\,530\text{工时}+1\,530\text{工时}+50\text{工时})}=2.50(\text{元/工时})$$

甲产品应分配的人工费 = 2 530 × 2.50 = 6 325（元）

乙产品应分配的人工费 = 1 530 × 2.50 = 3 825（元）

废品损失（乙产品）应分配的人工费 = 50 × 2.50 = 125（元）

在计件工资制度下，生产工人计件工资可根据产量凭证和计件单价，分别按产品汇总后计入有关产品的成本。津贴、补贴等则按计件工资总额的一定百分比，计算计入有关产品成本。

对于技术、管理、服务人员的工资，应计入间接费用的“工作人员工资”项目。如上述某附属工业企业 9 月份技术、管理、服务人员的工资为 1 050 元，职工福利费 142 元，人工费分配见表 5-30。

人工费分配表　　表 5-30

2008 年 6 月

应借科目	应借明细分类账	工资（元）	职工福利费（元）	生产工时	平均工资率	人工费（元）
工业生产	甲产品成本明细分类账			2 530	2.50	6 325
	乙产品成本明细分类账			1 530	2.50	3 825
	废品损失明细分类账（乙产品）			50	2.50	125
	小计	9 200	1 075			10 275
工业生产——间接费用	生产管理费用明细分类账	1 050	142			1 192
	合计	10 250	1 217			11 467

记账：　　　　制表：

根据人工费分配表，一方面登记各产品成本明细分类账和废品损失、间接费用明细分类账，一方面作如下会计分录记入总分类账：

借：工业生产　　10 275

贷:应付职工薪酬——应付工资　　9 200

——应付福利费　　1 075

借:工业生产——间接费用　　1 192

贷:应付职工薪酬——应付工资　　1 050

——应付福利费　　142

附属工业企业按职工工资总额2%提取的工会经费,应借记“工业生产——间接费用”科目,贷记“其他应付款——应付工会经费”科目:

借:工业生产——间接费用　　×××

贷:其他应付款——应付工会经费　　×××

(二)材料费的分配

耗用材料的分配,就是定期将审核后的领料凭证、退料凭证,按材料用途归类,将耗用材料计入产品成本明细分类账和间接费用等明细分类账。

对于大堆材料,由于很难在领用时逐一点数计量,要按照“算两头、轧中间”的办法,于月末计算其实际耗用量。

在计算计入产品成本的材料费时,如果领用的材料、机械配件、其他材料直接用于生产某种、某批、某类产品,应尽可能将其直接计入有关产品成本明细分类账的“材料费”、“其他直接费”等项目。如果领用的材料用于几种、几批、几类产品,就要按照一定的标准在有关产品间进行分配后再分别计入有关产品成本。耗用材料一般以定额耗用量、耗用材料的预算(计划)成本等为分配标准。现以定额耗用量为分配标准,计算某种产品应分配的材料费:

$$\text{某种产品材料定额耗用量} = \text{该种产品实际产量} \times \text{单位产品材料消耗定额} \tag{5-23}$$

$$\text{材料耗费量分配率} = \frac{\text{材料实际耗用量}}{\text{各种产品材料定额耗用量之和}} \tag{5-24}$$

$$\text{某种产品应分配材料耗用量} = \text{该种产品材料定额耗用量} \times \text{材料耗用量分配率} \tag{5-25}$$

$$\text{某种产品应分配材料费} = \text{该种产品应分配材料耗用量} \times \text{材料计划单价} \times (1 \pm \text{材料成本差异分摊率}) \tag{5-26}$$

【例5-11】 某附属工业企业在9月份内,共领用1号主要材料8 150千克,退回该种材料86千克,材料计划单价为12元,该月材料成本差异为借差3%。该月共生产甲种产品560件,乙种产品480件。甲、乙两种产品每件定额耗用量分别为9千克、7千克,则:

甲产品材料定额耗用量 $=560\times9=5\,040$(千克)

乙产品材料定额耗用量 $=480\times7=3\,360$(千克)

材料耗用量分配率 $=(8\,150-86)/(5\,040+3\,360)=0.96$

甲产品分配材料耗用量 $=5\,040\times0.96=4\,838.4$(千克)

乙产品分配材料耗用量 $=3\,360\times0.96=3\,225.6$(千克)

合计 $=4\,838.4+3\,225.6=8\,064$(千克)

甲产品分配材料费 $=4\,838.4\times12\times(1+3\%)=59\,802.6$(元)

乙产品分配材料费 $=3\,225.6\times12\times(1+3\%)=39\,868.4$(元)

合计 $=59\,802.6+39\,868.4=99\,671$(元)

如上述附属工业企业生产的甲、乙两种产品,除共同耗用上述1号主要材料外,甲种产品还耗用2号主要材料9 400元,乙种产品发生的可修复废品在返修过程中耗用3号主要材料600元,管理部门为维修房屋领用主要材料1 200元。耗用材料分配表见表5-31。

耗用材料分配表 表5-31

材料科目:主要材料 2009年10月

应借科目	应借明细分类账	项目	材料费
工业生产	甲产品成本明细分类账	材料	69 202.6
	乙产品成本明细分类账	材料	39 868.4
	废品损失明细分类账	乙产品	600
工业生产——间接费用	小计		109 671
	间接费用明细分类账		1 200
合计			110 871

记账: 制表:

根据耗用材料分配表,登记各产品成本明细分类账和废品损失、间接费用明细分类账,并作如下会计分录记入总分类账。

借:工业生产

工业生产——间接费用

贷:原材料——主要材料

(三)外购动力、折旧及其他费用的分配

附属工业企业和辅助生产单位外购的电力、煤气、蒸汽等动力,或用于产品生产,或用于照明、取暖等。如果有计量仪表记录其耗用量,则可直接根据仪表所示耗用数值和单价计算;如果没有计量仪表,则可依据各种产品定额用量或生产工时的比例进行分配计算。用于产品生产的动力费,记入"工业生产"、"辅助生产"科目的借方,并在有关产品成本明细分类账"其他直接费"项目内进行登记。用于管理部门照明、取暖的电费等,记入"工业生产——间接费用"科目的借方,并在间接费用明细分类账的"办公费"项目内进行登记。

附属工业企业和辅助生产单位使用的固定资产的折旧,应在固定资产折旧计算表中进行计算。如果属于生产用固定资产的折旧,应记入"工业生产"、"辅助生产"科目的借方,并按生产工时的比例分配计入各种产品成本,将计算结果记入各种产品成本明细分类账的"其他直接费"项目,或者先在各生产车间的其他直接费明细分类账中进行汇总,然后分配计入各种产品的成本。如果属于附属工业企业管理用固定资产的折旧,应记入"工业生产——间接费用"科目的借方,并在间接费用明细分类账的"其他直接费"项目内进行登记。

附属工业企业和辅助生产单位发生的生产用固定资产修理费,应记入"工业生产"、"辅助生产"科目的借方,并在各种产品成本明细分类账的"其他直接费"项目内进行登记,或先在各生产车间的其他直接费明细分类账中进行汇总,然后分配计入各种产品的成本。附属工业企业发生的管理用固定资产修理费,应记入"工业生产——间接费用"科目的借方,并在间接费用明细分类账的"修理费"项目内进行登记。

附属工业企业发生的邮电费、差旅费、文具印刷费等费用,应记入"工业生产——间接费用"科目的借方,并在间接费用明细分类账的"办公费"项目内进行登记。

(四)间接费用的分配

对于“工业生产——间接费用”科目归集的费用,如果附属工业企业只生产一种产品,可将归集的间接费用直接计入这种产品的成本;如果企业生产多种产品,则要采用适当的分配方法,将间接费用分配计入各种产品成本。

分配间接费用的方法,一般有生产工人工时比例法、定额工时比例法、直接费用比例法、产品标准产量比例法等。

1. 生产工人工时比例法

生产工人工时比例法是以各种产品的生产工时数的比例为标准对间接费用进行分配的方法。它的计算方法是:

$$\text{某种产品应分配的间接费用} = \frac{\text{间接费用总额}}{\text{各种产品生产工时总数}} \times \text{该种产品的生产工时数} \quad (5\text{-}27)$$

2. 定额工时比例法

定额工时比例法是以各种产品的定额工时数的比例为标准对间接费用进行分配的方法。它的计算方法是:

$$\text{某种产品应分配的间接费用} = \frac{\text{间接费用总额}}{\text{各种产品定额工时总数}} \times \text{该种产品的生产工时数} \quad (5\text{-}28)$$

3. 直接费用比例法

直接费用比例法是以各种产品的直接费(包括工资、材料费、其他直接费等)的比例为标准对间接费用进行分配的方法。它的计算方法是:

$$\text{某种产品应分配的间接费用} = \frac{\text{间接费用总额}}{\text{各种产品直接费用总额}} \times \text{该种产品的直接费用数} \quad (5\text{-}29)$$

4. 产品标准产量比例法

产品标准产量比例法是以各种产品的标准产量的比例为标准对间接费用进行分配的方法。它的计算方法是:

某种产品的标准产量 = 该种产品的实际产量 × 换算标准产品产量的比例(或系数)

$$\text{某种产品应分配的间接费用} = \frac{\text{间接费用总额}}{\text{各种产品标准产量之和}} \times \text{该种产品的标准产量} \quad (5\text{-}30)$$

现以生产工人工时比例法为例来说明间接费用的分配。

【例 5-12】 上述某附属工业企业在 9 月份内发生的间接费用为 24 660 元,该月生产工人工时总数为 4 110 工时,其中甲种产品耗用 2 530 工时,乙种产品耗用 1 530 工时,修复乙种废品耗用 50 工时,则:

甲产品分配间接费用 = 24 660 ÷ (2 530 时 + 1 530 时 + 50 时) × 2 530 时

= 6 元/时 × 2 530 时 = 15 180(元)

甲产品分配间接费用 = 6 元/时 × 1 530 时 = 9 180(元)

废品损失(乙产品)分配间接费用 = 6 元/时 × 50 时 = 300(元)

根据上述资料,间接费用分配表见表 5-32。

间接费用分配表　　表5-32

2009年7月

应借科目	应借明细分类账	项　目	生产工时数	每工时分配数	金　额
工业生产	甲产品成本明细分类账	间接费用	2 530	6.00	15 180
	乙产品成本明细分类账	间接费用	1 530	6.00	9 180
	废品损失明细分类账	乙产品	50	6.00	300
合计					24 660

记账：　　制表：

附属工业企业间接费用分配表中分配的间接费用，应登记各有关产品成本明细分类账和废品损失明细分类账，并作如下分录记入总分类账。

借：工业生产　　24 660

贷：工业生产——间接费用　　24 660

附属工业企业和辅助生产单位如果设置其他直接费明细分类账以先汇总其他直接费，则需采用生产工人工时比例法、定额工时比例法等分配方法对其他直接费进行分配，并计入各种产品成本明细分类账的"其他直接费"项目。

月末，废品损失明细分类账归集的各种产品的废品损失，要记入各种产品成本明细分类账的"废品损失"项目。

三、工程项目自用产品生产成本在完工产品和在产品之间的分配

附属工业企业和辅助生产单位发生的各项生产费用，按照上述分配方法进行分配后，都已分别计入各种成本明细分类账。如果附属工业企业和辅助生产单位无在产品或在产品很少，如给水站、发电站、蒸汽站、混凝土搅拌站等，产品成本明细分类账所归集的生产费用，就是完工产品的实际总成本，以其除以产品产量，即可算出完工产品的单位实际成本，并据此可对这种产品成本计划的完成情况进行考核和分析。如果既有完工产品，又有在产品，则应将本月发生的生产费用和月初在产品成本在本月完工产品和月末在产品之间加以划分，计算本月完工产品成本和月末在产品成本。计算方法为：

$$\text{月初在产品成本} + \text{本月生产费用} = \text{本月完工产品成本} + \text{月末在产品成本} \quad (5\text{-}31)$$

这里完工产品是指在车间加工完成并已验收入库的自制半成品和最后完工的产成品。月末在产品是指在本月已经加工但尚未完工需要在下月继续加工的产品。要划分本月完工产品成本和月末在产品成本，首先要确定完工产品和月末在产品的数量。其中完工产品的数量一般根据自制半成品和产成品交库单来确定。月末在产品如有在产品卡片记录，可根据卡片记录计算月末在产品的数量；如没有在产品卡片记录，则可通过实地盘点来确定其数量。

各种产品成本（包括月初在产品成本和本月发生的生产费用）在完工产品和在产品之间的划分方法，主要有以下几种。

（一）按约当产量比例计算

约当产量是指将月末在产品的实际产量按其完工程度折算为完工产品的数量。按约当产量比例计算，就是将本月各种产品的成本，按其完工产品数量和在产品约当产量的比例进行划

分。但要注意的是,由于在产品耗用各种费用的程度不一,所以要分成本项目计算在产品的约当产量。材料要按其投料程度计算约当产量,但是如果材料是在生产时一次投入的,则在产品的材料成本和完工成本一样,不需要再计算在产品中材料项目的约当产量;人工费和其他成本项目则要按在产品的完工程度计算约当产量。按约当产量比例计算完工产品成本和在产品成本的计算方法如下:

$$单位产品成本=\frac{月初在产品成本+本月发生生产费用}{完工产品产量+在产品约当产量} \tag{5-32}$$

$$完工产品成本=完工产品产量\times单位产品成本 \tag{5-33}$$

$$月末在产品成本=月末在产品约当产量\times单位产品成本 \tag{5-34a}$$

或

$$月末在产品成本=产品成本合计-完工产品成本 \tag{5-34b}$$

【例 5-13】 某附属工业企业生产的某种产品,本月完工 500 件,月末在产品 240 件,其完工程度为 50%。甲种产品的月初在产品成本和本月发生的生产费用合计数为:材料费 58 680 元,在生产时一次投入,人工费 7 500 元,其他直接费 7 250 元,间接费用 11 700 元。

依据以上资料,我们可知因材料是在生产时一次投入的,所以月末在产品成本中材料费不必计算约当产量,可按 240 件直接计算;月末在产品成本中人工费和其他项目按完工程度 50% 计算,折合为约当产量 120 件(240 × 50%)。对甲种产品分成本项目计算完工产品和在产品的成本见表 5-33。

完工产品和在产品成本计算表

表 5-33

成本项目	月初在产品成本和本月生产费用(元)	完工产品产量	月末在产品约当产量	单位产品成本(元)	完工产品成本(元)	月末在产品成本(元)
	①	②	③	④ = ①/(② + ③)	⑤ = ② × ④	⑥ = ③ × ④
材料费	58 680	500	240	79.30	39 649	19 031
人工费	7 500	500	120	12.10	6 048	1 452
其他直接费	7 250	500	120	11.69	5 847	1 403
间接费用	11 700	500	120	18.87	9 435.5	2 264.5
合计	85 130	500	(240)(120)	121.96	60 979.5	24 150.5

对于废品损失,主要是由本月份内企业生产工作中的过失所造成的,可只由完工产品成本负担,而不计入月末在产品。通过将废品损失计入本月完工产品成本,有利于引起重视,及时采取措施,加强生产管理。

(二)在产品按定额成本计算

在各项消耗定额比较准确的情况下,月末在产品可以按照定额成本计算,并以产品成本减去按定额成本计算的月末在产品成本,计算完工产品成本。

【例 5-14】 上述某附属工业企业 240 件甲种在产品的单位材料消耗定额为:1 号材料 12 千克,每千克 12 元;2 号材料 6 千克,每千克 5 元。在产品在各个工序已完成定额工时共 480 小时,每小时人工费为 3.00 元;每小时其他费用为 1.80 元。则甲种产品月末在产品的等额成本可以计算如下：

定额材料成本 = 240 ×（12 ×12 +6 ×5）= 41 760（元）

定额人工成本 = 480 ×3.00 = 1 440（元）

定额其他费用成本 = 480 ×1.80 = 864（元）

定额成本合计 = 44 064（元）

完工产品成本 = 85 130 − 44 064 = 41 066（元）

完工产品单位成本 = 41 066 ÷500 = 82.132（元）

（三）按定额耗用量比例计算

定额耗用量是指产品产量乘以预算定额所求得的耗用量。按定额耗用量比例计算，就是将各种产品成本按完工产品和月末在产品的定额耗用量的比例，分成本项目计算完工产品成本和月末在产品成本。完工产品和月末在产品的定额耗用量，要按材料、人工和费用分别确定。如果产品耗用多种材料，则按材料的定额成本来确定。人工费和其他费用的定额耗用量按定额工时计算。按定额耗用量比例计算完工产品成本和月末在产品成本的计算方法如下：

$$\text{单位定额耗用量分配数} = \frac{\text{月末在产品成本} + \text{本月发生生产费用}}{\text{完工产品定额耗用量} + \text{月末在产品定额耗用量}} \tag{5-35}$$

$$\text{完工产品成本} = \text{完工产品定额耗用量} \times \text{单位定额耗用量分配数} \tag{5-36}$$

$$\text{月末在产品成本} = \text{月末在产品定额耗用量} \times \text{单位定额耗用量分配数} \tag{5-37}$$

【例 5-15】 上述某附属工业甲种产品月初在产品成本和本月发生的生产费用为：材料费 58 680 元，人工费 7 500 元，其他费用 18 950 元。完工产品的定额材料成本为 42 600 元，定额工时为 1 960 元，月末在产品的定额材料成本为 21 300 元，定额工时为 490 小时。对甲种产品分成本项目计算完工产品和月末在产品的成本见表 5-34。

完工产品和月末在产品成本计算表

表 5-34

成本项目	月初在产品成本和本月生产费用（元）	定额用量		单位定额耗用量分配数	完工产品成本（元）	月末在产品成本（元）
		完工产品	月末在产品			
	①	②	③	④ = ①/（② + ③）	⑤ = ② × ④	⑥ = ③ × ④
材料费	58 680	42 600	21 300	0.918 3	39 120	19 560
人工费	7 500	1 960	490	3.06	6 000	1 500
其他费用	18 950	1 960	490	7.735	15 160	3 790
合计	85 130	—	—	—	60 280	24 850

通过按定额耗用量比例计算完工产品和月末在产品成本，不仅可以获得比较合理的计算结果，而且有利于比较实际成本与定额成本的差异，考核和分析定额的执行情况。

除了上述三种计算方法外，对于某种产品成本中材料成本占很大的比重的情况，月末在产品成本可只计算材料成本，而由完工产品负担人工和其他费用。对于各月的在产品数量变动不大的情况，为了简化核算，可用年初的在产品成本直接作为各月月末在产品成本，将各月份发生并归集的某种、某类产品的全部生产费用作为本月完工产品的成本，但在年终，应根据实际盘点的在产品数量，重新计算在产品成本，使在产品成本与实际相符，保证年度成本计算的正确性。

四、工程项目自用产品成本计算方法

(一)品种成本法

品种成本法是以产品品种为对象计算产品成本的一种方法。利用品种成本法计算工程项目自由产品的成本时,既不要求按照产品、批别计算成本,也不要求按照生产步骤计算成本。该法适用于由大量、大批单步骤生产出来的产品,如发电站、给水站、蒸汽站和混凝土搅拌站生产的电、水、蒸汽和混凝土。如果大量、大批多步骤生产的规模较小,管理上不要求按照分步骤计算成本,往往可采用品种成本计算法简化核算。比如预制小型混凝土构件,虽是多步骤生产,也可采用品种成本计算法计算构件的成本。

在采用品种成本计算法的企业单位或车间中,成本明细分类账的设置因产品品种的多少而不同。如果只生产一种产品,只需为该产品开设一张产品成本明细分类账,发生的全部生产费用都可以直接计入这种产品成本。如果生产多种产品,则要按产品品种分别开设多张产品成本明细分类账,此时,发生的直接费用可直接计入各种产品成本,发生的间接费用则需采用适当的分配方法,分配计入各种产品成本。

月末计算成本时,如果没有在产品,或者在产品的数量很少,无需计算月末在产品成本。每种产品成本明细分类账中按照成本项目归集的全部生产费用之和,就是该种产品的总成本,总成本除以产量,就是该种产品的单位成本。如果有在产品,且数量较多,则要将产品成本明细分类账中归集的生产费用和月初在产品成本,在本月完工产品和月末在产品之间进行分配,由此来计算产成品和月末在产品的成本。

品种成本计算法是最基本的成本计算方法,按照品种成本计算产品成本,是成本管理中成本核算最起码的要求,上节所讲产品成本计算的一般程序,就是按照品种成本计算法的要求阐述的。现再以混凝土为例加以说明。

混凝土搅拌站为施工企业提供各种强度等级的混凝土,它的生产属于简单生产,可用产品成本法计算其成本。混凝土搅拌站要为各种强度等级的混凝土分别设置产品成本明细分类账,按成本项目分栏登记发生的生产费用。当月发生的生产费用除以完成的混凝土数量(m^3),即可求得混凝土的单位成本。

【例 5-16】　某施工企业所属的混凝土搅拌站生产 C35、C50 两种强度等级的混凝土。在 2009 年 7 月,C35、C50 混凝土管理部门共发生了见表 5-35 的各项生产费用。

生 产 费 用 表　　表 5-35

成 本 项 目	C35 混凝土	C50 混凝土	间 接 费 用
水泥	35 000	120 000	
碎石	43 000	50 000	
黄砂	160 000	85 000	
人工费	5 000	16 000	
其他直接费	7 000	4 000	
间接费用			24 000
合计	250 000	275 000	24 000

在该月份内，C35 混凝土耗用的生产工人工时为 1 400 工时，C60 混凝土耗用的生产工人工时为 800 工时，C35 混凝土共完成 2 500m^3，C40 混凝土共完成 2 000m^3。

根据上述情况，应为 C35 混凝土和 C50 混凝土分别开设产品成本明细分类账。同时要开设间接费用分类账，先行汇总记录发生的间接费用(24 000 元)，然后按照一定的分配标准，分配计入 C35 混凝土和 C50 混凝土的成本。例中假定以生产工人工时为分配间接费用的标准。则：

C35 混凝土分配的间接费用为：$\dfrac{24\,000}{1\,400+600}\times 1\,400=16\,800$(元)

C50 混凝土分配的间接费用为：$\dfrac{24\,000}{1\,400+600}\times 600=7\,200$(元)

C35 混凝土每立方米的成本为：$\dfrac{250\,000+16\,800}{2\,500}=106.72$(元/m^3)

C50 混凝土每立方米的成本为：$\dfrac{275\,000+7\,200}{2\,000}=141.10$(元/m^3)

(二)分批(定单)成本计算法和分类成本计算法

附属工业企业和辅助生产单位计算机械设备制造成本和修理成本时，一般采用分批(定单)成本计算法和分类成本计算法。

分批成本计算法是以产品批别为对象计算产品成本的方法，它适用于单件、小批生产，如机械设备制造和机械设备大修理等。生产单位在进行单件、小批生产时，往往根据需用单位的定单确定生产产品的品种和每批产品的数量，按照产品批别计算产品成本，实际也是按照定单计算产品成本，所以分批成本计算法也叫定单成本计算法。在按照产品批别和定单组织生产时，生产计划部门要向车间签发生产通知单，在生产通知单中对该批生产任务进行编号，作为产品批号。会计部门得到通知后，根据产品批号开设产品成本明细分类账。产品成本明细分类账的开设和结账，应同生产通知单的签发和结束配合一致，以保证各批产品成本计算的正确性。

在单件生产中，产品完工以前，产品成本明细分类账中记录的生产费用，都是在产品的成本；产品完工时记录的生产费用，即为完工产品的成本。

在小批生产中，批内产品一般都能同时完工，产品成本明细分类账中归集的生产费用，通常也不需要在完工产品和月末在产品之间进行分配。小批生产的各种产品如果分月完工，为了简化计算工作，在完工产品的数量占该批总量的比重很小时，可以先按计划单位成本计算完工产品的成本。该批产品的生产费用，扣除按计划单位成本计算的完工产品成本，剩下的即为在产品成本。待该批产品完工时，再计算该批产品的总成本和单位成本。完工产品数量占该批总量的比重较大时，为了精确计算产品成本，应该采用适当的方法，计算完工产品成本和在产品成本。

各施工生产单位所需的各种施工机械和生产设备，如果由附属工业企业和辅助生产单位制造，一般都是小批、单件生产，采用分批(定单)成本计算法计算成本，按批、件作为成本对象，开设产品成本明细分类账。凡是直接归属于某批、某件机械设备成本的生产费用，应直接计入该批、该件机械设备成本；凡不能直接计入而必须由各批、各件机械设备成本共同负担的费用，应先计入间接费用明细分类账，月终再按照各批、各件机械设备耗用工时的比例，分别计入各批、各件机械设备成本。

施工机械、生产设备、运输设备等的修理，有大修理和经常修理两种形式。

由于机械设备的大修理耗用工料较多，需用时间较长，一般都以所修的各种机械设备为成本核算对象，分别开设产品成本明细分类账，采用与制造机械设备相同的分批（定单）成本计算法。

机械设备的经常修理次数频繁，工作量不大，为了简化成本计算工作，可与金属结构厂的钢门、窗等一样，采用分类成本计算法。如果也采用分批（定单）成本计算法，以所修的各种机械设备为成本核算对象，工作量太大且不切实际。

采用分类成本计算法，首先要将产品分为不同的类别，分类既要考虑产品所用材料和工艺特点，又要方便核算。然后按照不同产品的类别开设产品成本明细分类账，以类为成本计算对象，核算各类产品的成本。再选择合理的分配标准，在每个类别的各种产品之间分配费用，计算类内各种产品的成本。如有在产品，还应先将月初在产品成本和本月发生的生产费用在完工产品和月末在产品之间进行分配，得出每类产品的完工产品成本和月末在产品成本。

一般可用产品的定额消耗量、计划成本及产品的重量、体积等，作为类内各种产品之间分配费用的标准。对于各类定型产品，为了简化核算工作，可将分配标准折算成相对固定的系数，按系数进行分配。确定系数时，先要选定某种产品作为标准产品，把它的系数定为“1”，用其他各种产品与该标准产品相比，算出其他产品与标准产品的比例，即为系数。在分类成本计算法中，按照系数分配类内各种产品成本的方法，也叫系数成本计算法。

【例 5-17】 某施工企业所属金属结构厂按生产钢窗、钢门、钢柱、钢吊车梁、钢屋架等分类计算成本，2009 年 7 月，本月完工各种钢窗的成本为 204 000 元。为了简化核算手续，企业对各种钢窗成本采用系数成本计算法，并根据各种钢窗的计划成本的比例来确定它们的分配系数。各种钢窗的分配系数和该月完成数量见表 5-36。

钢窗的分配系数和该月完成数量表　　表 5-36

项　目	分配系数	完成数量(m^2)
工业固定钢窗	1	4 500
工业组合钢窗	1.5	1 600
工业半悬钢窗	1.8	2 700
工业平开钢窗	2.4	3 300

则该月钢窗每一分配系数成本为：

$$\frac{354\,240}{4\,500\times1+1\,600\times1.5+2\,700\times1.8+3\,300\times2.4}=18.00(\text{元})$$

各种钢窗的总成本和单位成本见表 5-37。

钢窗的总成本和单位成本表　　表5-37

项　目	总分配系数	每一分配系数成本	总成本(元)	单位成本(元)
工业固定钢窗	4 500 ×1 = 4 500	18.00	81 000	18.00
工业组合钢窗	1 600 ×1.5 = 2 400	18.00	43 200	27.00
工业半悬钢窗	2 700 ×1.8 = 4 860	18.00	87 480	32.40
工业平开钢窗	3 300 ×2.4 = 7 920	18.00	142 560	43.20

对于机械设备经常修理成本的计算，可以将所修的各种机械设备合并为一个大类，作为一个成本计算对象，只需开设一张产品成本明细分类账，就可以归集发生的机械设备经常修理费。月度终了时，将本月实际发生的机械设备经常修理费，加月初在修机械设备经常修理成本，减月末在修机械设备经常修理成本，得到本月修理完工机械设备经常修理的实际成本，再按完工机械经常修理的计划成本的比例，或修理完工机械设备的实际成本占计划成本的百分比，求得各完工机械设备经常修理的实际成本。

对月初、月末在修机械设备经常修理成本，为了简化核算手续，一般可仅计算在修机械设备经常修理费用结算单中实际耗用材料的计划价格成本。如某月份内实际发生机械设备经常修理费为26 400元，月初在修机械设备耗用材料技术价格成本为5 620元，月末在修机械设备耗用计划价格成本为4 780元，则该月完工机械设备经常修理的实际成本为：

$$26\,400 + 5\,620 - 4\,780 = 27\,240(\text{元})$$

完工机械设备经常修理的计划成本，一般是以实际耗用材料计划价格成本加估计的工缴费来计算的。它的计算方法分为以下几个步骤：

首先，在承修机械设备经常修理费用的结算单中，根据领料单和退料单，登记领用和退库材料的计划价格成本，算出实际耗用材料的计划价格成本。

其次，根据生产部门估计的各工种工人修理用工，计算工缴费。工缴费是除材料费以外的各项生产费用（包括人工费、其他直接费和间接费用等）的取费，一般按工时计算。

最后，当机械设备修理完工后，将领用材料的计划价格成本，减去退库材料的计划价格成本，算出耗用材料计划价格成本，再加上按估计修理工时计算的工缴费，算出各机械设备经常修理的计划成本。

【例5-18】 辅助车间承修一台全液压双钢轮振动压路机，在维修期间，共领用钢材150千克，每千克计划价格为5.5元，油漆8千克，每千克计划价格为17.00元。每工时的工缴费标准分别为：钳工每工时按6.00元，电焊工每工时按7.00元，金工每工时按8.00元，油漆工每工时按4.00元，冷作工每工时按5.00元，白铁工每工时按6.00元计算。则修理这台挖土机的计划成本的计算方法如下。

耗用材料计划价格成本为：

钢材：150 ×5.50 = 825.00（元）

油漆：8 ×17.00 = 136.00（元）

共计耗用材料计划价格成本：825.00 + 136.00 = 961.00（元）

工缴费计算见表5-38。

工缴费表 表 5-38

工　种	耗费工时	工缴费标准(元/每工时)	工缴费(元)
	①	②	③=①×②
钳工	112	6.00	672
电焊工	22	7.00	154
金工	10	8.00	80
油漆工	18	4.00	72
冷作工	24	5.00	120
白铁工	6	6.00	36
合计	—	—	1 134

挖土机经常修理计划成本为:961 +1 134 =2 095(元)

将月份内修理完工机械设备经常修理的计划成本相加,即得月份内修理完工机械设备经常修理的计划成本合计。本例,假定为 28 000 元,则修理完工机械设备经常修理的实际成本占计划成本的百分比为:

$$\frac{27\ 240}{28\ 000}\times 100\% = 97.29\%$$

全液压双钢轮振动压路机经常修理的实际成本为:2 095 ×97.29% =2 038.23(元)。

(三)分步成本计算法

砖、瓦厂生产砖、瓦所用的黏土,必须经过采掘、制坯、焙烧等生产步骤,然后成为砖、瓦;采石场经过剥离、采掘、筛选等生产步骤,然后成为施工所需的石子。所以砖、瓦、石子的生产,都属于连续式复杂生产,这些产品的生产过程,都是由两个以上连续步骤组成,在计算成本时大都采用分步成本计算法。

分步成本计算法按照产品生产步骤计算产品成本。在这些连续式复杂生产企业单位中,从材料投入生产到产成品完成,要经过一系列的连续生产步骤,在产成品生产出来之前,其他各个步骤生产的都是各种加工程度不同的半成品,这些半成品又是下一步骤加工的对象。分步成本计算法按照是否要计算各个步骤半成品的成本,可分为逐步结转和平行结转两种方式。如果既要计算完工产品成本,又要计算各步半成品成本,就可采用逐步结转的分步成本计算法。

1. 逐步结转分步成本计算法

在采用逐步结转的分步成本计算法计算各个步骤产品成本时,上一步骤所产生的半成品的成本,要随着半成品实物的转移从上一步骤产品成本明细分类账转入下一步骤相同产品的成本明细分类账中,以便逐步计算半成品成本和最后一个步骤的产成品成本。这种结转成本的计算程序如图 5-2 所示。

逐步结转的分步成本计算法的具体计算程序是:

(1)按生产步骤设置产品成本明细分类账。如果一个步骤生产多种产品,成本明细分类账要按该步骤的不同产品的种类设置,用以记录各个生产步骤发生的生产费用。间接费用先要在间接费用明细分类账中进行归集,然后按照一定的标准,分配计入各个生产步骤的产品成本。

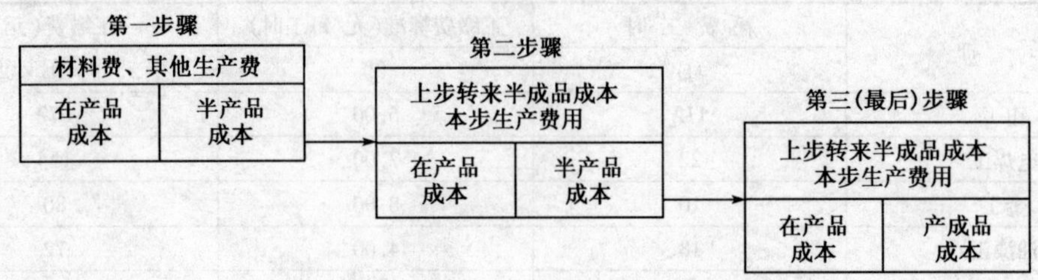

图5-2 逐步结转分步成本计算法的程序图

(2)记录每个生产步骤生产的半产品、在产品和产成品的数量。通常应记录下列各项资料:由上一步骤转入本步骤的半成品数量;由本步骤转入下一步骤的半成品数量,在最后步骤即为产成品数量;留存本步骤的半成品数量;在产品数量;废品数量。

(3)按照生产步骤依次计算各个生产步骤半成品和在产品的成本,并逐步结转需转入下一步骤的半产品成本,直至最后生产步骤求得产成品成本。

各步骤耗用上一步骤半成品的成本,应根据耗用半成品数量与半产品的单位成本的乘积计算确定。如果有月初半成品,由于各月生产半成品成本的不同,耗用半成品的单位成本也要跟原材料一样,采用先进先出法或移动平均法计算,或者先按计划单位成本计算,然后再调整半成品成本差异。

如果各生产步骤既有完工半成品,又有在产品,那么要采用适当的方法,将各步骤生产费用在完工半成品和在产品之间进行分配,以便计算完工半成品成本,再将完工半成品成本照此逐步结转,最后就算出产成品成本。

以制砖厂砖的成本计算来说,应先按黏土采掘、制坯、焙烧等生产步骤分别设置产品成本明细分类账,归集各个步骤发生的生产费用。

【例5-19】 假定某月各个步骤发生的生产费用见表5-39。

生产费用表 表5-39

项　目	黏土采掘	制　坯	焙　烧
材料费		1 700	400
燃料动力费			5 200
人工费	2 450	6 500	2 500
其他直接费	850	2 200	500
间接费用	1 200	6 100	2 400
合计	4 500	16 500	11 000

该月份各生产步骤生产的半成品(产成品)和转入下步骤的半成品数量见表5-40(假定无月初半成品和月末在产品)。

半成品数量表 表5-40

项　目	黏土采掘	制　坯	焙　烧
生产半成品(产成品)	900m^3	50万块	
转入下步骤的半成品	600m^3	40万块	40万块

根据上述资料,即可逐一计算各个生产步骤半产品和产成品的成本。

黏土采掘步骤共发生生产费用 4 500 元,开采黏土 900m^3,每立方米黏土成本为 5.00 元(4 500 元/900m^3)。转入制坯步骤的黏土 600m^3,它的成本为 3 000 元(5.00 元 ×600m^3)。此项黏土成本,即为制坯步骤自制半成品项目的成本。

制坯步骤在月份内发生生产费用 16 500 元,加上黏土采掘步骤转入黏土成本 3 000 元,共 19 500 元,制成砖坯 50 万块,每万块砖坯的成本为 390 元,(19 500 元/50 万块),转入焙烧步骤的砖坯 40 万块,它的成本为 15 600 元(390 元 ×40 万块),应列入焙烧步骤的自制半成品项目。

焙烧步骤在月份内发生的生产费用为 11 000 元,加上制坯步骤转入砖坯成本 15 600 元,共 26 600 元,每万块砖的成本为 665 元(26 600 元/40 万块)。

上面的计算列示见表 5-41。

制砖厂成本计算表　　表 5-41

项　目	黏土采掘			制　坯			焙　烧		
	数量 (m^3)	总成本 (元)	单位成本 (元/m^3)	数量 (m^3)	总成本 (元)	单位成本 (元/万块)	数量 (m^3)	总成本 (元)	单位成本 (元/m^3)
材料费					1 700	34		400	10
燃料动力费								5 200	130
自制半成品				600	3 000	60	40	15 600	390
人工费		2 450	2.72		6 500	130		2 500	62.5
其他直接费		850	0.94		2 200	44		500	12.5
间接费用		1 200	1.33		6 100	122		2 400	60
本月半成品(产成品) 减:月末半成品	900 300	4 500 1 500	5.00	50 10	19 500 3 900	390	40	26 600	665
转交下一 步骤半成品	600	3 000		40	15 600				

如果在焙烧步骤产生废品时,废砖成本减去碎砖残值后的废品损失由合格砖平均分摊,在“废品损失”项目加以反映。

如这个制砖厂该月在焙烧步骤产生碎砖 1.5 万块,此项碎砖经估价为 200 元,则合格砖每万块的实际成本的计算方法如下。

1.5 万块废砖的废品损失:665 ×1.5 −200 =797.5(元)

38.5 万块合格砖的总成本:665 ×38.5 +797.5 =26 400(元)

38.5 万块合格砖的单位成本:26 400 ÷38.5 =685.71(元/万块)

如果该制砖厂同时生产各种不同规格的砖、瓦,可按制坯、焙烧步骤设置产品成本明细分类账,在计算制坯步骤各种砖坯、瓦坯的半成品成本和焙烧步骤各种砖、瓦的成本时,按照各种砖坯、瓦坯的半成品成本和焙烧步骤的计划单位成本、数量,求出各自的计划成本所占的比例,加以分配计算。也可在制坯、焙烧步骤分别为砖、瓦设置产品成本明细分类账,归集砖坯、瓦坯和烧砖、烧瓦发生的生产费用,分别计算砖坯、瓦坯的半成品成本和砖瓦的产成品成本。

【例 5-20】　承上例,假设上述制砖厂制坯步骤在月份内生产的砖坯、瓦坯的数量和单位计划成本见表 5-42。

砖坯、瓦坯的数量和单位计划成本表　　表 5-42

砖坯	15 万块	万块计划成本	800 元
		计划成本合计	12 000 元
瓦坯	5 万块	万块计划成本	1 200 元
		计划成本合计	6 000 元

这个制砖厂制坯步骤该月的生产费用总额为 15 600 元（包括黏土采掘步骤转入黏土成本），则砖坯、瓦坯的实际成本分别为：

砖坯的实际成本为：19 500 × 12 000 ÷（12 000 + 6 000 元）= 13 000（元）

每万块砖坯成本为：13 000 ÷ 15 = 866.67（元）

瓦坯的实际成本为：19 500 元 × 6 000 元 ÷（12 000 + 6 000 元）= 6 500（元）

每万张瓦坯成本为：6 500 ÷ 5 = 1 300（元）

2. 平行结转分步成本法

在连续、复杂的生产企业中，有时可采用平行结转分步成本计算法，条件是各个步骤生产出来的半成品都为企业下一步骤继续加工，在成本管理上也不要求计算各个步骤的半成品成本。此时，由于不要求计算各个生产步骤半成品成本，因而也不需要计算各步骤耗用上一步骤转入的半成品成本，只要计算本步骤发生的生产费用以及其中应计入产成品的成本，将各个生产步骤中应计入产成品的成本平行结转、汇总，就可算出该种产品的产成品成本。

平行结转分步成本计算法的计算程序可列示如图 5-3 所示。

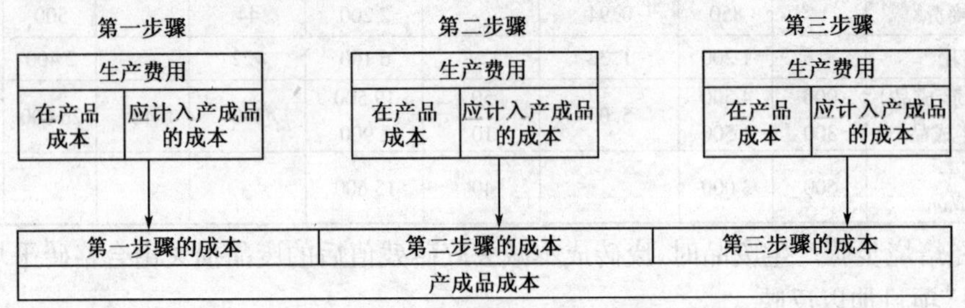

图 5-3　平行结转分步成本计算法的程序图

为了计算各个生产步骤中应计入产成品的成本，必须将各个生产步骤本身发生的生产费用（不包括上一步骤半成品成本）划分为归属于产成品的成本，以及归属于尚未最后成为产成品的在产品成本。这里的在产品，是就全厂范围而言的广义在产品，包括本步骤的在产品和本步骤已经完工但尚未成最终产品的半成品。

各生产步骤生产费用在产成品和广义在产品之间的划分，可采用按约当产量比例、定额耗用量比例计算等方法，先计算单位半成品成本，然后再计算产成品中各该步骤的成本。

如按约当产量比例计算，其方法如下：

$$\text{某步骤单位半成品成本} = \frac{\text{该步骤月初在产品成本} + \text{该步骤本月生产费用}}{\text{该步骤完工半成品数量} + \text{该步骤在产品约当产量}}$$

产成品成本中该步骤的成本 = 产成品产量 × 单位产成品耗用半成品数量 × 该步骤单位半成品成本

月末在产品成本 = 该步骤月初在产品成本

= 该步骤本月生产费用 − 产成品成本中该步骤的成本

【例 5-21】 承上例：

黏土采掘步骤单位半成品成本 = 4 500 元/900m^3 = 5.00(元/m^3)

砖成本中黏土采掘步骤的成本 = 40 万块 ×(600m^3/50 万块) × 5.00 元/m^3 = 2 400(元)

黏土采掘步骤月末在产品成本 = 4 500 元 − 2 400 元 = 2 100(元)

制坯步骤单位半成品成本 = (19 500 − 3 000)元/50 万块 = 330(元/万块)

砖成本中制坯步骤的成本 = 40 万块 × 1 × 330 元/万块 = 13 200(元)

制坯步骤月末在产品成本 = 16 500 − 13 200 元 = 3 300(元)

焙烧步骤单位产品成本 = (26 600 − 15 600)元/40 万块 = 275(元/万块)

砖成本中焙烧步骤的成本 = 40 万块 × 275 元/万块 = 11 000(元)

40 万块砖总成本 = 2 400 元 + 13 200 元 + 11 000 = 26 600(元)

每万块砖成本 = 26 600 元/40 万块 = 665(元)

从上述例子可以看出，与逐步结转分步成本计算法相比，平行结转分步成本计算法的优点在于，各生产步骤可以同时计算成本，平行汇总计入产成品成本，不必逐步结转，而且能直接提供按原始成本项目反映的产品成本资料，因而能够简化计算、提高工作效率。但是，它不能提供各个生产步骤半成品的成本资料，不能为各个生产步骤在产品、半成品的实物管理和资金管理提供资料。在实际工作中究竟采用哪种分步成本计算法，要综合考虑各企业单位的具体情况和管理要求。

(四)分步分类成本计算法

附属工业企业和辅助生产单位生产的各种钢筋混凝土构件，都要经过钢筋成形、混凝土浇灌这两个生产步骤，与两个生产步骤相适应，一般都设有钢筋、预制两个车间。由于生产品种规格较多，很难采用分步成本计算法，按生产步骤设置成本明细分类账来归集计算它们的成本，这时候，只能先按生产步骤、按构件类别设置产品成本明细分类账，算得各类构件的成本，然后按照各种构件的计划成本或预算成本的比例，分配计算各种构件的成本。

如果混凝土构件预制厂钢筋、预制两个车间生产的大型屋面板和多孔板规格较多，往往采用分步分类成本计算法，钢筋、预制每个车间都按大型屋面板、多孔板设置两个产品成本明细分类账，一共设置四个明细分类账。各个车间发生的动力、折旧、修理等生产费用，先按车间计算或汇总，然后按照一定标准分配计入各类构件成本。对于上述费用，可以分别进行分配，也可合并设置一个其他直接费项目，并按车间设置其他直接费明细分类账，于月末终了按照各类构件耗用工时的比例，分配计入各类构件成本。混凝土构件预制厂的间接费用，也应先在间接费用明细分类账中汇总归集，再按各类构件耗用工时的比例，分配计入各类构件成本，然后按照下列程序计算各种构件的成本，举例如下。

【例 5-22】

(1)根据产品成本明细分类账，汇总各类构件在各车间发生的生产费用(包括发生的工料费和分配的其他直接费和间接费用)。

例中假设：该月各类构件在车间发生的生产费用见表 5-43。

构件生产费用表(单位:元)　　表 5-43

项　目	大型屋面板		多　孔　板	
	钢筋车间	预制车间	钢筋车间	预制车间
材料费	145 000	155 000	34 000	62 500
人工费	8 000	14 400	2 500	8 400
其他直接费	7 600	10 500	1 500	7 500
间接费用	12 400	21 100	4 300	13 400
合计	173 000	201 000	42 300	91 800

(2)计算各车间各类构件的在产品成本。考虑到各种构件的成本主要是材料费用,为了简化计算手续,可按照材料费计算。

例中假设:钢筋车间各类构件月末在产品(即未成形钢筋)成本为大型屋面板 5 400 元,多孔板 4 200 元。

(3)计算本月完工各类构件的实际成本。以各类构件在钢筋车间发生的生产费用,加月初在产品成本,减月末在产品成本,求得本月成形钢筋的成本;然后加上预制车间的成本,求得本月完工各类构件的实际成本。

例中假设:钢筋车间大型屋面板的月初在产品成本为 3 800 元,多孔板的月初在产品成本为 2 500 元,各类完工构件的实际成本见表 5-44(假设预制车间没有月初、月末在产品)。

完工构件实际成本表(单位:元)　　表 5-44

钢 筋 车 间	大型屋面板	多　孔　板
本月发生生产费用	173 000	42 300
加:月初在产品成本	3 800	2 500
减:月末在产品成本	5 400	4 200
成形钢筋成本	171 400	40 600
预制车间(浇灌)成本	201 000	91 800
完工构件实际成本	372 400	132 400

(4)以各种构件的预算成本,分别乘各构件的生产数量,求得各种构件的预算成本的总和。

例中假设:各种构件的生产数量及其预算成本见表 5-45。

构件的生产数量及预算成本表　　表 5-45

构 件 类 别	规　格	单　位	生 产 数 量	预 算 成 本	
				单　价	合　计
大型屋面板	WMB-1	m^3	600	360	216 000
	WMB-2	m^3	500	380	190 000
	合计				406 000
多孔板	DKB-1	m^3	200	200	40 000
	DKB-2	m^3	300	240	72 000
	DKB-3	m^3	100	260	26 000
	合计				138 000

(5)以各类构件的预算成本的总和,除本月完工各类构件的实际成本,求得各类构件实际成本占预算成本的百分比。例子中,大型屋面板的实际成本占预算成本的百分比为:

$$\frac{372\ 400}{406\ 000}\times 100\% = 91.72\%$$

多孔板的实际成本占预算成本的百分比为:

$$\frac{132\ 400}{138\ 000}\times 100\% = 95.94\%$$

(6)以各类构件实际成本占预算成本的百分比乘该类各种构件的预算成本,求得各种构件的实际成本;再分别除以生产数量,即得各种构件的单位成本。例子中,各种构件的总成本和单位成本见表5-46。

构件的总成本和单位成本表 表5-46

构件类别	规格	预算成本(元)	实际成本占预算成本百分比(%)	实际成本(元)	
				总成本	单位成本
大型屋面板	WMB-1	216 000	91.72	198 115.2	330.19
	WMB-2	190 000	91.72	174 268	348.54
多孔板	DKB-1	40 000	95.94	38 376	191.88
	DKB-2	72 000	95.94	69 076.8	230.26
	DKB-3	26 000	95.94	24 944.4	249.44

以上各种构件的单位成本是以 m^3 为计量单位,如果要求得各种构件每块的成本,则可以各种构件每块的体积,乘该构件每立方米成本求得。如 YB-1 大型屋面板每块体积为 $0.55m^3$,则每块 WMB-1 大型屋面板成本为:

$$0.55\times 330.19 = 181.60(\text{元})$$

第八节 工程项目成本报表

一、工程项目成本报表的概念、种类和作用

(一)工程项目成本报表的概念

企业会计报表按服务的对象分为两类:一类为向外报送的会计报表,如资产负债表、利润表、现金流量表、所有者权益变动表等;一类为企业内部管理所需的报表,如成本报表。

工程项目成本报表是根据施工企业成本管理的需要,依据日常成本核算及其他有关成本资料定期编制的,用以反映和监督施工企业一定时期内施工成本和产品成本水平和构成及其升降变动情况,以考核和分析企业成本计划执行情况和结果的报告文件。工程项目成本报表由各种工程项目成本报表组成,是施工企业会计报表体系的重要组成部分。工程项目成本报表报送的对象为企业领导、各管理职能部门和其他需要成本信息资料的部门、企业职工等。

根据《企业财务会计报告条例》和《企业会计准则》的规定,在企业会计报告体系中,成本报表不是法定对外报送的会计报告,而是服务于企业内部经营管理的内部会计报表,属于企业

的商业机密,无需对外公开。在市场经济环境中,企业之间的竞争更加激烈,成本的高低成为企业生存和发展的关键,为了以较少的投入获得较高的经济效益,企业就必须对成本加强管理,认真做好成本预测、决策、计划、控制、核算、分析和考核工作,充分挖掘企业的内部潜力,不断降低各项成本费用,从而在市场竞争中获得优势地位。所以企业都应该重视定期编制成本报表,以满足企业成本管理的需要。

(二)工程项目成本报表的种类

1. 按编制的时间分类

成本报表按编制的时间分类,可以分为定期报表和不定期报表。定期报表是指按规定期限编报的成本报表,一般根据管理上的要求可按年、季、月分别编制年报、季报、月报。同时如果企业内部管理有特殊需求,也可以按旬、按周、按日甚至按工作班来编报,以满足日常某些临时或特殊任务管理的需要,使成本报表充分发挥其作用,及时服务于生产经营的全过程。不定期报表是指针对成本管理中出现的某些较大或亟待解决的问题而随时按要求编制的成本报表。如当发生金额较大的内部故障成本时,需立即编制质量成本报表,以便及时将信息反馈到有关部门。

2. 按成本反映的内容分类

工程项目成本报表按成本反映的内容分类,可以分为反映成本计划执行情况的报表、反映各种费用支出情况的报表和反映成本管理专题的报表。

反映成本计划执行情况的报表侧重于揭示企业施工、生产的成本水平和为工程施工和生产一定种类和数量的自用产品所花费的成本是否达到了预定的目标。在报表中,可通过分析比较,找出差距,明确薄弱环节,为采取具有针对性的措施,挖掘企业降低成本的潜力,提高成本管理工作的成效提供有效的资料。这类报表有产品生产成本表、主要产品生产成本表、责任成本表、质量成本表等。

反映各种费用支出情况的报表揭示了企业在一定时期内施工和生产费用支出总额及其构成情况,据以了解并分析各项费用支出的合理性和变化趋势,为企业管理部门正确制订费用预算,有效控制成本费用支出,考核各项消耗和支出指标的完成情况提供依据。这类报表有在建工程成本明细表、竣工工程成本明细表、管理费用明细表等。

3. 按报送的对象分类

工程项目成本报表按报送的对象分为对外成本报表和对内成本报表。

对外成本报表是指企业向外部单位,如上级主管部门和联营主管单位等报送的成本报表。在市场经济环境中,成本报表一般服务于企业内部管理,具有商业秘密的性质,不对外公开发表,但在我国国营企业和国有联营企业中,企业的主管部门为了加强成本费用的监督和控制,了解成本计划的完成情况,进行行业的分析对比,获得成本预测和成本决策的资料,同时投资者为了获得有利于投资决策的资料都需要了解企业经营状况和效益,都要求企业提供成本资料。

对内成本报表是指服务于企业内部经营管理而编制的各种报表。这种报表的内容、种类、格式、编制方法和程序、编制时间和报送对象,可由企业根据自己生产经营情况和管理要求来确定。成本报表就属于对内报表,通过成本报表的编制,让企业领导和职工了解日常成本费用计划预算的执行情况,提高大家成本费用控制的积极性。同时让企业领导者和投资者获得施工和生产的成本费用信息，便于他们采取有效措施不断降低成本费用和做出正确的投资决策。

(三)工程项目成本报表的作用

1. 综合反映报告期内的施工和生产成本

工程施工和生产成本是反映企业施工和生产的各方面工作成效的一项综合性指标，它能直接、间接地反映出企业的经营管理水平。通过成本报表资料，能够及时发现在施工、生产、技术、质量和管理等方面取得的成绩和存在问题，并对问题及时采取适当的措施加以解决。

2. 评价和考核各施工、生产环节成本管理的业绩

利用成本报表上所提供的资料，进行有关指标的计算和对比，可以了解各有关部门和人员在执行成本计划、费用预算过程中的成绩和差距，总结工作经验和教训，并据以奖励先进工作者，督促后进者，促进广大职工积极性的提高，保证全面完成和超额完成企业成本费用计划预算。

3. 可利用成本资料进行成本分析

通过成本报表资料的分析，可以揭示成本差异对工程、产品成本升降的影响程度以及二者差异产生的原因和责任，从而有利于企业采取针对性的措施，着力解决那些不正常的、对成本有重要影响的关键性差异，使日常成本的控制和管理有了更明确的目标。

4. 成本报表资料为制订成本计划提供依据

企业要制订合理的成本计划，必须明确成本计划的目标。年度成本计划的制订需要在分析报告年度产品成本实际水平的基础上，结合报告年度成本计划的执行情况，考虑计划年度中可能出现的不利和有利因素来制订。可见，本期成本报表资料为下期成本计划的制订提供了重要的参考资料。同时，成本报表资料也可为管理部门对未来时期的成本进行预测提供资料，为企业制订正确的经营决策和提高成本控制与管理水平提供重要的依据。

二、工程项目成本报表的编制要求和方法

(一)工程项目成本报表的编制要求

为了提高成本报表信息的质量，充分发挥成本报表的作用，成本报表的编制应符合下列基本要求。

1. 真实性

真实性要求成本报表的指标数字必须真实可靠，如实地集中反映企业实际发生的成本费用。

2. 重要性

重要性要求对于重要的成本、费用项目，在成本报表中予以单独列示，以显示其重要性；对于次要的项目，可以合并反映。

3. 正确性

正确性要求成本报表中的指标数字计算正确；各种成本报表之间、主表与附表之间、各项目之间具有勾稽关系的数字应相互一致；本期报表与上期报表之间的有关数字也应相互衔接一致。

4. 完整性

完整性要求编制的各种成本报表齐全;填列的指标和文字说明全面;表内项目和表外补充资料不论是根据账簿资料直接填列,还是通过分析计算填列,都应当准确无缺,不得随意取舍。

5. 及时性

及时性要求按规定日期编制和报送成本报表,保证成本报表的及时性,以便各方能及时利用和分析成本报表所提供的信息,据以进行决策。

(二)工程项目成本报表的编制方法

1. 人工费月报表

人工费月报表见表5-47。

人工费月报表 表5-47

编报单位: 年 月 单位:元

序号	费用名称	上月末累计数	本月人工费	计划人工费	费用差额	本月末累计数	备注
1							
2							
3							
4							
5							
6							
7							
8							
9	合计						

填表人: 部门负责人:

(1)人工费报表应按月编制。

(2)人工费月报表应根据企业实行的具体工作制度编制。

(3)表内根据发生直接人工费的分项工程的成本编码来排列。

(4)该报表的资料数据取自工程成本明细分类账。

(5)本表反映了该月人工费用差额。

(6)本表可扩充。

2. 材料费明细表

材料费明细表见表5-48。

(1)项目所用材料的数量应如实填写(含业主或指定供应商供应的材料及安全设施使用材料等)。

(2)项目所用材料的单价应填写入库价(含业主或指定供应商供应的材料)。

(3)耗费的材料品种极多时,可分类填列。

(4)周转材料应填写本项目中的周转费用。

(5)本表反映了该月材料费用差异。

(6)本表可扩充。

材料费明细表

表5-48

编报单位： 年 月 单位:元

序号	材料规格及名称	单位	单价	上月库存	本月进库	计划用量	计划金额	本月实际耗用	实际金额	费用差额	月末库存
合计											

填表人： 部门负责人：

3. 机械使用费明细表

机械使用费明细表见表5-49。

机械使用费明细表

表5-49

编报单位： 年 月 单位:元

序号	机械设备规格及名称	使用台班数		人工费		燃料及动力费		折旧及修理费		其他直接费		间接费用		合计		备注
		预算	实际	预算	实际	预算	实际	预算	实际	预算	实际	预算	实际	预算	实际	
合计																

填表人： 部门负责人：

(1)各项机械使用费按机械设备的规格和名称填列。

(2)新购置的机械设备应填写购买费用及安装费用,从下月开始计提折旧费。

(3)租赁设备需在备注中注明内、外部设备及服务情况。

(4)本表反映了该月机械使用费的差异。

(5)本表可扩充。

4. 其他直接费用明细表

其他直接费用明细表见表5-50。

(1)按其他直接费用的明细项目填列。

(2)数据来源于“其他直接费用”科目和“其他直接费用分配表”。

(3)本表反映了该月其他直接费用的差异。

(4)本表可扩充。

其他直接费用明细表

表 5-50

编报单位：　　　　年　月　　　　单位：元

项目	行次	本期数				累计数			
		预算成本	实际成本	降低额	降低率	预算成本	实际成本	降低额	降低率
		1	2	3	4	5	6	7	8
环境保护费	1								
安全施工费	2								
临时设施费	3								
施工排水、降水费	4								
水、电、风、汽费	5								
冬雨季施工费	6								
夜间施工增加费	7								
两次搬运费	8								
土方运输费	9								
检验试验费	10								
其他费用	11								

企业负责人：　　　　财会负责人：　　　　制表人：

5.间接费用明细表

间接费用明细表见表5-51。

间接费用明细表

表 5-51

编报单位：　　　　年　月　　　　单位：元

项目	行次	本期数				累计数			
		预算成本	实际成本	降低额	降低率	预算成本	实际成本	降低额	降低率
		1	2	3	4	5	6	7	8
管理人员工资	1								
职工福利费	2								
劳动保护费	3								
办公费	4								
差旅交通费	5								
折旧费	6								
修理费	7								
工具用具使用费	8								
保险费	9								
工程保修费	10								
其他费用	11								

企业负责人：　　　　财会负责人：　　　　制表人：

(1)按间接费用的明细项目填列。

(2)数据来源于“间接费用”科目和“间接费用分配表”。

(3)本表反映了该月间接费用的差异。

(4)本表可扩充。

6. 工程成本表

工程成本表见表5-52。

工程成本表

表5-52

编报单位: 年 月 单位:元

项目	行次	本期数				累计数			
		预算成本	实际成本	降低额	降低率	预算成本	实际成本	降低额	降低率
		1	2	3	4	5	6	7	8
人工费	1								
材料费	2								
机械使用费	3								
其他直接费	4								
间接费用	5								
工程成本合计	6								
分建成本	7								
工程结算成本合计	8								
工程结算其他收入	9								
工程结算成本总计	10								

企业负责人: 财会负责人: 制表人:

(1)按“工程施工”参照“工程结算收入”、“工程结算成本”、“工程结算税金及附加”账发生额填列。

(2)数据来源于上述表5-47~表5-51。

(3)要求预算成本按规定折算,实际成本账表相符。

(4)本表反映了当月工程成本和累计工程成本的发生情况。

(5)按月编制。

7. 在建工程成本明细表

在建工程成本明细表见表5-53。

(1)本表要求分单位工程列示。

(2)要求账表相符。

(3)反映了当月在建工程成本和累计成本情况。

(4)按月填报。

在建工程成本明细表 表5-53

编报单位： 年 月

单位名称	本月数							
	预算成本	人工费	外包费用	材料费	周转材料费	结构件	机械费	措施费

单位名称	本月数						本年度累计	
	施工间接费	分包成本	实际成本合计	降低额	降低率	工程其他收入	预算成本	实际成本

单位名称	本月数			本年度累计				
	降低额	降低率	工程其他收入	预算成本	实际成本	降低额	降低率	工程其他收入

单位负责人： 成本员： 制表人：

8. 竣工工程成本明细表

竣工工程成本明细表见表5-54。

竣工工程成本明细表　　表5-54

编报单位：　　年　月

单位名称	人工费			材料费		周转材料费		结构件	
	预算	实际	外包费用	预算	实际	预算	实际	预算	实际

单位名称	机械费		措施费		施工间接费		分建成本	
	预算	实际	预算	实际	预算	实际	预算	实际

单位名称	合计					合计中属于本年度的				
	预算成本	实际成本	降低额	降低率	工程其他收入	预算成本	实际成本	降低额	降低率	工程其他收入

单位负责人：　　成本员：　　制表人：

(1)本表要求分单位工程填列。

(2)竣工点交应当调整与已结数之差，实际成本账表相符。

(3)反映了当月竣工工程的成本情况。

(4)按月填报。

第六章 工程项目成本控制

第一节　工程项目成本控制概述

一、工程项目成本控制的内涵

（一）控制的概念

控制，即驾驭、支配。按照管理学的观点，控制是指管理人员为了保证组织目标的实现，对下属工作人员的实际工作进行测量、衡量和评价，并采取相应措施纠正各种偏差的过程。控制的前提条件包括：

1. 计划前提

计划前提是指任何控制工作要制定一套科学、切实可行的计划。控制的基本目标是防止工作出现偏差，需要将实际工作的进展与预先设定的标准进行比较。因此，控制必须制订计划。计划不仅为实际工作提供了行动路线，也为后续的控制工作奠定了基础。

2. 组织结构前提

控制是施控主体对受控客体的一种能动作用，而最常见的施控主体是企业的组织机构。在开展控制工作之前明确施控主体之间的职责，有利于控制目标的实现。

3. 信息沟通平台

控制是一个反馈系统，施控主体在控制过程中需要不断收集相关的信息，才能使控制产生应有的作用，而有效的信息沟通平台能够使施控主体在控制过程中获取充分有效的信息。

（二）工程项目成本控制的概念

工程项目成本控制是工程项目成本控制主体按照事先确定的工程项目成本预算目标，采用科学合理的工程项目成本控制方法，对工程项目实施过程中所发生的成本进行指导、监督、调节和限制，揭示工程项目成本实际成本与预算目标之间的偏差，及时纠正工程项目成本偏差，从而确保工程项目成本限定在工程项目成本预算范围内的过程。工程项目成本控制的主要目的如下：

第一是施控主体限制工程项目成本偏差的累积以及防止新偏差出现。

第二是适应环境的变化。通过工程项目成本控制主体的控制活动，使工程项目成本严格限制在预定的目标范围之内。

(三)工程项目成本控制的作用

工程项目成本控制的主要作用如下:

首先,工程项目成本控制是保证工程项目成本目标实现必不可少的活动。

其次,工程项目成本控制通过纠正工程项目成本偏差的行为,与其他管理活动紧密地结合在一起,有助于管理职能的实现。

第三,通过工程项目成本控制活动,有助于管理人员及时了解组织环境的变化,并对环境变化做出迅速反应,确保组织的安全。

最后,工程项目成本控制为进一步修改、完善工程项目成本预算提供了信息依据。

二、工程项目成本控制原则

工程项目成本控制过程中必须遵循的原则包括目标导向原则、可控性原则、经济原则、全面性原则、因地制宜原则和例外管理原则等。

1. 目标导向原则

工程项目成本控制的目标导向原则是指工程项目成本控制过程中必须按照预定的工程项目成本控制目标来组织各项成本控制活动。目标导向原则是目标管理在工程项目成本控制过程中的具体应用。目标管理是贯彻执行计划的一种方法,其将计划的方针、任务和目的等逐级分解,分别落实到具体的部门或个人。工程项目成本控制的目标导向原则要求在实施工程项目成本控制过程中关注以下几个基本内容:工程项目成本控制目标的设定和分解,工程项目成本控制目标责任的到位与执行,工程项目成本控制目标的执行结果,工程项目成本目标的评价与修正。概括而言,工程项目成本控制的目标导向原则要形成一个计划、实施、检查与处理的循环系统。

2. 可控性原则

工程项目成本按照控制主体能否实施控制可以划分为可控成本与不可控成本。通过施控主体的决策行为能够控制是否发生以及发生金额大小的成本被称为可控成本。反之,则成为不可控成本。一般地,任何施控主体只能对其可控成本承担相应的控制责任。工程项目可控成本一般应具备以下三个方面的条件:

首先,工程项目成本控制主体能够通过一系列的途径和方法,事先了解工程项目实施过程中将要发生哪些成本。

其次,工程项目成本控制主体能够对工程项目实施过程中所发生的成本进行准确的计量。

第三,工程项目成本控制主体对工程项目实施过程中发生的成本有权加以限制与调整。

同时具备以上三个条件的成本,对控制主体而言,就是可控成本;反之,则是不可控成本。

3. 经济原则

工程项目成本控制的经济原则是指工程项目成本控制主体因推行成本控制活动而发生的成本,不应超过因缺少控制活动而丧失的收益。工程项目成本控制的经济原则在很大程度上决定了施控主体只在重要领域中选择关键因素加以控制,而不对工程项目实施过程中的所有成本都进行同样周密的控制。经济原则要求工程项目成本控制主体通过成本控制活动能起到降低成本、纠正偏差的作用,具有实用性。工程项目成本控制系统应能揭示何处发生了失误、谁应对失误负责，并能确保采取措施来纠正偏差。工程项目成本控制的经济原则要求施控主体在工程项目成本控制过程中贯彻“例外管理”原则：对工程项目实施过程中正常的成本可以从简控制，要将控制的主要注意力置于工程项目实施过程中所出现的各种例外情况上。

4. 因地制宜原则

工程项目成本控制的因地制宜原则，是指工程项目成本控制系统的设计必须要与工程项目所处的地域与行业相适应，千万不能照抄、照搬其他控制主体的成本控制系统。概括而言，工程项目成本控制的因地制宜原则是由工程项目的特征决定的❶。

5. 全面控制原则

工程项目成本全面控制原则包括以下几个方面的内容：

(1)全体职工积极主动地参与工程项目成本控制。工程项目实施过程中，每个职工对工程项目成本都应负有相应的责任。工程项目成本控制是全体职工的共同任务，只有通过全体职工协调一致的努力，才能实现工程项目成本控制目标。工程项目成本全面控制原则对职工提出了以下具体要求：①职工要具有成本控制意识，养成节约成本的习惯，关心工程项目成本控制的结果；②职工要具有合作精神，理解工程项目成本控制是一项集体的努力过程，不是个人活动，必须在共同目标下同心协力；③职工能够正确理解和使用工程项目成本控制信息，据以改进工作，降低工程项目成本。为调动全体职工在工程项目实施过程中成本控制的积极性，应特别注意以下问题：①需要有客观、准确、适用的工程项目成本控制标准；②鼓励职工积极参与工程项目成本控制标准的制订；③让职工了解工程项目实施过程中的困难和实际情况；④建立和健全工程项目实施过程中的约束与激励机制。

(2)全过程的成本控制。工程项目全过程的成本控制要求工程项目成本控制主体从工程项目可行性论证阶段开始，经过勘察设计、工程施工，到工程竣工交付使用后的保修期结束，整个过程都需要进行成本控制，不能忽视任何成本控制环节。

(3)全方位成本控制。工程项目成本控制不能单纯地强调降低工程项目成本，必须兼顾工程项目实施过程中各经济利益主体之间的经济利益。因此，在工程项目成本控制过程中，不能片面地为了降低工程项目成本而忽视其他经济利益主体的利益。如不能为了单纯地降低工程项目成本而忽视工程项目对环境污染的影响。

6. 成本控制主体推动原则

工程项目成本控制涉及全体职工，每个职工都处于特定的组织中，并受特定组织的引导。因此，工程项目成本控制理所当然需要成本控制主体的推动。工程项目成本控制对成本控制主体提出了以下具体要求：

(1)工程项目成本控制主体必须重视并全力支持工程项目成本控制。

(2)工程项目成本控制主体必须具有完成工程项目成本目标的决心和信心。

(3)工程项目成本控制主体必须具有实事求是的精神。

(4)工程项目成本控制主体在工程项目实施过程中必须以身作则，严格控制自身的责任成本。

❶工程项目的固定性特征决定了工程项目必须固定在一定的地域范围之内，受所在地域资源、气候、地域文化、地质条件以及项目所在地政府干预的影响，其成本控制系统的设计也将受上述因素的影响。

三、工程项目成本控制程序

工程项目成本控制程序是指工程项目成本控制工作的步骤或顺序。从整体上分析,工程项目成本控制的顺序可以概括为工程项目成本事前控制、事中控制和事后控制三个步骤。

1. 工程项目成本事前控制

工程项目成本事前控制是在工程项目实施之前对影响工程项目成本的经济活动进行事前的规划与审核,借以确定工程项目成本控制的标准。工程项目成本控制标准是指对工程项目实施过程中各项费用开支和资源消耗规定数量和质量界限,并以此作为工程项目成本控制和考核的基本依据。工程项目成本控制过程中可以采纳的标准包括工程项目成本计划指标、消耗定额和费用限额等。以上三项成本控制标准中,工程项目成本计划指标是最基本的控制标准,其他标准可以在工程项目成本计划标准中得到体现。在确定工程项目成本控制整体标准的前提下,可将整体标准进行层层分解并落实到具体的责任部门或责任人,从而确定各责任部门或责任人的成本控制标准。

2. 工程项目成本事中控制

工程项目成本事中控制是在工程项目成本的形成过程中,随时将实际发生的成本与事前确定的成本控制标准进行对比,及时发现工程项目成本控制过程中存在的差异,并采取相应措施予纠正偏差,以保证工程项目成本控制标准的实现。工程项目成本事中控制应在工程项目成本目标的归口分级管理基础上进行,严格按照成本目标对工程项目实施过程中的一切耗费进行随时随地的检查审核,把可能产生损失浪费苗头消灭在萌芽状态,并且把各种成本偏差信息及时反馈给有关的责任单位,以利于及时采取措施来纠正工程项目实施过程中的成本偏差。

3. 工程项目成本事后控制

工程项目成本事后控制是在工程项目成本形成之后,对工程项目实际成本进行核算、分析和考核,并以此作为工程项目成本控制结果的奖惩依据。工程项目成本事后控制通过工程项目实际成本和标准成本的比较,确定工程项目成本的节约或超支,并分析、查明工程项目成本节约或超支的主客观原因,确定责任归属,对工程项目成本控制责任单位进行相应的考核和奖惩。通过工程项目成本分析,为今后工程项目成本控制提出积极的改进意见和措施,进一步修订工程项目成本控制标准,改进工程项目成本控制制度,以达到降低工程项目成本的目的。

四、工程项目成本控制的基本条件

工程项目成本控制的基本条件是指工程项目成本控制的起点或工程项目成本控制过程的平台。工程项目成本控制不从基础工作做起,则工程项目成本控制的效果和成功可能性将受到极大的影响。工程项目成本控制的基本条件如图 6-1 所示。

(一)工程项目成本控制的内部条件

1. 扎实的工程项目成本核算基础

工程项目成本核算是工程项目成本管理的有机构成内容之一,其为工程项目成本控制提供相关的信息支持。工程项目成本核算是否正确,直接影响着工程项目成本控制目标的实现。

因此,工程项目成本控制必须以扎实的成本核算基础工作为依据来展开。工程项目成本核算基础工作的具体内容包括:①健全的原始记录;②健全的内部转移价格制度;③健全的物资记录制度。

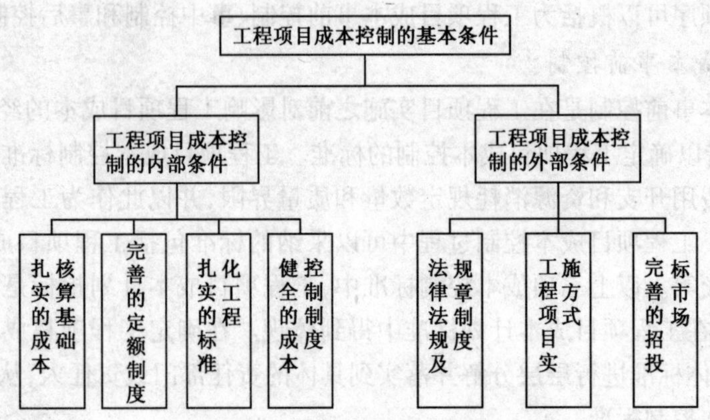

图 6-1 工程项目成本控制的基本条件图

2. 完善的定额制度

定额是企业在一定生产技术水平和组织条件下,人力、物力、财力等各种资源消耗所要达到的数量界限,主要包括材料定额、人工工时定额和机器工时定额。工程项目成本控制主要是制订合理的消耗定额,即制订合理的材料、人工工时和机器工时消耗定额。只有制订出合理的消耗定额,才能在工程项目成本控制中发挥应有的作用。定额管理是工程项目成本控制基础工作的核心:工程项目实施过程中的材料成本、人工成本以及机器使用成本的控制,都需要依赖定额制度,没有完善的定额制度,就无法控制好工程项目成本。此外,完善的定额制度也是工程项目成本预测、决策、核算、分析、考核与评价的主要依据,是工程项目成本控制工作的重中之重。

3. 扎实的标准化工作

标准化工作是工程项目管理的基本要求,是工程项目顺利实施的基本保证,它促使工程项目实施过程中的各项工作达到合理化、规范化、高效化,是工程项目成本控制成功的基本前提。在工程项目成本控制过程中,要做好以下几方面的标准化工作:

(1)计量标准化工作。计量是指用科学方法和手段,对工程项目实施过程中的量和质的数值进行测定,为工程项目成本控制提供准确的数据。如果没有统一的计量标准,基础数据不准确,那就无法获取准确的工程项目成本信息,工程项目成本控制也将是空中楼阁。

(2)价格标准化工作。工程项目成本控制过程中要制订两个标准价格:其一是内部转移价格;其二是外部价格。标准价格是工程项目成本控制运行的基本保证。

(3)质量标准化工作。质量是工程项目的灵魂,缺少合理的质量,再低的工程项目成本也无益于工程项目目标的实现。工程项目成本控制是合理质量条件的成本控制,没有质量标准,工程项目成本控制就会失去方向。

(4)数据标准化工作。制订工程项目成本数据的采集过程,明晰工程项目成本数据的传递渠道和共享方式,使工程项目成本数据信息为工程项目成本控制系统服务。

4. 建立和健全工程项目成本控制制度

在市场经济条件下,健全的制度是工程项目成本控制目标得以实现的基本保障。缺少工程项目成本控制制度,就不能将工程项目成本控制过程予以固化,就不能保证工程项目成本控制的质量。工程项目成本控制过程中需要建立和健全的制度包括:工程项目成本控制责任制度、工程项目成本控制的定额制度、工程项目成本控制的预算制度、工程项目成本审核制度、工程项目成本控制的约束与激励制度等。

(二)工程项目成本控制的外部条件

1. 熟悉工程项目成本管理的法律法规及规章制度

工程项目成本控制总是在一定的法律制度框架范围内进行,因此,熟悉相关的法律法规及规章制度,有利于工程项目成本控制目标的实现。我国颁布的《合同法》、《建筑法》、《会计法》、《企业财务通则》、《企业会计准则》等法律法规及规章制度,都从不同的角度对工程项目成本控制进行了规范,工程项目成本控制主体必须熟练地掌握。

2. 落实工程项目的实施方式,确定工程项目成本的控制方法

从整体上分析,工程项目实施方式包括自行实施和委托实施两种。自行实施是指工程项目从可行性论证,到勘察设计、施工到竣工交付使用某个阶段的工作都由工程项目建设业主直接完成,而委托实施则是指工程项目实施过程中的某个阶段的工作委托其他经济主体完成。如果工程项目实施方式为自行实施方式,则工程项目成本的控制主体落在业主方,业主要对自行实施方式下的直接成本和间接成本进行严格控制,以实现工程项目成本控制目标。如果工程项目实施方式为委托方式,则工程项目建设业主只需要以招标价为依据对工程项目成本进行控制,严格控制工程项目实施过程中的合同变更行为,从而将工程项目成本控制在中标价内。

3. 完善的招投标市场

工程项目实施过程中,大部分工作是通过委托方式得以实施的。如工程项目的可行性论证、工程项目的勘察设计以及工程项目的施工等工作都可以采取委托方式完成。当工程项目的实施采取委托实施方式时,一般受托方资格采用招投标的方式来确定。因此,完善的招投标市场是保证招标价公允的基本前提,也是合理确定受托方的基本保证。

第二节 工程项目成本控制的主要环节

一、工程项目可行性论证阶段的成本控制

工程项目可行性论证在整个工程项目实施过程中占有十分重要的地位,因为"工程项目可行性论证报告"是决定工程项目能否立项的关键性文件。工程项目可行性论证阶段在时间维上对应着工程项目实施过程中的规划阶段;在逻辑维上对应于工程项目实施过程中的问题提出、建立评价指标体系以及工程项目分析三个阶段。

工程项目可行性研究报告是工程项目立项的核心文件,也是工程项目决策的主要依据。一般地,工程项目可行性研究报告主要包括以下几方面的内容:

(1)工程项目概论。

(2)工程项目实施背景。

(3)工程项目市场分析与建设规模。

(4)工程项目建设条件。

(5)工程项目实施的技术方案。

(6)工程项目实施过程中的环境保护与劳动安全。

(7)工程项目实施进度安排。

(8)工程项目投资估算及资金的筹措。

(9)工程项目实施的财务分析。

(10)工程项目可行性论证结论。

(11)工程项目相关的附件材料。

工程项目可行性论证阶段的成本控制根据工程项目可行论证主体不同而存在着一定的差异:如果工程项目可行性论证为工程项目建设的业主,则业主根据一般的成本控制方法来控制工程项目可行性论证阶段的成本,其控制的成本项目包括工程项目可行性论证阶段发生的人工费、材料费以及机械使用费等;如果工程项目可行性论证由工程项目建设业主委托其他经济主体完成,则工程项目建设业主根据国家的相关政策与受托方协商确定工程项目可行性论证费用,并严格按照合同约定的价格来对工程项目可行性论证成本进行控制。根据国家发展和改革委员会颁布的《建设项目前期工作咨询收费暂行规定》相关条款,工程建设项目前期相关咨询费用的收费标准见表6-1。

工程建设项目前期工作咨询收费标准表 表6-1

项目 \ 投资额(亿元) / 收费(万元)	0.3~1	1~5	5~10	10~50	50以上
编制项目建设书	6~14	14~37	37~55	55~100	100~125
编制可行性研究报告	12~28	28~75	75~110	110~200	200~250
评估项目建设书	4~8	8~12	12~15	15~17	17~20
评估可行性研究报告	5~10	10~15	15~20	20~25	25~35

注:表6-1中的投资额是指工程项目的估算投资额,即项目建议书或可行性报告中的估算总投资额。

二、工程项目招标阶段的成本控制

(一)工程项目招标阶段成本控制的制度依据

为规范我国境内的招标投标活动,保护国家利益、社会公共利益和招标投标活动当事人的合法权益,提高经济效益,保证工程项目的质量,我国颁布了《中华人民共和国招标投标法》(以下简称《招标投标法》)。《招标投标法》规定在中华人民共和国境内进行下列工程建设项目(包括项目的勘察、设计、施工、监理以及与工程建设有关的重要设备、材料等的采购)必须进行招标:

(1)大型基础设施、公用事业等关系社会公共利益、公众安全的项目。

(2)全部或者部分使用国有资金投资或者国家融资的项目。

(3)使用国际组织或者外国政府贷款、援助资金的项目。

当工程项目属于《招标投标法》规定必须采用招标方式来确定工程项目的勘察、设计、施工、监理主体以及与工程项目建设有关的重要设备、材料供应商时,招标过程中将发生一系列的成本,如招标代理服务费、招标文件的制作费等。为了规范招标代理服务收费行为,维护招标人、投标人和招标代理机构的合法权益,促进招标代理行业的健康发展,中华人民共和国国家计划委员会制定和颁布了《招标代理服务收费管理暂行办法》(计价格[2002]1980号)。这些法律、法规及规章制度,为工程项目招标过程中的成本控制提供了制度依据。

(二)工程项目招标方式对工程项目成本的影响

当工程项目采用招标方式时,在其他条件不变的情况下,招标费用的发生会直接导致工程项目成本的增加。更为重要的是,采用招标方式还会影响工程项目实施过程中除项目可行性论证阶段以外各阶段的成本。招标方式对工程项目成本的影响如图6-2所示。

从图6-2可知,工程项目采用非招标方式时,不会导致招标准备费、招标代理服务费的发生。因此,在非招标方式下,工程项目成本控制对象不包括招标准备费和招标代理服务费。此外,对于工程项目勘察成本、设计成本、施工成本、监理成本、设备供应成本和材料供应成本的控制也不受招标准备费和招标代理服务费的影响。而当工程项目采用招标方式时,会直接产生招标准备费、招标代理服务费的发生,工程项目成本控制对象增加了招标准备费和招标代理服务费。更为关键的是,招标方式是工程项目勘察、设计、施工、监理、设备供应和材料供应"合理价格"确定的关键环节,从某种程度上分析,招标方式确定了这些成本的高低。因此,工程项目招标不仅要控制工程项目的招标准备费和招标代理费,而且要控制工程项目勘察、设计、监理、设备供应和材料供应的"合理价格",通过控制这些项目的"合理价格"来控制工程项目的勘察成本、设计成本、监理成本、设备供应成本与材料供应成本。

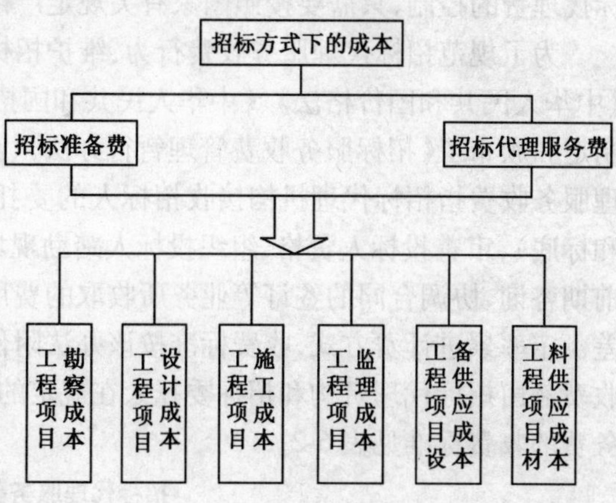

图6-2 招标方式对工程项目成本的影响图

(三)工程项目招标准备费和招标代理费的控制

工程项目招标方式包括两种:其一是自行招标方式;其二是委托代理招标方式。根据我国《招标投标法》及有关规章制度的规定,工程建设业主自行招标应具备以下条件:

(1)是法人或依法成立的其他组织。

(2)提出招标项目、进行招标。

(3)有与招标工作相适应的经济、技术管理人员。

(4)具有编制招标文件的能力。

(5)具有组织开标、评标的能力。

对于不具备以上条件的,须委托有资格的招标代理机构办理招标。招标代理机构是依法成立、从事招标代理业务并提供相关服务的社会中介组织。招标代理机构应具备以下条件：

(1)有从事招标代理业务的营业场所和相应资金。

(2)有能够编制招标文件和组织评标的相应专业力量。

(3)有符合条件的可作为评标委员会成员人选的专家库。

(4)从事工程项目招标代理业务的招标代理机构，还应具有国务院或省、自治区直辖市政府建设行政主管部门认定的资格。

根据我国有关法律法规及规章制度的规定，任何单位和个人不得以任何方式为招标人指定招标代理机构，也不得强制招标人委托招标代理机构办理招标事宜。但是，依法必须进行招标的项目，招标人自行办理招标事宜的，应当向有关行政监督部门备案。

工程项目无论采取自行招标方式还是委托代理招标方式，招标准备费都会发生。与自行招标方式相比，委托代理招标方式将发生招标代理费。对于招标准备费用的控制，工程项目成本控制主体只需要按照常规的成本控制方法控制招标准备过程中发生的费用即可。而对于招标代理费的控制，只需要按照国家有关规定严格执行招标代理服务费的控制标准即可。

为了规范招标代理服务收费行为，维护招标人、投标人和招标代理机构的合法权益，根据《中华人民共和国价格法》、《中华人民共和国招标投标法》及有关法律、行政法规的规定，我国制定和颁布了《招标服务收费管理暂行办法》(计价格[2002]1980 号)。该办法规定的招标代理服务收费指招标代理机构接收招标人的委托，从事编制招标文件(包括编制资格预审文件和标底)，审查投标人资格，组织投标人踏勘现场并答疑，组织开标、评标、定标，以及提供招标前期咨询、协调合同的签订等业务所收取的费用。按照该办法的规定，招标代理服务收费采用差额定率累进计费方式，收费标准按该办法附件的规定执行，上下浮动幅度不超过 20%，具体收费额由招标代理机构和招标委托人在规定的收费标准和浮动幅度内协商确定。招标代理服务费的收费标准见表 6-2。

招标代理服务费的收费标准表 表 6-2

中标金额(万元)	货物招标(%)	服务招标(%)	工程招标(%)
100 以下	1.5	1.5	1.0
100 ~ 500	1.1	0.8	0.7
500 ~ 1 000	0.8	0.45	0.55
1 000 ~ 5 000	0.5	0.25	0.35
5 000 ~ 10 000	0.25	0.1	0.2
10 000 ~ 100 000	0.05	0.05	0.05
100 000 以上	0.01	0.01	0.01

注：按表 6-2 费率计算的收费为招标代理服务全过程的收费基准价格，单独提供编制招标文件(有标底的含标底)服务的，可按规定的 30% 计收。

如某一工程中标金额为 50 000 万元，如该工程采取委托代理招标方式，招标代理服务费的基准价格计算如下：

$$100\times1\% + (500-100)\times0.7\% + (1\,000-500)\times0.55\% + (5\,000-1\,000)\times0.35\% + (10\,000-5\,000)\times0.2\% + (50\,000-10\,000)\times0.05\% = 50.55(\text{万元})$$

工程项目招标过程中除了要关注招标准备费和招标代理服务费的控制以外，还应关注工程项目招标方式对工程项目勘察、设计、施工、监理、设备供应和材料供应成本的影响,这些成本的控制内容和方法分别在工程项目成本控制的各个环节加以阐述。

三、工程项目勘察设计阶段的成本控制

(一)工程勘察设计阶段成本控制主体及控制方法

工程项目勘察设计是工程项目实施过程中的重要环节之一,工程项目勘察设计的好坏不仅影响着工程项目的投资效益和质量安全,且工程项目勘察设计的技术水平和指导思想对同类工程项目或工程项目所在区域的发展也会产生重大影响。

工程项目勘察设计阶段的成本控制根据工程项目勘察设计主体不同而存在着一定的差异:如果工程项目勘察设计主体为工程项目建设的业主,则业主根据一般的成本控制方法来控制工程项目勘察设计阶段的成本,其控制的成本项目包括工程项目勘察设计阶段发生的人工费、材料费以及机械使用费等;如果工程项目勘察设计为工程项目建设业主委托其他经济主体完成,则工程项目建设业主根据国家的相关政策与受托方协商确定工程项目勘察设计成本,并严格按照合同约定的价格来对工程项目勘察设计成本进行控制。

(二)新旧《工程勘察设计收费标准》的差异

为了贯彻落实《国务院办公厅转发建设部等部门关于工程勘察设计单位体制改革若干意见的通知》,调整工程勘察设计收费标准,规范工程勘察设计收费行为,国家计划发展委员会和建设部制定了《工程勘察设计收费标准》,并于2002年1月7日发布,自2002年3月1日起施行。新旧《工程勘察设计收费标准》的主要区别表现在以下几个方面:

(1)定价机制不同。新标准由“政府定价”改成“政府指导价”为主、“市场调节价”为辅的定价机制,加大了市场调节的力度。其主要表现如下:工程建设项目总投资估算额500万元以下的工程勘察和工程设计收费实行市场调节价;工程建设项目总投资估算额500万元以上的工程勘察和工程设计收费实行政府指导价,可以上下浮动40%。

(2)提高了收费标准。新标准的收费标准与1992年版的收费标准相比,工程项目勘察收费平均提高120%,工程项目设计收费平均提高56%。

(3)统一了收费方式,取消了“实物定额”和“概算百分比”双轨制收费方式。

(4)取消按“部门”分类,实行按“工程性质”分类。

(三)工程项目设计费的计算——以建筑工程项目为例

某一建筑工程项目总概算为17 000万元,其中建筑安装工程费、设备与工器具购置费及联合试运转费之和为9 600万元,设计费的计算程序如下。

1. 计算“基本设计收费”

基本设计收费是指在工程设计中对所编制的初步设计文件和施工图设计文件收取的费用,并提供相应的设计技术交底、解决施工中的设计技术问题、参加试车考核和竣工验收等服务。基本设计收费的计算公式如下:

$$J = Y \times t_1 \times t_2 \times t_3 \tag{6-1}$$

式中:J——基本设计收费;

Y——工程设计收费基价；

t_1——专业调整系数；

t_2——工程复杂程度调整系数；

t_3——附加调整系数。

式(6-1)中，工程设计收费基价的计算公式如下：

$$Y = \frac{X_2 - X_1}{Y_2 - Y_1} \times (Z - Y_1) + X_1 \tag{6-2}$$

式中：X_2——收费基价的上限；

X_1——收费基价的下限；

Y_2——计费额的上限；

Y_1——计费额的下限；

Z——工程设计收费计费额。

工程设计收费计费额为经过批准的工程项目初步设计概算中的建筑安装工程费、设备与工器具购置费及联合试运转费之和；工程设计收费基价是完成基本服务的价格，其上限、下限数据以及计费额的上限、下限数据可以通过《工程设计收费基价表》(表6-3)查找确定。如计费额处于两个数值区间的，采用直线内插法确定工程设计收费基价，直线内插法的计算公式为式(6-2)。

工程设计收费基价表 表6-3

序号	计费额(万元)	收费基价(万元)	序号	计费额(万元)	收费基价(万元)
1	200	9.0	7	10 000	304.8
2	500	20.9	8	20 000	566.8
3	1 000	38.8	9	40 000	1 054.0
4	3 000	103.8	10	60 000	1 515.2
5	5 000	163.9	11	80 000	1 960.1
6	8 000	249.6	12	100 000	2 393.4

该建筑工程项目的计费额为9 600万元，介于8 000～10 000万元之间，对应的收费基价为249.6万元和304.8万元，因此，工程设计收费基价的计算如下：

$$Y = \frac{304.8 - 249.6}{10\,000 - 8\,000} \times (9\,600 - 8\,000) + 249.6 = 293.76\text{（万元）}$$

该建筑工程项目专业调整系数 $t_1 = 1.0$，工程复杂程度为复杂(III级)，工程复杂调整系数 $t_2 = 1.15$，附加调整系数 $t_3 = 1.0$，则基本设计收费计算如下：

$$J = 293.76 \times 1.0 \times 1.15 \times 1.0 = 337.824\text{（万元）}$$

2. 计算“其他设计收费”

其他设计收费是指根据工程项目设计实际需要或发包人的要求提供相关服务收取的费用，包括总体设计费、主体设计协调费、采用标准设计和复用设计费、非标准设备设计文件编制费、施工图预算编制费、竣工图编制费等。该建筑工程项目有主体设计单位，并编制施工图预算。依据本收费标准，主体设计协调费为基本设计收费的5%，施工图预算编制费为基本设计收费的10%，即：

$$主体设计协调费 = 337.824 \times 5\% = 16.8912(万元)$$

$$施工图预算编制费 = 337.824 \times 10\% = 33.7824(万元)$$

则其他设计收费计算如下：

$$Q = 16.8912 + 33.7824 = 50.6736(万元)$$

3. 计算“工程设计收费基准价”

工程设计收费基准价是按照收费标准计算出的工程项目设计基准收费额，发包人和设计人根据实际情况，在规定的浮动幅度内协商确定工程项目设计收费合同额，具体计算公式如下：

$$M = J + Q \tag{6-3}$$

式中：M——工程设计收费基准价；

J——基本设计收费；

Q——其他设计收费。

将上述数据代入式(6-3)可以计算出工程项目设计收费基准价为388.4976(337.824+50.6736)万元。

4. 协商确定该建筑工程项目的“工程设计收费”

工程设计收费是指设计人根据发包人的委托，提供编制工程项目初步设计文件、施工图设计文件、非标准设备设计文件、施工图预算文件、竣工图文件等服务所收取的费用，其计算公式如下：

$$S = M \times (1 \pm 浮动幅度值) \tag{6-4}$$

式中：S——工程设计收费；

M——工程设计收费基准价。

浮动幅度值一般在±20%的区间内变动，如本工程项目浮动幅度值为20%，则该工程项目设计收费为466.1971[388.4976×(1+20%)]万元。

需要特别注意的是，即使工程项目是委托设计单位设计的，工程设计费的计算也只能作为委托方和受托方确定设计费用的基本依据，实际设计费用应在双方协商一致的情况下加以确定。

四、工程项目施工阶段的成本控制

(一)工程项目施工阶段的成本控制主体

工程项目施工阶段的成本控制主体因工程项目施工方式不同而存在着较大的差异：如果工程项目建设业主采取自行施工方式来施工，则工程项目施工阶段的成本控制主体为工程项目建设业主；如果工程项目建设业主采取委托施工方式来施工，则工程项目施工阶段的成本控制主体为工程项目的施工者。

(二)工程项目施工阶段的成本控制对象

工程项目施工阶段的成本控制对象因采取的施工方式不同而存在着较大的差异：自行施工方式下，工程项目建设业主成本控制对象为工程项目的施工成本；委托施工方式下，施工成本则成为了施工方的成本控制对象;工程项目建设业主的成本控制对象为工程项目的“合理施工价格”,即工程项目建设业主应与工程项目的施工者之间合理确定工程项目的施工成本。

(三)委托施工方式下“合理施工价格”的确定方法

当工程项目采取委托施工方式来确定施工者时,有两种确定施工者的方式:其一是非招标方式;其二是招标方式。在非招标方式下,工程项目建设业主与施工者通过密切的协商方式来确定工程项目的“合理施工价格”;在招标方式下,工程项目的“合理施工价格”的确定则涉及工程建设业主与参加投标的施工企业等多个经济主体。本书以招标方式来阐述工程项目“合理施工价格”的确定方法。

1. 工程项目招标文件的编制

工程项目招标文件作为工程项目招标工程中的纲领性文件,对于做好工程项目的招标工作具有十分重要的意义。在编制工程项目招标文件之前,工程项目建设业主应明确工程项目招标文件的编制目的以及编制主体。在此基础上,工程项目建设业主应特别关注工程项目招标文件编制过程中的以下关键问题:

(1)对于工程项目施工过程中能够准确加以确定的费用项目,应在工程项目招标文件中以确定的金额列示。

(2)对于工程项目施工过程中不能准确加以确定的费用项目,应按照工程量的增减变动来约定具体的费用项目金额。

(3)对于工程项目施工过程中的变更事项,在招标文件中应明确列示变更的情况以及变更后费用的具体处理方式。

(4)对于工程项目施工过程中所需要的设备和应消耗的主要材料,如果市场上价格差异较大,则应明确列示设备和主要材料的功能、型号、技术要求、外观及质量等,并约定工程建设业主的最终确定权。

2. 工程项目工程量清单的编制与调整

工程项目的工程量清单作为投标计价的依据,是目前采用比较普遍的投标报价模式,也是工程项目“合理施工价格”确定的核心内容。因此,西方发达国家把计算工程量、提供工程量清单作为工程项目建设业主估价师的主要职责。招标过程中,所有的投标人都要以业主提供的工程量清单为基础来确定投标报价,从而使参与投标的经济主体之间的投标报价具有横向可比性。工程项目建设业主在编制工程项目的工程量清单时,应根据招标文件的具体要求,完整准确地描述工程清单中每一分项工程项目的工作内容和要求,使分项工程量清单完整、准确。在编制好工程项目的工程量清单以后,要仔细审核是否符合《工程量计价规范》的要求,是否存在项目的缺失,有关项目的计算是否出现较大的误差等。如果工程量清单不符合《工程量计价规范》的要求,则应及时进行调整。

3. 合理确定科学的评标方法

工程项目建设业主应根据工程项目施工技术含量的高低来合理确定科学的评标方法:

(1)如果工程项目施工技术含量很低,参与投标的施工企业较多,且参与投标的施工企业都能完成工程项目的施工任务,则应侧重经济评标法,即以经济评标法来确定中标的施工企业,而技术评标只需要确定参与投标的施工企业资格是否合格即可。

(2)如果工程项目施工技术含量较高,则应采用综合评标法来确定中标的施工企业。如"无标底招标"评标方式以参与投标的施工企业报价中去掉最高报价和最低报价以后的算术平均值作为评标基准价,以通过评标基准价来判断参与投标的施工企业的报价是否属于合理最低价的方式来确定中标企业。在从经济上判断中标合理企业的同时,也要关注参与投标施工企业施工技术水平的高低。

4."合理施工价格"确定中的风险控制

工程项目"合理施工价格"的确定主要依赖工程量清单的计价,而工程量清单计价体系完全以市场为导向来确定计价标准。在确定工程项目"合理施工价格"的过程中,招标方与投标方都存在着一定的控制风险,如工程量清单错漏风险,参与投标的施工企业因失误导致的报价错误风险等。因此,招标方和参与投标的施工企业应本着风险共担的原则来控制这些风险,明确约定双方应承担的风险:招标方应承担工程量清单错漏风险,而参与投标的施工企业应承担工程项目施工过程中人工、材料、机械价格波动风险。

五、工程项目变更过程中的成本控制

(一)工程项目变更的概念及表现形式

工程项目变更是指在工程项目的实施过程中,按照工程项目合同约定的程序对部分或全部工程在功能、材料、工艺、构造、尺寸、技术指标、数量及施工方法等方面做出的改变。工程项目变更的表现形式如下:

(1)更改工程项目有关部分的标高、基线、位置和尺寸。

(2)增减工程项目合同中约定的工程内容。

(3)增减工程项目合同中约定的工程量。

(4)改变工程项目的质量、性质或工程内容。

(5)改变工程项目的施工顺序和时间安排。

(6)为使工程项目竣工而必须实施的任何种类的附加工作。

(二)工程项目变更的原则

工程项目的变更必须遵循以下基本原则:

(1)申报原则。工程项目变更应在周密调查研究的基础上,填写"工程项目变更设计报告单",详细阐述变更设计的理由、变更方案、与原设计的技术经济比较等,并向相应的主管部门进行申报。

(2)批准原则。工程项目设计文件一经批准,不得任意变更。只有当工程变更按照相应的审批权限得到批准以后,才能阻止施工。

(3)效益原则。工程项目的变更必须在确保工程项目质量的前提下,在降低工程项目的造价、节约用地、加快施工进度等方面具有显著效益时,才考虑变更。

(4)深度等同原则。工程项目变更的图纸设计在深度上必须等同于原设计文件。

(三)工程项目变更的种类

工程项目变更按照提出变更申请的主体不同,可以分为业主提出的变更、设计方提出的变更和施工方提出的变更。业主提出的变更是指工程项目建设业主在工程项目建设过程中，根据自己的主观意愿、财力和客观条件的变化所提出的变更要求。设计方提出的变更是指工程项目的设计主体为了完善自己的设计或使用减少成本、加快进度的新工艺时提出的变更要求。施工方提出的变更是指工程项目的施工主体在施工过程中发现的设计与施工现场的地形、地貌、地质结构等情况不一致而提出的变更要求。

(四)工程项目变更过程中的成本控制思路

在选择合理变更方案的基础上，工程项目建设业主按照以下思路来控制工程项目变更过程中的成本：合同中已有用于工程变更的价格，按照合同已有的价格变更工程价款；合同中只有类似于变更工程的价格，按照类似价格变更工程价款；合同中没有适用或类似于变更工程的价格，采取合理的方式来确定变更工程的价款。除了按照以上思路来控制工程变更过程中的成本以外，还必须从以下几个方面来控制工程项目的变更费用。

(1)按照工程项目的功能来严格控制工程项目的规模和数量。

(2)准确计量工程项目变更后的工程量。

(3)严格控制工程项目变更过程中工程的单价。

六、工程项目竣工决算阶段的成本控制

(一)工程项目竣工决算的概念及意义

工程项目竣工决算是由工程项目建设业主编制的、反映工程项目实际造价和投资效果的文件。工程项目竣工决算是工程项目经济效益的全面反映，是工程项目建设业主核定各类新增资产价值、办理资产交付使用的依据。通过工程项目的竣工决算，一方面能够正确反映工程项目的实际造价和投资结果；另一方面可以通过竣工决算与概算、预算的对比分析来考核工程项目投资控制的工作成效，总结经验教训，积累技术经济方面的基础资料，提高未来建设工程的投资效益。

(二)工程项目竣工决算的编制依据和基本内容

1. 工程项目竣工决算的编制依据

工程项目竣工决算的编制依据主要包括：

(1)经批准的工程项目可行性报告及投资估算书。

(2)经批准的工程项目初步设计或扩大初步设计及其概算书或修正概算书。

(3)经批准的工程项目施工图设计及施工图预算书。

(4)工程项目设计交底或图纸会审会议纪要。

(5)工程项目招投标的标底、承包合同、工程结算资料。

(6)工程项目的施工记录或施工签证单及其他施工发生的费用记录。

(7)工程项目竣工图及各种竣工验收资料。

(8)工程项目历年的基建资料、财务决算及批复文件。

(9)设备、材料等调价文件和调价记录。

(10)有关财务核算制度、办法和其他有关资料、文件等。

2. 工程项目竣工决算的基本内容

工程项目竣工决算是工程项目从筹建到竣工投产全过程中发生的所有实际支出,包括设备工器具购置费、建安工程费和其他费用等。工程项目竣工决算的具体内容包括竣工财务决算说明书、竣工财务决算报表、工程竣工图和工程造价对比分析。以上四个部分的内容中,竣工财务决算说明书和竣工财务决算报表又合称为竣工财务决算,其是竣工决算的核心内容。

(三)竣工财务决算报表

工程项目竣工财务决算报表应根据工程项目的规模分别确定。一般地,大、中型工程项目的竣工决算报表包括工程项目竣工财务决算审批表、工程项目概况表、竣工决算表以及交付使用资产总表。小型工程项目的竣工决算报表包括工程项目竣工财务决算审批表、竣工财务决算总表以及交付使用资产明细表。

(四)竣工财务决算说明书

竣工财务决算说明书主要反映竣工工程的建设成果和经验,是对竣工决算报表进行分析和补充说明的文件,是全面考核分析工程项目投资与造价的书面总结,其主要内容包括:

(1)工程项目概况及整体评价。

(2)资金来源及运用财务分析。

(3)经济技术指标分析。

(4)工程项目建设收入、投资包干结余、竣工结余资金的上交分配情况。

(5)工程项目建设经验及管理工作以及竣工财务决算中有待解决的问题。

(6)工程项目决算与概算之间的差异以及差异产生的原因分析。

(7)需要说明的其他事项。

(五)工程项目竣工决算阶段的成本控制内容与策略

从整体上分析,工程项目竣工决算阶段的成本控制内容包括建筑安装工程费、设备工器具费和其他工程费。对于这些费用的控制,在工程项目竣工决算之前采取严格按照相关文件和合同条款来审核确定这些费用的数额。当工程项目竣工决算文件编制以后,则将工程项目的总概算以及建筑安装工程费、设备工器具费和其他工程费用与批准的概算、预算指标进行对比分析,以确定工程项目的总造价是节约还是超支。在对比的基础上,总结先进经验,找出工程项目节约和超支的内容和原因,提出改进措施。具体而言,要特别关注以下几个方面的问题:

(1)主要实物工程量与工程量清单是否相吻合。对于工程项目实物工程量出入比较大的情况,必须查明原因。

(2)主要材料的消耗量。根据工程项目竣工决算表中所列三大材料实际超概算的消耗量,查明是在工程建设过程中,究竟是哪一环节材料的耗用量异常,并进一步查明材料耗用量异常的原因。

(3)取费标准是否正常。建筑安装工程费和间接费的取费标准要按照国家和各地的有关规定,根据竣工决算报表中所列的建设单位管理费与概预算所列的建设单位管理费数额进行比较,依据规定查明是否少列或多列费用项目,确定其节约或超支的数额,并查明原因。

尽管工程项目竣工决算阶段的成本控制是一种典型的事后控制,但由于工程项目竣工决算一经确定,相应地,就确定了工程项目的总成本以及因工程项目竣工而新增的固定资产、无形资产、流动资产、递延资产和其他资产的成本。这些资产成本的确定又将直接影响工程项目运营阶段各会计期间的运营效率和效益,因此,工程项目建设业主必须关注工程项目竣工决算阶段的成本控制。

第三节　工程项目成本控制的基本方法

方法是指为获得某种东西或达到某种目的而采取的手段或行为方式,也是分析问题、解决问题的基本途径。选择科学合理的工程项目成本控制方法,有利于实现工程项目的成本控制目标。工程项目成本控制方法可以分为两大类:其一是工程项目成本控制的基本方法;其二是工程项目成本控制的特殊方法。

工程项目成本控制是一个复杂的系统工程,单纯地依赖某一种控制方法是无法实现工程项目的成本控制目标。因此,在工程项目成本控制过程中,必须将工程项目成本控制的基本方法和特殊方法有机地结合起来,才能实现工程项目的成本控制目标。

一、目标成本控制法

(一)目标成本的概念及表现形式

目标成本是指成本控制主体在一定时期内为保证目标利润的实现而确定的一种预计成本,这种预计成本是全体员工努力奋斗的目标,也是成本预测与目标管理方法相结合的产物。目标成本在企业的生产经营过程中有许多表现形式,如计划成本、标准成本或定额成本等。

(二)工程项目目标成本控制法的概念及意义

目标成本控制法,就是以工程项目的目标成本为控制标准对工程项目成本进行控制的一种方法。目标成本控制是工程项目管理主体实施目标管理的有机组成内容。推行目标成本控制可以促使工程项目管理主体加强工程项目成本的核算,有利于充分调动员工的积极性,更好地贯彻经济责任制。有利于不断促进工程项目成本的进一步降低。此外,目标成本控制也能使成本控制组织机构内各部门相互协调,相互配合,共同努力实现工程项目的成本控制目标。

(三)工程项目目标成本控制法的基本程序

1. 工程项目目标成本的制订

合理制订工程项目的目标成本是目标成本控制法得以顺利实施的关键环节。工程项目成本控制主体在制订工程项目成本整体目标的基础上,要将工程项目成本的整体目标加以层层分解,落实到具体的责任部门或责任人。

2. 监控工程项目成本的形成情况

工程项目成本控制主体在工程项目实施过程中,应采取合理方式来记录工程项目成本的形成情况。对于工程项目成本的形成,要以实际发生的经济业务为依据,根据取得的原始凭证，如实记录工程项目的成本。

3. 评定目标的实现情况，兑现目标责任制

根据工程项目成本形成情况的记录，将实际成本与各成本控制责任主体的目标成本进行对比，计量出各成本控制责任主体的实际成本与目标成本之间的差异，并分析差异产生的主、客观原因。在分析实际成本与目标成本差异产生原因的基础上，根据目标责任制的要求，兑现目标责任制。

（四）工程项目目标成本控制法的适用范围

工程项目目标成本控制法的适用范围比较广泛，工程项目的可行性论证、招投标、勘察设计、施工、变更以及竣工决算等各个阶段都可以使用目标成本控制法来对工程项目的成本进行控制：如果工程项目采取建设业主自行论证、招标、勘察设计、施工、变更以及竣工决算的方式，则工程项目的目标成本可以作为工程项目可行性论证、招标费用、勘察设计成本、变更成本、竣工决算成本的控制标准，对这些环节的成本进行控制；如果工程项目采取委托论证、招标、勘察设计、施工的方式，则工程项目的目标成本可以作为与受托方协商确定委托论证成本、招标成本、勘察设计成本、施工成本的标准，并以此标准来确定工程项目实施过程中各个环节的"合理价格"。

二、定额成本控制法

（一）定额成本的概念及意义

定额成本是成本控制主体按照现行定额计算的一种预计成本。现行定额的使用，遵循以下基本原则：存在国家统一标准，则采用国家统一标准；不存在国家统一标准而存在行业统一标准，则采用行业统一标准；既不存在国家标准、也不存在行业标准，则采用企业标准。定额成本反映了成本控制主体当期应达到的成本水平，合理的现行成本定额是衡量成本控制主体成本节约或超支的尺度。

（二）定额成本与计划成本的区别

定额成本与计划成本本质上都是一种预计成本，都以技术经济定额为基础来确定，但两者存在着一定的差异：定额成本是按照现行定额计算的预计成本；计划成本是按计划期内平均定额计算的成本。定额成本是按照现行的物资消耗定额、劳动定额和费用定额，以货币的形式进行综合计算而得，现行定额可能随着生产技术水平的提高而不断降低；计划成本通常是根据计划期内的平均定额进行制订，其反映计划期内预计应达到的平均成本水平。

（三）工程项目定额成本控制法的概念

定额成本控制法，就是以工程项目的定额成本为控制标准对工程项目成本进行控制的一种方法。定额成本控制法一般先确定工程项目的定额成本，并以定额成本为依据来监督和调节实际成本与定额成本之间的差异，分析产生差异的原因，并及时矫正这种差异。

（四）工程项目定额成本控制法的基本程序

工程项目定额成本控制法的基本程序如下：

(1)计算工程项目的定额成本[1]。

(2)记录工程项目的实际成本[2]。

(3)分析工程项目实际成本与定额成本之间的差异以及差异产生的原因[3]。

(五)工程项目定额成本控制法的适用范围

工程项目定额成本控制法主要适用于工程项目施工阶段的成本控制:如果工程项目的施工采取自行施工方式,则工程项目定额成本可以作为施工过程中的成本控制依据;如果工程项目的施工采取委托施工方式,则工程项目定额成本可以作为标准,来确定工程项目施工阶段的"合理价格"。

三、标准成本控制法

(一)标准成本的概念及作用

标准成本是成本控制主体在正常和高效运转情况下计算出来的一种预计成本。标准成本反映了成本控制主体在正常和高效运转情况下应达到的成本水平,合理的标准成本是衡量成本控制主体成本节约或超支的尺度。

(二)标准成本的种类

1.理想标准成本和正常标准成本

标准成本按其制定所根据的生产技术和经营管理水平,分为理想标准成本和正常标准成本。

理想标准成本是指在最优的生产条件下,利用现有的规模和设备能够达到的最低成本。制订理想标准成本的依据,是理论上的业绩标准、生产要素的理想价格和可能实现的最高生产经营能力利用水平。这里所说的理论业绩标准,是指在生产过程中毫无技术浪费时生产要素消耗量,最熟练的工人全力以赴工作、不存在废品损失和停工时间等条件下可能实现的最优业绩。这里所说的最高生产经营能力利用水平,是指理论上可能达到的设备利用程度,只扣除不可避免的机器修理、改换品种、调整设备等时间,而不考虑产品销路不佳、生产技术故障等造成的影响。这里所说的理想价格,是指原材料、劳动力等生产要素在计划期间最低的价格水平。因此,这种标准是"工厂的极乐世界",很难成为现实,即使暂时出现也不可能持久。它的主要用途是提供一个完美无缺的目标,揭示实际成本下降的潜力。因其提出的要求太高,不能作为考核的依据。

正常标准成本是指在效率良好的条件下,根据下期一般应该发生的生产要素消耗量、预计价格和预计生产经营能力利用程度制订出来的标准成本。在制订这种标准成本时,把生产经营活动中一般难以避免的损耗和低效率等情况也计算在内,使之切合下期的实际情况,成为切实可行的控制标准。要达到这种标准不是没有困难,但它们是可能达到的。从具体数量上看,它应大于理想标准成本,但又小于历史平均水平,实施以后实际成本更大的可能是逆差而不是

---

[1]工程项目定额成本的确定,参见本书第四章《工程项目成本概预算》。

[2]工程项目实际成本的记录,参见本书第五章《工程项目成本核算》。

[3]工程项目实际成本与定额成本差异的分析,参见本书第七章《工程项目成本分析与考核》。

顺差，是要经过努力才能达到的一种标准，因而可以调动职工的积极性。

在标准成本系统中，广泛使用正常的标准成本。它具有以下特点：

(1)它是用科学方法根据客观实验和过去实践经充分研究后制订出来的，具有客观性和科学性。

(2)它排除了各种偶然性和意外情况，又保留了目前条件下难以避免的损失，代表正常情况下的消耗水平，具有现实性。

(3)它是应该发生的成本，可以作为评价业绩的尺度，成为督促职工去努力争取的目标，具有激励性。

(4)它可以在工艺技术水平和管理有效性水平变化不大时持续使用，不需要经常修订，具有稳定性。

2. 现行标准成本和基本标准成本

标准成本按其适用期，分为现行标准成本和基本标准成本。

现行标准成本指根据其适用期间应该发生的价格、效率和生产经营能力利用程度等预计的标准成本。在这些决定因素变化时，需要按照改变了的情况加以修订。这种标准成本可以成为评价实际成本的依据，也可以用来对存货和销货成本计价。

基本标准成本是指一经制定，只要生产的基本条件无重大变化，就不予变动的一种标准成本。所谓生产的基本条件的重大变化是指产品的物理结构变化，重要原材料和劳动力价格的重要变化，生产技术和工艺的根本变化等。只有这些条件发生变化，基本标准成本才需要修订。由于市场供求变化导致的售价变化和生产经营能力利用程度的变化，由于工作方法改变而引起的效率变化等，不属于生产的基本条件变化，对此不需要修订基本标准成本。基本标准成本与各期实际成本对比，可反映成本变动的趋势。由于基本标准成本不按各期实际修订，不宜用来直接评价工作效率和成本控制的有效性。

(三)工程项目标准成本控制法的概念

标准成本控制法，就是以工程项目的标准成本为控制标准，对工程项目成本进行控制的一种方法。标准成本控制法一般先确定工程项目的标准成本，并以标准成本为依据来监督和调节实际成本与标准成本之间的差异，分析产生差异的原因，并及时矫正这种差异。

(四)工程项目标准成本控制法的基本程序

1. 制订工程项目的标准成本

工程项目成本由直接成本与间接成本两部分组成。

工程项目直接成本由人工费、材料费、机械使用费和其他直接费组成。人工费是指列入预算定额中从事工程施工人员的工资、奖金、工资附加费以及工资性质的津贴、劳动保护费等。材料费是指列入预算定额中构成工程实体的原材料、构配件和半成品、辅助材料以及周转材料的摊销、租赁费等。机械使用费是指列入预算定额内容，在施工过程中使用自有施工机械所发生的机械使用费和租用外单位施工机械的租赁费及安装、拆卸及进出场费。其他直接费是指除了直接费之外的，在施工过程中直接发生的其他费用，其包括冬、雨季施工增加费，夜间施工增加费，材料二次搬运费，仪器仪表使用费，生产工具用具使用费，检验试验费，特殊工程培训费，工程定位复测、工程点交、场地清理费，特殊地区施工增加费等。

工程项目间接成本是指从事施工的单位为组织管理施工过程中所发生的各项支出，具体包括施工单位管理人员的工资、奖金、津贴、职工福利费、行政管理费、固定资产折旧及修理费、物资消耗、低值易耗品摊销、管理用的水电费、办公费、差旅费、检验费、工程保修费等。

在制订工程项目人工成本标准时，首先要对工程项目的施工过程加以研究，明确施工过程包括哪些施工工艺，哪些作业或操作、工序等。其次，要对施工单位的工资支付形式、工资制度进行研究，从而结合实际情况来制订工程项目的人工标准成本。一般地，工程项目人工标准成本的制订可根据以下计算公式来加以确定：

$$\text{工程项目人工标准成本} = \text{单位工程的标准工时} \times \text{小时标准工资率} \tag{6-5}$$

工程项目直接材料标准成本包括标准用量和标准单位成本两部分内容。对于材料标准用量的确定，首先要根据工程项目的设计图纸等技术性文件进行研究，列出工程项目所需要的各种材料以及可能的代用材料，并说明这些材料的种类、质量、规格等。其次，在对工程项目用料经验数据进行分析的基础上结合实际技术测定来科学地制订材料的用量标准。对于材料标准单位成本的确定，首先要根据工程项目所耗材料的规格、质量并结合材料的市场行情来确定其标准单价。其次，合理预测工程项目所耗材料价格的变动，也是确定工程项目材料标准单位成本的关键环节之一。因此，工程项目材料标准成本的制订可根据以下计算公式来加以确定：

$$\text{工程项目直接材料标准成本} = \text{单位工程的用量标准} \times \text{材料的标准单价} \tag{6-6}$$

工程项目机械使用费按照成本习性来进行分类，可以划分为变动性工程项目机械使用费和固定性工程项目机械使用费两部分。这两部分机械使用费都可以按标准用量和标准分配率的乘积来加以确定，其确定公式如下：

$$\text{变动机械使用费标准成本} = \text{单位工程直接人工标准工时} \times \text{每小时变动机械使用费的标准分配率} \tag{6-7}$$

$$\text{固定机械使用费标准成本} = \text{单位工程直接人工标准工时} \times \text{每小时固定机械使用费的标准分配率} \tag{6-8}$$

式中：$\text{变动制造费用标准分配率} = \dfrac{\text{变动机械使用费预算总额}}{\text{直接人工标准总工时}}$；

$\text{固定制造费用标准分配率} = \dfrac{\text{固定机械使用费预算总额}}{\text{直接人工标准总工时}}$。

工程项目其他直接费和间接成本标准成本的制订，尽管可以参照人工费、直接材料费和机械使用费标准成本制订方法来加以确定，但由于这两部分成本在整个工程项目成本的构成中，所占比例较小，按照重要性原则的要求，不作为工程项目成本控制的关键点。因此，工程项目其他直接费和间接成本标准的制订，可以通过预算来加以确定，即以工程项目其他直接费和间接成本的预算数除以工程总量作为标准成本。

2. 记录工程项目的实际成本[1]

3. 计算、分析工程项目成本差异

在工程项目标准成本控制系统下，工程项目成本差异是指工程项目实际成本与标准成本之间的差额。从理论上分析，工程项目成本差异包括人工成本差异、直接材料成本差异、变动

[1] 工程项目实际成本的记录，参见本书的第五章《工程项目成本核算》。

机械使用费差异、固定机械使用费差异、其他直接费用差异和间接成本差异。本章仅对工程项目人工成本差异、直接材料成本差异、变动机械使用费差异和固定机械使用费差异的计算和分析进行探讨。

(1)直接人工成本差异的计算与分析。直接人工成本差异,是指工程项目直接人工实际成本与标准成本之间的差额。它被区分为“量差”和“价差”两个部分。量差是指工程项目实际工时脱离标准工时,其差额为按标准工资率计算确定的金额,又称人工效率差异。价差是指工程项目实际工资率脱离标准工资率,其差额为按实际工时计算确定的金额,又称为工资率差异。有关计算公式如下:

$$人工效率差异=(实际工时-标准工时)\times标准工资率 \tag{6-9}$$

$$工资率差异=实际工时\times(实际工资率-标准工资率) \tag{6-10}$$

$$直接人工成本差异=工资率差异+人工效率差异 \tag{6-11}$$

直接人工效率差异形成的原因比较复杂,包括施工环境不良、施工工人经验不足、劳动情绪不佳、新工人上岗太多、机器或工具选用不当、设备故障较多、作业计划安排不当、工程量太少无法发挥批量节约优势等。而工资率差异形成的原因,包括直接从事工程施工的工人升级或降级使用、奖励制度未产生实效、工资率调整、加班或使用临时工、出勤率变化等。

【例 6-1】 天同公司(该公司为公路施工企业,下同)某一工程项目施工过程中实际耗用工时 15 000h,实际工资总额 300 000 元,平均每工时 20 元。标准工资率为 16 元,单位里程标准工时耗用量 4 500h。该公司工程项目为道路工程,道路里程为 3km。则直接人工成本差异分析如下:

$$直接人工成本差异=300\,000-216\,000=84\,000(元)(不利差异)$$

$$直接人工工时耗用量差异=(15\,000-13\,500)\times16=24\,000(元)(不利差异)$$

$$直接人工工资率差异=(20-16)\times15\,000=60\,000(元)(不利差异)$$

从例子中可以知道,单位里程实际工时耗用量超过单位里程标准工时耗用量所产生的直接人工效率差异为 24 000 元;实际工资率高于标准工资率造成直接人工成本上升60 000元。如果公路施工企业签订的工资合同没有改变,则工资率的变动是由于其在施工过程中升级或降级使用不同工资等级的工人所引起的,如将技术熟练、工资级别较高的工人安排在不需要高技术的工作岗位上,就必然会出现不利的工资率差异。而影响直接人工效率变动的因素则是多方面的,公路施工企业应该区别不同的情况,分清经济责任。如果由于施工部门安排不周到,将技术不熟练的工人安排去做复杂的工作,就必然造成实际工时超过标准工时,这应该由施工部门负责;但如果公路施工企业采购了适用的材料,使施工过程中花了较多的时间,或由于施工工艺过程的改变,需要延长或缩短施工时间等,这些都不是施工部门所能够控制的因素,应该由有关部门承担相应的责任。

(2)直接材料成本差异计算与分析。直接材料成本差异,是指工程项目直接材料实际成本与标准成本之间的差额。其同样被区分为“量差”和“价差”两个部分。量差是指工程项目直接材料实际数量脱离标准数量,其差额按标准价格计算确定的金额,又称材料数量差异。价差是指工程项目直接材料实际价格脱离标准价格,其差额按实际数量计算确定的金额,又称为材料价格差异。有关计算公式如下:

$$材料数量差异=(实际数量-标准数量)\times标准价格 \tag{6-12}$$

$$材料价格差异 = 实际数量 \times (实际价格 - 标准价格) \quad (6\text{-}13)$$

$$直接材料成本差异 = 价格差异 + 数量差异 \quad (6\text{-}14)$$

工程项目材料数量差异是工程项目施工过程中随着材料的耗用而形成的，产生材料数量差异的原因包括：施工工人操作疏忽造成质量不符合要求而进行返工，以及废料增加、施工工人用料不精心、施工技术改进而节省材料、新施工工人上岗造成多用料、机器或工具不适用造成用料增加等。有时多用料并非施工部门的责任，如购采购部门购入材料质量低劣、规格不符合要求也会使用料超过标准；又如施工工艺变更、质检部门的检验过严也会使材料数量差异加大。

工程项目材料价格差异主要是在采购过程中形成的，采购部门未能按标准价格进货的原因主要有：供应厂家价格变动、未按经济采购批量进货、未能及时订货造成的紧急订货、采购时舍近求远使运费和运输途中的损耗增加、采用不必要的快速运输方式、违反合同被罚款等。有时直接材料价格差异也并非完全由采购部门承担责任，如施工部门为了提前完成施工任务，突击施工导致材料运输方式的改变也会使材料价格差异加大。

【例 6-2】 天同公司某一工程项目施工过程中需要使用一种直接材料甲。该公司工程项目为道路工程，道路里程为 3 公里。该工程项目共耗用甲材料 1 500 吨，甲材料的实际价格为每吨 405 元。甲材料的标准价格为每吨 386 元，单位路面（即 1 公里）工程材料标准耗用量为 450 吨甲材料，则甲材料的成本差异分析如下：

材料用量差异 =（1 500 - 1 350）×386 = 57 900（元）（不利差异）

材料价格差异 =（405 - 386）×1 500 = 28 500（元）（不利差异）

材料成本差异 = 1 500 ×405 - 1 350 ×386 = 86 400（不利差异）

从例子中可以知道，由于材料价格方面的原因使材料成本上升了 28 500 元；由于材料用量的超支使材料成本上升了 57 900 元。材料价格差异一般由公路施工企业材料供应部门负责，因为影响材料采购价格的各种因素（如采购材料的批量、供应商的选择、交货方式、材料的质量、运输工具等）一般来说都是由材料供应部门控制并受其决策的影响。当然，在实际采购过程中有些因素是材料供应部门无法控制的。例如，通货膨胀因素的影响，国家对材料价格的调整以及地方保护主义思想的存在等。因此，对材料价格差异，一定要做进一步的深入分析研究，查明产生差异的真正原因，分清各部门之间的经济责任，只有在科学分析的基础上，才能有效地进行控制。影响材料用量的因素也是多种多样的，包括施工现场工人的技术熟练程度和对工作的责任感、材料的质量、施工设备的状况等。一般地，材料用量超过标准大多是因为职工在施工过程中粗心大意，缺乏培训或技术素质较低等原因造成的，应由施工部门负责，但用量差异有时也会由其他部门的原因所造成。例如，材料供应部门采购了质量低劣或规格不符合要求的材料，致使施工过程中用料过多，由此产生的材料用量差异应由材料供应部门负责；再如，由于施工机械设备管理部门的原因致使施工机械不能完全发挥其生产能力，造成材料用量差异，则应该由设备管理部门负责。找出和分析造成差异的原因是进行有效控制的基础。

（3）变动机械使用费差异的计算与分析。变动机械使用费差异，是指工程项目实际变动机械使用费与标准变动机械使用费之间的差额。它也可以分解为“量差”和“价差”两部分。量差是指工程项目实际工时脱离标准工时，按标准的机械使用费小时费用率计算确定的金额，称为变动机械使用费效率差异。价差是指变动机械使用费实际小时分配率脱离标准分配率，

按实际工时计算确定的金额,也称为耗费差异。有关计算公式如下:

$$变动机械使用费耗费差异=实际工时\times(变动机械使用费实际分配率-变动机械使用费标准分配率) \tag{6-15}$$

$$变动机械使用费效率差异=(实际工时-标准工时)\times变动机械使用费标准分配率 \tag{6-16}$$

$$变动机械使用费差异=变动机械使用费耗费差异+变动机械使用费效率差异 \tag{6-17}$$

变动机械使用费的耗费差异是项目经理部门的责任,他们有责任将变动机械使用费控制在弹性预算限额之内。变动机械使用费效率差异形成原因与人工效率差异相同。

(4)固定机械使用费差异的计算与分析。固定机械使用费差异,是指工程项目实际固定机械使用费与标准固定机械使用费之间的差额。固定机械使用费差异的计算可采用二因素法,也可以采用三因素法。

二因素法是指将固定机械使用费差异分解成耗费差异和能量差异两部分。有关计算公式如下:

$$固定机械使用费耗费差异=固定机械使用费实际数-固定机械使用费预算数 \tag{6-18}$$

$$\begin{aligned}固定机械使用费能量差异&=固定机械使用费预算数-固定机械使用费标准成本\\&=(施工能量-实际工程量标准工时)\times固定机械使用费标准分配率\end{aligned} \tag{6-19}$$

三因素法是指将固定机械使用费差异分解成耗费差异、效率差异和闲置能量差异三部分。耗费差异的计算与二因素分析法相同,所不同的是将二因素分析法中的"能量差异"进一步分解为两部分:一部分是实际工时未达到标准能量而形成的闲置能量差异;另一部分是实际工时脱离标准工时而形成的效率差异。有关计算公式如下:

$$\begin{aligned}固定机械使用费耗费差异&=固定机械使用费实际数-固定机械使用费预算数\\&=固定制造费用实际数-固定制造费用标准分配率\times生产能量\end{aligned} \tag{6-20}$$

$$\begin{aligned}固定机械使用费闲置能量差异&=固定机械使用费预算-实际工时\times固定机械使用费标准分配率\\&=(施工能量-实际工时)\times固定机械使用费标准分配率\end{aligned} \tag{6-21}$$

$$固定机械使用费效率差异=(实际工时-实际工程量标准工时)\times固定机械使用费标准分配率 \tag{6-22}$$

4. 成本差异的账务处理

工程项目成本差异可为成本控制和考核提供必要的信息,它显示了实际发生额偏离预算或标准的情况。在实践中,每个成本控制主体日常出现的成本差异总是很多的。为了提高成本控制主体的成本控制效率,成本控制主体并不是对所有的成本差异都一视同仁,而是将主要精力放在那些属于不正常的、不符合常规的关键性差异上,以查明差异产生的具体原因,并将有关信息及时反馈给有关责任中心,迅速采取有效措施,立即改进工作。另一方面,对成本差异及时进行账务处理。

(1)成本差异核算账户。采用标准成本法时,针对各种成本差异,应另外设置各个成本差异账户进行核算。在材料成本差异方面,应该设置“材料价格差异”和“材料用量差异”两个账户;在直接人工差异方面,设置“直接人工工资率差异”和“直接人工效率差异”两个账户;在变动性机械使用费差异方面,设置“变动性机械使用费耗费差异”和“变动性机械使用费效率差异”两个账户;在固定性机械使用费差异方面,设置“固定性机械使用费耗费差异”、“固定性机械使用费能力差异”、“固定性机械使用费效率差异”三个账户,分别核算固定性机械使用费不同的差异。各种成本差异类账户的借方核算发生的不利差异,贷方核算发生的有利差异。

(2)成本差异的归集。采用标准成本法进行核算时,由于成本差异的计算、分析工作要到月底实际发生费用后才能进行,所以,对于平时领用的直接材料、发生的人工费和各种变动、固定性机械使用费应该先在“直接材料”、“直接人工”和“机械使用费”账户进行归集。月底计算、分析成本差异后,再将实际费用中的标准部分从“直接材料”、“直接人工”和“机械使用费”账户转入“工程施工”账户;将已完工程的标准成本从“工程施工”账户转入“工程结算”账户。随着工程收入的实现,再将已实现收入的工程标准成本从“工程结算”账户转入“主营业务成本”账户。对于各种成本差异,应将其从“直接材料”、“直接人工”和“机械使用费”账户转入各相应的成本差异账户。

(3)期末成本差异的账户处理。期末成本差异的账户处理方法主要有两种思路:其一是直接处理法;其二是递延法。

所谓直接处理法是指将本会计期间发生的各种成本差异全部转入“主营业务成本”账户,由本期已完工程负担,并全部从利润表中的主营业务收入中扣除,不再分配给期末未完工工程和已竣工工程。这种处理方法可以避免期末繁杂的成本差异分配工作,同时本期发生的成本差异全部反映在本期的利润上,使利润指标能如实地反映本期成本控制的成效,符合权责发生制的要求。但是这种方法要求标准成本的制订要合理和切合实际,并且要不断地修订。

递延法是将某一会计期间的成本差异按标准成本的比例分配给期末未完工程和已完工程。这种处理方法期末成本差异的分配非常复杂,不便于工程成本计算的简化;此外,期末资产负债表有关项目反映的是实际成本,利润表的“主营业务成本”反映的也是本期已完工程的实际成本,这样不利于该会计期间成本差异的计算和分析。

(五)工程项目定额成本控制和标准成本控制的比较

定额成本控制和标准成本控制都是成本控制主体为了控制工程项目成本而设计的成本控制制度。两者相比较,既有相同之处,也有不同之处。

1.定额成本控制与标准成本控制的区别

定额成本控制与标准成本控制之间的区别主要表现在以下几个方面:

(1)成本差异的揭示方式不同。在定额成本控制下,成本差异通过每一笔领用的材料来揭示,并以定额成本差异凭证来加以反映。这种工作要求平时核算的基础工作比较扎实,尽管从控制的角度来分析比较全面和及时,但是这种方式使得平时的工作量成倍地增长,加重了核算人员的工作量;而标准成本控制一般是定期计算成本差异,且成本差异没有专门的差异凭证来加以反映。成本差异的揭示对核算基础工作的要求不如定额成本控制那么严格,因此,核算人员的工作量比较小，但同时查明差异的原因比较粗略，也不及时。

(2)成本分类标准不同。在定额成本控制下，成本仍然按照传统的成本分类标准来进行分类，成本项目的划分与成本报表要求完全吻合。这种分类标准不利于分清成本控制中各责任主体之间的经济责任。在这种控制制度下，强调对工程耗用材料的控制，对材料数量采用各种凭证，并在日常核算中予以揭示。从这个角度来分析，其控制是比较严格也比较精细的，但对于其他成本项目而言，则显得比较粗糙；而在标准成本控制下，成本则按照成本习性划分为变动成本和固定成本，这样有利于成本控制主体根据成本习性的不同分别采取相应的成本控制方法。此外，在这种成本控制制度下，将成本差异进一步分解为材料数量差异、材料价格差异、人工效率差异、工资率差异、变动机械使用费耗费差异、变动机械使用费耗费差异、固定性机械使用费效率差异、固定性机械使用费耗费差异、施工能力利用差异等，从而分清经济责任哪些应该由供应部门负责，哪些应该由施工部门负责等。

(3)成本理念不同。定额成本控制的基本理念是以实际成本为中心，坚持实际成本的概念，反对以标准成本作为真实成本。因此，在定额成本控制下要将定额差异、定额变动分摊到工程项目成本中去，从而将定额成本调整为实际成本。此外，在成本核算明细账的设置上，一般采用三栏式明细账，即分为定额成本、定额差异和定额变动三栏分别记录，最终再将定额成本调整为实际成本；而标准成本控制制度的基本理念以标准成本为中心，理论界和实务界普遍认为真实成本是标准成本，因此在成本明细账中只计算其标准成本。按照标准成本的概念，成本控制主体由于工程量的变化、施工工艺的改进，对工程单位成本的影响是偶然的，不能算为真实成本。工程项目的真实成本是标准成本，实际成本和标准成本之间的差异，只对成本控制主体改进管理工作有效，因而成本账中只反映标准成本而不计算实际成本。

(4)成本差异的处理不同。在定额成本控制下，实际成本脱离定额成本的差异要在相应的明细账中反映，并将差异分别计入未完工程和已完工程成本中；而在标准成本制度下，将所有的成本差异分别设置，一系列成本差异账户单独核算，在期末进行一次性处理，分别转入主营业务成本和当期损益。

(5)定额成本和标准成本的稳定性不同。在定额成本控制下，一般在每个会计期间之内要计算定额的变动，相应地有一系列定额变动的计算方法；而在标准成本制度下，在一个会计年度内，标准成本一般很少变动，因此具有相对的稳定性。

2. 定额成本控制与标准成本控制的联系

尽管定额成本控制与标准成本控制存在着较大的差异，但两者也存在着以下联系：

(1)从广义上分析，两者都是目标成本制度的有机构成内容。无论是定额成本控制还是标准成本制度，它们事先都要制订目标成本，定额法的定额成本和标准成本制度下的标准成本都是目标成本的一种，都是工程项目成本控制主体努力要实现的成本控制目标，也是工程项目成本控制主体衡量实际成本高低的基础。

(2)都要进行成本差异的计算和分析。无论是定额成本控制还是标准成本控制，它们都要计算成本差异和进行成本差异分析。定额成本控制要计算工程项目实际成本脱离定额成本的差异，并分析差异产生的原因；而标准成本控制同样要计算工程项目实际成本脱离标准成本的差异，并分析成本差异产生的原因。成本差异的分析为工程项目成本控制主体的成本控制提供了关键的控制点。

(六)工程项目标准成本控制法的适用范围

工程项目标准成本控制法主要适用于工程项目施工阶段的成本控制:如工程项目的施工采取自行施工方式,则工程项目标准成本可以作为施工过程中的成本控制依据;如工程项目的施工采取委托施工方式,则工程项目标准成本可作为成本控制主体与施工方约定工程项目施工成本的基本依据。

第四节　工程项目成本控制的特殊方法

工程项目成本控制的特殊方法是指除工程项目成本控制的目标成本控制法、定额成本控制法、标准成本控制法以外仅适用于工程项目成本控制的特殊控制方法,其包括工期—费用优化控制法、偏差分析法和费用变更控制法等。

一、工期—费用优化控制法

工程项目具有投资额大,投资周期长等特点。因此,工程项目实施时间的长短对工程项目成本会产生重要的影响。换言之,工程项目成本控制离不开时间控制。工程项目实施过程中每一项实施活动构成了一个工作单位,都有它对时间、资源和成本的要求。因此,制订好工程项目的进度计划并对其进行优化,使工程项目取得最佳的经济效益也就成为必然。

(一)工期—费用优化控制法的基本原理

为了加快工程项目的实施进度就必须增加相应的投入,为了以最少的增加投入得到最优的网络计划,首先必须明白工程项目的费用与成本之间的关系。

任何一个工程项目都是由若干活动组成,每项活动的完成时间并不是一个常数,其随着投入费用的变化而变化。如果假设某一工序的正常工期为 T_b,最短工期为 T_a,在 $T_b - T_a$ 范围内,工程项目直接费用的变化规律如下(图6-3):正常工期 T_b 对应的 C_b 为正常费用,从 T_b 点开始,增加劳动力、设备或其他投入或者应用新技术、新工艺,将不断缩短该工序的工期,直到 T_a 点处,再也不能缩短工期,因此,T_a 称为最短工期,其对应的费用 C_a 称为极限费用。在 T_b 和 T_a 范围内,工程项目的直接费用随着工期的变化而变化。如果超出这一范围,再延长或缩短工期,工程项目的直接费用将不发生变化。

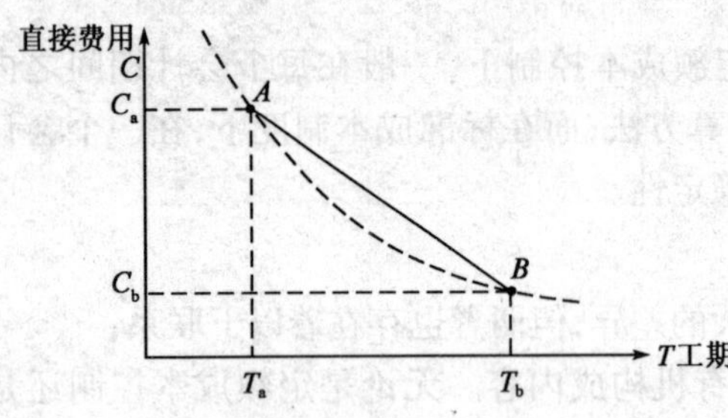

图6-3　工程项目工序的直接费用—工期关系曲线图

根据图6-3的实际关系曲线来进行计算非常困难,因此,为了简化计算,在实际运用过程中,通常用连接 A、B 两点的线段来代替,并且定义:S 为某道工序的工期缩短单位时间所增加的费用,称为该工序的费用率。初始进度计划的优化通过网络分析得到。如果初始网络计划的工期是按照各工序活动的正常工期计算得出,则它对应一个成本值。根据工程项目工序的费用率以及最短工期,可以知道每道工序可以压缩的时间和要增加的成本。但是,为了使增加费用最少,压缩的工序和工期必须进行选择。要压缩工程项目的工期就必须缩短关键工序的

时间。为了减少因压缩工期而增加的费用,必须按照费用率由小到大进行压缩。在压缩关键工序工期时还要受到以下几方面的限制:

(1)工序本身最短工期的限制。

(2)总时差的限制,即关键路线上各工序压缩时间之和不能大于非关键路线上的总时差。

(3)平行关键路线的限制,即存在两条或两条以上关键路线时,必须同时在所有关键路线上压缩相同的时间。

(4)紧缩关键路线的限制,即关键路线上各项工序的工期都为最短工期时,工期就不能再缩短,因为压缩任何别的工序的持续时间都不会缩短工期,只会增加工程项目的费用。

(二)工期—费用优化控制的程序

工期—费用优化控制的基本程序如下:

(1)计算出网络计划中各工序的时间参数,确定关键工序和关键路线。

(2)计算工序的正常工期和费用、最短工期和极限费用以及工序的费用率。

(3)确定压缩对象,以关键路线上费用率之和最小的工序组合作为压缩对象。

(4)分析压缩工期时的约束条件,确定压缩对象可能压缩时间,并计算压缩后总的直接费用增加值。

(5)计算压缩后的工期能否满足合同工期的要求,如能满足,停止压缩;如不能满足,再按照(1)~(5)的顺序压缩。

如果工程项目在紧缩关键路线的情况下,工期仍不能满足合同的要求,则要重新组织和安排各工序的施工方法,调整各工序的逻辑关系,再进行优化调整。

二、偏差分析法

(一)偏差分析法的意义

偏差分析法也称挣值法、赢得值法。偏差分析法主要用于工程项目执行情况的测量,也是评价工程项目成本实际开销与实施进度情况的一种方法。偏差分析法通过测量与计算工程项目计划工作量的预算成本、已完成工作量的实际成本和预算成本,得到有关计划实施的进度和费用偏差,从而衡量工程项目成本的执行情况。

偏差分析法之所以广泛运用于工程项目成本控制,是因为传统的工程项目成本控制过程中,对工程项目成本、进度分别进行控制,两者缺乏必要的联系。比如在工程项目进行到某个阶段时,累计成本与累计预算成本相当,但如果实际已完成的进度并未达到预算工程量,结果到了工程项目预算已经超出而还有剩余工程量要完成时,要完成工程项目的工程量就必须增加更多的费用,此时要在预算内完成工程项目进行成本控制就太晚了。偏差分析法正好解决了上述问题,其以货币形式代替工作量来测量工程项目的进度,不以投入资源的多少来反映工程项目的进展,是一种比较完整和有效的工程项目成本控制方法。

(二)运用偏差分析法的基本程序

偏差分析法的基本程序如下:

1. 确定偏差分析的基本参数

偏差分析的基本参数包括计划工程量的预算成本、已完工程量的实际成本、已完工程量的预算成本。计划工程量的预算成本(Budgeted Cost for Project Scheduled,BCPS)是指根据批准的工程进度计划和预算计算的截至某一时点应完成工程量所需投入资金的累计数。已完工程量的实际成本(Actual Cost for Project Performed,ACPP)是指到某一时点已完成的工作所实际花费的总金额。已完工程量的预算成本(Budgeted Cost for Project Performed ,BCPP)是指工程项目实施过程中某阶段实际完成的工程量按预算定额计算出来的成本,即挣值(Earned Valued,EV),挣值反映了满足质量标准的项目实际进度。

2. 计算相关的指标

采用偏差分析法需要计算费用偏差、进度偏差、进度执行指标和费用执行指标,用这些指标来实现偏差分析的目的。

费用偏差(CV):$CV = BCPP - ACPP$

进度偏差(SV):$SV = BCPP - BCPS$

进度执行指标(SPI):$SCI = BCPP/BCPS$

费用执行指标(CPI):$CPI = BCPP/ACPP$

3. 根据计算指标来评价工程项目成本、进度控制效果

$CV<0$ 时,表明工程项目成本处于超支状态,反之,工程项目成本处于节约状态。

$SV<0$ 时,表明工程项目实施落后于进度状态,反之,工程项目实施处于进度超前状态。

$SPI>1$ 时,表明工程项目实际完成的工程量超过计划工程量,反之,工程项目实际完成的工程量少于计划工程量。

$CPI>1$ 时,表明工程项目实际成本超过计划成本,反之,工程项目实际成本小于计划成本。

通过偏差分析,对工程项目成本和实施进度进行动态评价,以说明费用是超支还是节约,工程项目进度是提前还是拖后,以便工程项目成本控制主体针对工程项目实施现状采取相应的纠偏措施,对工程项目成本和进度进行综合控制。

【例 6-3】 某一工程项目由以下四道工序组成,各道工序所需时间与成本见表 6-4。该工程项目的总工时为 4 个月,总成本为 500 万元,以下是第 3 个月末的状态。

工程项目各工序的时间和成本表　　表 6-4

工序	预计时间与成本	1月	2月	3月	4月	3月末的状态
设计	1月,5万元					完成,实际支付 5.5 万
施工	1月,470 万元					完成 60%,实际支付 450 万
监理	1月,5万元					完成 80%,实际支付 4 万
竣工	1月,20 万元					未开始

要求:根据以上资料回答以下问题:

(1)费用偏差(CV)是多少?

(2)进度偏差(SV)是多少?

(3)进度执行指数(SPI)是多少?

(4)成本执行指数(CPI)是多少?

(5)进度执行指数(SPI)和成本执行指数(CPI)说明了什么?

解：

(1) $BCPS = 5 + 492 + 3 = 488$(万元)

$BCPP = 5 + 470 \times 60\% + 5 \times 80\% = 5 + 282 + 4 = 291$(万元)

$ACPP = 5.5 + 450 + 4 = 459.5$(万元)

$CV = BCPP - ACPP = 291 - 459.5 = -168.5$(万元)

(2) $SV = BCPP - BCPS = 291 - 488 = -197$(万元)

工程项目成本处于超支状态，工程项目实施进度落后于计划进度。

(3) $SPI = BCPP/BCPS = 291/488 = 0.596$

(4) $CPI = BCPP/ACPP = 291/459.5 = 0.633$

(5)该工程项目的 SPI 和 CPI 都小于1，说明该工程项目目前处于不利状态：完成该工程项目的进度效率和成本效率分别为59.6%和63.3%，即该工程项目投入1元钱仅获得0.633元的收益，现在应完成全部工程量(100%)，但目前仅完成了59.6%。因此，必须查明产生偏差的原因，并采取相应措施来控制偏差。

工程项目成本超支的可能因素很多，如工程项目成本计划编制数据不准确、合同变更以及不可抗力的发生等。当发生成本已经超支时，成本控制主体必须采取相应的控制措施来控制成本偏差。当然，工程项目在实施过程中进度和成本产生一些小的偏差是在所难免的，这种偏差一般限定在一定的范围之内，只有当偏差超出限定范围时，成本控制主体才有必要采取相应的控制措施来纠正这种偏差。

三、费用变更控制法

费用变更是指工程项目实施过程中因合同变更而导致工程项目费用发生增减变动。工程项目成本控制主体在控制工程项目成本时，必须严格控制工程项目的变更情况。

工程项目变更控制系统是一套修改工程项目文件时应遵循的程序，其中包括工程项目的书面性文件、跟踪系统和变更审批制度。工程项目变更控制系统规定了改变费用基数的程序，包括工程项目文书工作、跟踪系统和批准更改所必需的批准级别。在很多情况下，工程项目成本控制主体通常采用变更控制系统来控制费用的变更。该控制系统包括措施、信息和反馈三大要素，这三大要素之间的循环关系，保证了对工程项目变更的有效控制。

工程项目变更控制系统由措施开始，产生关于措施实施效果的信息，这些信息经过处理作为反馈信息反馈给控制决策主体，便完成了一次循环。如果反馈信息表明各项控制活动一切正常，则控制主体可以按照既定的控制计划继续进行；如果反馈信息表明控制活动出现了异常情况，则控制主体就必须采取必要的补救措施，纠正各种偏差，从而使控制活动得以顺利进行。

工程项目成本控制主体在采用费用变更控制法时，必须要注意以下几个方面的问题：首先是费用变更控制系统作为工程项目变更系统的一个子系统，必须与工程项目变更系统协调一致；其次是在费用变更控制系统中，必须严格划分变更所涉及的各利益主体之间的责、权、利；最后，费用变更控制系统的信息反馈必须真实、及时。

第七章 工程项目成本分析与考核

第一节　工程项目成本分析

一、工程项目成本分析的概念及意义

(一)工程项目成本分析的概念

工程项目成本分析,就是根据工程项目成本核算提供的数据和其他费用资料与本期计划成本、上期实际成本以及行业先进水平进行对比,对项目成本的形成过程和影响成本升降的因素进行分析,以寻求进一步降低成本的途径(包括项目成本中的有利偏差的挖掘和不利偏差的纠正)的一项管理活动。通过成本分析把工程决策、建设过程联系起来进行综合性分析,并通过账簿、报表反映的成本现象看清成本的实质,以增强工程项目成本的透明度和可控性。这样一来,可以促使企业全面、科学地预测工程项目成本变动的趋势,正确进行工程项目成本决策,制订切实可行的措施,消除不利因素对工程项目成本的影响,降低工程项目成本消耗,提高工程项目和施工企业整体的经济效益。一般而言,工程项目成本分析可分为事前、事中和事后分析三个方面。

工程项目事前成本分析,是指在工程项目成本形成之前所进行的成本预测性分析。这一分析的主要目的是进行方案的优选比较,以确保单位能够选择出成本最优方案,同时确保单位订立的目标成本科学可行。进行工程项目事前成本分析可以确保企业制订出可靠的成本管理目标。

工程项目事中成本分析,是指在工程项目建设过程中对所实际执行的结果所进行的分析。工程项目事中成本分析的主要目的是动态化地检查各项成本计划和定额的完成情况,确保工程项目费用支出和各种资料消耗的合理性,确保项目的实际成本数额控制在目标成本的范围之内。工程项目事中成本分析是进行成本控制,防止实际成本超过成本核算范围的关键环节。

工程项目事后成本分析,是指在工程项目具体实施过程完成之后所进行的成本分析。在进行事后成本分析的过程中,实际成本核算资料基本上已经形成。工程项目成本管理人员根据实际资料与其他相关资料,采用科学的方法将成本的实际执行情况与目标情况进行对比分析,明确产生问题的原因,及时总结出成本管理的经验与教训,为下一阶段的成本控制工作提供有力的借鉴标准。

在实际工作的过程中,工程项目成本分析的三个阶段并不是相互独立的,而是相辅相成的,各自发挥着不同的作用。成本的事前分析可使企业在成本计划的执行过程中有成本控制

的目标；成本的事中分析可以确保成本控制目标的实现；成本的事后分析可以总结经验教训，以便开展下一个循环的成本控制。当然，这三者之间也有主次之分，在一般情况下，事前分析和事中分析的作用大于事后分析，但事后分析对于检查成本计划的执行情况，评价工作业绩等方面都有着事前成本分析和事后成本分析不可替代的作用。事前的成本分析包括在成本预测的内容中，事中的成本分析包括在成本控制的内容当中。本章介绍的成本分析主要是指事后的成本分析。

（二）工程项目成本分析的意义

工程项目成本分析是成本管理的关键环节之一，它是以成本核算提供的资料为基础，并结合其他的有关资料，如计划、定额、统计、技术等资料，按照一定的原则，采用一定的方法，对影响成本的各种因素进行计算分析，找出成本升降的主要原因，并根据企业目前的实际情况和各种条件，制订出切实可行的降低成本的方案，以便以较少的劳动消耗获取更大的经济效益。其主要作用体现在：

（1）恰当评价成本计划的执行结果。工程项目的经济活动错综复杂，在实施成本管理时制订的成本计划，其执行结果往往存在一定偏差，如果简单地根据成本核算资料直接做出结论，势必会影响结论的正确性。反之，若在核算资料的基础上，通过深入的分析，则可能做出比较正确的评价。

（2）揭示成本节约和超支的原因，进一步提高企业管理水平。成本是反映工程项目经济活动综合性指标，它直接影响着项目经理部和施工企业生产经营活动的成果。如果工程项目降低了原材料的消耗，减少了其他费用的支出，提高了劳动生产率和设备利用率，这必定会在成本上综合反映出来。借助成本分析，用科学方法，从指标、数据着手，将各项经济指标相互联系起来进行系统地对比分析，揭示矛盾，找出差距，就能正确地查明影响成本高低的各种因素和原因，从而可以采取措施，不断提高项目经理部和施工企业经营管理的水平。

（3）寻求进一步降低成本的途径和方法，不断提高企业的经济效益。对项目成本执行情况进行评价，找出成本升降的原因，归根到底，是为了挖掘潜力，寻求进一步降低成本的途径和方法。只有把企业的潜力充分挖掘出来，才会使企业的经济效益越来越好。

二、工程项目成本分析的基本程序

（一）工程项目成本分析流程

工程项目成本分析的关键在于寻找差异，分析差异产生的原因，以便成本管理人员在进行成本控制的过程中做到心中有数。具体而言包括以下步骤：

1. 依据成本核算资料计算差异的大小

在进行工程项目成本分析的过程中，首先就是要根据成本的实际执行情况进行准确的核算。成本管理人员在进行计算的过程中，依据相关的成本资料核算出工程项目的实际成本，并采用合理的方法将实际指标与计划指标进行对比分析。同时，要在工程项目实施的过程中收集，整理实际成本资料、计划资料和其他有关的资料，按规定的方法进行计算。将各种差异以一定的方式反映出来，以便于进行分析，如可采用“成本差异计算表”等形式。注意，在进行对比分析的过程中，要确保实际成本核算与计划成本核算的时间跨度一致，范围一致、计算方法一致。

2. 寻找差异产生的原因

在实际工作过程中,造成工程项目实际成本与计划成本差异的原因有很多,在进行成本分析的过程中,应结合工程项目的具体情况分析造成成本差异的原因。总的来说,形成成本差异的因素有经济因素、技术因素、客观因素、主观因素等。因此,在进行工程项目成本分析的过程中,应采用科学的方法,计算分析出不同因素对成本升降影响的幅度,明确成本差异产生的原因。同时还应计算出具体的数据,根据数据变化的情况,找出成本核算升降的规律,从而提出进一步改进的措施。

3. 正确评价成本计划完成情况

在计算出具体的成本差异数及成本升降的具体原因后,成本分析人员应根据执行的结果对成本目标计划的完成情况进行客观的评价。对于成本控制过程中做得好的方面,应总结出经验,为下一阶段的成本管理工作提供支持,并对取得好成绩的单位及个人给予奖励,以促进员工在实际工作过程中的积极性,降低工程成本。同时,对于做的差的方面,针对出现的问题,也应及时找出具体承担责任的单位和个人,并进行必要的惩罚。在进行评价时应注意各种因素的影响,得出正确的结论,以免评价不准确而得出错误的结论。

4. 提出降低成本的措施和方案

工程项目成本分析的目的就是为了找出具体的降低成本的措施和方案。因此,工程单位应结合各个责任主体的具体情况,分析差异产生的原因,以提高单位的经济效益。

(二)工程项目成本分析表格式

下面列示的是H工程项目成本分析表的具体内容,见表7-1。

H工程项目成本分析表

表7-1

项目部: 编制日期: 年 月 日 单位:万元

工程名称			地址:		
发包单位		地址:		邮编:	
合同造价		扣营业税金		扣上交公司	计划总成本

计划总成本分明细

序号	成本内容	折算实物量			成本金额	公司核定成本金额
		计量单位	数量	单价		

项目经理: 编制人: 公司核定人:

注:1. 本表由项目部编制,在工程开工时报公司项目成本管理科一份。

2. 表内"计划总成本"=合同造价-扣营业税金-扣上交公司。营业税金包括营业税、城建税和教育附费等附加;上交公司包括利润和象山代征的企业所得税。

3. 计划总成本分明细的合计=表内的"计划总成本"。计划总成本含项目部费用和盈余。

三、工程项目成本分析的原则及主要内容

(一)工程项目成本分析的原则

1. 实事求是原则

工程项目成本分析是工程项目成本管理的关键环节之一,分析的结果将会直接影响成本管理者的决策。但是在成本分析的过程中,常会受到一些主观因素的影响,从而影响成本分析的效果。分析结果的不恰当甚至会影响单位成员之间的关系。因此在进行工程项目成本分析的过程中,必须立足于事实依据,采用“一分为二”的辩证方法,对各个责任单位的成本控制情况进行实事求是的评级,并尽可能做到措辞妥当,能被绝大多数人所接受。

2. 用数据说话原则

工程项目成本分析的主要依据是具体的成本核算资料,因此在实际分析的过程中要充分利用统计核算、业务核算、会计核算和有关辅助记录(台账)的数据进行定量分析,尽量避免只采用抽象的定性分析。定量与定性分析相结合进行的评价将更为精确,更令人信服。

3. 注重时效原则

工程项目成本分析贯穿于项目成本管理的全过程,这就要求工程企业做到成本分析及时,发现问题及时,解决问题及时。绝对不能等到工程项目已经竣工交付之后再进行,否则,就有可能贻误解决问题的最好时机,甚至问题成堆,积重难返,造成难以挽回的损失。

4. 为生产经营服务原则

工程项目分析不仅仅要揭露出成本管理过程中出现的差异,更重要的是分析出成本管理产生差异的原因,为解决成本管理中的具体问题提供决策支持,以确保成本管理人员能够有效地解决管理过程中面临的问题。只有这样,工程项目成本分析才会深入人心,从而受到项目经理和有关项目管理人员的配合和支持,使工程项目的成本分析更健康地开展下去。

(二)工程项目成本分析的内容

工程企业依据工程承包合同(合同条款、合同清单综合报价)、施工组织设计(施工总体安排、分部分项工程的施工方案、施工组织)、工程进度、质量计划、预算定额或企业定额、施工图纸、有关标准和技术规范等成本核算资料进行成本分析,因此成本分析应与成本核算对象的划分一致。一般而言,工程项目成本分析主要包括以下几个方面。

(1)按目标成本项目进行的成本分析。包括:①人工费分析;②材料费用分析;③机械使用分析;④其他直接费分析;⑤间接成本分析。

(2)随着项目施工的进展而进行的成本分析。包括:①分部分项工程成本分析;②季(月)度成本分析;③年度成本分析;④竣工成本分析。

(3)针对专项成本事项进行的成本分析。包括:①成本盈亏异常分析;②工期成本分析;③质量成本分析;④资金成本分析;⑤技术组织措施节约效果分析;⑥其他有利因素和不利因素对成本影响的分析。

本章重点介绍按目标成本项目进行的成本分析的具体内容。

1. 工程材料利用效率性分析

工程项目建设过程中,材料消耗在成本耗费中占有极大的比重,在其他条件不变的情况

下，材料、能源消耗定额的高低，直接影响材料、燃料成本的升降。因此，必须认真分析材料、能源利用的效果及其价格水平对工程项目成本带来的影响，确保工程项目成本最优。

2. 机械设备利用效果分析

工程项目机械设备有自有和租用两种。由于建筑施工的特点，在流水作业和工序搭接上往往会出现某些必然或偶然的施工间隙，影响机械的连续作业；有时，又因为加快施工进度和工种配合，需要机械日夜不停地运转。这样，难免会出现一些机械利用率很高，也会有一些机械利用不足，甚至租而不用的情况。利用不足，台班费需要照付；租而不用，则要支付停班费，这都将增加机械使用费支出。因此，在机械设备的使用过程中，必须以满足施工需要为前提，加强机械的平衡调度，充分发挥机械的效用；同时，还要加强平时的机械设备的维修保养工作，提高机械的完好率，保证机械的正常运转。

在机械设备的租用过程中，存在着两种情况：一种是按使用时间（台班）计算机械费用。如塔吊、搅拌机、挖掘机等，如果机械完好率差或在使用中调度不当，必然会影响机械的利用率，从而延长使用的时间，增加使用费用。二是按照产量进行承包，并按完成产量计算费用，如土建工程，项目经理部进行成本分析的过程中只要按实际挖掘的土方工程量结算挖土的费用，而不必过问挖土机械的完好程度和利用程度。对于自有机械，同样也要提高机械完好率和利用率，因为自有机械如果停用，仍需要支付固定费用，为此工程项目经理部在进行成本分析与考核的过程中仍要对其予以合理规划。

3. 人工费合理性分析

工程项目在实行管理层和作业层分离的情况下，项目施工需要的人工和人工费，由项目经理部与施工队签订劳务承包合同，明确承包范围、承包金额和双方的权利、义务。对项目经理部来说，除了按合同规定支付劳务费以外，还可能发生一些其他人工费支出，这些费用支出主要有：①因实物工程量增加或减少而调整的人工和人工费；②定额人工以外的估点工人工资（已按定额人工的一定比例由施工队包干，并已列入承包合同，不再另行支付）；③对在进度、质量、节约、文明施工等方面做出贡献的班组和个人进行奖励的费用。因此项目经理部应重点分析上述人工费的合理性。如果工程项目人工费过高，就会增加工程项目的成本，而如果过低的话，则有可能打击工人工作的积极性，工程项目管理的质量就不能得到应有的保证，因此，在实际操作的过程中要确保工程项目的人工费保持在合理的水平。

4. 施工质量对成本影响的分析

对于施工企业而言，工程项目质量的好坏与施工成本高低之间存在着较大的联系，减少未达到质量标准而发生的一切损失费用，但这也意味着为保证和提高项目质量，支出的费用就会增加。可见，施工质量水平的高低也是影响成本的主要因素之一。

四、工程项目成本分析方法

由于工程项目成本涉及的范围很广，需要分析的内容很多，应该在不同的情况下采用不同的分析方法，其中成本估算的方法和成本决策的方法属于事前分析的方法，而成本控制的方法属于事后分析的方法，为了便于联系实际参考应用，本章对成本分析的基本方法，综合成本的分析方法、成本项目的分析方法、项目成本指标分析方法和专项成本的分析方法进行详细的

阐述。

(一)成本分析的基本方法

1. 比较分析法

比较分析法又称为指标对比分析法,是将成本技术经济指标的实际数与计划数进行对比,以此来检查成本目标完成情况的方法。这种方法具有通俗易懂、简单易行、便于掌握的特点,因而得到了广泛的应用,但在应用时必须注意各项经济指标的可比性。比较分析法的应用通常有下列形式。

1)本期实际指标与上期实际指标对比

通过这种对比,可以看出各项成本技术经济指标的动态状况,反映工程项目管理水平的提高程度。在一般情况下,一个技术经济指标只能代表工程项目管理的一个侧面,只有成本指标才是工程项目管理水平的综合反映,因此,成本指标的对比分析尤为重要,在进行对比分析的过程中一定要确保数据真实可靠,而且要有深度。

2)实际指标与计划指标对比

工程项目管理过程中,将计划指标与实际指标相对比分析,可以直接检查目标成本的完成情况,根据实际成本数据与计划之间的差异分析促使目标完成的积极因素和影响目标完成的消极因素,以便及时地采取具体的应对策略,确保目标的高效完成。通常通过这类对比,可以计算出成本计划完成的程度,找出变动幅度大的成本项目,为进一步分析实际成本偏离计划的原因提供依据。因此,这种对比分析的方法可以称之为工程项目成本计划完成情况分析。这种方法有利于工程单位加强对成本计划的管理,促进企业有效利用和配置生产资源以完成生产计划。

3)与本行业平均技术管理水平、先进水平对比

在这种方法下,主要是直观地反映出本项目的成本技术管理水平和经济管理水平与其他项目管理的平均水平和先进水平的差距,进而采取措施赶超先进水平。

【例7-1】 某工程项目本年计划节约钢材200万元,实际节约了约220万元;上年节约160万元;本行业先进水平节约180万元。根据上述资料编制分析表,见表7-2。

项目成本分析表(万元)　　表7-2

指标	本年计划数	上年实际数	行业先进水平	本年实际数	差异数		
					与计划比	与上年比	与先进比
“钢材”节约额	200	160	180	220	20	60	40

比较分析法是一种绝对数的比较分析,它适用于对同类型企业进行对比分析。因此,采用对比分析时,应注意相比指标的可比性。进行对比分析的成本指标,在经济内容、计算方法、计算期间和影响指标形成的客观条件等方面,均应有可比的共同基础。

比较分析法具有简单、通俗易懂、易发现问题的特点。比较分析法的不足之处是只能确定成本指标的差异,不能找到影响指标变动的具体原因,更不能确定各种因素变动对成本指标产生差异的影响数额,也就不能为分清责任提供依据。

2. 比率分析法

比率分析法是对两个或两个以上的成本指标的比率进行分析的方法。比率分析法计算出的是一种相对数值,通过计算计算结果,成本管理人员可以观察出指标之间的关系。在实务的分析过程中,常采用的比率分析法有以下几种:

(1)相关比率分析法。相关比率分析法侧重反应成本管理过程中的各项成本指标之间的相互关系。在工程实务中,经济活动的各个方面是相互联系,相互依存,又相互影响的,因此,进行成本分析的过程中可以将两个性质不同而又有所相关的指标加以对比,求出比率,并以此来考察经营成果的好坏。例如:为客观揭示投入与产出之间的对应关系,通过计算产值率指标来考核人工费的支出水平就很能说明问题,这样管理人员就能根据分析结果确保以最少的人工费支出完成最大的产值。

(2)构成比率分析法。构成比率分析法是指通过计算某一项成本指标各个组成部分占总体比重的结构进行数量分析的方法。通过构成比率,可以考察工程项目成本总量的构成情况以及各成本项目占成本总量的比例,同时也可以看出本、量、利的比例关系(即预算成本、实际成本和降低成本的比例关系),掌握经济活动情况及其对项目成本的影响,从而为寻求降低成本的途径指明方向。某工程项目成本构成比例分析表见表7-3。

某工程项目成本构成比例分析表(单位:万元) 表7-3

成本项目	预算成本		实际成本		降低成本		
	金额	比重	金额	比重	金额	占本项目百分比(%)	占总量百分比(%)
1. 直接成本	1 389.54	93.78	1 200.31	92.38	189.23	13.62	12.77
(1)人工费	120.12	8.11	119.28	9.18	0.84	0.70	0.06
(2)材料费	1 122.42	75.75	939.67	72.32	182.75	16.28	12.33
(3)机械使用费	88.76	5.99	89.65	6.9	-0.89	-1.00	-0.06
(4)措施费	58.24	3.93	51.57	3.98	6.67	11.45	0.45
2. 间接成本	92.21	6.22	99.01	7.62	-6.8	-7.37	-0.46
成本总量	1 481.75	100.00	1 299.32	100	182.43	12.31	12.31
量本利比例(%)	100		95.82		4.18		

(3)趋势比率分析法。趋势比率分析法又称为动态比率法,是各年各个时期或连续若干时期相同经济指标增减相比,计算比率来揭示各期之间的指标增减数额,据以预测成本发展趋势的一种方法。通过计算趋势比率,可以反映该项指标的变动趋势,从动态上研究其特征及其变化规律。动态比率的计算通常采用基期指数(或稳定指数)和环比指数两种方法。

$$\text{定基发展速度} = \frac{\text{比较期成本}}{\text{基期成本}} \times 100\%$$

$$\text{环比发展速度} = \frac{\text{比较期成本}}{\text{前一期成本}} \times 100\%$$

【例7-2】 某项目年内使用材料成本降低的情况见表7-4。

指标动态比较表　　表7-4

指　　标	第一季度	第二季度	第三季度	第四季度
成本(万元)	60	66	70	72
基期指数(%)(一季度=100)	100	110.00	116.67	120.00
环比指数(%)(上一季度=100)	—	110.00	106.06	102.86

从上表可以看出,该工程项目在材料成本上是连续上升的,为进一步说明成本上升的程度,我们可以通过上述两种趋势百分比来进行具体的分析。

从定基发展速度来看,上表的计算过程表明,该材料第二季度成本变动基期指数比第一季度上升了10%,第三季度成本变动基期指数比第一季度上升了16.67%,第四季度比第一季度上升了20%。

而从环比发展速度来看,上表的计算结果表明,第三季度的成本变动环比指数比第二季度下降了3.94%,第四季度比第三季度下降了3.2%,由此可见第三季度的成本变动幅度最大,应进一步查明原因。

比较分析法的主要优点在于:通过对相关比率的计算可以把某项不可比的指标变成可比的指标,便于内外部决策者进行决策比较分析。但比率分析法仍存在着不足之处,相关的比率只反映比值,不能说明变动的绝对数额,同时也无法说明成本变动的具体原因。通过比率分析法发现问题后,还需要进一步查明原因,以便真正解决问题。

3.因素分析法

因素分析法又称连锁置换法或连环替代法。该种方法是利用因素之间的内在依存关系,依次测定各因素变动对成本形成的影响程度。这种方法可以解决比较分析法和比率分析法不能解决的问题,测算出各因素的影响,有利于查明原因,分清责任,并针对问题提出相应的措施。在进行分析时,首先要假定多个因素中的一个因素发生了变化,而其他因素则不变,然后逐个替换,并分别比较其计算结果,以确定各个因素变化对成本的影响程度。

因素分析法的计算步骤如下:

(1)确定分析对象(即所分析的技术经济指标),并计算出实际值与计划(或预算)值的差异。

(2)确定该指标是由哪几个因素组成的,按其内在的依存关系,分解因素,并按其相互关系进行排序。

(3)以目标(或预算)值为基础,将各因素的计划(或预算)值进行计算作为分析替代的基数。

(4)将各个因素的实际值按照上面的排列顺序进行替换计算,并将替换后的实际值保留下来。

(5)将每次替换计算所得的结果与上一次的计算结果相比较,两者的差异即为该因素对成本的影响程度。

(6)各个因素的影响程度之和应与分析对象的总差异相等。成本影响因素示意图见图7-1。

连环替代法的典型模式是,假定某一工程成本 Y 是由 A、B、C 三个因素组成。

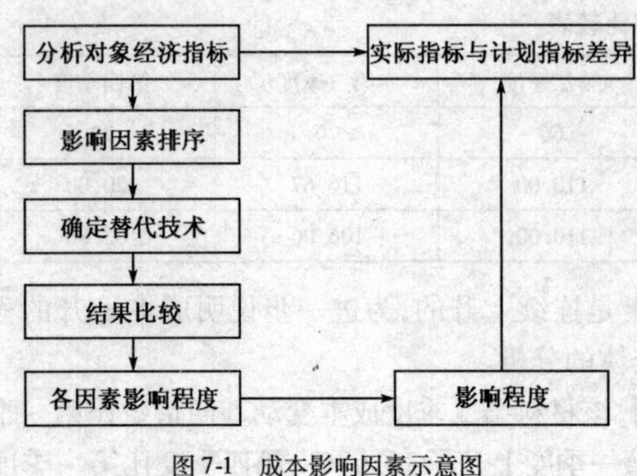

图 7-1 成本影响因素示意图

则有计划成本：$Y_0 = A_0 \times B_0 \times C_0$

实际成本：$Y_1 = A_1 \times B_1 \times C_1$

$$\Delta = Y_1 - Y_2$$

第一个因素 A 变动对成本的影响 Y_1，计算结果如下：

$$Y_0 = A_0 \times B_0 \times C_0$$

$$Y_2 = A_1 \times B_0 \times C_0$$

$$\Delta_1 = Y_2 - Y_0 = (A_1 - A_0) \times B_0 \times C_0$$

第二个因素 B 变动对成本的影响 Y_2，计算如下：

$$Y_3 = A_1 \times B_1 \times C_0$$

$$\Delta_2 = Y_3 - Y_2 = A_1 \times (B_1 - B_0) \times C_0$$

第三个因素 C 变动对成本的影响 Y_3，计算如下：

$$Y_1 = A_1 \times B_1 \times C_1$$

$$\Delta_3 = Y_1 - Y_3 = A_1 \times B_1 \times (C_1 - C_0)$$

即：

$$\Delta = \Delta_1 + \Delta_2 + \Delta_3$$

【例 7-3】 某施工单位浇筑一层结构性混凝土，计划成本为 449 280 元，实际成本 492 000 元，比计划增加 42 720 元，根据下表 7-5 所列的资料，用“因素分析法”（连环替代法）分析其成本增加的原因。

混凝土目标成本与实际成本对比表 表 7-5

项 目	计 划	实 际	差 额
工程量（m^3）	600	640	40
单价（元）	720	750	30
耗损率（%）	4	2.5	-1.5
成本（元）	449 280	492 000	42 720

解：(1)分析对象是浇筑一层结构性混凝土的成本，实际成本与计划成本的差额42 720元。

(2)该指标是由工程量、单价、耗损率三个因素组成的，其排序见上表。

(3)以目标数 449 280（600 ×720 ×1.04）元为分析替代的基础。

(4)替换。

第一次替换工程量因素：以 640 元替代 600 元，得 640 ×720 ×1.04 = 479 232（元）

第二次替换单价因素：以 750 元替代 720 元，并保留上次替换后的值，得 499 200 元，即 640 ×750 ×1.04 = 499 200 元

第三次替换耗损率因素：以 1.025 替换 1.04，并保留上两次替换后的值，得 492 000 元。

(5)计算差额。

第一次替换与目标数的差额 = 479 232 - 449 280 = 29 952（元）

第二次替换与第一次替换的差额 = 499 200 - 479 232 = 19 968（元）

第三次替换与第一次替换的差额 = 492 000 - 499 200 = -7 200（元）

(6)各因素的影响程度之和 = 29 952 + 19 968 − 7 200 = 42 720 元,与实际成本与目标成本的总差额相等。

上述分析的结果表明,实际成本比计划超了 42 720 元,主要原因是由于工程量增加致使实际成本超支 29 952 元,单价提高引起实际成本增加 19 968 元;损耗率的降低使实际成本节约了 7 200 元,对于损耗率的降低这是好的方面,应该总结经验,继续发扬。

为了使用方便,各单位也可以通过运用因素分析表来求出各因素的变动对实际成本的影响程度,其具体形式见表 7-6。

混凝土成本变动因素分析(单位:元)　　表 7-6

顺序	循环替换计算	差异	因素分析
计划数	600 × 720 × 1.04 = 449 280	—	—
第一次替换	640 × 720 × 1.04 = 479 232	29 952	由于工程量增加 40m^3,成本增加 29 952 元
第二次替换	640 × 750 × 1.04 = 499 200	19 968	由于单价增加 30 元,成本增加 19 968 元
第三次替换	640 × 750 × 1.025 = 492 000	−7 200	由于损耗率下降 1.5%,成本减少 7 200 元
合计	29 952 + 19 968 − 7 200 = 42 720	42 720	—

因素分析法的主要优点在于可以分析出经济指标出现变动的原因及各因素的影响程度。但必须注意的是,因素分析法具有其局限性,在运用的时候应注意以下问题:①因素替换的顺序性。在应用因素分析法时,各个因素的排列顺序应该固定不变。否则,就会得出不同的计算结果,也会产生不同的结论;②因素替换的连续性。因素分析法在计算每一个因素变动带来的影响的时候,都是在前一个因素已经替代的基础上进行的。各因素替代以后的结果与替代前的结果连环相减得出各个因素变化对综合经济指标的影响数。因此,在替换的过程中,需确保因素替换的连环性,从而确保计算出的各因素影响总数等于要分析的综合经济指标的总差异。

4. 差额分析法

差额分析法是因素分析法的一种简化形式,它是利用各个因素的目标值与实际值的差额来计算其对成本的影响程度。

【例 7-4】　某工程项目某月的实际成本降低额比目标数提高了 2.4 万元,见表 7-7,应用"差额分析法"计算预算成本和成本降低率对成本降低额的影响程度。

降低成本目标与实际对比表　　表 7-7

项　目	目　标	实　际	差　异
预算成本(万元)	300	320	20
成本降低率(%)	4	4.5	0.5
成本降低额(万元)	12	14.4	2.4

(1)预算成本增加对成本降低额的影响程度:

$$(320-300)\times 4\% = 0.8(\text{万元})$$

(2)成本降低率对成本降低额的影响程度:

$$(4.5\% - 4\%)\times 320 = 1.6(\text{万元})$$

以上两项合计:0.8 +1.6 =2.4(万元)

5.“两算”对比分析法

工程项目成本分析“两算”对比,是指将工程项目的施工预算与施工图预算中的各项成本经济指标进行对比分析的方法。施工预算确定的是工程项目的计划成本,施工图预算确定的是工程项目的实际成本。这“两算”的过程是从不同的角度核算工程项目成本的方法。进行“两算”对比的关键点在于工程量的对比分析。在进行“两算”的过程中,尽管采用的定额不同、工序不同、工程量有一定区别,但二者的主要工程量需保持一致。如果“两算”的工程量不一致,必定有一份出现了问题。成本管理人员应当认真检查并解决问题。工程项目成本管理过程中,常将“两算”对比作为建筑施工企业加强经营管理的手段。通过施工预算和施工图预算的对比,可预先找出节约或超支的原因,研究解决措施,实现对人工、材料和机械的事先控制,避免发生计划成本亏损。“两算”对比可采用实物量对比法和实物金额对比法。

(1)实物量对比分析法。“两算”对比法下的实物量对比分析法是指将分项工程施工预算与施工图预算中所消耗的人工、材料和机械台班消耗的实物数量进行对比分析,以寻找差异,查明原因的方法。因此在操作的过程中要将“两算”中相同项目所需要的人工、材料和机械台班消耗量进行比较,或以分部工程及单位工程为对象,将“两算”的人工、材料汇总量相比较。因“两算”各自的项目划分不完全一致,为确保对比数据的口径一致,常常需要将项目成本经济指标合并、换算之后才能进行对比。由于预算定额项目的综合性施工定额项目较大,故实务中一般是合并施工预算项目的实物量,并与预算定额项目相对应,然后再进行对比。表7-8提供了路基工程的“两算”对比情况。

路基工程“两算”对比表 表7-8

项目名称	数量(m^3)	内　容	人工材料种类		
			人工(工日)	砂浆(m^3)	砖(千块)
A标段	255.4	施工预算	331.20	55.62	130.25
		施工图预算	421.50	56.20	131.24
B标段	125.2	施工预算	11.30	2.24	3.46
		施工图预算	14.50	1.79	4.28
合计	380.6	施工预算	342.50	57.86	133.71
		施工图预算	436.00	57.99	135.52
		“两算”对比差额	93.50	0.13	1.81
		“两算”对比差额率(%)	21.44	0.22	1.34

(2)实物金额对比分析法。“两算”对比法下的实物金额对比分析法是将分项工程施工预算与施工图中所消耗的人工、材料和机械台班的金额费用进行对比分析以寻找出差异,查明原因的方法。由于施工预算只能反映完成项目所消耗的实物量,并不反映其价值,为使施工预算与施工图预算金额进行对比,就需要将施工预算中的人工、材料和机械台班的数量乘以各自的单价,汇总成人工费、材料费和机械台班使用费,然后与施工图预算的人工费、材料费和机械台班使用费相比较。表7-9提供了某个项目若干分部工程实物金额对比的“两算”对比法。

实物金额对比的“两算”对比表　　　表7-9

序号	项　目	施工图预算			施工预算			数量差			金额差		
		数量	单价	合计	数量	单价	合计	节约	超支	%	节约	超支	%
1.	直接费(元)			14 021.71			10 284.33				3 737.38		0.27
(1)	人工费(元)			881.23			854.31				26.92		0.03
(2)	材料(元)	157	74	11 626.88	142.98	57	8 149.86	14.14		0.09	3 477.02		0.30
(3)	机械台班费(元)	17.2	88	1 513.60	15.24	84	1 280.16	1.96		0.11	233.44		0.15
2.	分部工程			4 759.34			4 255.18				504.16		0.11
(1)	土方工程(元)	4.2	95	399.00	3.45	96	331.2	0.75		0.18	67.80		0.17
(2)	砖石工程(元)	13.2	157	2 072.40	12.56	143	1 796.08	0.64		0.05	276.32		0.13
(3)	钢筋混凝土工程(元)	8.23	278	2 287.94	8.65	246	2 127.9		0.4	0.05	160.04		0.07
3.	材料			4 291.54			3 682.59				608.95		0.14
(1)	板方料(m^3)	5.24	134	702.16	4.85	129	625.65	0.39		0.07	76.51		0.11
(2)	钢筋(t)	7.82	459	3 589.38	6.66	459	3 056.94	1.16		0.15	532.44		0.15
(3)	其他												

“两算”对比的运用过程中，应注意以下事项：

(1)材料消耗数。实际成本管理工作中，施工预算应低于施工图预算的消耗量。但是由于受对方因素的影响，采用的定额水平常不一致，这样就会出现施工预算消耗量高于施工图预算消耗量的情况。当出现在这一情况时，成本分析人员就需要对相关情况进行调查分析，并利用实际情况对施工预算用量进行调整后再分析对比，确保材料消耗的合理性。

(2)机械台班数与机械费用数。由于施工预算是根据施工组织设计或施工预算方案规定的实际进场施工机械种类、型号、数量和工作时间编制计算机械台班，而施工图预算的定额的机械台班是根据一般配置大多以金额表示。所以，一般将“两算”的机械使用费相对比，且只能核算搅拌机、塔吊、履带吊等大中型机械台班费是否超过施工图预算机械费。如果机械费大量超支，在没有特殊情况下，应改变施工采用的机械方案，尽量做到不亏本，略有盈余。

(3)人工数。一般施工预算应低于施工图预算工日数的10%～15%，这是因为施工定额与预算定额水平存在着不一致。在预算定额编制时，考虑到正常施工组织的情况下工序搭接及土建与水电安装之间的交叉配合所需停歇时间，工程质量检查及隐蔽工程验收而影响的时间和施工中不可避免的少量零星用工等因素，留有10%～15%定额人工幅度差。

(4)脚手架工程金额分析。由于脚手架工程成本无法按实物量进行“两算”对比，因此进行该部分“两算”对比分析的过程中，只能将这项成本的金额进行对比。施工预算是根据施工组织设计或施工方案规定的内容(拱设脚手架)计算工程量和费用的，而施工图预算按定额综合考虑，按建筑面积计算脚手架的摊销费用。

(二)工程项目综合成本分析方法

工程项目成本涉及多种生产要素,并受多种成本费用因素的影响,如分部分项工程成本,月(季)度成本、年度成本等。由于这些项目成本指标都是随着项目施工的进展而形成的,与企业的生产经营活动有着密切的联系。因此,科学合理地进行上述综合成本的分析工作,无疑将促进项目的生产经营管理,提高项目的经济效益。

1. 分部分项工程成本分析

分部分项工程成本分析是工程项目成本分析的基础,具体而言,分部分项工程成本分析是以来自施工任务单位的实际工程量、实耗人工和人员限额领料单的实耗材料的核算资料为依据,以已经完工的分部分项工程作为对象而进行的成本分析。分析的步骤是:进行预算成本、计划成本和实际成本的对比,分别计算实际偏差和计划偏差,分析偏差产生的原因,为今后的分部分项工程成本管理提供优化管理策略。由于工程项目包括很多分部分项工程,不可能也没有必要对每一个分部分项工程进行成本分析,特别是一些工程量小、成本费用微不足道的零星工程。但是,对于那些主要分部分项工程,则必须进行成本分析,而且要做到从开工到竣工进行系统的成本分析。即在进行分部分项成本分析的过程中,遵循成本效益原则,有所侧重地进行分析。这样通过主要分部分项工程的系统分析,可以基本上了解项目成本形成的全过程,为竣工成本分析和今后的项目成本管理提供一份宝贵的参考资料。

分部分项工程成本分析表的格式见表7-10。

分部分项工程成本分析表 表7-10

单位工程:

分部分项目工程名称: 工程量: 施工班组: 施工日期:

工料名称	规格	单位	单价	预算成本		计划成本		实际成本		实际与预算比较		实际与计划比较	
				数量	金额	数量	金额	数量	金额	数量	金额	数量	金额
合计													
实际与预算比较(预算=100)(%)													
实际与计划比较(计划=100)(%)													
节超原因说明													

编制单位: 成本员: 填表日期:

2. 季(月)度的成本分析

季(月)度的成本分析是工程项目单位依据当季(月)的成本分析报表,定期地、经常性地进行的中间成本分析,对于有一次性特点的工程项目来说,有着特别重要的意义。通过季(月)度的成本分析,可以及时发现问题,以便按照成本目标指示的方向进行监督和控制,保证

项目成本目标的实现。季(月)度的成本分析的内容通常有以下几个方面：

(1)实际成本与计划成本的对比。通过对工程项目实际成本与计划成本的对比分析，可以明确工程项目部计划成本的落实情况以及目标管理中的问题和不足，以便采取措施，加强成本管理，促进成本计划的落实。

(2)实际成本与预算成本的对比。通过对工程项目实际成本与预算成本的对比分析，可以及时核算出当季(月)的成本降低水平。同时，通过累计实际成本与累计预算成本的对比，分析累计的成本降低水平，可以在工程项目期内对项目成本的变化进行动态管理，确保实际成本控制在预算的额度内。

(3)主要技术经济指标的实际与计划的对比。在进行季(月)成本分析的过程中，适时分析工程项目产量、工期、质量、“三材”节约率、机械利用率等对成本的影响，可以为工程项目管理提供决策支持。在这一过程中，同时进行技术组织措施执行效果的分析，以便寻求更加有效的节约途径。

(4)对各成本项目的成本分析，可以了解成本总量的构成比例和成本管理的薄弱环节。例如，在成本分析中，发现人工费、机械费和间接费等项目大幅度的超支，就应该对这些费用的收支配比关系认真研究，并采取对应的增收节支措施，防止今后再超支。如果是属于预算定额规定的“政策性”亏损，则应从控制支出着手，把超支压缩到最低限度。

(5)分析其他有利条件和不利条件对成本的影响。

3. 年度成本分析

企业成本要求一年结算一次，不得将本年度成本转入下一年度。而项目成本则以项目的寿命周期为结算期，要求从开工到竣工到保修期结束连续计算，最后结算出成本总量及其盈亏。但由于项目的施工周期一般都比较长，除了要进行月(季)成本的核算和分析外，还需要进行年度成本的核算和分析，以提高工程项目成本管理的效益。

因此，工程项目部可以依据年度成本报表进行年度的成本分析，这不仅是为了满足企业汇编年度成本报表的需要，同时也是项目成本管理的需要。通过年度成本的综合分析，可以总结一年来成本管理的成绩和不足，为今后的成本管理提供经验和教训，从而可以对项目成本进行更有效的管理。年度成本分析的重点是为下一年度的施工进展情况规划切实可行的成本管理措施，以保证工程项目成本目标的实现。

4. 竣工成本的综合分析

竣工成本的综合分析是在工程项目完工之后，对全部竣工成本所进行的综合性分析。凡是有几个单位工程而且是单独进行成本核算(季成本核算对象)的工程项目，其竣工成本分析应以各单位竣工成本分析资料为基础，再加上项目经理部的经营效益(如资金调度、对外分包等所产生的效益)进行综合分析。如果工程项目只有一个成本核算对象(单位工程)，就以该成本核算对象的竣工成本资料作为成本分析的依据。

单位工程竣工成本分析一般包括以下三方面的内容：

(1)竣工成本分析。

(2)主要资源节超对比分析。

(3)主要技术节约措施经济效果分析。

通过以上分析，可以全面了解单位工程的成本构成和降低成本的来源，对今后同类工程的成本管理提供很好的参考。表 7-11 为单位竣工成本分析表。

单位竣工成本分析表　　表 7-11

项目	预算成本		实际成本		降低额	降低率		主要工、料、结构件节超对比表														
	金额	比重	金额	比重		占本项	占合计	项目	名称	单位	用量			单价	金额	名称	单位	用量			单位	金额
											预算	实际	节超					预算	实际	节超		
1. 直接成本																						
(1)人工费									人工	工日												
其中:分包人工费									水泥	t						模板	元					
(2)材料费									黄砂	t						油毛毡	卷					
结构件									石子	t						油漆	kg					
周转材料费									统一砖	千块						玻璃	m^2					
(3)机械使用费									多孔砖	千块												
(4)其他直接费									混凝土	m^3												
2. 间接成本									石灰	t												
工程成本									沥青	t												
									木材	m^3						材料费小计	t					
									混凝土	m^3						其他铁件	t					
									钢门窗	m^2						预埋铁件						
									木制品	m^2												
									钢筋	t						结构件小计						
主要技术节约措施及经济效果分析																						

单位负责人:　　财务负责人:　　制表人:

(三)项目成本目标差异的分析方法

成本目标差异是指项目的目标成本的实际成本与成本目标之间的差额。成本目标差异分析的目的是为了找出并分析成本差异的原因,从而尽可能降低项目施工成本。

1. 材料费分析

工程项目的单位工程中材料费占了工程成本的 70%,其使用的效率将直接影响工程项目总成本计划的执行情况。工程项目单位在施工的过程中,合理、节约地使用材料和降低材料的单位采购成本,是工程项目单位降低工程成本的主要途径。影响材料费用变动的因素有两个:其一是材料耗用量的变动,其二是材料单价的变动。工程项目材料费包括主要材料、结构件和周转材料。不同的材料来源渠道各不相同,因此在进行工程项目成本分析的过程中应根据不同的情况采用不同的方法来进行相关分析。

1）材料价格变动和材料消耗数量变动分析

主要材料和结构件费用的高低既与消耗数量数量变动有关，又与采购价格变动相关。其中：材料价格的变动受采购价格、运输费用、途中损耗、来料不足等因素的影响；材料消耗数量的数量受操作损耗、管理损耗和返工损失等因素的影响，因此可在价格变动较大和数量异常的时候再做深入分析。为了分析材料价格和消耗数量的变化对材料和结构件费用的影响程度，可按下列公式计算：

$$\text{因材料价格变动对材料费的影响} = (\text{预算用量} - \text{实际单位}) \times \text{消耗数量} \tag{7-1}$$

$$\text{因消耗数量变动对材料费的影响} = (\text{预算用量} - \text{实际用量}) \times \text{预算价格} \tag{7-2}$$

主要材料和结构件差异分析表见表 7-12。

主要材料和结构件差异分析表　　表 7-12

材料名称	价格差异				数量差异				成本差异
	实际单价	目标单价	节超	价差金额	实际用量	目标用量	节超	量差金额	

在进行主要材料和结构件差异分析的过程中，要明确责任的归属，对于主要材料方面的节约，应重点分析该单位的技术措施（如就地取材、代用材料等）和先进的管理办法对成本变动带来的有利影响；对于用料的浪费，则主要分析管理技术不善（如工程质量差、返工率高、材料利用不合理等）和施工管理不到位对成本造成的不利影响。而对于材料价格的变动分析，则主要评价采购地、运输方式、运输途中的损耗对材料价格变动带来的有利或不利的影响。在具体分析的过程中，由采购部门负责归口管理，特殊情况下（如施工急需材料的采购）施工部门可以予以负责。

2）材料采购保管费分析

材料采购保管费属于材料的采购成本，包括材料采购保管人员的工资、工资附加费、劳动保护费、工具用具使用费、检验试验费、材料整理及零星运费和材料物资的盘亏及毁损等。一般来说，材料采购保管费与材料采购数量呈正向变动关系，即材料采购的数量越多，材料采购保管费的数量也就越多。因此，在进行实际工作的过程中，可以按照采购的数量（金额）来进行材料采购保管费用的分配，或按照材料采购保管费用率来进行分配。具体计算公式如下：

$$\text{材料采购保管费用率} = \frac{\text{计算期实际发生的材料采购保管费}}{\text{计算期实际采购的材料总值}} \tag{7-3}$$

$$\text{某项材料应分担的材料采购保管费} = \text{该材料的实际采购数量} \times \text{材料采购保管费用率}$$

3）材料储备资金分析

材料的储备资金是根据日平均用量、材料单价和储备天数（即从采购到进场所需的时间）计算的，上述任何一个因素的变动，都会影响储备资金的占用量。对于材料储备资金变动带来的影响，一般采用“因素分析法”来进行核算。

【例 7-5】　现以水泥的储备资金举例说明，已知条件见表 7-13。

某工程项目水泥储备资金分析表　　表 7-13

项　目	计　划	实　际	差　异
日平均用料量(t)	200	300	100
单价(元)	5 400	6 000	600
储备天数(天)	8	5	-3
储备金额(万元)	864	900	36

根据上述的基本资料,运用连环替代法来分析各因素对水泥储备资金的影响,具体见表 7-14。

储备资金因素分析表　　表 7-14

项　目	连环替代计算	差　异	因 素 分 析
计划数	200 ×5 400 ×8 = 864(万元)		
第一次替代	300 ×5 400 ×8 = 1 296(万元)	432	日平均用料量增加 100t 使得储备资金增加 432 万元
第二次替代	300 ×6 000 ×8 = 1 440(万元)	144	水泥单价提高 600 元使得储备资金增加 144 万元
第三次替代	300 ×6 000 ×5 = 900(万元)	-540	储备天数减少 3 天,使得储备资金减少 540 万元
合计	900 - 846 = 36(万元)	36	

从表 7-14 的分析结果可以知道,项目单位在实际工作的过程中要根据本项目的实际情况合理储备材料、减少储备天数从而合理的减少资金占用。

4)周转材料使用费分析

工程建设项目的周转材料主要包括钢模、木模、预制板等。一般来说,工程项目单位对于周转材料采用的是内部租赁的方式。因此,对于周转材料的使用分析主要就是对周转材料的周转利用率和周转材料的损耗率进行分析。

(1)周转材料的周转利用率分析

对于周转材料来说,如果周转慢,周转材料的使用时间就长,就会增加租赁费支出。因此对于租赁单位而言,周转率是影响周转材料使用的直接原因。周转利用流程的计算公式如下:

$$周转利用率 = (实际使用数 \times 租用期内的周转次数)/(进场次数 \times 租用期) \times 100\% \tag{7-4}$$

【例 7-6】 某工程项目需要定型模板,其周转利用率为 85%,租用模具 5 500m^2,月租金 4 元/m^2,由于加快施工的额进度,实际周转利用率达到 95%。可用差额分析法计算周转利用率的提高对节约周转作用费的影响程度:

$$(95\% - 85\%) \times 5\,500 \times 4 = 2\,200(元)$$

(2)周转材料损耗率分析

工程项目单位在租用周转材料的过程中,如果超过了规定的损耗就要按照原价赔偿,这将增加施工企业的工程成本,对施工企业的经济效益造成很大的影响。周转材料损耗率的计算公式如下:

$$\text{周转材料损耗率}=\text{退场次数}/\text{进场次数}\times 100\% \tag{7-5}$$

2. 机械使用费分析

工程项目施工过程中,机械化利用程度越来越高,单位工程成本中机械使用费所占的比重也呈现出了上升的趋势。因此在进行工程项目成本管理的过程中,应重点关注相关机械的使用效率,以求有效地降低单位工程成本的作用。影响机械使用费的因素有两个:其一是机械台班数的变动;其二是台班费用的变动。如果施工企业提高了施工组织管理水平和成本管理水平,充分利用施工机械和降低台班费用,则可以节约机械使用费。但由于项目施工单位一般不拥有自己的机械设备,而是根据施工建设的具体需要,向工程单位动力部门或外用单位租用。在机械设备的租用过程中,存在着两种情况:一是按产量进行承包,并按完成产量计算费用;二是按使用时间(台班)计算机械使用费。如:搅拌机如果机械完好率差,在使用过程中调度不当,必然会影响机械的利用率,从而延长使用时间,增加使用费用。因此,项目经理部应该给予一定的重视。

另外,在实际施工的过程中常会出现某些必然和偶然的施工工序衔接不紧密的情况,从而影响机械的连续作业,降低机械的使用效率。甚至会出现因要加快施工进度和公众配合,需要机械日夜不停地运转的情况,这样就会使得机械的利用效率与利用计划出现偏差。机械利用不足,台班费需要照付,租而不用,则要支付停留台班费,这些都会增加工程单位的实际成本。因此,在机械设备的使用过程中,要以工程项目成本管理目标为依据加强对机械设备的平衡调度,充分发挥各类工程机械的使用效能,有效降低单位工程的机械使用成本。同时,还要加强平时的机械设备的维修和保养工作,提高机械的完好率,保证机械的正常运转。

工程项目机械使用费的分析主要是计算实际成本与目标成本之间的差异。工程项目成本计划分析的目的是要找出工程机械使用过程中的超高费和机补差收入数额。机械使用费的分析要从租赁机械和自有机械两方面入手。对于租赁的机械在使用时要支付台班费使用,停用时要支付停班费,因此,要充分利用机械,减少台班使用费和停班费的支出。自有机械也应提高机械完好率和利用率,因为自有机械停用,仍要负担固定费用。使用大型机械的要着重分析预算台班数、台班单价及金额,同实际台班数、台班单价及金额相比较,通过量差、价差进行分析。机械完好率与机械利用的计算公式如下:

$$\text{机械完好率}=\frac{(\text{报告期机械完好台班数}+\text{加班台班})}{(\text{报告期制度台班数}+\text{加班台班})}\times 100\% \tag{7-6}$$

$$\text{机械利用率}=\frac{(\text{报告期机械实际台班数}+\text{加班台班})}{(\text{报告期制度台班数}+\text{加班台班})}\times 100\% \tag{7-7}$$

完好台班数,是指机械处于完好状态下的台班数,它包括修理不满一天的机械,但不包括待修、在修、送修在途的机械。在计算完好台班数时,只考虑是否完好,不考虑是否在工作。制度台班数是指本期内全部机械台班数与制度工作天的乘积,不考虑机械的技术状态和是否工作。

【例 7-7】　某项目当年的机械完好和利用情况表见表 7-15。

机械完好和利用情况统计表 表7-15

机械名称	台数	制度台班数	完好情况				利用情况			
			完好台班数		完好率(%)		工作台班数		利用率(%)	
			计划	实际	计划	实际	计划	实际	计划	实际
翻斗车	5	1 200	1 000	1 200	83.3	100	1 000	1 000	83.3	83.3
搅拌机	3	540	500	500	92.6	92.6	500	480	92.6	88.98
砂浆机	4	1 720	1 450	1 385	84.3	80.5	1 450	1 345	84.3	78.2
塔吊	1	254	240	240	94.5	94.5	250	320	98.4	126.0

从上述机械的完好和利用情况来看,砂浆机的维修保养比较差,完好率只达到80.5%;利用率仅仅达到76%。塔吊因施工需要加班加点,因而利用率较高。

3.人工费分析

人工费用是单位工程成本的主要成本项目之一,约占单位工程成本的10%左右。对人工费用进行分析,主要是为完善内部工资分配办法和劳动定额提供基础资料。分析人工费用成本项目组成,对于合理使用劳动力,提高劳动生产率和降低人工费用支出具有重要的意义。影响人工费用变动的因素:一是工程耗用工日数的变动;二是每个工日平均工资额的变动。这两个因素,前者反映劳动生产率水平的高低,后者则反映平均工资水平的高低,单位工程人工费用的变动,与工程耗用工日变动及工日平均工资额变动均成正比。为要有效降低其人工成本,就需从这两个方面进行分析评价。

在实际工作的过程中,对人工费进行分析,主要采用差额分析法分析每个因素变动对人工费用的影响,在分析的基础上评价施工企业劳动力的使用以及平均的控制效果。人工费分析通过工程预算工日和实际人工的对比,分析出人工费得节约和超用的原因。人工费差异可以分为人工费量差和人工费价差。人工费量差是指实际工时脱离预算工时,其差额按标准工资率计算的金额,即人工效率差异。人工费价差是指实际工资率脱离预算工资的差异率,其差额按实际工时计算确定的金额,即人工工资差异率。

1)人工费量差

在工程项目成本分析的过程中,计算人工费量差首先要计算工日差,即实际耗用工日数同预算定额工日数的差异。预算定额工日的取得,根据验工月报或设计预算中的人工费补差中取得的工日数,实耗人工根据外包管理部门的包清成本工程款月报,列出实物量定额工日数与估点工工日数。工日差乘以预算人工单价计算得出人工费差量。通过计算的结果,工程项目成本管理人员就可以看出由于实际用工增加或减少对人工费变动造成的影响。人工费量差计算公式如下:

$$人工费量差=(实际耗用工日数-预算定额工日数)\times 预算人工单价 \tag{7-8}$$

2)人工费价差

工程项目人工费价差分析的过程中,先要根据人工费价差核算出预算人工单价与实际人工单价之差。其中,根据预算人工费用处以预算工日数得出预算人工单价,实际人工费除以实际耗用工日数得出实际人工单价,最后用实际耗用工日数乘以每个人工费价差得出相应的人工费价差。工程项目成本项目管理人员可以根据计算的结果查看每个人工单价的增加情况对工程项目人工费造成的影响，确保以后在项目管理的过程中有效提供人工工作效率。人工费价差的计算公式如下：

$$人工费价差 = 实际耗用工日数 \times (实际人工单价 - 预算人工单价) \quad (7\text{-}9)$$

注意：人工费量差与人工费价差之和，应等于人工成本总差异。

人工费量差性的原因包括工作环境的变化、工作经验的高低、机器设备的使用效率、工作计划安排等。人工费价差形成的原因包括直接人工升级或降级、奖励政策及福利制度的实施、工资的调整、加班或使用临时工、出勤率变化等。相关职能归口部门要认真分析差异产生的具体与原因，以便落实成本管理责任。

4. 其他直接费分析

工程项目成本中的其他直接费用是指在施工过程中发生的除直接费用以外的其他费用，包括工程用水电费、二次搬运费、临时设施摊销费、生产工具用具使用费、检验试验费、工程定位复测费、场地清理费等费用。工程项目其他直接费用的分析，有助于管理者了解工程项目施工管理效率。因此在进行成本分析的过程中，通常会将直接成本的预算数与实际数进行比较。对于预算外的事项，则可以根据目标数据进行对比分析。工程项目其他直接费分析表格见表7-16。

其他直接费预算（计划）与实际比较表　　表7-16

序　号	项　目	预　算	实　际	比　较
1	工程用水电费			
2	材料二次搬运费			
3	临时设施摊销费			
4	生产工具、用具使用费			
5	检测试验费			
6	工程定位复测费			
7	工程点交费			
8	场地清理费等			
合计				

5. 间接成本分析

工程项目间接成本是指为施工准备、组织施工生产和管理所需要的费用，主要包括现场管理人员的工资、办公费、交通差旅费以及其他进行现场管理所需的费用。对于工程项目间接成本的分析一般也是将预算（或计划）数与实际数的比较来进行。具体的对比分析见表7-17。

间接成本分析表　　表7-17

序号	项　目	预算	实际	比较	备　注
1	现场管理人员工资				包括工程福利和劳动保护费
2	办公费				包括生活用水电费、取暖费
3	差旅交通费				
4	固定资产使用费				包括折旧及修理费

续上表

序号	项　目	预算	实际	比较	备　注
5	物资消耗费				
6	低值易耗品摊销费				指生活行政用的低值易耗品
7	财产保险费				
8	工程保险费				
9	排污费				
10	其他费用				
	合计				

注意：工程项目管理人员在用成本项目分析方法分析完各项成本项目之后，还应将所有的成本差异进行汇总进行分析，以明确整个工程项目成本总体差异额度。成本差异汇总表见表7-18。

工程项目成本差异汇总表(单位：万元)　　表7-18

成本项目	实际成本	计划成本	差异金额	差异率(%)
人工费				
机械使用费				
材料费				
其他直接费				
结构件				
施工间接成本				
周转材料费				
合计				

(四)工程项目成本指标分析方法

工程项目成本指标分析方法是指通过建立一系列的项目成本经济指标来对项目成本管理水平和项目生产企业经济效益进行分析的方法。通常采用项目成本降低额度、项目平均单位成本以及项目产值成本三个方面的指标来进行相应的分析与评价。

1.全部项目成本分析

工程项目全部项目成本分析是指将工程项目本年全部成本与按照本年实际工程量调整的预算总成本进行比较，从而计算出工程项目全部总成本降低额和降低率，借以分析全部项目成本的变动状况的方法。

由于实际操作的过程中，全部项目成本的预算总成本是按照各项目的预算工程量与预算单位成本计算的，这与本年实际总成本的比较基础不一致，为了排除工程量因素造成的对比口径不一致的情况，明晰考核成本水平的变动对成本降低的带来的具体影响。在进行对比分析的过程中，成本分析人员要按实际产量调整计算预算总成本。全部项目成本包括可比项目与不可比项目。可比项目既有上年的成本资料，又有计划的成本资料，而不可比项目只有计划的成本资料，没有上年的成本资料。因此，全部项目成本分析只能用实际成本与计划成本比较进行。

全部项目成本分析包含两个指标：

$$降低额 = 全部项目实际成本 - \sum(某项目预算单位成本 \times 实际工程量) \tag{7-10}$$

$$降低率 = \frac{全部项目实际成本 - \sum(某项目预算单位成本 \times 实际工程量)}{\sum 某项目预算单位成本 \times 实际工程量} \tag{7-11}$$

在上述的公式中，工程量的确定应根据各个工程项目的具体情况来进行：如：房屋建筑工程，可以按照项目完成的建筑面积作为工程量；对道路路面施工工程，可以以工程里程作为该工程的工程量；对于疏浚工程，可以以疏浚挖泥量作为工程量。表7-19所示的是某施工单位全部项目的成本表报。

某施工项目全部项目成本报表(单位：万元)　　表7-19

项目名称	计量单位	实际工程量	单位成本			总成本		
			上年实际	本年计划	本年实际	按上年实际成本计算	按本年计划成本计算	按本年实际成本计算
可比项目：						1 214	1 063	1 094
厂房	m^2	2 500	0.25	0.22	0.24	625	550	600
仓库	m^2	1 900	0.31	0.27	0.26	589	513	494
不可比项目：							20 407	20 125
修路	km	11.5		1 780	1 750		20 407	20 125
全部项目							21 470	21 219

根据表7-19，按项目分析全部项目成本计划完成情况见表7-20。

某施工企业全部项目成本分析表(单位：万元)　　表7-20

项目名称	实际工程量按计划成本计算总成本	实际工程量按实际成本计算总成本	实际比计划降低额	实际比计划降低率
可比项目：	1 063	1 094	31	2.90%
厂房	550	600	50	9.09%
仓库	513	494	-19	-3.70%
不可比项目：	20 407	20 125	-282	-1.38%
修路	20 407	20 125	-282	-1.38%
全部项目	21 470	21 219	-251	-1.17%

通过按项目进行全部成本分析，不仅能说明全部项目成本计划执行情况，而且反映了各项目实际成本完成计划情况。根据表7-20的计算结果可以看出，该企业全部项目成本实际比计划降低了251万元，降低率为1.17%，其中可比项目实际成本比计划上升了31万元，上升率为2.9%，不可比项目实际成本比计划成本降低了282万元，降低率为1.386%。这表明，该企业在可比项目成本管理中有待努力。虽然不可比项目没有上年成本资料参考，但是该企业仍然有效地控制了成本。总的来说，该企业成本管理工作做得好，应继续保持。

2. 可比项目成本分析

工程项目成本分析过程中，可比项目成本也是使用降低额和降低率两个成本经济指标进行分析。与全部成本分析不同，可比项目既有上年的成本资料，也有计划的成本资料，所以对于可比项目指标中降低额指标与降低率指标和全部成本分析也有所不同，可比成本项目成本分析包括了项目成本降低任务指标和项目成本实际降低指标两大类。其中，降低额指标计算是将同类项目的两个不同时期成本相比的降低额，降低率指标计算是将同类项目的两个不同时期成本相比的降低额，与前期成本水平相比的比率。与全部成本降低率指标一样，在计算时也应将各类项目的成本降低额加起来计算降低率。由于各个工程项目的实际情况不一样，各个工程项目往往不止一类可比成本，因此在计算过程中须将各类项目的成本降低额加总起来进行考虑。具体计算过程如下：

(1)项目成本降低任务指标

$$①计划降低额=\sum\left(\begin{matrix}项目本年预\\算单位成本\end{matrix}-\begin{matrix}项目上年实\\际单位成本\end{matrix}\right)\times\begin{matrix}项目本年\\预算工程量\end{matrix}$$

$$②计划降低率=\frac{\sum\left(\begin{matrix}项目本年预\\算单位成本\end{matrix}-\begin{matrix}项目上年实\\际单位成本\end{matrix}\right)\times\begin{matrix}项目本年\\预算工程量\end{matrix}}{\sum 项目上年实际单位成本\times 本年预算工程量}\times 100\%$$

(2)项目成本实际降低指标

$$①实际降低额=\sum\left(\begin{matrix}项目本年实\\际单位成本\end{matrix}-\begin{matrix}项目上年实\\际单位成本\end{matrix}\right)\times\begin{matrix}项目本年\\实际工程量\end{matrix}$$

$$②实际降低率=\frac{\sum\left(\begin{matrix}项目本年实\\际单位成本\end{matrix}-\begin{matrix}项目上年实\\际单位成本\end{matrix}\right)\times\begin{matrix}项目本年\\实际工程量\end{matrix}}{\sum 项目上年实际单位成本\times 本年实际工程量}\times 100\%$$

要注意的是，利用上述指标进行可比项目成本分析与评价时，首先必须应对指标计划完成情况及各因素变动对指标变动的影响进行分析，然后在此基础上评价工程项目成本降低率任务实际完成情况。

利用工程项目成本降低额与降低率指标进行项目成本分析具有两个特点：一是综合性，它可以把各种项目成本升降情况综合反映出来；二是可比性，因为它是以项目为基础计算的，不仅可以与计划相比较，检查项目成本降低额与降低率的完成情况，而且可以与以前年度相比较，研究成本的降低速度和趋势。

(3)项目平均单位成本指标

工程项目平均单位成本是指整个工程项目在一定时期的总成本与总工程量之比。用工程项目平均单位成本指标评价施工企业的成本管理水平，最为简单、清晰。一般情况下，工程项目实际平均单位成本比预算平均单位成本或上年平均单位成本降低了，说明企业在降低成本方面取得了成绩。其具体的计算公式如下：

$$项目平均单位成本=\frac{\sum 项目工程量\times 项目的单位成本}{\sum 项目的工程量} \tag{7-12}$$

(4)工程项目产值成本率指标

工程项目产值成本率是施工企业一定时期内的项目总成本与总产值之比。该指标包括了工程项目单位所有的施工项目，具有很强的综合性。在具体分析和评价时，施工项目的产值一般由现行价格计算，但在进行动态评价时，为了消除不同时期价格变动的影响，也可以按照国家统一规定的不变价格来进行分析评价。

具体的计算公式如下：

$$产值成本率=\frac{\sum 项目工程量\times 项目单位成本}{\sum 项目工程量\times 项目单位产值}\times 100\% \quad (7\text{-}13)$$

通过上述公式的计算结果，将实际产值成本率与预算（或计划）产值成本率进行比较分析，可以综合反映工程项目全部产品成本节约、超支的程度；用本企业产值成本率指标与同类型施工企业的产值成本指标比较，可以评价不同施工企业的成本管理水平，为进一步提高工程项目成本管理质量及工程项目经济效益提供合理化建议和改进方向。

（五）专项成本分析法

1. 工期成本分析

工程项目工期的长短与成本高低有着密切的联系。在一般情况下，工期越长，管理费用支出就越多；工期越短，管理费用支出越少。工期成本分析就是对计划工期成本与实际工期成本的比较分析。所谓计划工期成本，是指在假定完成预期利润的前提下计划工期内所耗用的计划成本；而实际工期成本则是在实际工期中耗用的实际成本。值得注意的是固定成本的支出，基本上是与工期长短成正比增减的。因此进行工期成本分析的重点在于对固定成本支出进行分析比较。

进行工期成本分析时一般采用比较法，即将计划工期成本与实际工期成本进行比较，然后应用因素分析法分析各种因素的变动对工期成本差异的影响程度。具体的计算步骤是：首先根据施工图预算和施工组织设计进行量本利分析，计算工程项目的产量、成本和利润的比例关系；然后用固定成本核算除以合同工期，求出每月支出的固定成本；最后计算出计划工期成本与实际工期成本的差额，并运用因素分析法对工程成本的组成要素进行连环替代分析，计算各个因素对工程成本总额变动带来的影响及影响的幅度。具体的计算如下：

【例 7-8】 某工程项目合同预算造价 550 万元，其中预算成本 425 万元。合同工期 8 个月。根据施工组织设计测算，变动成本总额为 354 万元，变动成本率 83.29%，每月固定成本支出 7.6 万元，计划成本降低率 6%。

假如，该工程项目竣工造价不变，但在施工过程中采用了有效的技术组织措施，使变动成本率下降到 80%，月固定成本支出降低为 6.6 万元，实际工期缩短为 7 个月。

1）根据上述资料，按照以下顺序计算工期成本

（1）计算该工程项目的计划工期（又称经济工期）。

$$计划（经济）工期=\frac{[预算成本\times(1-变动成本率-计划成本降低率)]}{月固定成本支出水平}$$

$$=\frac{[425\times(1-0.8329-0.06)]}{7.6}$$

$$=5.99（月）$$

（2）计算经济工期的计划成本。

经济工期的计划成本＝预算成本×变动成本率＋月规定成本支用水平×计划经济工期

$$=425\times 83.29\%+7.6\times 5.99$$

$$=399.5（万元）$$

（3）计算实际工程成本。

实际工期成本 = 预算成本 × 实际变动成本率 + 实际月固定成本支用水平 × 实际工期

$$= 425 \times 80\% + 6.6 \times 7$$

$$= 386.2(\text{万元})$$

(4)根据以上计算结果,实际工期成本比计划工期成本节约额。

$$399.5 - 386.2 = 13.3(\text{万元})$$

2)按照以上工期成本资料,应用"因素分析法",对工期成本的节约的13.3万元进行分析

(1)该工程项目成本的变动成本率由计划的83.29%下降为实际的80%,下降了3.29%,使实际工期成本额节约13.98万元。计算如下:

$$425 \times 0.8 - 425 \times 0.8329 = -13.98(\text{万元})$$

(2)该工程项目的月固定成本支出由计划的7.6万元下降到实际的6.6万元,下降了1.0万元,使实际工期成本节约5.99万元,计算如下:

$$-1 \times 5.99 = -5.99(\text{万元})$$

(3)该工程项目的实际工期比计划工期延长了1.01个月,使实际工期成本超出6.67万元,计算如下:

$$6.6 \times 1.01 = 6.67(\text{万元})$$

以上三个因素合计节约:

$$-13.98 - 5.99 + 6.67 = -13.3(\text{万元})$$

2. 工程项目成本盈亏异常分析

在工程项目成本管理的过程中,如果出现成本盈亏异常情况,工程项目成本管理人员必须对其引起高度重视,彻底查明原因,明确成本管理责任并立即加以纠正。

在工程项目成本管理的过程中,成本管理人员必须明确该项工程的形象进度、已完成的预算收入(挣得值)和支出的实际成本这三者之间的同步关系,如果违背这种关系,就会发生成本的盈亏异常现象。成本管理人员可以根据这"三同步"的原则来分析成本盈亏异常变化情况。在实务工作中,"三同步"检查是提高项目成本经济核算水平的有效手段,不仅适用于成本盈亏异常的检查,也可以应用于月度成本的检查。根据"三同步"原则,可以通过以下几个方面的对比分析来进行检查:

(1)计划资源消耗与施工任务单的实耗人工,限额领料单的实耗材料、当期租用的周转材料和机械的合同支出的对比分析。工程项目成本管理人员,通过上述成本经济指标之间的对比,可以查出各项实际直接成本与相应的计划成本之间的差异,明确工程项目成本节超的具体情况。

(2)形象进度内的挣得值与该时期内计划工程量的预算收入一致性对比分析。如果前者大于后者,说明进度超前;前者小于后者,说明进度滞后;二者基本相等,说明施工的实际进度和计划进度相符。

(3)预算成本与产值统计是否同步。

(4)其他材料(如材料差价、台班费等)的产值统计与实际支付对比分析,看两者之间是否相一致。如果不一致,说明间接费用的使用出现节超情况,需要运用因素分析法对原因进行进

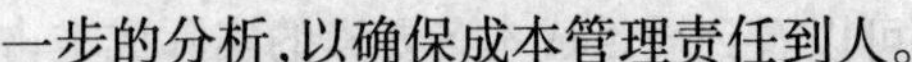
一步的分析,以确保成本管理责任到人。

(5)实际成本与资源消耗对比分析。通过实际成本与资源消耗的对比,可以分析出项目施工过程中是否出现了质量问题;工程变更与索赔、应收应付款项是否及时到位;是否存在严重的重要材料浪费等问题。

通过以上的同步检查分析,成本管理人员对成本盈亏的原因就一目了然。月度成本盈亏异常情况分析表格的格式见表7-21。

月度成本盈亏异常情况分析表　　表7-21

工程名称:

结构层数:　　200　年　月　　预算造价:　　万元

到本月末的形象进度						
累计完成产值	万元	累计点预算成本				万元
累计发生实际成本	万元	累计降低或亏损	金额		率	%
到本月末的形象进度						
本月完成产值	万元	本月点预算成本				万元
本月发生实际成本	万元	本月降低或亏损	金额		率	%

3. 资金成本分析

工程项目的资金来源主要是工程款收入,而工程项目支出主要是指施工单位耗用的人、财、物的资源以货币方式表现的结果。工程项目的资金成本反映的是工程收入与成本支出之间的关系。根据工程成本核算的特点,工程收入与成本支出有很强的配比性。减少人、财、物的消耗,既能降低成本,又能节约资金。在进行工程项目成本管理的过程中,各工程项目单位都希望工程收入越多越好,成本支出越少越好。进行工程项目资金成本分析通常采用成本支出率指标,即成本支出占工程款收入的比重。具体计算公式如下:

$$\text{工程项目成本支出率} = \frac{\text{计算期实际成本支出}}{\text{计算期实际工程收入}} \times 100\% \tag{7-14}$$

通过上述工程成本分析指标的结果,项目成本管理人员可以明确工程项目资金收入与成本之间的配比度。从而通过利用加强资金管理来控制成本支出、加强联系储备资金和结存资金的比重等手段来提高资金使用的合理性。

4. 质量成本分析

进行工程项目质量成本分析的目的是明确工程项目不同部门在建筑产品质量方面的损失和应承担的责任,促使各部门重视采取措施,降低质量成本,提高工程项目管理效益。工程项目管理人员通常依据质量成本核算的资料对所建工程项目成本质量成本进行归纳、比较和分析,具体包括以下几个分析内容:

(1)质量成本总额的构成内容分析。

(2)质量成本总额的构成比例分析。

(3)质量成本各要素之间的比例关系分析。

(4)质量成本占预算成本的比例分析。

对这四项内容的分析完成之后,通过比较实际质量成本与计划质量成本,可以明确工程建设过程中质量成本部分是否出现节超的情况。同时还可以看到质量成本各要素的实际成本占总成本的比例大小,明确工程项目实施过程中需要重点控制的方面,采取必要的措施,防止质量成本出现更大的偏差。

5. 技术组织措施执行效果分析

工程项目技术组织措施是工程项目降低工程成本、提高经济效益的有效途径。但是在实际工作中,往往有些措施已按计划实施,有些措施并未实施,有些措施则是计划以外的,因此在检查和考核措施计划执行情况的时候,必须分析未按计划实施的具体原因,做出正确的评价,以免挫伤有关人员的积极性。

工程项目成本管理人员在工程项目开工以前需要根据工程特点编制技术组织措施计划。技术组织措施有很强的针对性和适应性(当然也有各工程项目通用的技术组织措施),因此制订的技术组织措施必须与工程项目的工程特点相结合。在施工过程中,工程项目成本管理人员结合月度施工作业计划的内容编制月度技术组织措施计划,贯彻落实施工组织设计所列技术组织措施计划。同时,还要对月度技术组织措施计划的执行情况进行检查和考核。对执行效果的分析也要实事求是,既要按理论计算,又要联系实际,对节约的实物进行验收,然后根据实际节约效果论功行赏,以激励有关人员执行技术组织措施的积极性。计算节约效果的方法一般按以下公式计算:

$$措施节约效果 = 实施措施前的成本 - 实施措施后的成本 \tag{7-15}$$

对工程项目技术组织措施执行效果的分析,需要技术组织措施的内容和执行的具体过程来进行。有些措施难度比较大但节约效果并不高;而有些措施难度并不大但节约效果却很高。这就需要项目成本管理人员根据不同项目的具体情况区,有针对性地进行分析。对于项目施工管理中影响比较大、节约效果好的技术组织措施应该以专题分析的形式进行深入详细的分析,以便推广应用。

分析工程项目技术组织措施的执行效果,对项目成本的影响程度可参照表 7-22 进行。

某项目技术组织措施执行效果汇总表 表 7-22

月 份	预算成本(万元)	执行技术组织措施			其 中			
		数量(项)	节约金额(万元)	占预算成本(%)	节约水泥(t)	节约黄砂(t)	节约木材(m^3)	节约钢材(t)
1	127.5	13	47.4	0.37	2.1	1.44	1.55	0.15
2	95.4	8	27.29	0.29	6.3	0.27	3.32	1.25
3	117.22	9	13.36	0.11	4.4	1.5	0.54	3.01
4	425.43	15	15.41	0.04	7.1	2.1	0.72	2.11
5	204.33	16	55.72	0.27	11.25	7.6	0.38	3.58
6	204.97	18	37.56	0.18	5.6	7.6	2.75	0.21
合计	1 174.85	79	196.74	0.17	36.75	20.51	9.26	10.31

从技术组织措施执行效果表来看,该工程项目对落实技术组织措施是比较认真的,并且取得了积极的效果,在半年当中,共执行了 79 项技术组织措施,节约金额 196.74 万元,占预算成本的 17%;而且工程项目在水泥、黄砂、钢材、木材用量方面均有所节约,为以后提供了好的

经验。

6. 其他有利因素和不利因素对成本影响的分析

在项目施工过程中，必然会有很多有利与不利的因素对工程项目成本产生影响。这些有利因素和不利因素包括工程结构的复杂性和施工技术上的难度，施工现场的自然地理环境（如水温、地质、气候等）以及物资供应渠道和技术装备水平等。项目经理要有预见地对待这些有利因素和不利因素，针对具体的问题进行具体分析，以增强项目抵御风险的能力，减少工程项目在实施过程中的附加成本额度。同时要把握机遇，充分利用有利因素，积极争取转换不利因素（如利用工程项目保险转移不可预见因素对工程项目管理带来的不利影响），确保工程项目成本计划与预算管理目标得以顺利实现。这里只能作为一项成本分析的内容提出来，有待今后根据施工中接触的实际问题进行分析。

第二节　工程项目成本分析实例

案例一

某企业A工程项目与业主结算采用分阶段结算的方式，在成本核算方面对应也按分阶段核算的形式，整个工程划分为打桩、基础、主体结构、水电安装、门窗、内外装饰等几个阶段。该工程项目各阶段计划成本汇总表见表7-23。

A工程项目计划汇总表（单位：万元）　　表7-23

序号	分部工程	人工费	材料费	机械费	其他费用	合计
1	打桩工程	13.42	64.12	21.34	19.82	118.7
2	基础工程	11.02	21.23	6.23	11.33	49.81
3	主体结构工程	46.78	425.36	34.28	78.23	584.65
4	水电安装	11.24	45.28	51.38	32.45	140.35
5	门窗	18.42	47.54	8.75	18.57	93.28
6	内外装饰	17.21	20.34	5.43	18.49	61.47
7	合计	118.09	623.87	127.41	178.89	1 048.26

在工程项目完工之后，汇总A工程项目的实际成本情况见表7-24。

A工程项目实际成本汇总表（单位：万元）　　表7-24

序号	分部工程	人工费	材料费	机械费	其他费用	合计
1	打桩工程	12.45	54.32	22.79	20.48	110.04
2	基础工程	11.25	22.14	5.43	16.12	54.94
3	主体结构工程	55.86	452.12	31.24	77.18	616.4
4	水电安装	13.24	42.19	55.14	33.56	144.13
5	门窗	15.21	44.18	7.45	15.82	82.66
6	内外装饰	15.46	11.85	8.54	17.24	53.09
7	合计	123.47	626.8	130.59	180.4	1 061.26

根据项目施工过程中的具体情况，对各个单项工程队该工程项目预计计划成本和实际成本进行比较，分析项目实施过程各阶段的成本偏差原因。

1. 打桩工程实际成本分析

打桩工程实际成本与计划成本对比情况表见表7-25。

打桩工程实际成本与计划成本对比表(单位:万元) 表7-25

序号	内　容	计划成本	实际成本	实际成本节约(+)	实际成本超支(-)
1	人工费	13.42	12.45	0.97	
2	材料费	64.12	54.32	9.8	
3	机械费	21.34	22.79		-1.45
4	其他费用	19.82	20.48		-0.66
合计		118.7	110.04	10.77	-2.11

打桩工程实际成本比计划成本低8.66万元，主要是因为在打桩的过程中，严格控制了材料费的使用。对于方桩，在与供应商签订合同的时候，双方谈定的制桩费用，包括了桩的制作、运输等费用；对打桩分包单位，要求其承担接桩用电焊条、角钢等材料，这些材料和制品的费用低于与建设单位签订合同中的材料单位。同时，在实际施工的过程中，对于人工效率的重视使得实际人工费节约0.97万元。另外，在打桩场地铺道砟费用方面，原定铺设道砟厚度为15cm，根据现场施工情况，在打桩机开行范围内，采用局部铺道砟，局部铺设路基箱的办法，道砟用量减少，机械费用提高了1.15万元，但由于人工费、材料费的减少，因而降低了总费用。

2. 基础工程实际成本分析

基础工程实际成本与计划成本对比情况见表7-26。

基础工程实际成本与计划成本对比表(单位:万元) 表7-26

序号	内　容	计划成本	实际成本	实际成本节约(+)	实际成本超支(-)
1	人工费	11.02	11.25		-0.23
2	材料费	21.23	22.14		-0.91
3	机械费	6.23	5.43		0.8
4	其他费用	11.33	16.12		-4.79
合计		49.81	54.94		-5.13

根据表7-26计算的结果进行分析，基础工程在实施施工的过程中实际成本比计划超支5.13万元。主要原因是因为在实际施工的过程中，相关土方工程土质较差，不能直接作为地基承受荷载。因此，决定先将软土层挖去，再填回砂石，并用压路机夯实；然后铺设厚的道砟和碎石作为基层，并在上面铺设混凝土垫层，这样的地基处理导致基础部分施工成本上升。之所以会发生这样的情况，是因为施工勘察的深度不够，这样使得在实际施工的过程中人工成本、材料费等需要相应地增加，从而致使整个基础工程的实际成本大于计划数。因此，在实际实施的过程中，必须重视勘察设计的深度。但由于施工依据的地质报告等资料是建设单位提供的，投标报价是以设计图纸规定的基础埋深为依据的，因此，这部分施工成本增加可以向建设单位提出索赔，由签证增加费用补偿该部分成本增加。

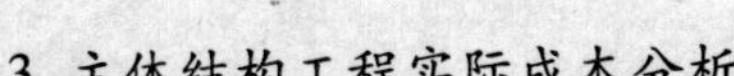

3. 主体结构工程实际成本分析

主体结构工程实际成本与计划成本对比情况见表 7-27。

主体工程实际成本与计划成本对比表(单位:万元)　　表 7-27

序号	内　容	计划成本	实际成本	实际成本节约(+)	实际成本超支(-)
1	人工费	46.78	55.86		-9.08
2	材料费	425.36	452.12		-26.76
3	机械费	34.28	31.24	3.04	
4	其他费用	78.23	77.18	1.05	
合计		584.65	616.4		-31.75

根据表 7-27 计算的结果可知,该项目的主体工程实际成本超支 31.75 万元,其中材料费超支 26.76 万元,人工费超支 9.08 万元。这主要是因为在实际施工的过程中,由于工期较短,为确保按时交付工程,不得不加班赶工,工人加班费用上升,导致人工费成本超支。同时周转材料,特别是模板租用量增加,使材料费用超支。另外,在砌筑施工过程中,部分砌筑墙体经检查不符合优良要求,需要返工重砌。这部分返工人工费用由作业队承担,而材料费要记入工程成本。因此,主体结构工程施工中,尽管钢筋等材料费用有所结余,但总的材料费用还是超出计划成本。

在机械使用费用方面,由于部分工程予以了外包,同时工程垂直运输机械在主体结构完成后,为幕墙施工单位提供配合所用垂直运输机械费用由幕墙公司承担,因此对工程项目的机械使用费了 3.04 万元。工程项目部可以适时总结在机械使用上的经验,为以后工程效率的提高提供经验。

4. 水电安装工程实际成本分析

水电安装工程实际成本与计划成本对比情况见表 7-28。

水电安装工程实际成本与计划成本对比表(单位:万元)　　表 7-28

序号	内　容	计划成本	实际成本	实际成本节约(+)	实际成本超支(-)
1	人工费	11.24	13.24		-2
2	材料费	45.28	42.19	3.09	
3	机械费	51.38	55.14		-3.76
4	其他费用	32.45	33.56		-1.11
合计		140.35	144.13		-3.78

根据表 7-28 的计算结果可知,该工程项目水电安装工程部分的实际成本超出计划 3.78 万元。其中,水电安装工程材料费节约了 3.09 万元,结合该单位分析资料,上述材料费降低的主要原因是采购的主材价格较低,特别是管线、洁具、电气设备。经项目经理部多家询价比价,在满足建设单位和设计要求的前提下,采购价格低于投标报价,从而节约了安装工程成本。但是,由于投入人参与议价的人工成本费用得到了提高,因此,工程企业需要在今后的工作中考虑好成本与效益的关系。特别要注意的是,该建设项目水电安装工程中的机械利用效率较低,实际成本超出计划 3.76 万元,因此应分析造成该部分超支的具体原因。

5. 门窗工程实际成本分析

门窗工程实际成本与计划成本对比情况见表7-29。

门窗工程实际成本与计划成本对比表(单位:万元)　　表7-29

序号	内　容	计划成本	实际成本	实际成本节约(+)	实际成本超支(-)
1	人工费	18.42	15.21	+3.12	
2	材料费	47.54	44.18	+3.36	
3	机械费	8.75	7.45	+1.30	
4	其他费用	18.57	15.82	+2.75	
合计		93.28	82.66	+10.62	—

根据表7-29的计算结果可知,该项目在门窗工程方面的效率较高,实际成本比计划成本降低了10.62万元。结合实际施工的资料分析知,在门窗工程施工的过程城中,该部分的投标报价的工作量计算的较为科学,因此预期进行的工程项目规划能按计划予以实施,人工、机械的效率都得到了提高,由此使得门窗工程的实际成本低于计划成本的数额。

6. 内外装饰工程实际成本分析

内外装饰工程实际成本与计划成本的对比情况见表7-30。

内外装修工程实际成本与计划成本对比表(单位:万元)　　表7-30

序号	内　容	计划成本	实际成本	实际成本节约(+)	实际成本超支(-)
1	人工费	17.21	15.46	1.75	
2	材料费	20.34	11.85	8.49	
3	机械费	5.43	8.54		-3.11
4	其他费用	18.49	17.24	1.25	
合计		61.47	53.09	8.38	

由表7-30的计算结果可知,内外装饰工程的实际成本比计划成本降低了8.38万元。深入分析原因,是因为该部施工的主要内容是为墙面抹灰和涂料,以及部分公共部位的墙地砖。这些施工内容部复杂,施工中没有变更要求。因此计划落实的过程,人工实施的效率较高,该项工作材料管理经验丰富,材料构件的一家能力较强,使得材料费方面节约了8.49万元。但是,由于建设单位在施工的过程中的特许要求,在进行施工的过程中,对机械的周转使用不到位,只是机械费用超出计划3.11万元,在以后的施工过程中,施工项目经理应加大对该部分的关注力度。

案例二

A工程单位承建某市公路建设工程,该标段路长4 525m,路基总宽30m,其组成为:9m(人行道)+12m(快车道)+9m(人行道),快车道采用1.5%的横坡,人行道采用-1.0%的横坡。路面行车道部分及平交道口路面结构:4cm细粒式沥青混凝土(AC-13C)、5cm中粒式沥青混凝土(AC-16F)沥青封层、20cm二灰碎石、20cm 12%石灰土。人行道路面结构:6cm预制人行道板、2cm找平砂浆、6cmC15水泥混凝土、15cm 12%石灰土。在二灰碎石基层顶面设置沥青封层。

1. 成本分析依据

竣工决算部分依据《××市路面改造工程施工图纸》和现场签证单、《××市路面建设工程施工合同》、《某省市政工程单位综合基价》(2004 版)和相关造价文件、2008 年 11 月份《××市建设工程主要材料基准价格信息》和部分材料的市场价格。项目实际成本的部分数据来自项目财务账表、工程结算书、工程施工台账等。财务费用暂计入 9 814 元。基于目前建设单位还没有支付本工程项目的相关工程款项,因此下列计算没考虑税费因素带来的影响。

2. 工程项目成本分析的主要数据

(1)总里程和面积:4 525m、135 750m^2。

(2)总造价指标:单方造价 711.28 万元/km 或 237.09 元/m^2;单方成本 471.68 万元/km 或 157.23 元/m^2。

(3)工程总造价 3 218.52 万元(工程总造价按照市政工程定额取费,其中预算成本 2 624.43万元。该工程项目均采用相同或是类似的定额进行计算。另外,因本项目目前仍未完工,还没有进行审计工作,可能有部分项目和取费标准,造价费率都要进行调整);项目实际总成本 2 134.35 万元;降低额(盈利)1 084.17 万元;盈利率 33.69%。

(4)分包部分造价 1 571.24 万元(其中预算成本 11 091.99 万元);分包部分实际成本 1 099.60万元;降低额(盈利)471.64 万元;盈利率 32.02%。

(5)公司自建部分造价 1 647.28 万元(其中预算成本 1 532.44 万元);公司自建部分实际成本 1 034.75 万元;降低额(盈利)613.53 万元;盈利率 37.18%。

3. 主要因素分析

1)从工程建设总体方面分析

分包部分:预算造价 1 571.24 万元,占到工程总造价的 48.82%;分包结算价 1 099.6 万元,占工程总成本的 51.52%,成本系数 51.52%/48.82% =1.005;盈利额 471.64 万元,占工程总盈利的 43.50%,盈利系数 43.59%/48.82% =0.891。

公司自建部分:预算造价 1 647.28 万元,占到工程总造价的 51.18%;实际成本为1 034.75 万元,占工程总成本的 48.48%,成本系数 48.48%/51.18% =0.871;盈利额 612.53 万元,占工程总盈利的 56.50%,盈利系数 56.50%/51.18% =1.104。

以上数据说明,自建的盈利空间要大于分包。

2)公司自建部分分析

公司自建部分数据如上,但在做工程决算时有一部分比较模糊,实际上也未发生,从实际考虑,从造价中扣除此部分再做进一步分析,主要是旧路面面层和多合土拆除分项,具体数据为 154.37 万元,其中人工费 81.88 万元,机械费 10.73 万元,材料费 14.43 万元,管理费 21.38 万元,安全文明费、规费、利润及税金为 25.95 万元。重新分析的数据如下。

公司自建部分造价:1 647.28 -154.37 =1 492.91(万元)

公司自建部分实际成本:1 034.75 万元

降低额(盈利):612.53 -154.37 =458.16(万元)

盈利率:30.69%(盈利率还大于分包部分 30.02%)

其他单项分析如下:

(1)人工费分析

预算人工费:543.47 - 81.88 = 461.59(万元)

实际人工费:342.49 万元

节省人工费:461.59 - 342.49 = 119.10(万元)

节省部分主要来源于:路基墙填土人工 34.31 万元,图纸设计费 18.74 万元(此项在决算时列为人工费),油面铣刨人工 28.46 万元,混凝土路面机械拆除及挖掘机挖渣人工 29.88 万元,路缘安装人工 19.31 万元,绿化人工费 18.4 万元,几项合计节省 149.10 万元,与总体节省人工 119.10 万元相比,还超出 30 元。

这说明在其他方面还存在人工超支情况,结合工地现场实际,原因可能有:该公路建设工程项目复杂,安全文明施工要求高,频繁地进行施工现场环境维护,造成零用工过多;施工前期进入雨季,后期又恰逢秋收农忙季节,人工单价高,造成人工成本过高。定额人工单价为 54 元/工日,考虑人工取费:包含管理费及税金等,折算人工单价为 68 元/工日。但实际市场人工单价为 72 元/工日,定额与实际相差甚远。

(2)材料费分析

预算材料费:477.43 - 14.43 = 463.00(万元)

实际材料费:357.36(万元)

节省材料费:463.00 - 357.36 = 105.64(万元)

节省部分主要在:买土 49.53 万元(用量节约 17 689.29m^3,单价为 28 元),水泥 42.53 万元(用量节约 6 645.31m^3,单价为 64 元),生石灰 38.71 万元(用量节约 9 925.64m^3,单价为 34 元),但钢筋和商品混凝土分别超支 8.73 万元和 7.58 万元,以上几项合计 114.46 万元,与总体节省材料费 105.64 万元相比超出 8.82 万元。

以上数据说明材料在总体情况下还是节约的,但还存在其他材料的超支情况,原因可能是:零星材料用量较多,又不能计量。但材料结余并不能说明我们的材料管理就没有问题,在施工过程中,由于没有库房,水泥、石灰都是沿线堆放、消解和储存,无人看管,几乎没有防潮、防雨措施,材料浪费现象严重。商品混凝土强度等级和数量都未满足要求,我们在此环节上缺乏有效的监督和控制。

(3)机械费分析

预算机械费:378.81 - 10.73 = 368.08(万元)

实际机械费:247.47 万元

节省机械费:368 - 247.47 = 120.61(万元)

机械的节约主要在:旧路拆除料外运运费 58.43 万元,机械用柴油 59.77 万元,合计为 118.30 万元,基本与总体机械费节省数相同。

但机械管理也存在许多问题:机械无专人管理,维修保养工作跟不上,导致机械完好率不高,故障率高,未能够有效地发挥机械化作业的优势。以灰土施工土拌和机为例:按正常施工程序来说,整条路施工只需 1 台拌和机即可,但最多时租用了 3 台拌和机,因为机械故障频出,不能满足施工需要。另外,机械调度不科学,经常出现前台工作面需要机械作业,但机械迟迟不到或机械在施工现场苦苦等候却工作面出不来的现象。以上几点说明,其机械管理水平有限,机械费存在浪费现象。

第三节 工程项目成本考核

一、工程项目成本考核的概念及意义

(一)工程项目成本考核的概念

工程项目成本考核是指工程项目成本管理人员对工程项目成本管理工作业绩和成本目标(降低额)完成情况,按照特定的成本经济指标所进行的定量与定性的评价。这种考核也是对工程项目经理部成本的监督。一般来说,成本降低水平与成本管理工作有着必然或偶然的联系,但都是对项目成本的一种评价,都有着考核和奖罚的作用。通过这样的评价,我们才能更有效地控制工程成本,以达到降低成本的目的。

在具有一次性特点的施工项目中,需要特别关注对项目成本中间环节的评价与考核,一旦发现中间环节出现问题,就应该及时进行处理,弥补成本管理的不足。若是等到竣工才对成本进行考核,将会造成更多的损失,同时会因为无法再返工而使得损失无法弥补。

(二)工程项目成本考核的意义

在工程项目成本管理中,工程项目成本考核是“灵魂”。因为工程项目成本的考核能使成本管理工作得到更加健康的发展,也能促进工程项目成本任务的完成,以达到贯彻落实责权利相结合的原则的目的。在工程项目的成本管理中,应将定量的责任成本目标的思想灌输给项目成本管理责任部门,让他们明确好各自的成本管理责任。为了更好地实现这一目标,一般会定期和不定期的考核,以达到加强监督和调动对成本管理积极性的效果。

工程项目成本考核是工程成本管理系统工程中的最后一个环节。若是放松或不按正常的原则或要求来进行工作考核,将会使相关员工之前所做的努力如成本预测、成本控制、成本核算、成本分析都得不到及时的修正,也会给以后的成本管理带来无穷的隐患和无法估计的损失。

(三)工程项目成本考核的要求

工程项目成本考核是在综合考虑了项目施工方案、施工手段和施工工艺、技术措施和成本控制各个环节后提出的,是对项目工程成本总支出的预计和评价,也是项目落实成本控制目标的关键。它也是针对项目不同管理岗位人员也做出了各自的成本耗费目标要求。具体要求如下:

(1)组织根据成本考核目的、时间、范围、对象、方式、依据、指标、评价与奖罚原则,制订出健全的项目成本考核制度。组织和项目经理都应将项目成本降低额和项目成本降低率设为成本考核的主要指标。一旦发现没按原计划进行,就应及时进行弥补。这样才能使得项目经理部的成本和效益得到全面审核、实际、评价、考核和奖惩。

(2)落实各项目的责任,特别是在每一个独立的工程项目完工后,全面贯彻责权利相结合的原则,尽可能地达到完工一个,清理一个,考核一个,奖惩一个的目的,使得成本管理更加健康地发展。项目工程总收入是以甲方签认的工程价款结算单为准,要得到甲方签认的有效凭证后才能确认收入入账，通常在建工程全部列入实际成本，不得留有余额。在与甲方往来核对的时候，必须使得预收和应收工程款与甲方核对一致，预防或是减少预收、应收工程款、在建工程等项目中隐藏问题的发生。

(3)做到仓储材料零库存。项目部需要降价处理未用完的材料，并计入项目成本中。同时也需要承担无法处理的部分，将其作为项目成本。在成本考核的过程中，要实地考察，不能以账面数移交，从而有效防止因滥购价高、质次材料或多购材料导致下一个项目成本增加的现象发生。

(4)按合同清算各合同的完成总价、已付款、欠付款的情况。对于分包工程成本考核，要及时查明超合同付款的原因和需承担的责任。若发生欠付款，通常是项目经理负责处理，拟订还款计划，分门别类地整理和清还各种往来款项。若是单位外部的往来能清算的则清算，实在不能清算的，则需落实相关人员的责任，单位内部的借款则需及时清理。这样一来就能明确各项目之间责任，使得项目成本更加完整和真实。

二、工程项目成本考核的依据与原则

(一)工程项目成本考核的依据

工程项目成本考核的依据一般有以下几个方面：

1. 以国家相关方针政策、法规和成本管理制为依据

在进行工程项目成本考核时，不仅需要认真遵守国家的政策法规、施工成本管理条例及实施细则，还需要严格执行国家规定的成本开支范围和费用开支标准，以国家的政策法令为依据，检查、评价工程项目成本控制和管理工作，确保高质量低成本的完成工程任务，满足用户的需求，提高经营管理水平和竞争能力。

2. 以工程项目成本计划为依据

工程项目成本计划是工程项目成本管理的基准线和奋斗目标。因此，成本考核必须以工程项目成本计划为标准，检查成本是否按计划进行，检查成本是否与计划有偏差，为下面的工作做好准备并更好地控制成本，从而使项目经理更好地完成和超额完成成本计划规定的指标。

3. 以真实、可靠的工程项目成本核算资料为基础

工程项目成本必须按照真实、可靠的成本核算资料进行考核。如果采用不真实、不全面的成本核算资料，将会使成本考核失去意义。因此，成本考核应建立在真实、准确、可靠的基础上，在进行成本核算前，必须对所提供的各项数据进行认真的检查和审核，这样才能达到工程项目成本考核、控制的目的。

4. 将降低成本、提高经济效益作为考核目标

在实际工作中，项目经理人常将降低成本作为工程项目成本管理和控制的最终目标，而往往忽视了提高经济效益这一目标。因此，项目经理除要达成降低成本目标外，还应充分调动施工团队员工的积极性、创造性，协调好人际关系，加强团队精神，为获得最好的经济效益创造条件。同时，奖励节约消耗和有效控制的行为，惩罚浪费资财和控制不力的现象。

(二)工程项目成本考核的原则

1. 按项目人员分工进行成本考核范围划分

工程项目通常大小不一,管理员工的分配也就不一样了,工程体量大的,管理人员的分配也就更加细化,如一些项目有几个栋号施工时,还可能设立相应的栋号长,分别对每个单体工程或几个单体工程进行协调管理。工程体量小的,一个人可能兼几份工作,项目管理人员的数量也相应减少了。因此,人和岗位的分配是成本考核的前提。若一个岗位上没有人就计算不出该工程项目成本。

2. 简单易行,便于操作

对于项目的施工生产来说,管理人员由于自身专业的限制,对施工生产的相关概念不是很清楚,所以在设置考核内容时应该简单明了,容易操作,这才不会对成本考核造成影响。

3. 及时性原则

岗位成本是项目成本考核的实时成本。因为成本总是在变化中,所以应该将项目成本考核的实时成本作为岗位成本。如果以传统会计核算对项目成本进行考核,就偏离了考核的目的。所以时效性是项目成本考核的核心。

三、工程项目成本考核的主要内容

工程项目成本考核的内容分成责任成本完成情况的考核和成本管理工作业绩的考核两个部分。要使责任有效落实,当然离不开扎实的成本管理工作。但是,影响成本的原因很多,也伴随着一定的偶然性,会使得成本管理工作得不到应有的效果,因此,为了调动有关人员对成本管理的积极性,应该正确考核评价他们的工作业绩。

工程项目的成本考核可以分为两个层次:一是企业对项目经理的考核;二是项目经理对所属部门、施工团队的考核。通过针对性的考核,能使项目经理、责任部门和责任者更好地达到自己的责任成本的要求,从而确保项目成本目标的实现。

根据工程项目成本考核的层次,确定对应的工程项目成本考核的内容。

(1)企业对项目经理考核的内容:①检查项目成本目标和阶段成本目标的完成情况;②以项目经理为核心的成本管理责任制的落实情况;③编制和落实成本计划的情况;④检查和考核各部门、各施工团队和班组责任成本的落实情况;⑤在成本管理中始终贯彻执行责权利相结合原则。

(2)项目经理对所属各部门、各施工团队和班组考核的内容:对各部门的考核内容,包括本部门、本岗位责任成本的完成情况和本部门、本岗位管理责任的执行情况。

(3)工程项目经理对各施工队的考核内容:①确认劳务合同规定的承包范围和跟进承包内容的执行情况;②了解劳务合同以外的补充收费情况;③监督班组施工任务单的管理情况;④完成班组施工任务后的考核情况。

(4)对生产班主的考核内容:平时由施工队进行考核,以分部分项工程成本作为班组的责任成本,将施工任务单和限额领料单的结算资料作为依据,并与施工预算进行对比,最终考核班组责任成本的完成情况。

四、工程项目成本考核的实施

(一)工程项目成本考核采用评分制

工程项目的成本考核采取评分制,即参考相关成本经济技术指标,对成本完成情况和成本管理工作业绩进行评分,然后再按照规定的权重进行综合评分。与工程项目成本考核相结合的相关指标一般有进度、质量、安全现场标准化管理。具体实施步骤为:

1. 责任成本指标综合考评(满分 100 分)

1)责任成本考核指标的确定

工程项目部在中标之后应该由相关部门计算出工程项目的目标成本及利润,并结合工程项目的情况及合同条款确定出具体的目标。最后经企业领导讨论之后确定出具体的责任成本指标及经营指标。

2)责任成本指标的考核

工程项目企业在每个季度应组织相关人员对项目经济活动进行分析,做出具体的经济报告,并按照考核权重进行打分。一般情况下,工程项目成本管理过程中出现工程项目发生亏损;经营工作有重大失误,造成企业经营目标无法完成;未按合同条款履约,受到业主或甲方通报批评时,该项考评分为零分。

2. 工程项目成本管理业绩考评(满分 100 分)

1)工程项目施工组织管理考核(满分 35 分)

工程项目施工组织管理考核的主要内容是合同签订及履约、总分包、企业及项目经理资质、关键岗位培训及持证上岗、施工组织设计及实施情况等。当出现企业资质与项目经理资质与所承担的工程任务不符;项目部对作业队不进行有效管理或不进行定期评价;没有施工组织方案或方案未经批准;关键岗位未持证上岗情况的,该项考核得分为零分。

2)工程项目工程质量管理考评(满分 25 分)

工程项目工程质量管理考评的主要内容包括:质量管理与保证体系、工程质量、质量保证资料情况等。工程质量检查按照现行的国家标准、行业标准、地方标准和有关规定执行。有下列情况之一的,该项考核得分为零分:当次检查的主要项目质量不合格;当次检查的主要项目无质量保证资料;出现结构质量事故或严重质量问题。

3)工程项目安全管理考核(满分 20 分)

工程项目安全管理考核的主要内容是质量管理认证体系、工程质量、质量保证资料情况等。工程质检按照现行的国家标准、行业标准、地方标准和关规定执行。有下列情况之一的,该项考核得分为零分:当次检查不合格;无专职安全员;无消防设施或消防设施不能使用;发生死亡或重伤两人及两人以上的事故。

4)工程项目文明施工管理考核(满分 10 分)

工程项目文明施工管理考核的主要内容包括:场容场貌、料具管理、环境保护、社会治安情况等。有下列情况之一的,该项考核得分为零分:用电线路架设、用电设施安装不符合施工组织设计,安全没有保证;临时设施、大宗材料堆放不符合施工总平面图要求,侵占场道及危及安全防护;现场成品保护存在严重问题;尘埃及噪声严重超标,造成扰民;现场人员扰乱社会治安,受到拘留处理的。

5)工程项目施工现场管理考核(满分10分)

工程项目施工现场管理考核的主要内容包括:有无专人管理现场、有无隐蔽验收自检签认、有无现场检查认可记录及执行合同情况等。有下列情况之一的,该项考核得分为零分:未取得施工许可而擅自开工;现场没有专职技术人员;没有隐蔽验收签认制度;无正当理由严重影响合同履约的;未办理质量监督手续而进行施工。

企业在完成对上述内容的考核之后,可以按照一定的比例予以加权计算,得出综合考核得分。一般情况下按7:3的比例加权平均,即:责任成本完成情况的评分占综合评分的70%,成本管理工作业绩的评分占综合评分的30%。在实际操作的过程中,工程项目成本考核的得分是进行工程项目奖惩的重要依据。工程项目可以根据自己的具体情况制订出考评标注。例如,可假定综合得分大于75分的项目视为合格项目,小于75分或是某项得分为零的项目视为不合格项目。

(二)重视对项目成本核算的中间考核

项目成本的中间考核,一般有月度成本考核和阶段成本考核。成本的中间考核,能够更好地促进今后成本的管理工作,确保项目成本目标的实现。

1. 月度成本考核

一般是在月度成本报表编制以后,根据月度成本报表的项目进行考核。在进行月度成本考核时,不能单凭报表数据,还要根据成本分析资料和施工生产、成本管理的特点和实际情况,然后才能做出准确的评价,促进今后的成本管理工作顺利进行,确保项目成本目标的实现。

2. 建设各阶段成本考核

项目施工阶段一般有基础、结构、装饰、总体等阶段。如果是高层建筑,则需要考虑对结构阶段的成本分楼层考核。阶段成本考核的最大特点就是施工阶段性项目完成后后及时进行考核,并与对施工阶段其他指标(如进度、质量等)的考核结合,更能反映工程项目的管理水平。

(三)精确核实工程项目的竣工成本

工程竣工表示项目建设已经全部完成,并且已经交付使用的条件(即已具有使用价值)。工程项目的竣工成本是在工程竣工和工程结算的基础上编制的,它是竣工项目成本考核的依据。由于工程项目的竣工成本关系到国家、企业、职工的利益,必须做到核算正确,考核正确。在进行工程项目竣工成本考核过程中,必须做好以下方面的工作,以正确反映出项目成本管理水平和项目经济效益。

1. 核对发包合同款

首先,审查工程合同的内容是否合法、合规。其次,审查工程合同的承包范围是否与送审的结算相符,工程内容是否符合合同条款要求,是否有计划外工程,竣工工程是否验收合格。再次,审查工程合同的条款是否详细、明确。要按合同约定的结算方法、计价定额、取费标准、主材价格和优惠条款等,对工程竣工结算进行审核。

2. 检查隐蔽验收记录

在工程项目的实施过程中,由于施工现场的复杂性、设计深度和设计质量等原因,经常需要对部分设计进行更改,并取得签证认可。而现场签证是隐蔽工程验收的重要文件之一。因此,在项目实施的过程中,需要确保各项变更手续完整,所有隐蔽工程已经验收并经两人以上签证。对于实行工程监理的项目,监理工程师对变更签证应予以确认,从而避免人为虚增签证工程量。

3. 落实变更签证

对设计变更的评审,要审核其是否符合有关规定,手续是否齐全,内容是否真实清楚,并深入现场勘察核实。对设计修改变更应由原设计单位出具"设计变更通知单"和修改图纸,设计、校审人员签字并加盖公章,经建设单位和监理工程师审查同意、签证;重大设计变更应经原审批部门审批,否则不应列入结算。

4. 核实工程数量

工程量是影响整个工程造价的主要因素之一,对工程量的审核应依据竣工图、设计更单和现场签证等进行核算,并按国家统一规定的计算规则计算工程量。招投标工程按工程量清单发包的,需逐一核对实际完成的工程量,然后对工程量清单以外的部分按合同约定的结算办法与要求进行结算。同时要注意审查施工图列出的计量单位是否与预算定额中的计量单位一致,数量是否按照专业定额规定的工程量计算规则计算,有无多算、重算、冒算和漏算现象,避免单位不一致影响计量的准确性。

5. 审查设备及主要材料价格

设备价格和材料价格是影响工程造价的关键,为此要对材料进行调研和审核。要重点审核安装工程的材料规格、型号、材质和数量是否符合设计施工图规定。对双方有合同规定的按照合同执行,未规定的材料按照同期指导价执行,指导价缺项的按照施工单位的原始票据执行,对不合理价款则要依据本地市场价格进行询价或调研。

五、项目岗位成本考核

(一)项目岗位成本考核的意义

工程项目岗位责任成本考核是工程项目成本考核的一个重要组成部分,是项目成本控制的基础。没有这个基础,项目施工成本控制就得不到落实,就会导致项目施工成本控制目标难以实现。它是落实工程项目成本控制目标的关键。它在结合项目施工方案,施工手段和施工工艺,讲究技术进步和成本控制的基础上,制订出不同管理岗位人员的成本耗费控制目标要求。在进行工程项目成本考核的过程中需要根据项目人员组成和岗位配备情况,按一定的方法将工程成本计划总目标分解给各个岗位或主要管理者,并责任到人,按期考核。

(二)项目岗位责任成本考核的要求

在进行工程项目成本考核的过程中,需要按照工程项目的大小及工程项目成本管理者的岗位进行。工程项目成本管理人员的和管理者的数量一般按规模大小和工作岗位的要求进行人员配备。在人员数量和人员选配上应注意以下几点。

一是项目人员的选配要考虑专业性、合规性。对于项目人员的选配,既要精干,又要以保证施工生产和项目管理工作的正常进行为原则。不能因为要缩减成本而肆意缩减人员,使得在工程项目成本管理的过程中不能很好地履行与业主的合约。

二是在实际工作的过程中对管理人员的管理要到位,使项目整个成本管理工作按规定程序,在规定的时间内,由规定的人去按质量地完成。

三是正确认识项目施工成本核算,将项目的核算作为公司核算的重要组成部分之一,按照公司规定的标准进行考核。

(三)项目岗位责任成本考核的主要内容

项目岗位成本考核是项目施工成本管理人员的职责,其内容是在项目内部工程规模、人员安排和管理方式不同的情况下,以落实岗位责任为目的所进行的各岗位的考核工作。对于工程量小的项目,项目可能不需要成本直接核算,只要一个会计人员,一个材料人员就能完成本职工作,另由项目安排一人或一人兼职对其材料验收、耗费进行监督即可。对于工程量大的项目,特别是由多个单体组成的项目,责任人员多一些,可由多个施工员组成,每个施工员负责一个项目的施工组织;项目设两个财务人员,分别负责出纳工作和核算工作;材料部门由多人组成,分别负责大宗材料,仓库保管、周转材料的保管和材料总负责等。根据项目管理岗位要求,项目主要管理者在项目岗位责任成本考核过程中应当承担下面一些责任。

1. 项目经理

项目经理要对项目成本计划总支出承担责任,在项目施工成本责任总额基础上,按一定的方法组织项目相关管理人员,测算出项目成本计划总支出,并按管理岗位将项目成本计划总支出目标进行分解。并与相关管理岗位的人员商量、落实、签订项目的岗位责任成本责任控制指标、考核办法和奖惩办法。

2. 预算人员

项目预算人员除了在项目施工成本核算中要承担责任外,还要对项目的分成本支出总额承担责任。预算人员的主要工作是在合同价总量和总价范围内将分包成本控制在公司给予的额度内,而且是在保证质量的前提下,越低越好。预算人员对分包成本核算的控制主要包括每个分包内容的单价和分包结算数,以防止施工人员对分包费用多签认、分包单价和分包工日数多签。控制基数就是项目分部分项岗位责任成本责任或岗位责任成本的额度。

3. 成本会计人员

成本会计人员的主要责任是核实项目成本核算的准确性,对项目现场经费的开支承担责任。成本会计在成本管理的过程中,应按照公司的规定,正确开展项目施工成本核算,保证各项款项支付的合理规范和真实准确。并按照耗费对象核算项目现场经费,确保项目施工实际成本在合同价的范围内。同时,要根据项目岗位责任成本考核对象,建立岗位责任成本的台账,按期组织项目岗位责任成本考核,为工程项目成本考核奖惩制度的落实及时提供其实际耗费数据。

4. 材料人员

材料人员要对工程项目材料使用数量、采购单价和项目租赁的周转材料工具总支出负责。在实际施工过程中往往是控制项目的部分材料采购单价。材料人员根据项目管理岗位的分工,结合设计变更和工程签证分析材料计划消耗量的变化的大小,并根据定额消耗对比材料消耗的合理性。在实际操作中,项目耗用材料包罗万象,项目经理常将其小型的、零星的材料采购单价和量的消耗的考核交材料人员或者材料负责人进行材料单价的控制,因此材料人员要将其在岗位责任成本考核中给予体现。

材料人员的岗位责任成本考核内容体系中,还应包含周转材料的租赁费用控制责任。一般情况下,项目经理根据工程项目收入、施工方案和施工组织设计情况计算出周转材料控制数。材料人员对依据下达的数据实施控制,在工程项目完工后要根据设计变更和签证,对工程竣工后调整其周转材料工具的项目收入进行合理的调整,确保周转材料工具的租赁费用不突破公司给定的总额。另外,材料人员还要根据不同的消耗对象进行分析,以便明确周转材料工具收支节超的原因和奖罚对象,真正贯彻落实工程项目岗位责任成本责任。

5. 劳资、统计人员

由于项目施工过程中实行管理层与作业层分离,许多项目单位常将劳资和统计员的工作合在一起,由一人承担,并对各个岗位考核成本的收入承担责任。在项目岗位责任成本考核中,其工作的重点要落实每个核算期内各个施工员和各个岗位的岗位责任成本考核收入,为会计人员进行岗位的成本考核汇总提供依据。劳资、统计人员在核算各个岗位的成本考核收入时,要确保项目岗位责任成本考核的总额不得大于经调整后的竣工项目成本计划总支出。

6. 机械管理员

机械管理人员要对租赁的机械设备和自有小型机械设备工具耗费总额承担责任。工程项目在测定工程项目成本支出计划时,应根据所要施工工程的具体情况,计算出机械管理员的岗位责任成本考核范围和考核额度。机械管理员的成本管理责任范围主要有:对外租入的机械设备可开支总额及使用效率;自有小型机械设备的可使用量、使用时间和使用效率;施工用水电费金额的控制。

7. 施工人员

施工员的岗位责任成本考核是工程项目最基本的岗位责任成本考核。项目施工人员在项目的岗位责任成本考核过程中要对工程项目成本耗费承担相应的责任。施工员岗位责任成本考核主要内容是根据分项的各种预算消耗量、钢材和混凝土等工程物资的消耗控制总量、工期长短、周转材料工具的周转率等控制指标以及奖惩方法和奖罚额度,对其管理范围内的岗位责任成本收支进行考核,防止总量的超支和确认单价的控制有效落实。

(四)项目岗位责任成本考核的方法

整个项目岗位责任成本考核的流程如图 7-2 所示。

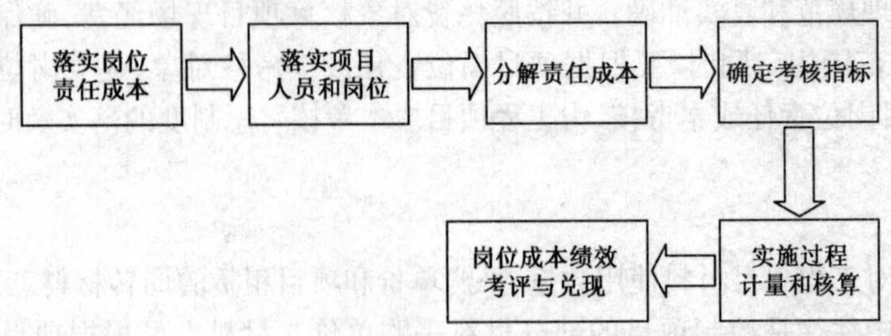

图 7-2 岗位责任成本考核流程

1. 落实岗位责任成本

企业与项目之间需要在开工之前，或者开工之后短时间内计算出工程项目的预算标准，同时需要将预算逐步分解，落实到具体的岗位甚至是个人，确保岗位责任成本考核在项目的成本控制中不留口子。

2. 落实项目人员和岗位

施工在实施工程项目岗位责任成本的过程中已经形成一套较为完善的制度来规范工程项目成本管理的工作，这其中就对项目各个岗位的人员配备要求和岗位的甚至状况做出了详细的解释。同时还对每一个管理人员的岗位责任和工作范围予以明确。例如，对于合约部经理兼任统计收入工作，项目中的关键岗位的工作或班组长有时候还需负责的本职岗位工作之外的管理责任等。

3. 分解责任成本

在实施工程项目责任成本考核的过程中，还应按照项目的管理情况和管理人员及其岗位的配置情况，分解责任成本指标。在分解责任指标的过程中，要注意全员的参与性，确保项目的成本目标全部予以分解，使责任成本能够真正落实到实处。在实际执行的过程中，特别值得注意的一点是，下达的各项岗位责任成本考核及综合指标控制在工程成本总支出的范围内。

4. 确定岗位责任成本考核指标

工程项目岗位责任成本考核指标的设定和考核的额度，应当依据岗位、人员、管理内容、成本预算额度等进行设置。在实际操作的过程中，要根据每个岗位的具体情况单独填列相应的成本考核指标，并与责任人签订相应成本考核责任书。合同的内容一般应包括以下方面：项目名称、项目负责人、岗位责任成本考核的责任人、岗位责任成本考核范围、岗位责任成本考核的方法和指标、奖惩方法、考核时间和合同签订时间。

岗位考核成本指标计算表一般由以下部分组成：第一部分为表头部分，主要有报表名称，项目名称，岗位责任范围，工期；第二部分为主表，有工序名称、工程量、单价、造价、各具体工序（工作）的时间安排；第三部分为表尾，主要有项目岗位责任成本责任总额，项目经理签字，预算人员签字，岗位责任人签字和签订时间。以钢筋混凝土岗位责任成本考核指标计算为例，计算表格见表7-31。

钢筋混凝土岗位责任成本责任考核指标计算表　　表7-31

项目名称：　　岗位责任范围：　　工期：　年　月　日至　年　月　日

序　号	分部分项名称	单　价	总　价	时间安排
合计				

项目经理：　　预算人员：　　岗位责任人员：　　签订时间：　年　月　日

项目的岗位责任成本责任书一经签订就要严格执行。一般情况下，岗位责任成本责任书要一式3至4份，并确保岗位责任人至少1份。

5. 实施过程计量和核算

工程项目岗位责任成本的考核，应本着实事求是、具体分析的原则，进行过程计量和核算。在实际的工作过程中，运用电算化手段及工程台账，通过成本科目在收支相关科目中实行部门和个人的辅助核算，以明确区分和计量各责任单位的工程项目岗位责任成本。同时，在会计核算过程中要设计一套专门的账簿对过程实施实时核算和计量，以便及时向工程项目管理者提供相应的信息。

6. 工程项目实施过程中的分阶段考核

工程实施过程中，对岗位责任成本的分阶段考核主要由两部分构成：一是确认引起岗位责任成本考核指标的调整数；二是每月进行分阶段的收支考核。

(1)考核指标的调整。根据项目岗位责任合同中所规定的岗位责任成本的调整方法，工程项目实施过程中一旦发生签证或设计变更事项，相关管理范围或岗位对象的成本也应做出相应的调整，并及时计算出项目成本收入调整中属于某岗位的调整数额。

(2)分阶段的考核。在进行上述调整工作之后，项目成本管理人员要根据各岗位所完成的工程量和岗位考核办法，计算各岗位的成本核算期的岗位责任成本收入，经预算员确认后，报项目部的会计处。会计人员根据相关成本核算资料，计算各岗位责任成本的耗费和其相应的指标节超情况。其表格格式见表7-32。

项目岗位责任成本分阶段考核情况 表7-32

岗位责任成本责任人： 考核时间： 年 月 日 单位：元

序　号	分部分项名称	单　价	总　价	时间安排
合计				

项目经理： 预算人员： 成本会计： 岗位责任人：

7. 岗位成本绩效考核与兑现

在工程项目各岗位的工作结束之后，或者在一个计量阶段的工作完成之后，施工企业应及时组织人员进行阶段成本的考核和业绩评价，评价可以是在岗位责任成本工作全部完成之后进行，也可以分阶段进行。在本着计量真实准确的情况下，按照考评指标进行考评。然后按照预定的奖惩办法进行奖惩工作。需要注意的是，阶段性的考核仅仅是对某段时间内的工作进行的考评，及时发现问题、解决问题。因此，在各项工作完成之后需要对总体情况进行综合的考核。

六、工程项目成本考核结果的处理

考核评价是工程项目成本管理的“灵魂”，是确保工程项目成本管理目标得以顺利实施的保障，根据马斯洛需求理论，人的行为是由动机引起的，而动机又产生需求。行为学告诉我们，激励导致努力、努力导致成绩，通过成本考核评价结果对在成本管理中有贡献的人员给予相应奖励，让受奖者感到值得付出。对弄虚作假、玩忽职守造成经济损失的人员，给予相应的处罚。

只有奖罚分明，才能有效调动每一位员工完成成本计划的积极性，切实提高全员参与成本控制的主动性。

因为经济合同规定的奖罚标准具有法律效力，任何人都无权中途变更，或者拒不执行。对于项目成本奖罚的标准，应通过经济合同的形式明确规定，并及时兑现。

（一）按工程项目成本执行考核指标设置奖惩标准

衡量成本执行偏差情况指标：人工费计划（预算）偏差率，材料费计划（预算）偏差率、机械使用费计划（预算）偏差率、其他直接费用计划（预算）偏差率、间接费用计划（预算）偏差率等。

偏差率是指实际成本费用与计划（预算）指标的偏差占预算指标的百分比。该指标正数表示超支差，负数表示节约差。

$$\text{成本费用差异率} = \frac{\text{实际成本费用} - \text{计划（预算）指标}}{\text{计划（预算）指标}} \times 100\% \qquad (7\text{-}16)$$

在进行成本考核的过程中，首先按照上述量化指标计算工程项目实际成本费用数额。其次，将实际成本费用与计划（预算指标）进行对比分析。对执行差异大于5%的项目的原因，由相应的成本管理责任主体予以说明，最后根据预算执行差异情况及执行结果的经济责任来执行年度奖金、福利等奖惩办法。例如可根据成本目标的时机执行情况设置奖惩标准，见表7-33。

工程项目成本执行情况奖惩标准表　　表7-33

考核指标	考核奖惩标准	权重
支出类预算	惩罚：超支额的20%	由项目公司根据以前年度执行情况确定
	奖励：节约额的20%	

（二）按照工程项目成本管理业绩评分结果设置奖惩标准

根据本章有关工程项目成本考核实施的方法，可以计算出工程项目成本管理的水平综合评分值。按照评分结果，工程项目成本考核过程中可以设置如下的奖惩标准，见表7-34。

工程项目成本管理水平奖惩标准　　表7-34

分值	结论	奖惩标准
$X \geqslant 90$	优	根据成本执行考核确定的奖惩额度上调10%
$80 \leqslant X < 90$	良	根据成本执行考核确定的奖惩额度上调5%
$70 \leqslant X < 80$	中	不予调整
$60 \leqslant X < 70$	一般	根据成本执行考核确定的奖惩额度下调5%
$X < 60$	差	根据成本执行考核确定的奖惩额度下调10%

（三）按工程项目质量完成情况设置奖惩标准

在实际工作的过程中，还可以按照工程项目质量完成情况设置奖惩标准，当质量达到优良，按应得奖金加奖20%；质量合格，奖金不加不扣；质量不合格，扣除应得奖金的50%。

值得注意的是,上述方法可以综合使用,在确定项目成本奖罚标准的时候,必须从工程项所在地客观情况出发,既要考虑职工的利益,又要考虑项目成本的承受能力。在一般情况下,造价高的项目,奖金水平适当提高;造价低的项目,奖金水平适当降低一些。具体的奖罚标准,要根据项目的实际情况认真测算后再行确定。成本考核的评分是奖惩的依据,相关指标的完成情况为奖罚的条件。也就是在根据评分计奖的同时,还要参考相关指标的完成情况进行嘉奖或扣罚。对完成项目成本目标有突出贡献的部门、作业队、班组和个人进行随机奖励,虽然这是种奖励形式,不属于成本奖罚的范围,但往往能起到“立竿见影”的效果。

第八章 工程项目成本管理的前沿领域

第一节 工程项目战略成本管理

一、工程项目战略成本管理的内涵

（一）战略成本管理的起源和发展

战略成本管理最早于20世纪80年代由英国学者肯尼斯·西蒙兹（Kenneth Simmonds）提出。肯尼斯·西蒙兹从企业在市场中的竞争地位这一视角对战略管理理论进行了深入探讨，认为战略成本管理就是“通过对企业自身以及竞争对手的有关成本资料进行分析，为管理者提供战略决策所需要的成本信息”。

其后，美国哈佛商学院的迈克尔·波特在《竞争优势》和《竞争战略》两书中提出了运用价值链进行战略成本分析的一般方法。

美国学者杰克·桑克（Jack Shank）和戈文德瑞亚（V. Govindarajan）等人在迈克尔·波特教授研究成果的基础上，于1993年出版了《战略成本管理》一书，该书通过对成本信息在战略管理四个阶段❶所起的作用进行研究，将战略成本管理定义为“在战略管理的一个或多个阶段对成本信息的管理性运用。”

1995年，欧洲的克兰菲尔德（Cranfield）工商管理学院提出了一种战略管理模式，其特点是把战略成本管理工具运用于问题的诊断以及提出战略定位的选择方案，并根据成本效益原则对方案进行评估和规划，然后予以执行，通过对执行结果进行评价以及不断学习，开始新的循环过程。克兰菲尔德工商管理学院提出的战略管理模式认为战略成本管理工具应包括竞争战略的制定、竞争对手分析和目标瞄准、行业态势分析、成本动因分析、评估组织面临的挑战、确定自身的目标。

1998年，英国教授罗宾·库珀（Robin Gooperand）提出了以作业成本制度为核心的战略成本管理模式，该模式的本质是在传统的成本管理体系中全面引入作业成本法，关注企业竞争地位和竞争对手动向的变化，从而构成了一种崭新的会计岗位——战略管理会计（Strategic Management Accounting，简称SMA）。

20世纪90年代以后，日本成本管理的理论研究和企业界也开始加强对战略成本管理及其竞争情报的应用研究，提出了具有代表意义的战略成本管理模式——成本企划。该种战略成

---

❶战略管理的四个阶段即战略的简单描述、战略的交流、战略的推行和战略的控制。

本管理模式是从事物的最初点开始,实施充分透彻的成本信息分析,来减少或者消除非增值作业;应用反求工程方法,在设计产品的同时,与竞争对手的产品进行比较,同时设计产品的成本,从而使成本达到最低。因此,从本质上分析,日本战略成本管理是一种对企业未来的利润进行战略性管理的情报研究过程。

20 世纪 90 年代以来,对战略成本管理思想和方法的研究日趋深入,加之日本和欧美的企业管理实践,证明了战略成本管理是企业获取竞争优势的有效途径。因此,战略成本管理越来越受到理论界和实务界的重视,相关的研究成果不断涌现。

(二)战略成本管理的概念

从战略成本的起源和发展历程可以看出,战略成本管理是成本管理与战略管理有机结合的产物,是传统成本管理对竞争环境变化所作出的一种适应性变革。因此,可以将战略成本管理定义如下:

战略成本管理是以战略的眼光从企业成本的源头识别成本驱动因素,运用相关的成本数据和信息,通过对价值链进行分析,为战略管理的关键环节提供战略性成本信息,从而有利于企业竞争优势的形成和核心竞争力创造的一种成本管理系统。

(三)工程项目战略成本管理的概念

根据战略成本管理的概念,可以将工程项目战略成本管理定义如下:

工程项目战略成本管理是以战略的眼光从工程项目实施的源头识别其成本驱动因素,运用工程项目相关的成本数据和信息,通过对工程项目价值链进行分析,为工程项目管理的关键环节提供战略性成本信息,从而不断降低工程项目成本的一种成本管理系统。

(四)工程项目战略成本管理的基本特征

工程项目战略成本管理具备以下几个方面的基本特征:

1. 全局性

工程项目战略成本管理以工程项目建设业主的全局为对象,并根据工程项目建设业主的总体发展战略而制订。其将工程项目建设业主内部结构和外部环境综合起来,工程项目建设业主的价值链贯穿于业主内部自身价值创造作业和外部价值转移作业这一二维空间。因此,工程项目战略成本管理必须从建设业主所处的竞争环境出发,其不仅包括业主内部的价值链分析,而且包括竞争对手价值链分析和业主所处行业的价值链分析,从而达到知己知彼,洞察全局的目的,并由此形成各种战略。而传统的工程项目成本管理的“降低成本”则是站在某一成本管理主体的角度,加强成本管理使其成本最低,但成本最低并不表明成本管理主体能够在竞争中获得成本优势。如为了降低成本,采用代用材料,可能使工程项目的质量有所下降;进行技术改造和更新,可能导致工程项目的成本略有上升,但同时可以使工程项目的质量大大提高,实现最佳的成本效益比,从而使工程项目成本管理主体获得竞争优势——成本领先。因此,从这个角度来分析,工程项目战略成本管理具有典型的全局性特征。

2. 长期性

工程项目战略成本管理的宗旨在于取得长期持久的竞争优势,立足于工程项目建设业主的长远战略目标,以便工程项目建设业主能够长期生存和发展。而传统的工程项目成本管理则立足于工程项目成本的短期管理，未从长远、持续降低工程项目成本的策略上考虑，属于典型的战术成本管理范畴。如工程项目成本管理主体在进行人工成本管理时，按短期"降低成本"原则，其宜雇佣年龄相对较大、技术熟练程度高的员工，但按照"成本优势"原则，其应从长远出发，雇佣相对年轻、文化程度较高的员工，利用学习曲线，以获得较长时期的成本竞争优势。

3. 外延性

工程项目战略成本管理的着眼点是工程项目建设业主的外部环境，从而将工程项目成本管理外延向前延伸到采购环节，乃至研究开发与设计环节，向后还必须考虑工程项目竣工决算交付使用以后的相关环节。从这个角度分析，工程项目建设业主既要重视与上游供应商的联系，也应重视与下游客户之间的联结。因此，工程项目成本管理主体应将工程项目成本管理纳入整个市场环境中予以全面考察。只有对工程项目成本管理主体所处环境进行正确分析和判断，才能预测和控制工程项目成本管理的风险，并根据工程项目成本管理主体自身的特点，确定和实施正确、适当的成本管理战略，把握机遇，主动积极地适应工程项目成本管理的外部环境，从而在竞争中取得主动，最终实现预定的战略目标。而传统的工程项目成本管理的对象主要是工程项目本身的实施过程，忽略了工程项目建设业主的外部价值链。

4. 抗争性

工程项目战略成本管理的目标在于确定工程项目建设业主本身的成本竞争优势，是关于工程项目建设业主在激烈的竞争中如何与竞争对手抗衡的竞争战略之一，同时也是工程项目建设业主针对来自各方面的冲击、压力、威胁和困难，迎接这些挑战的行动方案。与传统的较少考虑竞争、挑战而单纯为了改善工程项目建设业主的现状、增加经济效益的成本管理方法不同。因此，只有当工程项目建设业主将工程项目成本管理工作与强化其竞争力量和迎接挑战直接相关、具有战略意义时，才能构成工程项目战略成本管理的内容。

二、工程项目战略成本管理的基本程序

战略成本管理的基本程序包括战略环境分析、战略规划、战略实施与控制、战略业绩分析与评价四个环节。

(一)工程项目战略环境分析

1. 工程项目战略环境分析的内涵

战略环境分析是战略成本管理的第一个环节，也是战略成本管理的逻辑起点。战略环境分析的目的是展望企业的未来，其是制订战略的基础。战略是根据环境制订的，是为了使企业的发展目标与环境变化以及企业的能力实现动态的平衡。战略环境分析的目的在于发现企业的核心竞争力，明确企业的发展方向、途径和手段。

对工程项目战略成本管理而言，其战略环境分析是工程项目建设业主通过对工程项目战略成本管理内部资源和外部环境的考察，评判工程项目建设业主现行战略成本的竞争地位——强项、弱点、机会、威胁等，从而决定工程项目建设业主是否从事某一工程项目建设以及工

程项目如何实施的一种价值活动。

2. 工程项目战略环境分析的信息

工程项目战略环境分析中所使用的各种信息被称为战略信息，其是指与制订工程项目战略有关的文件、数据以及经过加工处理的各种资料。工程项目战略环境分析的信息主要包括以下几类：

(1)政策方面的信息，包括政府发展规划、税收、货币、价格、产业、汇率、外贸以及技术引进等政策信息。

(2)科技信息，包括专利、许可证、工艺创新、技术协作等方面的信息。

(3)市场信息，包括工程项目竣工交付使用提供产品的需求信息、竞争对手的市场占有率信息、消费者消费行为和取向信息以及不同年龄阶段消费特点等信息。

3. 工程项目战略环境分析的内容

从整体上而言，工程项目战略环境分析包括外部和内部环境分析。外部环境分析主要包括法律环境分析、经济环境分析、技术环境分析、社会文化环境分析、自然环境分析等内容。而内部环境分析主要是指工程项目建设业主的内部条件分析，具体分析内容包括经营素质分析、技术素质分析、人员素质分析、管理素质分析、财务素质分析等内容。

(二)工程项目战略成本的规划

1. 工程项目战略成本规划的内涵

工程项目建设业主经过环境分析，确定其是否实施工程项目建设的价值活动以后，就应该进行战略成本的规划，从而确定工程建设业主如何实施工程项目的价值活动。工程项目战略成本规划首先在明确战略成本管理方向的基础上确定工程项目战略成本管理的目标，包括工程项目成本的整体目标(全面、长期目标)以及工程项目各构成部分的具体目标。需要特别注意的是，工程项目成本的整体目标与具体目标之间必须保持一致性和层次性，从而组成工程项目成本的目标网络。

2. 工程项目战略成本规划的主要作用

工程项目战略成本规划的主要作用包括以下几个方面：

(1)有助于工程项目成本管理主体在分析外部环境的基础上，了解其内部优势和劣势。

(2)有助于工程项目成本管理主体明确工程项目实施过程中成本管理的目标及方向。

(3)有助于工程项目成本管理主体内每个成员明白其努力的方向。

(4)有助于工程项目成本管理主体在管理工程项目成本的过程中有效地应付复杂多变的外部环境。

(5)有助于工程项目的顺利实施。

3. 工程项目战略成本规划的主要方式

工程项目战略成本规划的主要方式包括以下几种：

(1)自上而下方式，即工程项目建设业主根据外部环境和内部条件分析结果，自上而下逐级制订工程项目的战略成本。

(2)自下而上方式，即工程项目建设业主以工程项目实施过程中的事业单位为核心，自下而上逐级制订工程项目的战略成本。

(3)独立规划部门制订方式,即工程项目建设业主在其内部设立独立的规划部门,由规划部门来制订工程项目的战略成本。

(4)委托制订方式,即工程项目建设业主委托比较权威的咨询机构来制订工程项目的战略成本。

(5)合作制订方式,即工程项目建设业主与比较权威的咨询机构合作共同制订工程项目的战略成本。

(三)工程项目战略成本规划的实施与控制

工程项目战略成本规划制订以后,必须按照计划中的要求与进度实施工程项目战略成本规划。工程项目战略成本实施主体为工程项目成本管理主体,工程项目成本管理主体在实施工程项目战略成本规划过程中,由于内部条件和外部环境的变化,会使工程项目战略成本规划实施过程中产生一定的偏差,因此,必须采取相应的策略对战略成本规划进行控制。

工程项目战略成本控制是指工程项目实施过程中,根据战略成本目标各阶段性成本工作成效标准来衡量实际工作成效与标准之间的差异,分析差异产生的原因,并采取有针对性的对策来纠正这种偏差,从而控制工程项目实施过程中各阶段的成本。在工程项目战略成本控制过程中,要特别关注那些影响成本控制主体价值链活动的成本动因,只有真正控制了这些成本动因,才能真正控制工程项目的成本,保证工程项目战略成本管理目标的实现。

(四)工程项目战略业绩的考评

工程项目战略业绩的考评是工程项目战略成本管理的有机构成内容。工程项目战略业绩考评系统通常由战略业绩指标的设计、考核、评价、控制、反馈、调整、激励等子系统组成。

传统的工程项目成本管理业绩考评指标通常缺少与战略目标和方向的相关性,工程项目成本管理主体的某些行为会偏离工程项目建设业主的战略目标。因此,必须将战略思想贯穿于工程项目战略成本管理的整个过程中,选择战略性业绩考评指标来对工程项目成本管理主体的业绩进行考评。一般地,战略性业绩考评指标应具有以下基本特征:

(1)业绩考评指标必须全面体现工程项目建设业主的长远利益。

(2)业绩考评指标必须集中反映与工程项目战略决策密切相关的内外因素。

(3)业绩考评指标必须重视工程项目建设业主内部跨部门合作的特点。

(4)必须运用不同层次、不同种类的业绩考评指标。

(5)考评某一主体的业绩时,业绩对于该考评主体而言必须是可控的。

(6)必须将战略业绩指标的执行贯穿于工程项目规划的全过程。

此外,工程项目战略业绩的考评必须在财务指标与非财务指标之间求得平衡:既能肯定工程项目成本管理主体内部业绩的改进,又能借助外部标准衡量工程项目建设业主的竞争能力;既能比较工程项目成本管理战略的执行结果与最初目标,又能评价取得这一结果的业务过程。

三、工程项目战略成本管理的基本框架

(一)价值链分析

每种产品从最初原材料的投入至到达最终消费者手中,要经过若干个相互联系的作业环节,这些相互联系的作业环节就是作业链。作业链既是一种产品的生产过程,也是一种价值形成和增值的过程,从而形成竞争战略竞争上的价值链。价值链分析的目的就是要突破企业自身的价值链,将企业置身于行业价值链或竞争对手的价值链中,从战略高度进行分析,从而确定企业是否能够进一步降低成本,取得成本优势。

(二)成本动因分析

作业影响成本,动因影响作业,因此,成本动因是引起成本发生的根本原因。成本动因分析可划分为两个层次:其一是微观层次上的成本动因,如资源消耗、作业量等;其二是战略层次上的成本动因,如规模、技术多样性的质量管理等。战略成本动因对企业成本影响的比重较大,其可塑性也较强。因此,从战略成本动因来考虑成本管理,可以控制企业日常经营中大量潜在的成本问题。战略成本动因包括结构性成本动因(Structural Cost Driver)和执行性成本动因(Execution Cost Driver)两大类。

结构性成本动因是指与企业基础经济结构相关的且影响战略成本的成本驱动因素,通常包括规模、范围、经验、技术和多样性几种成本驱动因素。规模是指企业在研究开发、制造、营销等方面的投资规模。范围是指企业价值链的纵向长度和横向宽度,前者与业务范围相关,后者与规模相关。经验是指熟练程度的积累,通常与企业目前作业的重复次数相关。技术是指企业在每一价值链活动中所运用的技术处理方式。多样性是指提供给客户的产品或服务的种类。结构性成本动因分析就是分析结构性成本驱动因素对价值链活动成本的直接影响以及它们之间的相互作用对价值活动成本的影响,可简单归纳为“选择”问题:企业采取何等规模和范围,如何设定目标和总结学习经验,如何选择技术和产品、服务的多样性等。这种选择能够决定企业的“成本地位”。

执行性成本动因是指与企业执行作业程序相关的成本驱动因素,通常包括劳动力对企业投入的向心力、全面质量管理、能力利用、联系等。执行性成本动因与结构性成本动因有着不同的性质。在企业经济基础结构既定的条件下,通过执行性成本动因分析,可以提高各种生产执行性因素的能动性以及优化它们之间的组合,从而使价值链活动达到最优状态以降低价值链总成本。

两种成本动因的比较见表8-1。

(三)战略定位分析

战略定位是指将企业的产品、形象、品牌等在预期消费者的头脑中占据有利的位置,其是一种有利于企业发展的选择。一般地,可供企业选择的战略包括成本领先战略、差异领先战略、目标集聚战略、生命周期战略、整合战略等。

1. 成本领先战略

成本领先战略是这五种战略中最为明确的一种。在成本领先战略指导下,企业的目标是

结构性成本动因与执行性成本动因比较表　表 8-1

成本动因类型		典型指标	作用
结构性成本动因	规模	规模经济； 规模不经济	增加产量，降低成本； 减少产量，降低成本
	地理位置	价值活动地点； 设施相对位置	影响材料价格、工资水平、税率等； 影响运输成本、组织成本
	整合	价值联盟； 内部物流公司； 产品或服务集成	影响纵向价值链相关活动成本； 影响内部价值链相关活动成本； 整合服务性活动，降低成本
	内部政策	产品生产、销售及售后服务政策以及劳务提供政策	这些政策不同程度地影响产品或劳务的直接成本、间接成本、维护成本以及人力资源成本等
	学习	活动累计量；生产作业时间；外生技术变更等	决定机器速度或作业中的废品率；决定工作组装中的流程设计；设计和基本工艺改进；影响工厂效率
	时机选择	率先行动； 推迟行动	影响学习，从而影响创牌和保牌成本； 一次支出低，人力资源成本低
	外部政策	产业、税收、财政、环保政策	不同程度地影响企业成本，有助于企业主动利用政策或影响政策，从而降低成本
执行性成本动因	生产能力利用	固定成本降低率、固定成本与变动成本的比率、生产能力利用率	影响企业单位固定成本或费率
	相互关系	相邻业务单元贡献； 共享采购系统； 共享销售渠道	降低相邻业务单元成本； 降低各业务单元成本； 降低相关业务单元成本
	联系	直接活动与间接活动； 质量保证与其他活动； 必须协调的活动； 成果的可替代活动； 与供应商联合最优化； 与销售商联合最优化	影响直接活动成本； 影响其他活动成本； 前一活动影响后一活动的成本； 相互影响成本； 降低双方成本； 降低企业成本
	企业文化	企业理念； 学习型组织； 努力拓展训练	有助于实现企业愿景，提高资源利用效率； 提高学习效果，降低生产经营成本； 培养创新，提高能力，降低资源消耗
	全面质量管理	产品合格率； 单位成本变动率； 价值功能分析	控制产品质量，提高资源利用效率； 控制产品成本水平； 控制功能和成本的配比
	劳动投入	人力资源质量； 工艺技术革新及创新； 劳动生产率	控制投入劳动的质量； 控制投入劳动的效果； 控制投入劳动的效率

要成为产业中的低成本生产商，即在提供产品或服务的功能、质量差异不大的情况下，努力降低成本来取得竞争优势。如果企业能够创造全面的成本领先地位，只要将价格控制在产业平均水平，就能获得优于产业平均水平的经营业绩。在与竞争对手相当或相对较低的价位上，成本领先战略者的低成本优势将转化为高收益。该种战略要求企业成为产业内的成本领先者，而不是成为竞争这一地位的几个企业之一。因此，成本领先战略是一种格外强调先发制人策略的一种战略，其可以通过大规模生产、学习曲线效应以及严格的成本控制来加以实现。

2. 差异领先战略

差异领先战略又称别具一格战略、差别化战略，是指将企业提供的产品或服务差异化，形成一些在产业范围内具有独特的东西。当一个企业能够为消费者提供一些独特的、对消费者而言不仅仅是价格低廉的产品或服务时，该企业就具有了区别其他竞争对手的经营差异性。差异领先战略要求企业就客户广泛重视的一些方面在产业内独树一帜，或在成本差距难以进一步扩大的情况下，生产比竞争对手功能更强、质量更优、服务更好的产品以显示经营差异。当然，企业经营差异必须是消费者所希望或非常乐意接受的。企业如果能够获得差异领先地位，则可以得到价格溢价的报酬，或在一定的价格下出售更多的产品。该种战略一般要求企业选择那些有利于竞争并能使自己的经营独具特色的产品或服务。尽管该种战略实施的代价较高，且不能直接降低成本，但如果可以通过价格溢价或增加销量相对降低总成本，即企业实施该种战略的总收益超过为实施该战略而追加的成本时，其经营差异就会使企业获得竞争优势。

3. 目标集聚战略

一般地，企业要全面、长期地同时取得成本领先和差异领先的战略地位是不大现实的，因为两种领先战略的收益是累加的——差异领先会带来价格溢价，成本领先意味着成本的降低。因此，企业常常采用目标集聚战略。所谓目标集聚战略是指企业主攻某个特定的顾客群，其产品或服务集中在某一细分市场上取得竞争优势。采用目标集聚战略的前提条件是企业能够集中有限的资源以更高的效率、更好的效果为某一狭窄的战略对象服务，从而超过在更广阔范围内的竞争对手。目标集聚战略包括两种形式：其一是成本领先目标集聚战略；其二是差异领先目标集聚战略。前者在某个细分市场上追求成本领先优势，后者在某个细分市场追求差异优势。目标集聚战略通常选择对替代品最具抵抗力或竞争对手最弱之处作为企业的战略目标。

4. 产品生命周期战略

产品生命周期理论认为，任何产品从导入市场到最终退出市场都是一个有限的生命周期，这个周期包括产品的导入期、成长期、成熟期和衰退期。在不同生命周期，企业面临着不同的机会和挑战，因此，企业必须采取不同的阶段性策略来指导企业的战略成本管理：在产品的导入期和成长期，采取发展战略，以提高市场份额为战略目标，加大投入，重视差异领先，甚至不惜牺牲短期收益和现金流量；在成熟期，可采取固守战略，以巩固现有市场份额和维持现有竞争地位为目标，重视和保持成本领先，尽可能延长本期间；在衰退期，可采取收获与撤退战略，以预期收益和现金流量最大化为战略目标，甚至不惜牺牲市场份额。产品生命周期战略充分体现了战略成本管理的长远性思想，不仅适用于产品的生命周期，同样也适用于企业的生命周期直至产业的生命周期。

5. 整合战略

整合可以扩张企业的价值链活动：采取横向整合可以扩大企业的业务规模；采取纵向整合则可以超越企业的业务范围，沿行业价值链方向向前或向后延伸整合。运用整合战略，调整整合程度，可以重构企业价值链，提高企业整体盈利水平。

企业某项价值活动的成本常常受规模经济或规模不经济的限制。规模经济产生于以不同的方式和更高的效率来进行更大范围的活动能力，意味着满负荷运行的活动在较大规模上的效率更高。因此，企业常常运用横向整合来扩大企业的规模以获得规模经济效应。但规模与经济并不是严格的线性关系，因为随着企业规模的不断扩大，协调的复杂性和非直接成本的跳跃式增加可能导致某项价值活动规模不经济。因此，企业必须正确运用横向整合战略，将企业控制在适度的规模之内，从而取得成本优势及最佳成本效益比。

企业某项价值活动的成本也常常受纵向一体化的影响。纵向一体化有利于降低企业在从事生产经营过程中的交易成本。但纵向整合同样不可避免地会发生整合成本。因此，企业在采取纵向整合时，必须充分考虑纵向整合降低的交易成本与整合成本，只有当降低的交易成本超过纵向整合成本时，纵向整合在经济上才是可行的。当然，当企业内外环境发生变化，其也可以进行战略目标调整，根据企业现有内部职能，若解除或部分解除整合能降低价值链活动成本而又很少影响企业收益时，解除或部分解除整合也是一种可选的方案。

企业必须根据外部环境以及企业内部条件的变化，同时考虑各种战略的优势和劣势来选择企业的战略定位。本书以成本领先战略和差异化战略为例，从战略规划、预算体系以及奖金制度等方面进行比较，比较结果见表 8-2。

成本领先战略与差异化战略比较表 表 8-2

比 较 项 目		成本领先战略	差异化战略
战略规划	重要性	弱	强
	资本支出评价标准	强调财务数据，如成本	强调非财务数据，如市场占有率
预算体系	预算的作用	预算作为控制工具	预算作为短期计划工具
	预算的修改	比较困难	比较容易
	目标成本的重要性	比较重要	不是很重要
	完成预算的重要性	重要性较大	重要性较小
	控制内容	控制结果	控制过程
	报告内容的侧重点	侧重于运营性事项的报告	侧重于政策性事项的报告
奖金制度	奖金确定的客观性	比较客观	比较主观
	奖金比例	较低	较高
	奖金确定标准	强调财务指标	强调非财务指标

第二节　基于价值链分析的工程项目成本管理

一、工程项目价值链分析概述

(一)价值链分析的概念及特征

价值链分析是由美国哈佛商学院迈克尔·波特教授提出来的,其是一种寻求确定企业竞争优势的工具。当企业拥有许多资源、能力以及竞争优势,但又无法识别这些竞争优势时,必须将企业的活动进行分解,通过考察企业单个活动本身及其相互之间的关系来确定企业的竞争优势。

价值链分析具备以下几个方面的基本特征:

1. 企业价值链分析的基础是价值,重点是企业的价值活动

价值是消费者愿意为企业提供的产品或劳务所支付的价格,其代表消费者需求满足的实现。价值活动则是企业所从事的物质上和技术上的界限分明的各项活动,其是企业制造对消费者有价值的产品或提供对消费者有价值劳务的基石。企业各种价值活动的有机连接就构成了企业的价值链。

2. 企业的价值活动包括基本活动和辅助活动

企业基本活动是指涉及产品的物质创造及销售、转移给消费者和售后服务的活动。而企业的辅助活动是指辅助基本活动并通过提供外购投入、技术、人力资源以及各种范围内的职能以相互支持。企业基本活动才是企业价值创造的源泉,而辅助活动虽不直接创造价值,但有助于企业价值的形成,因而也是必不可少的一种活动。

3. 企业价值链揭示的是企业的总价值

企业价值链除了包括价值活动外,还包括利润。从价值链分析的角度而言,企业利润是企业总价值与从事各种价值活动的总成本之间的差额。

4. 企业价值链的整体性

企业的价值链体现在企业更广泛的价值系统中。供应商拥有创造和交付企业价值链所使用的外购输入价值链,即上游价值;许多产品或服务通过渠道价值链到达消费者手中;企业产品或劳务最终成为消费者价值链的一部分。以上各种价值链都从不同程度上影响着企业的价值链。因此,获取并保持竞争优势不仅要理解企业自身的价值链,而且也要理解企业价值链所处的价值系统。

5. 企业价值链的异质性

企业价值链的异质性主要体现在以下两个方面:其一,企业所处的行业不同,不同行业的价值链具有较大的差异;其二,即使在同一行业内,不同企业的价值链也不相同。企业价值链的异质性反映了企业各自的历史、战略以及实施战略的途径等方面的不同,同时也代表着企业竞争优势的一种潜在来源。

(二)价值链分析的种类

价值链分析包括内部价值链分析、纵向价值链分析和横向价值链分析三种类型。

1. 内部价值链分析

内部价值链分析是企业进行价值链分析的起点。企业内部可分解为许多单元价值链，商品在企业内部价值链上的转移完成了价值的逐步积累与转移。每个单元价值链上都要发生成本并产生价值，并且单元链之间有着广泛的联系，如生产作业和内部后勤的联系、质量控制与售后服务的联系、基本生产与维修活动的联系等。深入分析这些联系可减少那些不增加价值的作业，并通过协调和最优化两种策略的融合，提高运作效率、降低成本，同时也为纵向和横向价值链分析奠定基础。

2. 纵向价值链分析

纵向价值链分析反映了企业与供应商、销售商之间的相互依存关系，为企业增强其竞争优势提供了机会。企业通过分析上游企业的产品或服务特点及其与本企业价值链的连接点，往往可以十分显著地影响自身成本，甚至使企业与其上下游共同降低成本，提高这些相关企业的整体竞争优势。如果从更广阔的视野进行纵向价值链分析，就是产业结构分析，这对企业进入某一市场时如何选择入口及占有哪些部分，以及在现有市场中外包、并购、整合等策略的制订都有极其重大的指导作用。

3. 横向价值链分析

横向价值链分析是企业确定竞争对手成本的基本工具，也是公司进行战略定位的基础。比如通过对企业自身各经营环节的成本测算，不同成本额的公司可采用不同的竞争方式：面对成本较高但实力雄厚的竞争对手，可采用低成本策略，扬长避短，争取成本优势，使得规模小、资金实力相对较弱的小公司在主干公司的压力下能够求得生存与发展；而相对于成本较低的竞争对手，可运用差异性战略，注重提高质量，以优质服务吸引顾客，而非盲目地进行价格战，使自身在面临价格低廉的小公司挑战时，仍能立于不败之地，保持自己的竞争优势。

（三）工程项目价值链分析的内涵

所谓工程项目价值链分析就是指将工程项目建设活动进行分解，通过考察工程项目建设分解以后的单个活动本身及其相互之间的关系来确定工程项目建设业主的竞争优势的一种战略分析工具。这种战略分析工具的目的在于确定工程项目建设业主的竞争优势。与企业价值链分析进行比较，工程项目价值链分析具备以下三个方面的显著特征。

1. 分析目的不同

企业价值链分析的目的在于通过对企业各种资源进行有机地整合，从而获得持久的竞争优势。从这个角度而言，企业价值链分析的目的是使企业获得整体竞争优势。而工程项目价值链分析在于将工程项目作为工程项目建设业主价值活动的一个环节，从宏观流程上对工程项目进行优化，进而层层分解，对工程项目的各个阶段实施价值管理，从而使工程项目的工期、质量和成本达到最优组合，实现工程项目价值的最大化。

2. 战略高度不同

企业价值链分析要求从行业的角度来对企业进行定位。而工程项目价值链分析则以工程项目为依托，从某种程度上而言，工程项目的实施仅仅是企业价值活动中的某一个环节。即使工程项目的实施对企业而言具有十分重要的战略意义，但毕竟从属于企业。因此，从这个角度而言，企业价值链分析是将企业置于整个行业内，在行业内谋求企业的整体竞争优势,而工程项目价值链分析是将工程项目的实施置于企业内,在企业内谋求工程项目价值的最大化。

3. 成本动因关注的侧重点不同

企业价值链分析立足于企业在行业内的整体竞争优势,因此,其关注的成本动因除了执行性成本动因以外,更多地将关注的焦点集中在结构性成本动因。而工程项目价值链分析立足于工程项目的实施过程,尽管也要关注结构性成本动因,但其关注的焦点主要集中在执行性成本动因。

(四)工程项目价值链分析的基本程序

工程项目价值链分析是价值链成本管理的首要环节,通过对工程项目内外部不同形式价值链进行分析,准确地对工程项目实施过程中的价值链进行分解,对工程项目价值链成本进行合理定位,从而实现工程项目成本管理的目标。工程项目价值链分析的基本程序如图 8-1 所示。

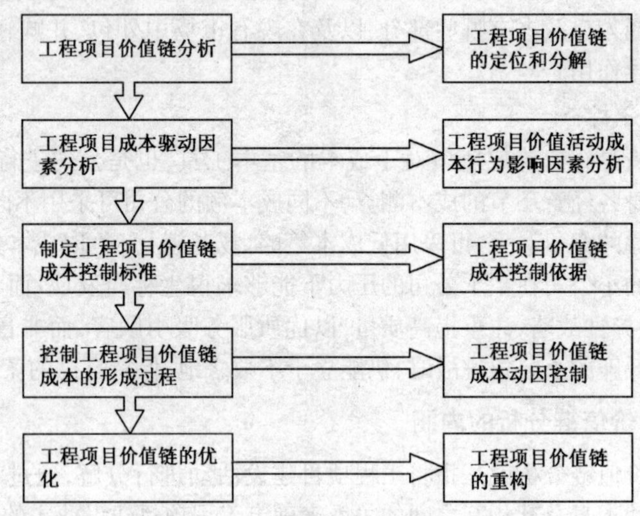

图 8-1 工程项目价值链分析的基本程序图

二、纵向价值链分析与工程项目成本管理

(一)纵向价值链分析的内涵

纵向价值链分析是将企业看作是整个行业价值生产的一个环节,与上游和下游存在紧密的相互依存关系。企业可以通过协调与上游供货商和下游销售渠道的关系来优化价值链的流程,从而帮助企业建立更持久的核心竞争能力。纵向价值链分析具备以下几个方面的显著特征。

1. 注重整体价值链上供应商的选择

传统的价值分析以原材料购入为起点,将产品销售给买方作为分析的终点。这种分析往往是基于以下假设:企业价值管理过程必须是企业所能控制的。实际上,企业价值管理过程有许多环节是企业所不能控制的,而纵向价值链分析可以弥补这一局限性,因为纵向价值链分析立足于整个社会价值生产过程，对供应商和顾客给予充分的重视，从中能够充分挖掘出企业的竞争优势。

2. 注重整体价值链上顾客的选择

企业如果善于研究其产品或服务如何适应顾客价值链的要求，很显然会在竞争中击败其竞争对手。特别是当企业产品或服务在顾客的生产成本中占较大比重时，这一优势地位就会更加明显。

3. 注重整体价值链上企业的长期发展潜力和利益共享问题

纵向价值链分析所得到的结果常常与传统的分析方法得到的结论不同，这是由于纵向价值链分析中不仅要考虑某一项目的盈利性，还要考查企业在整个纵向价值链上的利润共享比例是否可以接受。

(二)纵向价值链分析的基本程序

1. 确定和分解纵向价值链，拟订备选方案

由于纵向价值链环节比较复杂，因此对价值活动的鉴别往往需要多次反复，并随着分析的深入及分析的要求，对价值活动的分解进行调整。在确定了行业价值链后，企业应确定决策的有关备选方案。

2. 分摊成本和资产

(1)企业自身相关成本和资产的分摊。如果一个企业参与了纵向价值链上的几个环节，就有必要把企业的各种成本、资产进行分摊。成本应分摊到它们发生的各个环节中去，资产应分摊到使用、控制它们或对其使用影响最大的价值活动中去。一般地，成本的分摊比较简单，但是会计信息的不适用性可能使其在实际操作中产生一定的问题，即我们有必要对会计记录重新整理，以便使成本的归集和分配与价值活动相匹配。与成本的分摊相比较，资产的分摊相对复杂些。因为进行价值链分析必须确定各种价值活动所占用的固定资产，从而计算各种价值活动的折旧成本和资产回报率。在具体进行分摊时必须注意以下两方面的问题：其一是固定资产的重分类[1]；其二是对固定资产折旧年限重新确定。

(2)共享价值活动的成本和资产分摊。如果企业可以分解为纵向价值链上的多个环节，则对于各个环节之间的共享价值活动，应该按照一定的标准将该价值活动的成本和资产分摊到各个环节，分摊标准的选择可能会随着分析的深入发生改变。

(3)确定纵向价值链上企业以外环节的成本和资产。由于企业通常不具备有关的信息系统支持这一步骤的实现，故企业只有采取各种调查方法，调查了解纵向价值链上企业以外环节的成本和资产信息，并根据企业调查了解到的信息来确定应分摊的成本和资产。

3. 确定转移价格

在纵向价值链分析中，由于企业处在整个价值链的某一环节，因此，纵向价值链上的各个企业以及企业内部提供的产品或劳务价格的确定就显得非常重要。一般地，在整个价值链上，产品或劳务转移价格按照以下原则来加以确定：如果产品或劳务存在完善的外部交易市场，则以产品或劳务的市场价格为基础来加以确定；如果是在企业内部转移的中间产品或劳务，则以

[1]在纵向价值链分析中，固定资产一般按照价值活动进行分类，与传统固定资产分类标准存在显著的差异。

中间产品或劳务的市场价格扣除运输费用、营销费用来确定转移价格。

4. 确定有关资产的回报率

通过以上程序可以计算出各环节中每生产一个单位的产品或提供一个单位的劳务所需投资的成本以及单位产品或劳务的利润，并以单位产品或劳务的成本、利润为基础，计算出相关资产的回报率。

5. 综合考虑非财务信息，作出决策

计算出有关资产回报率以后，综合考虑非财务信息，从备选方案中选择最优方案。

（三）纵向价值链分析对工程项目成本管理的影响

纵向价值链分析要求工程项目管理者充分考虑加强同上游供应商和下游顾客之间的联系，从而优化工程项目管理的纵向价值链。具体而言，要求工程项目管理者在工程项目实施的各个阶段充分注重工程项目在整个纵向价值链上各责任主体的价值活动。一般地，工程项目实施过程中涉及的主要责任主体包括勘察、设计、施工、监理以及业主五个单位。工程项目建设业主在整个工程项目实施过程中处于纵向价值链的核心地位，对整个纵向价值链进行分析的目的在于优化工程项目管理的纵向价值链，不断降低工程项目的成本。与此相适应，对工程项目管理主体的业绩评价也不仅仅局限于项目本身，必须综合考虑整个纵向价值链上的各利益主体，对整个纵向价值链上各利益主体价值联盟的合作关系进行业绩考评。

三、横向价值链分析与工程项目成本管理

（一）横向价值链分析的内涵

横向价值链分析是企业确定竞争对手成本的基本工具，也是企业进行战略定位的基础。通过对企业自身各经营环节的成本测算，不同成本额的企业可采用不同的竞争方式：面对成本较高但实力雄厚的竞争对手，可采用低成本策略，扬长避短，争取成本优势，使得规模小、资金实力相对较弱的企业在主干企业的压力下能够求得生存与发展；相对于成本较低的竞争对手，可运用差异化战略，注重提高质量，以优质服务吸引顾客，而非盲目地进行价格战，使自身在面临价格低廉的小企业挑战时，仍能立于不败之地，保持自己的竞争优势。

横向价值链分析强调竞争对企业战略的影响，以及由于为获得竞争优势而进行的投资决策问题。其目的在于通过产品创新、技术开发、优质服务等形成差异，或使总成本最低，获得竞争优势。

横向价值链主要反映同类产品在不同生产者之间的价值运动过程，要充分考虑企业目前和潜在的竞争对手，争取获取竞争优势。横向价值链分析主要包括决策、预算和分析三个方面，企业要面临现实和潜在的竞争者，就不得不为了获得竞争优势而形成产品差异，努力降低成本。此外，企业要想方设法对竞争对手的产品特别是成本信息进行分析，从而提高产品成本方面的竞争力。

（二）横向价值链分析内容

1. 产品价格和数量

某一企业的定价以及产量的变化都会对其他企业产生影响，从而引发其他企业的战略调

整,使得原有的均衡产量和价格遭到破坏。企业之间的相互作用力可以使得这种动态变化趋向于一个新的动态平衡点。也就是说一旦产业内部平衡关系由于某一个或多个企业的行为遭到破坏,产业内部又会在企业之间的相互作用下达到一种新的平衡,这种平衡是一种动态化的平衡,所以企业有必要对此进行分析。

2. 技术开发方向

进行横向价值链分析时,通过对竞争对手价值链的分析确定企业的竞争优势之所在,为企业内部技术开发指明方向,以有利于竞争优势的取得和保持。

3. 采购和销售

采购、销售所采用的渠道和方式并不是企业能够一厢情愿地确定,它也需要企业进行横向价值链分析,确定与竞争对手采用相同、类似还是不同的渠道和方式。

4. 服务

服务是指与提供服务有关的各种价值活动。这些价值活动可以增加或保持产品价值,也是企业差别化竞争优势的一个重要来源。

(三)横向价值链分析的作用

横向价值链上的企业关系首先表现为竞争关系,因此,横向价值链分析的主要作用在于确定企业在行业内的竞争优势。具体而言,横向价值链分析可以帮助企业明确业务流程、市场营销、客户服务等方面存在的优势、劣势以及外部存在的和潜在的机会与威胁,为确定竞争战略和发展方向奠定基础。

(四)横向价值链分析对工程项目成本管理的影响

横向价值链分析要求工程项目管理者充分考虑市场上相同项目竞争对手的优势和劣势,并结合自身项目的实际情况,确定自身的竞争优势。

第三节　工程项目质量成本管理

一、工程项目质量成本管理概述

(一)质量成本的内涵

1. 质量成本的概念

质量成本的概念由美国质量专家 A. V. 菲根堡姆于20世纪50年代提出。他将企业中质量预防和鉴定成本费用与产品质量不符合企业自身和顾客要求所造成的损失一并考虑,形成质量报告,为企业高层管理者了解质量问题对企业经济效益的影响,进行质量管理决策提供重要依据。因此,质量成本是指企业为了保证和提高产品或服务的质量而支出的一切费用,以及因未达到产品质量标准,不能满足用户和消费者需要而产生的一切损失。

2. 质量成本的构成

一般地,质量成本由预防成本、鉴定成本、内部损失成本和外部损失成本四大部分所构成。

预防成本是指企业用于预防不合格产品与故障所需的各项费用,具体包括以下几方面的内容：

(1)实施各类策划所需费用。

(2)产品或工艺设计评审、验证、确认费用。

(3)工序能力研究费用。

(4)质量审核费用。

(5)质量情报费用。

(6)培训费用。

(7)质量改进费用。

鉴定成本是指企业用于评估产品是否满足规定要求所需各项费用,具体包括以下几方面的内容：

(1)检验费用。

(2)监测装置费用。

(3)破坏性试验的工件成本、耗材及劳务费。

内部损失成本是指企业产品出厂前因不满足要求而支付的费用,具体包括以下几方面的内容：

(1)废品损失。

(2)返工损失。

(3)复检费用。

(4)停工损失。

(5)质量故障处理费。

(6)质量降级损失。

外部损失成本是指企业产品出厂后因不满足要求,导致索赔、修理、更换或信誉损失而支付的费用,具体包括以下几方面的内容：

(1)索赔费用。

(2)退货损失。

(3)保修费用。

(4)降价损失。

(5)处理质量异议的工资、交通费。

(6)信誉损失。

(二)工程项目质量成本的内涵

1. 工程项目质量成本的概念

工程项目质量成本是指工程项目成本管理主体为了保证和提高工程项目质量而支出的一切费用,以及工程项目因未达到质量标准,不能满足工程项目建设业主的需要而产生的一切损失。

2. 工程项目质量成本的构成

从整体上而言,工程项目质量成本同样由预防成本、鉴定成本、内部损失成本和外部损失成本四部分所构成,只是每个部分的构成内容与产品质量成本相比,具有一定的差异而已。工程项目质量成本的构成见表8-3。

工程项目质量成本的构成表　　表 8-3

序　号	构成内容	具体项目
1	预防成本：使工程项目故障减少到最少而发生的费用	工程项目质量管理人员的人工费
		工程项目质量宣传费
		工程项目质量评审费
		工程项目质量信誉费用
		工程项目质量培训费
		工程项目质量奖励费用
		工程项目质量改进费用
		工程项目供方质量保证费用
2	鉴定成本：工程项目原材料进场检验、分项工程以及全部工程完工验收和鉴定费用	工程项目检验人员的人工费
		工程项目质检部门的办公费
		工程项目试验检验费用
		工程项目检测设备维修、校验和折旧费
		工程移交费
3	内部损失成本：分项工程交验前被检出不合格而产生的损失	工程项目内部退修损失
		工程项目内部返工损失
		工程项目内部停工损失
		工程项目质量故障分析处理费
		工程项目材料降级损失
		工程加固成本
4	外部损失成本：分项工程交验后被检出不合格而产生的损失	工程项目外部退修损失
		工程项目外部返工损失
		工程项目外部停工损失
		工程项目保修费用
		工程项目索赔费用
		工程项目质量罚金

（三）质量成本管理的发展阶段

质量成本管理是伴随着质量管理的发展阶段而不断完善起来的。质量管理大致经历了事后检验、统计质量管理和全面质量管理三个阶段。

事后检验阶段是质量管理的第一个阶段，其处于20世纪初期至20世纪40年代之间。20世纪初期泰罗提出的科学管理方法论证了最佳管理是建立在明确规定的法律制度和原则基础上的科学，科学管理的根本原理适用于人类的一切行为。一切管理问题都可以而且应当通过科学的方法加以解决。在科学管理方法思想的指导下，企业产品质量管理方法以建立科学的质量标准和严格的质量检验制度为特征，并将质量检验结果与生产工人的报酬联系起来。企业中有专门的质量检验机构负责产品的检验，检验的目的在于挑出不合格产品。这种做法有利于保证产品的质量，而且能够提高劳动生产率以及固定资产的利用率。但只有检验部门负责,缺少其他部门的参加,不能事先预防废次品的产生和避免由此造成的损失,这是第一阶段质量成本管理的主要缺陷。

统计质量管理阶段是质量管理的第二个阶段,其处于20世纪40年代至20世纪60年代。20世纪40年代以来,生产力进一步发展,大规模生产局面的形成,使企业在生产经营过程中如何控制大批量产品的质量成为突出问题。与此同时,一些统计学家开始着手研究用统计方法代替单纯的检验方法来控制产品的质量。美国贝尔研究所工程师休哈特提出用数理统计方法来进行质量管理,他提出了著名的"控制图法",从而为统计质量管理奠定了理论和方法基础。尽管统计质量管理比较科学和经济,但其也存在许多不足之处:以满足产品标准为目的,不以满足用户的需求为目的;偏重于工序的管理,未对产品质量形成过程进行控制;统计技术难度较大,难以调动职工参与质量管理的积极性;局限于数理统计方法,容易引起企业主要管理者的忽视。

全面质量管理阶段是质量管理的第三个阶段,其从20世纪60年代一直延续至今。全面质量管理之所以延续至今,除了统计质量管理存在的固有缺陷以外,科技进步、社会观念的变革、系统论和行为理论的出现和发展以及国际市场竞争的加剧等使全面质量管理成为必然。全面质量管理强调以下几个方面的问题:

(1)质量管理仅靠检验和统计方法是不够的,解决质量问题的方法和手段是多种多样的,而且还必须有整套的组织管理工作。

(2)质量职能是企业全体人员的责任,企业全体人员都应具有质量意识和承担质量责任意识。

(3)质量问题不限于产品的制造过程,解决质量问题也是如此,应该在整个产品质量产生、形成、实现的全过程中都实施质量管理。

(4)质量管理必须综合考虑质量、价格、交货期和服务,而不能只考虑狭义的产品质量。

在质量管理发展的各个阶段,质量成本管理的侧重点都不相同:在事后检验质量管理阶段,质量成本管理侧重于管理产品或服务的鉴定成本;在统计质量管理阶段,质量成本管理除了关注鉴定成本以外,还关注内部损失成本;在全面质量管理阶段,质量成本管理关注产品质量形成的整个过程,包括预防成本、鉴定成本、内部损失成本和外部损失成本。

(四)工程项目质量成本管理原则

1. 以"合理质量观"来确定工程项目的质量水平

一般地,工程项目质量与成本之间存在如下关系:工程项目质量水平要求越高,成本越高;工程项目质量水平要求越低,成本越低。因此,要降低工程项目的质量成本,降低工程项目的质量水平是一种直接有效的方式。但工程项目质量水平并不是可以无限制地降低。因此,在进行工程项目质量成本管理时,必须以"合理质量观"为指导,来确定工程项目的合理质量。所谓"合理质量"就是指工程项目成本管理主体在综合考虑质量和成本两个因素的基础上,既能使工程项目的质量水平满足工程项目建设业主的需要,又能减少工程项目质量过剩给工程项目建设业主带来的不经济现象,从而使工程建设业主实现经济效益最大化目标的质量水平。在"合理质量观"下,工程项目建设业主必须克服两个极端的现象:其一是工程项目质量不足;其二是工程项目质量过剩。

2. *以寻求工程项目适宜的质量成本为目的*

工程项目质量成本管理的目的在于找到合适的质量成本管理模式，不断优化工程项目的质量成本。这就要求工程项目成本管理主体在合理确定工程项目整体质量水平的基础上，确定分项分部工程的合理质量水平，从分项分部工程质量成本控制入手，从而达到控制工程项目质量成本的目的。

3. *以真实信息为依据*

工程项目质量成本管理过程中所依赖的主要信息来源于工程项目质量成本核算信息以及其他相关信息。因此，工程项目成本管理主体必须提供真实、准确的质量成本核算信息及相关信息，为工程项目质量成本决策提供信息支持。

(五)工程项目质量成本管理系统的构成

工程项目质量成本管理系统作为工程项目成本管理的一个子系统，其主要构成内容如下：

1. *工程项目质量成本管理主体及职责*

工程项目质量成本管理工作是一项比较复杂的系统工程，涉及与工程项目实施相关的部门和人员。因此，需要在界定工程项目质量成本管理主体职责的基础上，力求工程项目质量成本管理主体之间的密切协作，才能使工程项目质量成本管理目标得以实现。一般地，工程项目质量成本管理主体主要包括工程项目质量管理部门、财务部门、人事部门以及其他部门。这些部门各自的职责见表8-4。

工程项目质量成本管理部门的职责一览表 表8-4

管理部门	工程项目质量成本管理主体的职责
质量管理部门	①组织与推动工程项目质量成本管理工作，开展质量成本管理培训
	②编写、修订工程项目质量成本管理文件，提出质量成本管理方案
	③配合财务部门研究、设置工程项目质量成本科目，确定责任主体
	④制订、组织落实工程项目质量成本计划，并监督、考核计划的实施
	⑤出具工程项目质量成本综合考评报告，制订落实质量改进计划
	⑥处理工程项目质量成本管理过程中的紧急情况
	⑦配合财务部门设计工程项目质量成本管理的原始凭证
	⑧对有争议的工程项目质量责任作出仲裁
财务部门	①研究设计工程项目质量成本原始凭证
	②对工程项目质量成本进行核算
	③提供工程项目质量成本管理财务分析报告
	④为工程项目质量成本计划实施情况提供财务数据支持
	⑤审核工程项目质量成本报告的真实性
	⑥提供工程项目质量改进方案实施经济后果数据
人事部门	①组织工程项目质量成本管理方面的培训
	②明确工程项目质量成本管理部门的职责
	③提供相关工资数据
	④组织实施工程项目质量成本的考核
其他部门	①积极组织参加工程项目质量成本管理的培训
	②分析部门质量成本发生的原因，制订纠正和预防措施
	③实施纠正和预防措施，并评价实施效果

2. 工程项目质量成本的核算

工程项目质量成本的核算主要包括两部分的内容:其一是工程项目质量成本核算科目的设置;其二是工程项目质量成本的账务处理。设置工程项目质量成本核算科目是为进行工程项目质量成本账务处理做好准备,同时也有利于各部门有效地支持工程项目质量成本管理工作。工程项目质量成本的账务处理是指对发生的各项质量成本,采取相应的处理方式,编制工程项目质量成本记账凭证,在相应的账户中进行记录,并生成相关的工程项目质量成本报告的过程。

3. 工程项目质量成本的预测和计划

工程项目质量成本预测是指工程项目质量成本管理主体根据其所掌握的质量成本信息,采用一定的预测方法,对工程项目质量成本所作出的合乎情理的推断,借以预先了解工程项目质量成本管理的结果。工程项目质量成本计划是指工程项目质量成本管理主体根据工程项目实施过程中的外部环境以及内部条件,提出未来一定时期内工程项目质量成本管理所要实现的目标以及实现目标的方案、途径。工程项目质量成本预测和计划是工程项目质量成本分析、考核和评价的基本依据,对推动工程项目质量管理工作具有重要的指导意义。

4. 工程项目质量成本控制

工程项目质量成本控制就是依据工程项目质量成本目标,对工程项目质量成本形成过程中的一切耗费进行严格的计算和审核,揭示工程项目实际质量成本与目标质量成本之间的差异,并采取相应的控制措施,不断降低工程项目质量成本的过程。

5. 工程项目质量成本分析、考核和评价

工程项目质量成本报告所陈述的工程项目质量成本状况是统一质量、改进方案认识和推动下一步质量管理工作的依据,也是沟通工程项目各层面责任主体共同支持工程项目质量管理工作的重要工具。因此,对工程项目质量成本进行分析,确定工程项目质量成本计划与实际之间的差异并分析差异产生的原因,有利于工程项目质量成本管理主体不断改进工程项目质量成本的管理工作。同时,对工程项目质量成本进行考核和评价,也有利于进一步划分工程项目质量成本管理过程中各部门之间的责任,做到奖优罚劣,真正起到激励和约束的作用。

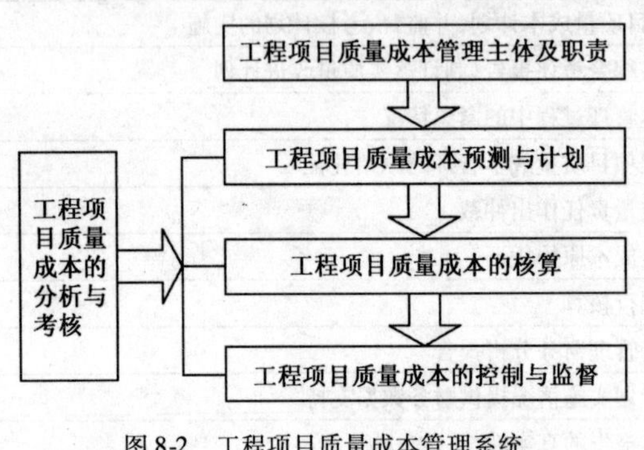

图 8-2　工程项目质量成本管理系统

工程项目质量成本管理系统的构成如图 8-2所示。

二、工程项目质量成本的核算

从整体上分析,工程项目质量成本的核算有两种主要思路:其一是账外核算;其二是账内核算。前者主要采用统计方法在会计账簿以外进行记录;后者采用会计核算方法在会计账簿之内进行记录。本书采用第二种核算思路来对工程项目质量成本进行核算。

工程项目质量成本账内核算可以采取以下三种方式:第一是单独设立“质量成本”总账科

目来核算工程项目质量成本；第二是单独进行质量成本核算；第三是在原会计科目体系下设置相关的明细科目来进行核算。

（一）单设“质量成本”总账科目核算工程项目质量成本

这种工程项目质量成本核算方式是在原会计科目体系下单独设立“质量成本”总账科目来进行核算。凡是工程项目实施过程中所发生的属于质量成本内容的费用都应计入该科目。当质量费用发生以后，会计部门应根据相关部门提供的质量成本信息等原始凭证编制记账凭证，并登记入账，相关业务举例如下。

(1)发生确保工程项目质量的差旅费和质量管理人员学习资料费，处理如下。

借：质量成本——预防费用

贷：银行存款（现金）

(2)分配质量检验人员的工资，处理如下。

借：质量成本——鉴定成本——质检人员工资

贷：应付职工薪酬——质检人员工资

(3)因工程项目质量不合要求而发生的赔偿费用，处理如下。

借：质量成本——外部故障成本

贷：银行存款（现金）

(4)支付的工程项目监理费用，处理如下。

借：质量成本——监理费用

贷：银行存款

(5)因工程项目质量不合要求而发生的返修费用，处理如下。

借：质量成本——内部故障成本——返修费用

贷：银行存款

(6)期末（包括月末或年末）根据质量成本科目各明细账编制质量成本报表以后，将质量成本核算的各项费用分别转入相关科目，处理如下。

借：工程成本

　　管理费用

贷：质量成本

（二）单独进行质量成本核算

1. 建立质量成本核算的组织体系

在工程项目成本管理主体内部按照质量管理工作内容，建立质量成本核算与关键控制点；制订工程项目质量成本计划及管理目标，决定质量成本控制、核算与检查范围，设计切实可行的内部原始记录，并规定凭证的传递程序；以财会部门和质量管理部门作为核心及时传递工程项目质量成本信息。

2. 设置工程项目质量成本核算科目

建立工程项目质量成本报告制度是为了单独进行质量成本核算，相关核算科目设置如下：

(1)“质量成本”总账科目。

(2)质量成本核算的明细科目，按照质量成本的构成，分别设置“预防成本”、“鉴定成本”、“内部故障成本”、“外部故障成本”。

(3)在质量成本核算明细科目下，根据质量成本内容分别设置若干细目。

3.根据相关业务信息进行账务处理并编制质量成本报表

工程项目质量成本发生以后，根据相关的业务信息来进行账务处理，账务处理的基本方法与单设“质量成本”总账科目来进行核算基本相同，差异主要表现在明细科目下账目的核算。期末，根据工程项目质量成本的账务处理来编制工程项目质量成本报表，报表一般只需要按照质量成本核算的明细科目来进行编制即可。

(三)在原会计科目体系下设置相关的明细科目进行核算

这种核算方式不增加总账科目，只是在原会计科目体系中选择与质量成本相关的会计科目增设明细科目进行核算即可，主要业务举例如下。

(1)发生的工程项目质量管理人员培训、学习参观费用。

借：管理费用——职工教育经费——预防费用

贷：银行存款(现金)

(2)发生的工程质量评审费用。

借：管理费用——预防费用——评审费用

贷：银行存款(现金)

(3)发生的工程项目监理费用。

借：管理费用——预防费用——监理费用

贷：银行存款

(4)支付工程项目各工序质检人员工资。

借：应付职工薪酬——质检人员工资

贷：银行存款

(5)发生的内部故障成本。

借：工程成本——内部故障成本

贷：银行存款

(6)发生的外部故障成本。

借：营业费用——外部故障成本

贷：银行存款

无论工程项目质量成本采取何种核算方式，都应在有关质量成本的凭证上加盖“质量成本”戳记，以表示质量成本核算与一般核算之间的区别。此外，工程项目质量成本的核算同样不能缺少统计方法。

三、工程项目质量成本的控制

(一)工程项目质量成本控制的意义

工程项目质量成本控制是保证工程项目各项质量成本经营的重要手段，也是工程项目质量成本管理的关键环节之一，其重要意义体现在以下几个方面：

(1)工程项目质量成本控制是工程项目成本管理主体从事成本经营的重要手段。

(2)工程项目质量成本控制是推进工程项目成本管理主体,改善全面质量管理和成本管理的主要动力。

(3)工程项目质量成本控制是建立和健全工程项目成本管理主体内部经济责任制的重要条件。

(二)工程项目质量成本控制的基本程序

工程项目质量成本控制的基本程序包括以下三个基本环节:其一是制订工程项目质量成本控制标准;其二是衡量工程项目质量成本工作绩效;其三是采取措施纠正工程项目质量成本控制过程中所产生的偏差。

1. 制订工程项目质量成本控制标准

一般地,工程项目质量成本各要素之间客观上存在着一定的逻辑关系:随着工程项目质量的提高,工程项目预防鉴定成本增加,相应地,工程项目内部和外部损失成本则减少;随着工程项目预防鉴定成本的减少,工程项目内部和外部损失成本则增加。从理论上分析,工程项目最佳质量水平应是预防鉴定成本曲线和内部、外部损失成本曲线之间的交点,即能使工程项目鉴定预防成本和内部、外部损失成本之和最小的质量水平。工程项目成本管理主体在制订工程项目质量成本控制标准时,必须根据工程项目的最佳质量水平,采用合理的方法来确定工程项目质量成本的控制标准。

2. 衡量工程项目质量成本工作绩效

衡量工程项目质量成本工作绩效是指将工程项目质量管理过程中发生的实际质量成本数据与质量成本控制标准进行对比,从而找出工程项目实际质量成本与目标质量成本之间的差异,并以差异的大小和性质来确定工程项目质量成本控制的绩效:如果工程项目实际质量成本大于目标质量成本,则是不利差异;反之,则是有利差异。

3. 采取措施纠正工程项目质量成本控制偏差

针对工程项目质量成本控制过程中所产生的不利差异性质及金额大小,采取相应的措施纠正偏差,从而使工程项目实际质量成本最大限度地接近目标质量成本。

(三)工程项目质量成本控制内容

概括而言,影响工程项目质量的主要因素包括人、材料、机械、方法和环境,对这五个因素进行控制是保证工程项目质量的关键,相应地,工程项目质量成本控制也包括这五个方面的内容。

1. 人的控制

工程项目的整个实施过程都是由人来主导的,因此,从某种程度上而言,人是工程项目质量成本控制的关键内容。工程项目质量成本控制过程中,人一方面要避免失误,另一方面要充分发挥其主观能动性。因此,应从人的技术水平、质量意识、行为表现等多方面来进行分析,从而控制他们在工程项目实施过程中的行为。

2. 材料控制

材料一般构成工程项目的实体,即使不构成工程项目的实体,也有助于工程项目实体的形成。因此,可以说材料的质量决定了工程项目的质量,同时也决定了工程项目质量成本的高低。对于材料的控制，一般采取严格检查验收，正确合理使用，避免将不合格材料用到工程项目上等方式。

3. 机械控制

随着科学技术的不断发展，工程项目的实施过程对机械的依赖程度越来越高。机械的完好程度以及操作水平直接影响工程项目的质量水平。因此，选择技术先进、合适的机械设备，正确使用、管理和保养好机械设备，提高机械设备完好率和利用率也是工程项目质量成本控制的主要内容之一。

4. 方法控制

方法控制是针对工程项目实施过程中的关键环节，采取相应的控制方法来控制工程项目设计阶段的质量成本。如在工程勘察设计阶段，可以采取合理有效的勘察设计方案来控制工程项目的质量成本；在工程施工阶段，则可以对施工方案、工艺、组织设计等进行控制，借以控制工程项目施工过程中的质量成本。

5. 环境控制

影响工程项目质量成本的环境因素包括自然环境、技术环境、作业环境以及管理环境等。环境因素对工程项目质量的影响具有复杂多变的特征，因此，必须根据工程项目的特点和具备的基本条件对影响工程项目质量的环境因素进行分析，从而采取有效的措施来控制环境因素对工程项目质量成本的影响。

（四）工程项目质量成本控制的主要方法

工程项目质量成本控制的主要方法包括审核法和现场检查法。

1. 审核法

审核法是工程项目审核主体对工程项目实施过程中的相关文件、报表或报告进行严格审核，借以保证工程项目质量成本控制目标实现的一种控制方法。工程项目实施过程中要重点审核以下内容：

(1)审核工程项目实施过程中相关主体的资质证明文件。

(2)审核工程项目可行性论证相关文件。

(3)审核工程项目勘察设计相关技术文件。

(4)审核工程项目设计变更、修改图纸与技术核定书。

(5)审核工程项目招投标文件。

(6)审核工程项目施工方案、组织设计以及技术措施。

(7)审核工程项目施工过程中应用新工艺、新材料以及代用材料相关文件。

(8)审核工程项目质量监测相关文件。

(9)审核相关技术鉴证相关文件等。

2. 现场检查法

现场检查法是工程项目检查主体对工程项目实施过程中的现场进行检查，借以保证工程项目质量成本控制目标实现的一种控制方法。工程项目实施过程中重点检查的内容包括：

(1)工程项目开工前的检查。

(2)关键工序交接的检查。

(3)隐蔽工程检查。

(4)分项分部工程检查。

(5)停工后复工前的检查等。

有效地控制工程项目的质量成本,其基本前提是对工程项目的质量进行控制。工程项目质量控制可采取的技术手段或工具包括质量检验法、控制图法、帕累托图法、统计抽样法等,在此不再一一介绍。

四、工程项目质量成本分析与考核

(一)工程项目质量成本分析

工程项目质量成本分析就是将工程项目质量成本核算后的各种质量成本资料,按照工程项目质量成本管理工作要求进行分析比较,使之成为改进工程项目质量、提高工程项目经济效益的主要工具。通过工程项目质量成本分析,可以找出影响工程项目质量的主要缺陷以及工程项目质量管理工作中的薄弱环节,为提出工程项目质量改进意见提供基本依据。此外,通过工程项目质量成本分析,也可以找到一个最佳质量点,使工程项目质量成本总额最低,从而实现工程项目质量与经济之间的平衡。

工程项目质量成本分析的主要内容包括工程项目质量成本总额分析、工程项目质量成本构成分析、工程项目内部故障成本分析、工程项目外部故障成本分析以及其他质量成本分析等。

1. 工程项目质量成本总额分析

工程项目质量成本总额分析有以下两种分析思路:其一是工程项目质量成本总额的比较分析;其二是工程项目质量成本总额的相关分析。前者是将本期的工程项目质量成本总额与前期、同类项目的质量成本总额进行对比,借以找出工程项目质量成本总额之间的差异的一种分析方法。后者是将工程项目质量成本总额与相关经济指标联系起来,通过计算相关指标数值,并以指标数值的大小来衡量工程项目质量成本管理效果的一种分析方法。如将工程项目质量成本总额除以营运收入,计算出一个系数 K,当 $K \leqslant 1\%$ 时,说明工程项目质量控制效果较好;当 $1\% < K \leqslant 5\%$ 时,说明工程项目质量控制效果一般;当 $5\% < K \leqslant 15\%$ 时,说明工程项目质量控制效果较差。

2. 工程项目质量成本构成分析

工程项目质量成本的构成分析主要包括以下几个方面的内容:

(1)工程项目质量成本总额的构成项目分析,主要分析工程项目质量成本总额中的预防成本、鉴定成本、内部故障成本以及外部故障成本的成本项目构成情况。

(2)工程项目质量成本总额的构成比例分析,主要分析工程项目质量成本中的预防成本、鉴定成本、内部故障成本以及外部故障成本各自在工程项目质量成本总额中所占的比例。

(3)工程项目质量成本各构成要素之间的比例分析,主要分析工程项目质量成本中的预防成本、鉴定成本、内部故障成本以及外部故障成本之间的比例关系,借以揭示工程项目质量成本控制过程中的关键点。

(4)工程项目质量成本与预算成本之间的比例分析,主要通过工程项目质量成本总额与预算成本之间的对比分析,找出工程项目质量成本管理过程中存在的主要问题并加以解决。

(5)工程项目质量成本平衡点分析,主要是找出工程项目质量成本中的内部损失成本与外部损失成本之和等于预防成本与鉴定成本之和的点。

3. 工程项目内部损失成本分析

工程项目内部损失成本也叫内部故障成本,对工程项目内部损失成本进行分析,除了要分析工程项目内部损失成本占工程项目质量成本总额的比例以外,还需要分析工程项目内部损失成本的各构成要素占内部损失成本的比例,借以反映工程项目内部损失成本的分布是否合理。更为关键的是必须分析工程项目内部损失成本产生的主要原因,以便采取有针对性的措施来不断降低工程项目的内部损失成本。

4. 工程项目外部损失成本分析

工程项目外部损失成本也称为外部故障成本,对工程项目外部损失成本进行分析,除了和工程项目内部损失成本分析的内容相同以外,还必须分析评估工程项目外部损失成本所带来的无形损失。

需要特别注意的是,对工程项目质量成本进行分析得出相应的分析结论以后,还必须根据分析结论出具相应的工程项目质量成本分析报告。一般地,工程项目质量成本分析报告主要包括以下几方面的内容:第一是工程项目质量成本总额的分析及改进建议;第二是工程项目质量成本的构成分析及改进建议;第三是工程项目内部、外部损失成本的分析及改进建议;第四是对比工程项目质量成本管理目标,找出工程项目质量成本与目标之间的差距,并提出有针对性的措施来不断缩小这种差距。

(二)工程项目质量成本的考核

工程项目质量成本考核是对工程项目质量成本责任主体(既可以是单位、也可以是部门或个人)的质量成本完成指标进行考察与评价,借以鼓励和鞭策工程项目质量成本责任主体不断提高工程项目质量成本管理绩效的一种经济行为。

工程项目质量成本考核是对工程项目质量成本进行管理的必备环节。为了进行工程项目质量成本的有效考核,工程项目成本管理主体要建立起相应的考核指标体系,并与经济责任制、质量否决权等结合起来,制订相应的考核办法,定期进行考核,奖优罚劣,从而保证工程项目质量成本管理目标的实现。

工程项目质量成本的考核有两种思路可供选择:其一是单独考核制;其二是捆绑考核制。前者是将工程项目质量成本考核作为一个单独的指标来考核责任主体的质量成本管理绩效的办法;后者是将工程项目质量成本融入工程项目成本中进行考核。

工程项目质量成本的单独考核制可以采取工程项目质量成本否决制和工程项目质量成本扣奖制。前者是制订一个计划的工程项目质量成本指标,如责任主体完不成计划指标则按照比例否决责任主体的综合奖;后者以“零缺陷”为原则,只要发生相应的缺陷就扣除相应的奖励。

工程项目质量成本的捆绑考核制是将工程项目质量成本纳入工程项目成本总额中来进行

考核。因为工程项目质量成本也是工程项目成本的有机构成内容，只要工程项目质量成本能够比较准确地进行计量，就可以将工程项目质量成本融入工程项目成本中去。对工程项目成本管理主体而言，其追求的是工程项目总成本的最小化，而不是将主要精力关注于某一项成本的变动。

无论是工程项目质量成本考核的单独考核制还是捆绑考核制，其各自都存在相应的利弊，具体在选择考核方式时，必须根据工程项目成本管理主体自身的特点以及工程项目本身的特性来选择相应的考核制度。具体制订考核办法时，必须遵循系统性、科学性和有效性等考核原则。

参考文献

[1] 梁世连.工程项目管理[M].北京:中国建筑工业出版社,2010.
[2] 吴贤国.工程项目管理[M].武汉:武汉大学出版社,2009.
[3] 周建国.工程项目管理基础[M].北京:人民交通出版社,2010.
[4] 简德三.工程项目管理[M].上海:上海财经大学出版社,2007.
[5] 李三喜,李玲.建设项目审计精要与案例分析[M].北京:中国市场出版社,2005.
[6] (美)奥博德兰.工程设计与施工项目管理[M].北京:清华大学出版社,2006.
[7] 王晓睫.浅谈施工项目成本的分析与考核[J].甘肃科技,2005.
[8] 曹建亮.公路工程施工项目成本管理与控制[J].科技咨询,2007.
[9] 陈新元.工程项目管理基础[M].北京:中国水利水电出版社,2007.
[10] (美)弗雷克里克.工程项目管理基础[M].北京:清华大学出版社,2006.
[11] 王有志,张滇军,郝红漫.现代工程项目管理工程[M].北京:中国水利水电出版社,2009.
[12] 杨宏钰.项目成本考核在建筑施工企业中的应用[J].建筑经济,2009.
[13] 胡可,唐亮,褚晓锐.工程建设项目成本控制的研探[J].工程管理,2009.
[14] 白均生.现代工程项目管理实用工具总览[M].北京:中国电力出版社,2009.
[15] 杨晓方.公路工程项目管理:应用规范[M].北京:机械工业出版社,2009.
[16] 祁延农,姜荧荧,赵荣.建设项目审计[M].北京:中国时代经济出版社,2003.
[17] 吴佐民,周和生.建设项目全过程造价咨询规程[M].北京:中国计划出版社,2009.
[18] 建设项目工程项目管理规范编委会.建设工程项目管理规范实施手册[M].北京:中国建筑工业出版社,2006.
[19] 刘允延.建设工程造价管理[M].北京:机械工业出版社,2007.
[20] 林立.建筑工程项目管理[M].北京:中国建筑工业出版社,2009.
[21] 李清立.建筑项目管理[M].北京:机械工业出版社,2009.
[22] 沈祥华.建筑工程概预算(4版)[M].武汉:武汉理工大学出版社,2009.